U0922907

# 无用的神学

## 本雅明、海德格尔与德里达

夏可君 著

Walter Benjamin,
Martin Heidegger
and
Jacques Derrida

# USELESS THEOLOGY

GUANGXI NORMAL UNIVERSITY PRESS
广西师范大学出版社
·桂林·

WUYONG DE SHENXUE
无用的神学

**图书在版编目（CIP）数据**

无用的神学：本雅明、海德格尔与德里达 / 夏可君著. --桂林：广西师范大学出版社，2022.10
ISBN 978-7-5598-5085-0

Ⅰ. ①无… Ⅱ. ①夏… Ⅲ. ①比较哲学－研究－中国、西方国家 Ⅳ. ①B1-03

中国版本图书馆 CIP 数据核字（2022）第 097183 号

广西师范大学出版社出版发行
（广西桂林市五里店路 9 号　邮政编码：541004
网址：http://www.bbtpress.com）
出版人：黄轩庄
全国新华书店经销
北京盛通印刷股份有限公司印刷
（北京经济技术开发区经海三路 18 号　邮政编码：100176）
开本：880 mm × 1 240 mm　1/32
印张：19.25　　字数：365 千字
2022 年 10 月第 1 版　　2022 年 10 月第 1 次印刷
定价：88.00 元

自然永远是耶和华。无论她现在是什么，曾是什么，将来是什么。

——歌德，《原理与反思》中的“神性与自然”

到弥赛亚成为无用（/不必要）时，他会到来的，他将在到达此地一天后才来，他将不是在最后一天到来，而是在末日那天（/后天）。

——卡夫卡，1917年《日记》

内心孤寂之人通过其不幸，在苦难的意义上，贯通内心直接的弥赛亚式张力。把精神性的“整体性复原”导入不死性之中，对应着一种世界性的东西，这种东西被导向某种沉落的永恒性，并且这种永恒消逝的东西，在其消逝的总体性中，在其空间，但也是在时间的总体性之中，有着世界性消逝着的节奏，这弥赛亚式自然的节奏，就是幸福。因为自然就其永恒和总体的消逝性而言，是弥赛亚式的。

——本雅明，《神学－政治学残篇》

燃烧的痛苦，即我们不能为无用之物而在此，而只为功利所奴役，功利自身乃是虚无，而且是如此虚无化，以至于它推动着对人之本质的最深度的侮辱。

——海德格尔，《晚间交谈》附录

神秘维度的普遍性允许或可能允诺了对“宗教”如此的世界性翻译：谨慎，尊重，克制或宽让，畏怯或羞愧，集让，等等，面对那些应该或本应该保持健康、安全、不受触犯、不受损害的东西，面对人们有时要在祈祷中以自我牺牲为代价，应该让其成为其所是的，也就是他者，采取中立的立场。这为宗教的可能性提供了一种图型。

——德里达，《信仰与知识》

# 目　录

序言

# 打开本雅明《神学－政治学残篇》的七封印

首先弥赛亚自身完成所有的历史事件，因而在这个意义上，只有弥赛亚自身才能解救、完成、创造出历史与弥赛亚之物的关联。因此，没有任何历史之物能把自身与弥赛亚关联起来。因此，上帝之国并不是历史动力的目的；它不能被设定为目标。从历史来看，上帝之国不是目标，而是终结。因此，世俗的秩序不能建立在上帝之国的思想上。因此，神权政治没有任何政治意义，而只有宗教的意义。布洛赫《乌托邦的精神》一书的伟大任务，以其所有强度否认了神权政治的政治意味。

世俗的秩序已然建立在幸福的观念上。这种与弥赛亚有关的秩序是历史哲学的基本教义之一，而且，它是一种神秘的、掌握历史的前提条件，它所包含的问题可以用这样的图像表明。如果一支箭头指向世俗动力起作用的目标，而另一支箭头标明弥赛亚张力的方向，那么，自由的人性对幸福的追求将会背离弥赛亚的方向，但正如一种力量通过它的道路走向，反能提升相向法则之正确道路的走向，于是世俗的秩序也正通过其世俗性，能提升弥赛亚王国的到来。因此，世俗本身不是神国的一个范畴，却是最切中、最顺应地接近的范畴。因为在幸福之中，所有尘世之物追求自己的沉落，但也只有在幸福中，它才注定发现自己的沉落。——内心孤寂之人通过其不幸，在苦难的意义上，贯通内心直接的弥赛亚式张力。把精神性的“整体性复原”导入不死性之中，对应着一种世界性的东西，这种东西被导向某种沉落的永恒性，并且，这种永恒消逝的东西，在其消逝的总体性中，在其空间，但也是在时间的总体性之中，有着世界性消逝着的节奏。这弥赛亚式自然的节奏，就是幸福。因为自然就其永恒和总体的消逝性而言，是弥赛亚式的。

即便对于人类的这个阶段，也就自然来说，追求这种消逝性，也是世界政治的任务，它的方法则被称为虚无主义。[1]

现代性的神学问题从哪里开始？它并非开始于尼采所说的上帝之死。在尼采那里，“上帝”只不过被酒神狄奥尼索斯替代。它也并非开始于基督教神学自身的去神话化，因为永生生命的信仰并未终止。

现代性的“神学”开始于它与“政治”的吊诡关系：神学

1 Walter Benjamin: *Gesammelte Schriften II.* 1991. S. 203–204.《神学－政治学残篇》由笔者所译，随后凡未注明的引用段落均由笔者所译。所有引用文献一律简化，为保持一致，仅仅注明作者、作品名称或者文集，或译者、年份与页码，除非必要，中文翻译有时候会以括号形式注明其外文出处。完整名目请看最后的“参考文献”。

不应该成为政治，如同反思纳粹主义的海德格尔在《黑皮本》中所认识到的，唯一神论乃是导致现代独裁政体的根源；政治也不应该成为神学，否则就会导致极权的暴力统治，强调现代性世俗化来自天主教的施米特就是一个反面的例子；但悖谬的是，为何现代性的每一次革命都指向政治神学或神学政治？难道神学的信仰行动不再采取宗教组织的形态，而只能以政治化的世俗革命行动为目的？而此政治化的神学革命又导致对生命的更大伤害。

如果神学与生命发生关系，如果神学关涉生命的幸福，那么会有另一种从生命出发的神学政治吗？神学既要面对生命短暂的实际性，又要唤醒永生的渴念，这就同时关涉到生命力的加强与衰败。因此，神学将会成为生命政治的辩证法，而最彻底思考了世界上升与下降之神学张力，也思考了生命幸福辩证法的思想家，乃是本雅明。

本雅明的《神学－政治学残篇》(*Theologisch-politisches Fragment*)，才是生命神学现代性的真正开始。

这是一个连写作日期都难以确定的片断文本，但其中却有着解构现代神学政治的所有思想种子，这迫使后来的解释者不得不投下其信念的所有赌注。晦涩的文本中所隐含的张力，也将考验所有研究者的耐心。

《神学－政治学残篇》(以下简称《残篇》)，并没有什么隐晦与显白之分，当下思想的责任就是让本雅明思想中神秘的

“元细胞”（Urzelle），以自己的方式重新生长，让思想本身渐进修养的韧性得以保持下去。这构成思想的事情与开端的任务。

但这个开端之为启示，却一直被封存着，其“七封印”有待揭开。因此，思想就必须找到打开这些封印的“锁钥”（Schlüsselcharakter）[1]。

我们将以诗歌分行的形式，或者以“教义体”（Traktat）的体式（这是本雅明钟爱的方式）进入这个文本，展开其内在折痕。

“标题”的时间：有待揭开的第一封印。

首先，《残篇》没有“标题”。本雅明并没有给出自己的标题，现在的标题乃是后来的编者阿多诺在50年代所加，当然命名为《神学-政治学残篇》也基本准确，如同陶伯斯所揭开的第一封印[2]。这个《残篇》确实围绕弥赛亚的神学问题及其“政治化”的可能性而展开，尽管它采取了否定的立场，它甚

---

1 Walter Benjamin: *Gesammelte Schriften II*. 1991. S. 946.

2 ［德］陶伯斯：《保罗政治神学》，吴增定等译，上海：华东师范大学出版社，2016年，115–119页。陶伯斯首先打开了《残篇》的封条，但也许同时他又封存了它，这真是吊诡的思想事件，比如面对“弥赛亚式自然化”这个最核心的主题，他试图让犹太教神学进入现代性又兼具现代的批判性，由此走向了保罗神学的方向，却全然错过了这个主题。此外，我们与陶伯斯还有一个重大差别：他认为卡夫卡小说中连一棵树都没有，但我们现在就是要植入自然之树——自然的拟似性，哪怕如同贝克特《等待戈多》中舞台上那棵贫瘠的树，如同贾科梅蒂雕塑出来的一棵骷髅树，可能也需要去寻找植根的土壤。或者如同贝克特《终局》中再次面对的危机——哈姆：“自然已经遗忘了我们。”克罗夫：“不再有自然。”“自然”也陷入了终局之中？

至可能先于施米特的《政治的神学》[1]。

就政治神学的命题而言，按照先后顺序及其影响，《残篇》写作的时间点存在巨大争议。第一，写作的时间如果是1922年，显然是在施米特《政治的神学》出版之后；或者，第一篇文章更早（1918年），而且讨论的就是基督教会的可见性。第二，从后来那封丑闻般的致敬信可以看出，本雅明确实受到了施米特的影响，但其思考方向全然不同，而本雅明的致敬也许是因为看到了自己与施米特的相通之处。第三，如阿甘本的研究[2]所言，写作时间比施米特《政治的神学》更早，这是与布洛赫对话的产物。我们知道，布洛赫《乌托邦的精神》出版于1918年，而据肖勒姆在《本雅明：一个友谊的故事》中的回忆，本雅明在1919年秋天读到了《乌托邦的精神》，而且与布洛赫

1 ［德］施米特：《政治的神学》，刘宗坤等译，上海：上海人民出版社，2015年。本雅明的“神学－政治”可区分为两个方面：一方面不同于施米特与施特劳斯的“政治神学”——必须肯定信仰与神权，对于本雅明，上帝已经退出或者无用化，上帝已经虚无化了，这才是现代性的残酷事实；另一方面，也不同于自由主义或多元主义的“政治哲学”，仅仅研究人的权力分配与制度设置，本雅明试图把人性向自然性还原，因为人性也虚无化了。本雅明的神学还不同于海德格尔的“元政治本体论”——从存在的命运来思考神圣。在此双重虚无化与无用化的前提下，神圣主权已经转化为一种“虚化的政治学”（Infra-Politics）或“虚化神学”（Infra-Theology），如同Alberto Moreiras等人开始思考的另一种现代性，这与“后霸权”或“赤贫的权力”相关。我们的反思是：由于神圣与人性的双重不忠与双重虚无化，如同荷尔德林所揭示的基本处境，神学只能在灾变的停顿中接受检验与“考试”，主权只能在自身让出中获得“虚位”（虚托邦：Khoral-topia）。

2 ［意］阿甘本：《潜能》，王立秋等译，桂林：漓江出版社，2014年。阿甘本与本书思考的主题有很多交叉之处，但有一关键的差异必须事先表明：笔者的研究把弥赛亚性与自然性加以对立综合，这是阿甘本没有展开的维度；而且，中国道家的“无用性”与西方神学中隐含的“不去用”也有着根本差异，“无用性”更多源于自然的启发（比如自然的拟似性或者纯粹的盈余浪费），而“不去用”则更多来自人类主体或身体的悬置行为。

有着密切交流，那么，《残篇》的写作时间更有可能是1920年，这是他们三个朋友对话的产物。

也许这个《残篇》的命名都并不准确，其标题就再次封印了文本。也许应该取名为《弥赛亚式自然的节奏》(*Der Rhythmus der messianischen Natur*)，或者《整体性的复原》(*restitutio in integrum*)。如此才能点明《残篇》的核心指向，才能找到《残篇》或者本雅明整体思想的"钥匙"？

尽管《残篇》的写作时间依然有争议，但现在我们基本上认同肖勒姆提出的时间点（在1919至1923年之间，可能就是1920年），而非阿多诺所说的1938年。笔者在这里给出一个强有力的证据，这来自本雅明1920年的博士论文。在论文的第三个注脚中，本雅明写道：

> 这一立足点可在浪漫派的弥赛亚主义中去寻找。实现上帝的王国这一革命性的愿望是渐进修养的韧性之点（der elastische Punkt der progressiven Bildung），也是现代历史的开端。与上帝的王国没有关系（aufs Reich Gottes），在这里仅仅是次要的。[1]

---

1 ［德］本雅明：《德国浪漫派的艺术批评概念》(Walter Benjamin: *Gesammelte Schriften I*. 1991. S.12.)，王炳钧、杨劲译，2014年，3–4页。大概只有哈马歇（Werner Hamacher）指出了这个时间点上的关联（Walter Benjamin: *Walter Benjamin–Handbuch, Leben–Werk–Wirkung*. 2011.S.190.）。此外，1919年4月7日，在给Ernst Schoen的信中，本雅明确认了自己在博士论文中要处理的问题（Walter Benjamin: *Briefe I*. 1978. S.208.）："浪漫派的核心即弥赛亚主义。"这也是浪漫派的真正特点。当然这也是因为浪漫派作为现代性的隐秘开端，已经彻底面对过现代性的绝境：一方面是艺术作品的体系完成化；另一方面是作品批评性的解体（kritische Auflösung）。如此两难，如何化解？必须一直保持此张力，但又必须引入"中介"——"自然"这个模棱两可的维度和弥赛亚性的异质力量。我们还可以在写于1925年的《德意志悲苦剧的起源》中再次发现相关段落（中译本第216页）。

本雅明在这里指明了浪漫派的弥赛亚主义，并非传统神学指向的上帝之国及其革命方式，而是要采取渐进修养的韧性方式。也就是说，对于本雅明，神学的现代化或者上帝王国的实现，不再是任何神学的革命方式，而是要采取渐进修养的方式，那么，这种方式如何展开？

为什么本雅明会走向这种“默化”的渐进方式，而非革命？这就间接指向了自然的弥赛亚化，因为在浪漫派尤其是歌德那里，有一种自然化的思辨诗学，而且与广义的“弥赛亚性”隐秘相关。本雅明也认同一些研究者的观点，认为浪漫派隐含一种新宗教产生的可能性，即让上帝之国在世俗世界、在时间之内实现出来的条件。

为什么这个注脚中的秘密一直没有被西方学者发现？也许主要是因为无人注意到《残篇》中“弥赛亚式自然”的重要性，这里或许有西方思考的盲点——对于西方而言，浪漫派所隐秘指向的“自然”与“弥赛亚”的奇怪结合，几乎是从未有过的大胆尝试（也许在德国神秘主义者和莱布尼兹那里有所闪现）。

这个《残篇》的启封，归功于陶伯斯。他敏感地注意到了本雅明这个片断文本的重要性，并且在《保罗政治神学》的遗言式讲授中，把本雅明《残篇》与保罗的政治神学联系起来，还承认了“自然”的重要性。这是不同寻常的事情。一方面，他认为本雅明的弥赛亚精神不是阿多诺与尼采等人审美的“似乎”（/好像：als ob）逻辑，而是经验的震荡，是实际性，这与布洛赫式乌托邦主义的具体行动相关；另一方面，他认为本雅明就是一个“新保罗”，肯定世俗世界与超验世界的绝对差异，否定凡俗世界的宗教性，但又不是以犹太教取消现实世界，而是以信仰来批判现实世界，以保罗的末世论来批判现实，再次肯定现代性，并且深深影响了阿甘本等人，伴随着施米特的幽灵，也激发了新一轮政治神学热潮。[1]

但对于我们，弥赛亚的审美化或者自然化，一旦与中国文化相关，审美化就出现了新的意涵，因为中国文化有着所谓“审美代宗教”的传统，儒释道三教都在文人美学的生命转化中得到贯通。此审美生活并非仅仅是审美，而且是一种审美的生活方式，甚至不仅仅是福柯所说的个体化审美生存风格的塑造，也是天地人三者共感场域的建造，更接近后期海德格尔所说的“在大地上诗意栖居”的原初伦理，也更具有渐进修养的韧性，并且具有生命的普遍性“修真”工夫：儒家的“修养”、道家的“修炼”与佛教的“修行”，在传统文人美学的统一与贯通中，以道教为主导，形成了生命灵根的“修真”，此灵根种子的觉醒与培育，就是自然的弥赛亚化。

自然一旦弥赛亚化，就有着对人世的超越，但喀巴拉神秘主义的上帝却采取了自身“回缩”的方式——上帝创世之前

---

1 Colby Dickinson and Stéphane Symons eds., *Walter Benjamin and Theology*. 2016. 该论文集很多重要文章都触及了本雅明政治神学中的关键要素，尤其是《残篇》终于得到了足够的重视与研究，但“弥赛亚自然化”的主题，或者本雅明的政治神学与自然的关系，还是几乎没有得到讨论。

的自身限制，也启发了退让与退出的姿态，开启了“余让”的原初伦理姿态。这样的姿态不同于陶伯斯所认同的施米特式决断的政治神学与主权模式，否则其与希特勒的根本区分就一直不可能明确，而弥赛亚的自然化可以避开强权。因为主权不仅仅空让了，也退出与退让了，如同传统的“禅让制”，一开始就是一种政治神权的让出与让予！只是这一点一直有待于重新阐释。

《残篇》之为片断，也是早期浪漫派片断式书写的文体隐喻，就如同一只“刺猬”，它如此自足，但又从未完成。从悖论开始，才是真正的开始。而弥赛亚与自然性的关系是不可能的关系，此纯粹悖论的关系，将会不断地“刺痛”我们。

《残篇》大致可以分为三段十四节，如同一首十四行诗。

## 0.1 绝对差异：上帝之国与世俗历史

第一段可以分为如下6节：

1. 首先弥赛亚自己（Erst der Messias selbst）完成所有的历史事件，只有弥赛亚自身才能解救、完成、创造（erlöst, vollendet, schafft）出历史与弥赛亚之物（das Messianische）的关联。

2. 因此（Darum），没有任何历史之物能把自身与弥赛亚关联起来。

3. 因此，上帝之国（Reich Gottes）并不是历史动力的目的（telos）；它不能被设定为目标。

4. 从历史来看，上帝之国不是目标（Ziel），而是终结（Ende）。

5. 因此，世俗的秩序（die Ordnung des Profanen）不能建立在上帝之国的思想上，因此，神权政治没有任何政治意义，而只有宗教的意义。

6. 布洛赫《乌托邦的精神》一书的伟大任务，以其所有强度否认了神权政治的政治意味。

本雅明在《残篇》中要思考的是三种秩序：

1. 上帝之国与弥赛亚自己的秩序。

2. 世俗的秩序或者世俗历史的秩序。

3. 隐含着的或后面才提及的——自然的秩序。

通观文本后，弥赛亚的王国只能通过自然的秩序来迂回。

在第一段的前三节中，《残篇》提出了两个世界或者两种秩序之间的关系——没有关联，或者任何关联都是危险的！

这是本雅明的判别：不应该有所谓政治神学。这已经不同于施米特。历史的终结是历史的末世论，并非历史的目标，但这只有弥赛亚自己才可能完成，这并非历史自身的“目的”与“目标”。一方面，它不是“目的”（telos），因为世俗历史并不以救赎为目的，而是以人类幸福的获得或者理性的实现为目的，这在康德的“德福一致”论中有最明确的阐述，尤其是启蒙之后。另一方面，它也不是“目标”(Ziel)，任何试图建立上帝之国与世俗国家的联系的手段都不被允许，目标与手段永远不可能一致。历史上试图建立联系的手段只催生各种暴力，最终导致的还是暴力，这也是后来本雅明要区分开“神话的暴力”与“神圣的暴力”的原因。如果二者之间有着连接，那么，这种连接不应该是已经出现过的任何方式，一定有待于面对困难(后面所说的虚无主义)、面对历史的苦难(追求幸福的人类为什么不可能获得幸福，在资本主义发达时代也不可能幸福)，去发现别样的连接。

如果有着别样的连接，那一定是历史唯物主义与乌托邦精神中的其他方面。这个其他方面是什么？这是后面要提出的自然世界。尽管在这个语段，本雅明还没有提及历史唯物主义，也没有提及自然，但是布洛赫《乌托邦的精神》已经面对了这个问题。

首先需要交代的是，“弥赛亚性”或“弥赛亚精神”包括两个方面：一方面，它指来自犹太教的“受膏者”，尤其以大卫王为原型的君王形象，后来则演变为君王、祭司和先知三个形象，比如摩西与以利亚就成为弥赛亚的原型，并且与末世论的救赎和灾难的突变等末世事件相关；另一方面，它也指一种普遍历史文化记忆中的拯救精神，尤其是对绝对正义的广泛诉求，如德里达所说的没有弥赛亚主义的“弥赛亚性”，没有哪一个民族没有对绝对正义的诉求，“即便世界毁灭，也要让正义实现”。康德的《论永久和平》已经隐含了弥赛亚精神。

因此，在《残篇》的开头，“Erst”（“只有”或者“首先”）这个德语词的双关含义，是为了肯定弥赛亚自身的重要性——弥赛亚永远是首要的条件！因为弥赛亚的主权关涉历史命运的三个词——解救、完成、创造——也首先仅仅属于弥赛亚自己。

如此，三个词都得到了新的理解：“解救”需要悔改与宽恕，与整个神学传统相关，但必定会得到新的解释，那就是生命的救治，是生命灵根种子的觉醒与解救，甚至解脱；“完成”乃是当时的生命哲学（无论是新康德主义，还是生存哲学）的生命实现，就连海德格尔在这个时期也开始思考生命的自身实现与信仰的关系（面对保罗神学与奥古斯丁），这是个体生命渐进修养的过程；“创造”本来是上帝的行为，是一个新天地的创造，但现在则指向个体艺术家的创作活动，尤其是审美生存风格的塑造。

这三个词及其排列顺序，并不遵循基督教正统神学的序列与逻辑。文本在书写展开中，多次重复“因此”（Darum）这个词，保持了其论证的严密性，以及语气的迫切感。

阅读这个《残篇》，就是破解这个文本的密码：弥赛亚自身如何再次化身或再次显现？换言之，一个新的弥赛亚形象或者世界的正义状态如何显现，而且还不能采取宗教革命的方式，不用神学政治的任何方式，这如何可能？

这会是什么样的弥赛亚形象？这个弥赛亚形象具体化为上帝之国与世俗秩序之间的绝对差异关系。在本雅明看来，世俗秩序必然衰败，人类历史追求幸福的目的并不趋向于救赎，而是一直处于下降之中，这与当时斯宾格勒所写的《西方的没落》息息相关，甚至构成了基本的生命形态学处境。这是以往的研究者从未注意到的。弥赛亚与世界并不相关、与历史的目的根本不相干。因此，“神学”与“政治”没有任何关联性，二者之间有着绝对差异，如同后期海德格尔思考的存在论差异：存在本身与存在者不相干，或者存在本身就并不存在，存在者并不追问其存在本身，而只是处于下降的沉沦状态。[1]

此绝对差异及其区分：揭开了“第二封印”。

本雅明如此区分世俗秩序与上帝之国，以便彻底展开一个绝对的神学差异，它不同于海德格尔的神学 - 存在论（Theo-onto-logy）差异，而是救赎与历史的世界性终末论差异。要展开此绝对差异，是因为本雅明面对犹太信仰与启蒙理性之间的紧张关系，不得不发明一种新的教义，来面对康德以来的理性启蒙哲学，或如学者们指出的，可能这个时候本雅明还受到犹

---

1　本雅明面对的差异，比海德格尔提出的更绝对，这是弥赛亚自身的绝对差异，不同于海德格尔早期存在与存在者的存在论差异，以及海德格尔中期的历史民族决断的致死差异（德意志与希腊，或德意志与俄罗斯，甚至德意志与犹太人），或许反而与海德格尔后期思想中神圣语言的再次发生相关，但又并非传统的“存在论神学”。我们后面讨论海德格尔思想的转向时会回到这个问题。

太式新康德主义者柯恩的影响。[1]

此绝对差异体现为：一方面，弥赛亚自身的力量足够完成一切历史，他独自拥有此力量，历史是他自己的戏剧，此拯救并不依赖于人类的任何行动，甚至弥赛亚王国已经在此；另一方面，历史也不与弥赛亚发生关系，人类的历史与人性本身一样，自有其享受幸福的逻辑，或者如同启蒙理性追求自由王国的目标，如同康德及其后的启蒙哲学所为。本雅明试图建构的犹太教哲学或现代性教义，为何要如此彻底地把弥赛亚与历史分离开来？

本雅明勇敢地划下了神学的巨大鸿沟。一方面，只有弥赛亚自己、只有上帝的力量才能导致历史的终结，这不是历史自身的目的，而是所有历史的终止，是末世论的最后终结（这是上帝的权能，唯一神论的上帝绝非人性，堕落的人性与上

---

1 ［德］赫尔曼·柯恩：《理性宗教》，孙增霖译，济南：山东大学出版社，2013年。柯恩在这部著作第13章《弥赛亚的观念与人类》中思考了上帝的独一性与弥赛亚救赎的重要性，尤其是关于弥赛亚之未来与永恒（Aion）的问题。本雅明在1920年12月给肖勒姆的书信中提到过此书。此外，该书英文版由施特劳斯作序，而施特劳斯一直保持着对信仰与理性之间紧张关系的思考，这开始于其《律法与哲学》的最初写作。只是施特劳斯一直在解读柏拉图的语境中纳入犹太教的信仰，试图重新面对耶路撒冷与雅典的张力。同样面对虚无主义，施特劳斯也许过早地放弃了以虚无主义为方法的必要性，在复杂的现代性处境下，以犹太化的柏拉图式政治哲学来解决尼采式的虚无主义，但似乎没有那么容易。此外，施特劳斯在英文版序言中指出了祈祷的重要性，他认为祈祷是联接上帝与人类的语言，“律法的灵魂和内在性是祈祷”，就如卡夫卡所言，“写作好比祈祷的形式”，而本雅明把注意力看作灵魂的自然祈祷，走向无意记忆的书写，也试图让弥赛亚与自然在祈祷中建立联系。中国文化则在诗意的自然化书写表达（无论是诗歌书写还是书法与山水画的书写）中保持着气息的咏默化。

帝没有关系）。另一方面，历史的动力与目的并不是上帝的王国，上帝的王国并不自动成为历史的动力，天国也非作为历史的目标来设定；对于弥赛亚而言，历史的发生不是最高的目标（Ziel/end），而是彻底的"终结"（Ende /The End），上帝之国或弥赛亚的来临，只是来终结历史本身，这是弥赛亚独有的权能。

天国与历史是分离的，外在与内在也是分裂的，这些区分非常接近于韦伯关于比较宗教的研究。弥赛亚只能"外在地"进入世俗世界。历史并不通过自身的"内在"进程走向救赎，它不需要救赎的神权，尤其是世俗秩序总是以幸福为目的时。即，政治并不走向神学。除了宗教的意义，上帝之国或神权政治并没有政治现实性，神学也并不走向政治。

本雅明的区分非常彻底：处于散居时代的犹太教神学显然一直没有现实性，或者也是因为犹太人被禁止思考弥赛亚的来临，因而与世俗秩序没有关系；基督教神权进入现代性与启蒙时代后，也只能局限于教会内部，或者已经被宗教化的资本主义取代了。这个彻底的区分导致了神权政治弥赛亚实现的困难：或者根本无法实现，或者其实现的难度增加，因为这里根本没有任何辩证神学的可能性！

这也是为何布洛赫要在20世纪初写作《乌托邦的精神》。布洛赫从现实出发来设想救赎，却抛弃了传统神学，驱赶宗教的鬼魂，召唤出灵知主义的代表人物马克安（Marcion）。布洛赫认为乌托邦精神忠实于自己身上的恶魔性及其康复的可能性，寻求心灵与弥赛亚的“自身相遇”，施行内在世界外在化与外在世界内在化。这是一种革命灵知主义，后来布洛赫把此陌生上帝的福音说成是基督教中的无神论。[1]

显然，布洛赫的设想与本雅明的神学思路不相符，考虑到本雅明针对布洛赫写过专门的评论文章（只是丢失了），其复杂性不是我们这里要处理的问题。当然，布洛赫思想中弥赛亚的革命性，超越世界的“尚未此在化的弥赛亚目标”（noch nicht daseiendes messianisches Ziel），或承认“作为尚未实现的弥赛亚”（als noch nicht realisierten Messias anerkennt），甚至要在犹太教的旧约与基督教新约之外发现第三部约书的弥赛亚主义，召唤一个“尚未来临的更远的弥赛亚”（der ferne Messias），肯定弥赛亚的先天性与理论弥赛亚主义的体系，提出了弥赛亚思想的反思性。这些繁杂的弥赛亚思想还是深深刺激了本雅明，打开了各种弥赛亚精神的思路，我们这里只是展开本雅明自己的观点，如同陶伯斯所认识到的相关问题与盲点。[2]

我们发现，与《残篇》相关的思考，是布洛赫著作结尾处的一段：

---

1 参见卡尔·洛维特《世界历史与救赎历史：历史哲学的神学前提》，李秋零、田薇译，北京：生活·读书·新知三联书店，2002年。自从中世纪后期，世俗的历史解释或者历史神学颠倒了救赎与道义维度，而走向历史自身的自律、此世的革命、历史理性的目的论、理想的乌托邦社会，等等，这些无疑都与超越的救赎论背道而驰。

2 ［德］陶伯斯：《保罗政治神学》，122–125页，200–201页。

> 但灵魂的生命也从世界的灭绝中摆脱出来，以便进入最深意义上的“完成”状态，并且，拉向彼岸风景的幸福绳索（所绑缚）的木桩已经锚定，灵魂的核心精髓不应该被永恒的死亡深渊撕裂，而且其目标，乃是经过尘世生命的组织，让永恒的生命首先到来。这也是超宇宙的“不死性”，是灵魂王国的唯一现实，是世界之迷宫的“整体性复原”（die Restitutio in integrum）——通过撒旦式同情的彻底颠倒。[1]

永恒的生命或超宇宙的不死性，才是灵魂王国的唯一现实。要让此不死的灵魂得以实现，首先需要的是灵魂生命的整体性复原，灵魂生命就是生命灵根的种子，“整体性复原”则是生命灵魂的修养韧性与培育。永恒生命的灵魂与整体性的复原，才是本雅明神学思考开始的种子，这来自布洛赫。因此，《残篇》最可能写作于这个对话的时刻。

对于本雅明与肖勒姆，哪怕接受了犹太教神秘神学，也只能认为思考世界的政治态度是“虚无主义的”，这就是《残篇》的落脚点。但这是什么样的虚无化呢？如果不再是基督教的虚己（kenotic）或从无创造，也非伊斯兰教的天国神往，亦非现代个体欲望的虚无主义狂欢，更非“比无还少”的虚无主义文学写作，那是一种什么样的虚无化生存样式？

---

1　Ernst Bloch: *Geist der Utopie. Faksimile der Ausgabe von 1918*. S. 442. 这里出现了《残篇》中最关键的犹太教喀巴拉神秘主义的词语——“整体性复原”，可见布洛赫对本雅明的深刻影响。

本雅明之所以看重布洛赫1918年出版的《乌托邦的精神》，有着历史的境况。在俄国十月革命之后，第一次世界大战刚刚结束之际，本雅明有着犹豫：一方面，他确实读到了这本当时刚出版的书，认同布洛赫的部分观点，即否认神学对于政治的决定性意义；另一方面，尽管布洛赫的思想异常个体化与神秘化，但本雅明并不认同布洛赫从现实出发来设想救赎的革命姿态[1]，如同肖勒姆所认为的，神权政治有另外的道路与方式，既不是传统神学政治的各种方式，也不是马克思主义的革命方式。[2]

当然《残篇》也隐含了对布洛赫思想中自然化倾向的隐秘认同。后来布洛赫也走向了弥赛亚自然化的道路，在这个方面

1 有研究者指出了两者的差异，“把本雅明的工作与布洛赫的救世主义区分开来，而与肖勒姆的工作结为同盟的，正是这种对于把犹太教的救赎概念与革命的希望直接等同起来的拒绝”。因为本雅明与肖勒姆相信，在历史时间之内没有救赎，而只有整体的救赎，且那个救赎超越人类力量。参看彼得·奥斯本《时间的政治：现代性与先锋》，王志宏译，北京：商务印书馆，2004年，207页。

2 本雅明是明确且完全反对布洛赫这本书的，这更能说明《残篇》可能写于这段时间。参看Eric Jacobson: *Metaphysics of the Profane, the Political Theology of Walter Benjamin and Gershom Scholem*. pp.23, 238. Uwe Steiner: *Walter Benjamin: An Introduction to His Work and Thought*, p.73。在本雅明的通信集中，从1919年9月19日给好友E.Schoen的书信，以及随后与肖勒姆的通信，直到1920年2月2日再次给Schoen的信与2月13日给肖勒姆的信（更晚到1921年1月），本雅明一直在写一篇针对《乌托邦的精神》的既高度学术化又极度隐晦的评论。本雅明认为虽然这本书的某些重要解释与自己的信念不相左，但也从不与自己的哲学相应，甚至总体上还与自己的哲学彻底对立。本雅明要面对布洛赫的认识论以及原则性的基督教神学，虽然自己的思想与之根本有别，但又不得不回应其中“整体性复原”的弥赛亚性诉求。通信中提及的专门研究文章遗失了，只留下《残篇》这个文本。这也从另一个角度证明《残篇》写于1920年左右。见Walter Benjamin：*Briefe I*. 2000. S.218–237（*Gesammelte Briefe II*. 1996. S. 46–77. ）。

可能更好地实现了本雅明尚未充分展开的维度，这也是为何本雅明一直对布洛赫的思想颇为着迷。也许重新思考本雅明与布洛赫在弥赛亚与自然性关系上的相关性，是思想未来的任务之一。

如果神学不可能直接通向政治，否则就会造成最大的灾难，同时，政治也不应该以神学为依托，否则也会催生最大的暴力，那么，神学化的政治与政治化的神学都变得不再可能，都变得无用了！

“神学的无用”由此发生，但如何又逆转为“无用的神学”？以无用为神学的信仰，既要肯定任何神学已经无用了，也要肯定无用作为神学的可能性，但此无用的神学如何不进入自身的悖论或吊诡之中？

“没有关系的关系”：打开了“第三封印”。

弥赛亚王国与世俗的历史世界之间，形成一个“没有关系的关系”（relation without relation），一种“非关系”（a-relation）。弥赛亚的国度与世俗历史的国度不相干，不重叠；世俗历史当然会发展，但是会灭亡。

一旦要建立不可能的关系，就会陷入悖论：一方面，要继续保持“没有”关系，“切口”（a cut）一直都在，必须一直保持着；另一方面，发生了“一个没有关系的关系”，保持切口的同时，出现了“一个切口的切口”（a cut of cut），如同德里达的思考，这是一个“无”与“间距”，是人类无法克服的“无”。这是西方人的思考方式。这个切口与灾变、暴力的发生和模仿相关，如同打着宗教信仰旗号的恐怖主义攻击，通过自我牺牲与血腥的暴力来寻找连接点。切口之为切口——就是区分（Unterscheidung），绝对的区分与外在尺度，如同历史记忆与文本记录的差异。但这是罪的记录、恶的历史、没有希望的世界历史，它通过绝望与罪恶来记住那个绝对超越的上帝耶和华，等待弥赛亚的救赎。而“切口的切口”由什么来承受？由身体。切口落实在个体身体的痛苦与忍耐上！在痛苦的承受中，一旦上帝显现，身体也将受难而死。

上帝之国与世俗秩序之间没有连接点，没有辩证法，现代性的任何连接——无论是辩证神学还是否定神学，都无法同时肯定二者，并形成新的关联，因为缺乏中介。现代性是灾变与停顿（caesura/Zäsur）的现代性，是中介空缺的现代性，而任何试图连接的方式——无论是自由主义经济的“货币全球化”，还是集权国家的卡里斯马式的独裁者或者宗教领袖的统治——都只能导致更大的分裂、更剧烈的贫富差别与南北差异，或者导致暴力，并催生更大的暴力。

那么，还有其他的方式吗？不是切口的切断与伤害方式？有着连接但又不是人性欲望与意志力的连接？本雅明要寻找与发现其他方式：通过自然来迂回。

## 0.2 心感：逆转的张力与整体性复原

第二段可以分为如下几节：

7. 世俗的秩序已然建立在幸福的观念上（an der Idee des Glücks）。这种与弥赛亚有关的秩序是历史哲学的基本教义之一。

8. 而且它是一种神秘的、掌握历史的前提条件，它所包含的问题可以用这样的图像（Bild）表明。如果一支箭头指向世俗动力起作用的目标，而另一支箭头标明弥赛亚张力的方向（die Richtung der messianischen Intensität），那么当然，自由的人性对幸福的追求（Glückssuchen）将会背离弥赛亚的方向，但正如一种力量，通过它的道路走向，反能提升相向法则之正确道路的走向（entgegengesetzt gerichtetem Wege），于是世俗的秩序也正通过其世俗性，能提升（befördern）弥赛亚王国的到来（das Kommen des messianischen Reiches）。

9. 因此，世俗本身也不是神国的一个范畴，却是最切中、最顺应地接近的范畴（der zutreffendsten eine, seines leisesten Nahens）。因为在幸福之中，所有尘世之物追求自己的沉落（/ 没落：Untergang），但也只有在幸福中，它才注定发现（zu finden bestimmt）自己的沉落（/ 没落）。

10.——内心孤寂之人通过其不幸，在苦难的意义上，贯通内心直接的弥赛亚式张力（die unmittelbare messianische Intensität des

Herzens）。

11. 把精神性的“整体性复原”（restitutio in integrum）导入不死性（Unsterblichkeit）之中，对应着一种世界性的东西，这种东西被导向某种沉落的永恒性（in die Ewigkeit eines Unterganges führt）。

12. 并且这种永恒消逝的东西（ewig vergehenden），在其消逝的总体性中（in seiner Totalität vergehenden），在其空间，但也是在时间的总体性之中，有着世界性消逝着的节奏，这弥赛亚式自然的节奏，就是幸福（aber auch zeitlichen Totalität vergehenden Weltlichen, der Rhythmus der messianischen Natur, ist Glück）。

13. 因为自然就其永恒和总体的消逝性而言，是弥赛亚式的（Denn messianisch ist die Natur aus ihrer ewigen und totalen Vergängnis）。

就弥赛亚而言，怎么做都不可以；就世俗世界而言，怎么做都可以。

这是现代性最困难的悖论：“怎么做都不可以”——因为上帝不再给出命令，任何行动都不具备普遍性了；“怎么做都可以”——但任何获取幸福的手段，永远无法成为普遍的标准。前者导致打着宗教旗号的恐怖主义分子的颠倒错乱，后者导致犬儒主义“一切皆可”的无所谓。

如斯洛特戴克与齐泽克所深刻指出的，这不过是尼采式积极虚无主义与消极虚无主义的相互依赖！看似没有关联，其实正好互为镜像。还有另外一种虚无主义吗？“在虚无主义之外，一无所有。”尼采的论断依然正确？

如果绝对差异的两个世界要发生关联，其关联在哪里呢？这是“没有关联的关联”（或“关而不联”），本雅明必须寻找到那个“并没有关联的关联项”。

现代性当然对这两个秩序有着某种关联或连接，但要么肯定此虚无主义，也即尼采发现的感性化大地的意义，肯定自然的欲望，却可能导向纵欲或者过度消耗，而欲望的解放并没有导致永恒的幸福；要么，幸福的解放只不过是欲望的解放，并走向资本主义商品拜物教，反而加强了虚无主义；要么，这些方式都混杂着，最后仅仅剩下虚假的资本化与技术化的幽灵式弥赛亚主义（如同德里达的思考与解构）。但在本雅明看来，我们不可能逃出世俗世界，这就指向更吊诡的连接：不是从天国外在地进入，而是从世俗现实性进入，深入到泥沼之中。这就是本雅明受到超现实主义影响提出的所谓“世俗启迪”。

如何把弥赛亚与世俗世界的现代性境况关联起来？传统的各种关联方式基本上失效之后，对于本雅明，这个关联的中间项在于——幸福。肯定世俗世界的世俗性，但要做得更彻底，这个彻底性就体现在人类对幸福的不止息追求上，因此，这是幸福的“观念”，而不只是一个想法。这种不止息的欲望，就如同谢林在《世界时代》中所肯定的原初深渊中的涌现力量，甚至是超越神性根据的生命渴求。

一旦深入此深渊，如何可能实现逆转？这就必须在彻底沉沦或下降的世俗世界中发现对立或者逆转的方向。逆转的力量来自哪里呢？它既与人性相关，也与弥赛亚性相关，但它一直没有被西方传统发现——这是“自然”，这个沉落着也永恒消逝着的自然世界。

如果历史化的世俗世界已经彻底世俗化，因为它建立在幸福的观念上，那么幸福的秩序与弥赛亚的关系就成为历史哲学本质性的教义片段。到底何谓世俗历史与上帝之国的关系？既然资本主义的拜物教成了新宗教，如何在资本主义时代建立二者的关系？那就要从这个新宗教的动力出发——这就是幸福！但幸福不仅仅属于资本主义，还是历史的先决条件，甚至是其神秘的条件。

弥赛亚也是神秘的，幸福的神秘与弥赛亚的神秘是什么关系？这可能是卡夫卡一直在思考的问题，可能也是犹太人最彻底面对的问题，因为被放逐散居的犹太人只有进入允诺之地才可能幸福，但在现世的当下生活中如何可能获得幸福呢？这就出现了弥赛亚的形象以及如何显现的问题，即弥赛亚如何与幸福发生关系的问题。

“反转的时刻”，这就打开了“第四封印”。

弥赛亚王国的来临与自由人的幸福追求是相反的。世俗世界的幸福是一种巨大的诱惑力量，此乃世俗之物的本性，但这样的力量却可能导致弥赛亚王国的来临！这是历史“反转”或“逆转”的时刻，是生命“逆觉”的时刻。为何幸福能构成如此“反转”或“转化”的张力，并可以建立世俗历史与弥赛亚来临的关联？这是由幸福的本性所致。

何谓幸福的“本性”（/自然：Natur）？本雅明一直在思考现代人幸福的可能性，幸福与命运和性格相关，是现代性的基本动力，如同巴洛克悲剧舞台上僭主的不幸命运昭示了历史的阶段性与诡计！而在《残篇》中，幸福得到了最明确的规定：在幸福中，一切尘世之物都在寻求自身沉落或衰败的原因，即，在幸福中，“衰败”与“不幸”才“注定”下来（《面向暴力的批判》也思考了衰败，《论语言本身与论人的语言》则思考了人类语言的堕落与衰败），变得明确起来——越是追求幸福，反而越是导致痛苦、越是导致下降与衰败。

弥赛亚的迂回运作，乃是同时进行双重运动，如同箭头这个形象所指引的双重方向：前行与来临，下降与上升，还是同时性的没落（Untergang）与上升（Aufgang），如同杜甫晚年在夔门所写的伟大诗句：“无边落木萧萧下，不尽长江滚滚来。”（《登高》）如何可能发生反转（所谓“反者道之动”：反对与回返的同时性）？在幸福中如何施行反转或逆转？这是人类对不死性的追求？如何整体性地复原？

本雅明在这里导入了一个困难且独特的区分，即“不死性”（Unsterblichkeit）与“永恒性”（Ewigkeit）的区分。不死性，乃是上帝或者神性，或者是救赎的记忆，或者是宇宙本身的不死记忆。永恒性之为消逝的变化之物，就如自然的总体性状态，自然世界总是在变化着，自然法则也总是会被打破；或者是静止的不变之物，比如数学与逻辑规则。

对于人类的幸福而言，越是追求永恒，越是体会到幸福不长久，越是深入生命短暂与消逝的经验，而且这还是总体上的消逝，是时间与空间的总体消逝。如德里达所言，一个生命的终结是一个世界的终结，是世界本身的终结。但并没有不死性，因为一切都会消逝，尽管此消逝有着永恒性。消逝的永恒性，让人类、思想着的人类，在觉悟中总是带有不可避免的哀伤，此哀伤之情一旦被赋予诗意，人类就获得了心感。这是宇宙的心感，面对消逝的永恒性，如同中国诗人所言“年年岁岁花相似，岁岁年年人不同”。人的短暂性与有限性正面对着自然之物的循环性与可再生性。因此，心感的灵魂就必须在消逝中，追随此消逝，却又形成节奏，正是在面对消逝时还捕获宇宙的节律，如同中国艺术赋予消散的烟云以节奏，保持气韵生动与烟云供养，此心感才是诗意的感通，由此形成了某种诗意的神学或诗性的“艺术宗教”（Kunstreligion）。此艺术宗教的理论，就其现代性而言，对应于从荷尔德林、谢林与黑格尔开始的《德国唯心论最初纲领》的梦想（也许只有海德格尔与本雅明最好地贯彻了此纲领的方向）。中国传统文人美学的“审美代宗教”（或“审美即宗教”），与渐进修养的韧性或精神的心感练习一道，经过现代性转化与跨文化对话，应该有其救赎的普遍性（“只有艺术可以拯救我们”！而非“上帝”？）。而一旦进入现代性的灾变，自然的消逝性与人类的必死性相关，心感更为脆弱与无力，更需要诗意的安慰。无论是本雅明对于灵晕的激活与再发现，还是海德格尔对于荷尔德林诗歌的阐释，都是面对神性的双重缺席，在灾变的停顿时刻，以诗性化的“艺术宗教”来寻求另一种更“微弱”，但也更“细微”（infra-mince）的拯救。

本雅明认为，自然，即所谓自然界，最能体现消逝的本性。在这里，因为 Natur 这个词兼具两个意思，自然与本性会被混淆起来，所以，很多后来的解释者就不看重《残篇》中出现的“弥赛亚式自然”。即便陶伯斯发现了这个自然的末世论概念，依然没有展开，尽管他以否定批判的方式——对阿多诺与尼采的审美感性方式之彻底否定——看似挽救了弥赛亚性的方向，却再次错失了自然的维度。这可能是大多数思考弥赛亚性的思想者的盲点，无论是肖勒姆还是阿甘本等人都是如此，可能只有齐泽克看到了此问题，而走向深度生态学。只有布洛赫把自然概念当作一切拯救的材料与药方，肯定“自然的技术”与自然的“原始生产力”。

人类无止境地追求幸福，一方面，人类欲望不断增加，甚至人类动物本能被彻底唤醒，享乐成了世俗历史的主要目的，而且历史也肯定此欲望的合法性，这带来了世界从未有过的繁荣；而另一方面，幸福的积极意义在于面对一个无法解决的悖论——越是追求幸福越是导致不幸，追求幸福的人不得不同时经受苦难。

正是对不幸与幸福的感受，激发出个体内心直接的弥赛亚张力，唤醒那内在的唯一之人。一旦此内心被唤醒，而人没有得到幸福，或者感受到不幸，追求幸福的永恒欲望又永远不可能得到满足，这样的幸福追求必然导致苦恼意识，如同黑格尔在《精神现象学》中的分析，最终导致更大的不幸，也必然导致内心的痛苦、沮丧与撕裂——在追求幸福中，人却越来越绝望，这会导致良心发现吗？

弥赛亚与世界的关系，落实在一个脆弱的位置上——心感的位置。此“心”直接的弥赛亚张力是什么？是良心，还是被召唤之心？本雅明在这里没有讨论良心的问题，也没有进入海德格尔式的良心召唤或犹太教的神圣祈祷，这是后面尚待展开的主题。也许“此心”既在也不在这个世界上；此心的跳动及其节奏既属于自身也来自他者。对于内在之人，让－吕克·南希有过明确的思考。内在之心是比我自己更内在的内在性与亲密性，但又是外在的切分。此心属于上帝的国度，属于弥赛亚王国。

本雅明这个心感的张力思想可能也是来自布洛赫，后者已经指出“弥赛亚的原初精神位于我们最为内在的深度”，是生命灵魂的不死性，或者就是中国文化所说的心魂与心魄，即上升聚集与下降消散的双重力量。只是本雅明并不认同布洛赫这种来自康德的自我内发性，也不认同从自我深处的黑暗面向外转化的方式。

自我深处的黑暗来自人性的罪恶，即人类的生命或者命运已经处于历史的罪恶之中，如同亚当以来的人类堕落，已经没有了纯粹的生命，但本雅明并不持有这样的原罪观，就如同中国文化也没有这样的原初经验。人类追求幸福，越是追求永恒的幸福，越是不可能获得，就越是彻底地沉落，因此生命力的下降沉沦才是现代人的“原罪”或者说痛苦的根源。沉落下降到何处？沉落到自然之中，被抛之所在——不再是海德格尔所说的生存于世界，而是被抛在更彻底的自然性或者周围世界之中[1]；也非海德格尔与纳粹后来所认同的历史民族的血与土，而是整体消逝着的“自然”，这无用化的自然性！因为人类的欲望从根本上来自人类的自然化生命，来自生命本能的欲求，来自生命本身。这是纯粹的生命，也是本雅明随后要思考的生命体或生灵（creature）。

幸福的追求导致了彻底的失败，个体必然回到内心的位置

1　“周围世界”（Umwelt）一直是海德格尔思想的出发点，但可能也是其最大的“盲点”，西方后来对此“三重世界”中周围世界的展开并不彻底。海德格尔思考“动物世界的贫困”与“石头的无世界”时对此有所讨论，晚期海德格尔思考“自然的自然性”似乎与之相关，但过于诗化。后来则是晚期梅洛－庞蒂有所涉猎，早期列维纳斯思考身体的享乐与元素性时也有所涉及，也许后来德勒兹借助于尼采的欲望生产，触及了这个周围世界，但也不彻底。后面我们讨论“自然的拟似性”时，会回到这个问题上来。

上，这个位置就可以逆转人类历史的方向，而这种逆觉的发生，还必须让人类进入更彻底的沉落（/ 没落：Untergang）：进入永恒消逝（Vergehenden）的自然，在沉沦与消逝之间、在瞬间的消逝与永恒的轮回之间找到关联。

有限的人只能生死“一次”，自然物却可以永恒地“再生”循环，人性的自然性呢？人性具有双重性，既是瞬间消逝的生命，也是永恒复返的元素性，但是否有着一个奇妙的连接点，可以连接消逝与永恒？其连接点在哪里？这就需要发现“弥赛亚之物”，这就是弥赛亚要发生作用的时刻，也是灵魂的生命逆觉苏醒的时刻。这样的连接与可再生性，就是弥赛亚的自然化，或者自然的弥赛亚化，但这个可再生性的连接点，到底是什么呢？个体生命灵魂的脆弱心感与自然的永恒性发生共感的可能性条件，来自弥赛业的作用，由此生成弥赛亚之物，即生命灵根的种子。

然而，上帝之国与世俗秩序并没有中介，二者之间并没有连接点！这是虚无主义时代信仰的困难之所在：一方面，它既非基督教带来的政治神学的连接——施米特在启蒙的世俗化时代还要恢复它，左派也试图再度利用基督教抵抗资本主义的全球化；另一方面，它也非犹太教自身的不断放逐——成为被迫害的牺牲品，成为唯一神论争斗的筹码。

那么，中介在哪里？弥赛亚进入世界的中介在哪里？本雅明的回答是：只有进入弥赛亚式自然的节奏，才可能获得新的幸福。这样的自然性是永恒消逝的自然性，也是沉默的自然，它有着消逝性——自然总是在变化之中，但又有着再生的循环——似乎也是另一种永恒性。如何进入此消逝着的自然，还有着弥赛亚的救赎？对于本雅明，既然人类已经堕落，人类历史就没有自动走向得救的道路。

因此，弥赛亚不可能与人类历史直接相关，那从哪里相关？从“自然”那里！弥赛亚与人类的相遇——在自然领域。当然这里所说的自然既非对象化了的自然界，也非现代科学处理的物理学对象，而是人类被还原为自然性的自然化生命。自然还原为自然的自然性，而且是消逝的自然性。弥赛亚与自然的相遇，乃是多重“还原”之后的相遇。

此自然化具有无用性，不同于纳粹帝国以自然化的种族神话进行的连接。尽管革命左派试图把革命主体还原到身体的潜能上，已经开始触及自然性，但并不充分；尽管阿甘本与齐泽克等人反思资本主义全球化时，最好的政治行动乃是采取“巴特尔比式效果”（The Bartleby Effect）的“宁愿不”的“不去为”方式，但他们并没有把无用性与自然性彻底关联起来。

让“自然”出场，本雅明以其勇气，尝试提出“自然”这个中介，但这是一个“不可能的”中介。因为奉行唯一神论的西方从未把自然当作一个如此连接的中介，尽管马丁·布伯试图把犹太教向着东方还原，尤其与道家相关，建立弥赛亚性与自然性的关系，但这不可能成为当时欧洲思想界的主流，犹太人在大屠杀之前还不愿意放弃融入西方的诱惑。

本雅明的思想与自然的关系就有待于被再次发现：

1. 本雅明在1916年《语言论文》中，在论及亚当的纯粹语言时，已经回到了沉默的自然，回到自然之中还剩余的“种子”，此种子也是喀巴拉神秘主义的上帝创世时所保留的种子。

2. 本雅明在博士论文中思考早期德国浪漫派时触及了弥赛亚与自然的关系，随后通过歌德的自然化源现象，尤其是在《评歌德的〈亲合力〉》的写作中，把弥赛亚的希望维度通过“星星的面纱和泪水”，进行自然化生命的还原，并把弥赛亚带入自然的诗学。

3. 1933年后，进入思想后期阶段的本雅明则集中于思考语言与模仿的关系，尤其是与自然的相似性关系，在论文《艺术作品在其技术的可复制时代》中思考相似与游戏的关系，就彻底打开了自然的维度。

4. 直到进入《拱廊街》的研究，当阿多诺在书信中指责本雅明的研究缺乏“中介”时，其实本雅明已经有自己的中介了，从沉默的自然到相似性的语言，从感性的相似性到非感性的相似性，直到第二技术与自然相似性的可能关联。

5. 尤其是宇宙感通拟似性的唤醒，这由自然所保留与唤醒的“相似性”与“幸福”之间有着隐秘的关联，如同恋人们之间达到相似性的同一化，几乎就是幸福的实现！比如，父子之间的相似性与亲密的自动化记忆，在异国他乡听到乡音时的时间救赎，还有在动物世界里昆虫们的保护色与自然环境的融合，这些都源于自然所启发的模仿与相似性。一切就如同庄周梦蝶与蝶梦庄周，这才是幸福的秘诀。这是《柏林童年》反复改写的密码与秘密。

——也许我们需要专门写一本讨论“本雅明论自然”的书？

自然化或自然的世界，既非上帝之国，也非世俗秩序。在那里，幸福的实现其实是自然感受的实现与丰盈化，但此“第一自然”（所谓自然的自然），却是处于消逝中的自然，只有以此消逝着且无用的自然来逆转世俗历史，才可能产生逆觉。

灵魂生命的逆觉乃是心的回转，乃是放弃已有的幸福欲望与感受，获得新的感知。此新的感知也要求个体身体内在神经的改变和身体图式的转化。什么样的修养与练习可以导致这样的转化？作为渐进修养的韧性的练习，在现代性中应该如何展现出来？首要的要求是无用化，把自身置于无用的境地，如同梅尔维尔《抄写员巴特尔比》中的“不去为”，如同庄子的无为。没有此彻底的悬置，就没有逆觉的发生，尤其在资本主义成为宗教后，在世界总体实用主义与功能主义化的技术全球化时代，必须让弥赛亚之物与自然元素同时出场，才可能实现移位与替代，把剩余的种子唤醒，并与弥赛亚的来临关联起来。

幸福与自然相关，而自然又是消逝的，但此消逝可以让历史目的论与发展的功用论失效。只有无用的自然才可能逆转世俗世界的目的，其永恒的消逝性反而启发人类觉醒而去寻求不死性。永恒性与不朽性的关联，导致了逆转。越是下降没落，越是生长上升。此“逆转”与“逆觉”，如同诗人策兰所看到的“逆光”（Gegenlicht），几乎是不可能的梦想，几乎是一个新的乌托邦——实际上后来的布洛赫就一直保持着此自然化的乌托邦救赎冲动。与布洛赫不同的是，本雅明的自然性在随后的展开中，一直保持着自身的消逝性与无用性，而且与中国道家思想相关。

中国道家思想与世界上的其他思想的不同之处就在于：一开始就双重悬置了拯救的方法——无论是人类自身理性的完善与对话，还是某个理想化的神明与天意，神明和人性都不构成救赎的条件；寻求逆转，在反向中回到自然，回到那尚未存在的自然，此混沌化、不断生成的自然让神与人双重地无用，却让自然来为；但这也并非自然的自然性（因为自然既有循环也有灾变），而是带入精神的空无性，让空无来为——如同科学思考中的真空与黑洞的纯粹理念维度，自然世界则在人类三维空间与时间四维之外的“第五维度”重塑自然的再生性，这就是弥赛亚可能起作用的维度。

《残篇》第12句与第13句，恰好从两个方面展开了弥赛亚的自然化与自然的弥赛亚化，也展开了所有需要思考的相关问题。

弥赛亚与自然的连接在于内在的转化：

其一，肯定世俗的幸福，肯定快乐的科学。

其二，此世俗的幸福与人性的享乐追求，导致的只是更彻底的虚无与沉落。

其三，此虚无的沉落如何逆转？人性并不自动祈求救赎，需要一个中介。

其四，这个中介就是自然，但此自然又是消逝的，因此也需要救赎。人性也要向着自然性还原，这就是自然化生命的出现。

其五，因为自然是消逝的，所以自然也需要救赎，需要弥赛亚。

其六，为何弥赛亚也需要自然呢？因为弥赛亚没有直接进入世界的通道，世界也处于灾变之中，弥赛亚也需要中介。但此中介为何是自然呢？为何要通过自然来迂回呢？

其七，此自然并非已有的各种被规定的自然，而是喀巴拉神秘主义所说的剩余物，上帝创世之前的回缩（Zimzum）以及容器破碎之后所余留的种子，也是世界得救的余数。

本雅明从此弥赛亚性与自然性的连接出发，会同时打开两个思考面向。

一方面，会不断地打开相关的“自然性思想”：这可以是沉默化的自然，可以是无罪的生命，可以是自然化的生命，可以是具有宇宙爱欲和原初记忆的自然，可以是与自然诗意感通的自然，可以是中国道家生生不息与不断生化的自然，乃至于佛教化的阿赖耶识的种子式生命，可以是当前生命医学中胚胎干细胞的自然，等等。

另一方面，“弥赛亚精神”也要发生改变：这可以是喀巴拉神秘主义回缩的弥赛亚，可以是基督教自身虚己的弥赛亚，可以是进入不可能性与无力经验的弥赛亚，可以是无用的弥赛亚，可以是自身虚化的弥赛亚，可以是保留了所有幸福瞬间记忆的弥赛亚，等等。

对此“弥赛亚性”与“自然性”的双重发现，也是为了回应当前批判理论的危机：其实法兰克福学派20世纪20年代重建伊始，除了德国文化自身的启蒙反思传统，还有着“犹太性”（考虑到阿多诺、马尔库塞与本雅明等人都是犹太人），以及面对纳粹帝国兴起所产生的对于弥赛亚救赎的热望；不仅如此，回到20年代的法兰克福，马丁·布伯与罗森茨维格的犹太神学同时兴起，而且布伯与著名汉学家卫礼贤有过交往（布伯还在法兰克福大学的“中国学社”发表过关于中国的重要演讲），因此，同时共在的还有“中国性”。

如此“三重性”在本雅明那里体现得尤为明显。德意志的启蒙理性、犹太性的弥赛亚性和中国人的自然性本来是“批判理论”一开始就具有的三要素，但在后来的发展中，两次世界大战中的反犹主义导致犹太人问题成为禁忌，欧洲也就无法回应当下另一个“他者”——伊斯兰教复兴与难民问题带来的冲击；也无法回应东方的中国。

因此，重新复活批判理论中的三个要素，摆脱各自学派的思想局限，在海德格尔与本雅明之间，在阿多诺与海德格尔之间，以中国道家庄子的无用思想为中介，也许能从中发现重写现代性的契机，尽管其中有着不可回避的冲突与矛盾。[1]

弥赛亚式自然的节奏，让弥赛亚性与自然性重新关联——弥赛亚通过一种被重新认识的“自然”而进入世界，但这是一个什么样的自然？这是残剩的自然、无用的自然，但也是隐含救赎种子的自然；或者如同阿多诺后期在《美学理论》中所说的那个隐含救赎密码而且尚未存在的自然美；或者如同布洛赫把自然思考为“密码的质料”（Materie der Chiffre），既是尚未存在的暗码与可能的明日之地，也是作为人性可能生成方式的乌托邦位置（utopischen Topos）与隐藏的启示录（apokalyptisch verborgen）[2]。只是对于我们，布洛赫这个“乌托邦”又兼具“异托邦”（Hetero-topia）的设想，必须向着“虚托邦”（Khoral-topia）转化。但这样的自然也处于总体消逝之中，在时间与空间的总体中消逝着。为何是总体的自然？这是世界总体的转化，并非某一个自然物，而是自然本身的内在原则，即自然的第三记忆（作为整体性修复潜能，与自然的形态学第一记忆，以及自然自身的 DNA 复制之第二记忆一道）在总体上得以转化。同时，此转化以弥赛亚式的自然化节奏来显现。因为弥赛亚要转化的

---

1　Fabian Heubel: *Gewundene Wege nach China. Heidegger–Daoismus–Adorno.* 2020.

2　Ernst Bloch: *Experimentum Mundi.* 1975. S.223.

是总体性消逝的自然，不是某一种自然物，而是灵魂生命的灵根种子，这才是弥赛亚的普遍性与平等性，这又是自然的弥赛亚化。

何谓“弥赛亚式自然的节奏”(der Rhythmus der messianischen Natur)？何谓弥赛亚的自然化？就是弥赛亚进入世界的唯一方式，通过消逝着的自然来迂回，而非人类主体化的行动。弥赛亚的自然化所形成的节奏，让一切都成为“弥赛亚自然化”与“自然弥赛亚化”相互转化的节奏：下降沉落消逝的力量与上升飞升不死的力量，下降与上升同时运动。这也是《论历史的概念》中的新天使形象——地狱的废墟与天堂的风。文本中反复出现的“张力”(Intensität)这个词，就是“节奏”展现的方式，甚至，海德格尔在1945年“第二次转向”之后，几乎都是以此下降与上升的同时性，来思考西方的命运。

本雅明的写作也不断展开此节奏化张力，比如《评歌德的〈亲合力〉》中“划过的星星与泪水的面纱”，《面对普鲁斯特的形象》中的相似性与无意记忆的精神修炼术，《拱廊街》中历史记忆的唤醒辩证法，《柏林童年》中的蝴蝶梦或拟似性书写，都有着从悲伤到幸福的转化与节奏塑造。此节奏化，乃是弥赛亚的救赎记忆与自然化的宇宙记忆之结合，是生命转化的节奏记忆，是整体性复原潜能唤醒的契机。

弥赛亚自然化的节奏：“第五封印”也由此被打开。

何谓弥赛亚的形象？在弥赛亚式自然的节奏的运行中，此节奏化的过程让弥赛亚自然化，弥赛亚自然化所形成的某种可能的形象，乃是一种尚未生成的形象，它一直有待于再次发现。这是灵魂生命的灵根种子生长出来的形象，只有在平等公义实现的时刻才可能显现的形象。

但此形象一旦显现，就是弥赛亚的自然化，也是自然的弥赛亚化。这并非基督教的道成肉身，也非佛陀的转世轮回，而是“道成自然”。而这个相互转化的过程，产生节奏或韵律（Rhythmus），才是幸福的实现。

这是一种新的幸福，因为自然可以提供多样的幸福，自然的可再生性可以不断地为人类提供幸福，但并非人类制造物带来的物质享受的幸福。不同于这种世俗的幸福，新的幸福是在积极的意义上，通过自然的“可再生性”（regeneration）实现技术的自然化转换。尽管本雅明在这里并没有讨论自然的可再生性与整体修复的潜能，但是在《艺术作品在其技术的可复制时代》的不同手稿中，已经触及让自然从人类解放、让历史与自然和解等问题。

“弥赛亚的自然化”与“自然的弥赛亚化”，这是相互帮助，也许是不成功的相互帮助，或者甚至都不相互情愿，在历史上从未发生过，都没有被梦想过，但这是有待于尝试的助力。无论此“助力”多么微弱，甚至多余，都有待于尝试。

## 0.3 虚无或无用：救赎之道

第三段则只有1节，如下：

> 14. 即便对于人类的这个阶段，也就自然来说，追求这种消逝性，也是世界政治的任务，它的方法则被称为虚无主义（Methode Nihilismus）。

第一种秩序的上帝之国与第三种秩序的自然，如何可能发生关联？几乎没有过这样的连接，但这就是本雅明试图去施行的新关联。因为过去上帝之国与世俗历史的各种连接方式都是成问题的，所以我们需要新的连接方式。

再一次回到自然的主题。自然是永恒消逝的、变化无常的，但也是循环往复的，是另一种元素性的永恒复返——与尼采的永恒复返不同，不是意志化的欲求主体，而是更强调自然的消逝性；不是意志主体无尽超越的永恒复返，恰好是悖论化地不去寻求！这是意志的非功效与无用化，因此不是尼采主体意志哲学与永恒复返的永恒性。

波德莱尔发现了现代性的双重性："在过渡变化中抽取永恒。"如何抽取？自然既是全然消逝的，也是永恒消逝的。如何从消逝与沉落的永恒性中获得救赎的永恒性或不死性？这就需要弥赛亚式自然化的节奏，弥赛亚越是自然化，自然总体消逝的永恒性就越是得到弥赛亚不死性的转化，当然箭头也会逆转，在自然被弥赛亚化的同时，弥赛亚也会被自然化。对于西方，这是不可能的，因为在西方自然总体上是沉默的、低级的。本雅明通过幸福观念，通过歌德的亲合力（源现象）寻找救赎的可能性，不是诉诸历史进步与发展，而是诉诸自然，而且还是消逝的自然与沉默的自然。

此自然如何可能表达自身？这是本雅明要面对的核心问题：一方面，犹太教的弥赛亚如何可能与自然结合，并形成转化的节奏？另一方面，中国文化缺乏弥赛亚性，如果不是从社会历史，如同20世纪现代性的启蒙过程，而是从自然引入弥赛亚性，如何可能？

对于本雅明而言，神学与政治神学，不再关涉罪责与愤怒，不再是惩罚与复仇，而是与幸福相关，与世俗的个体幸福息息相关。这是现代性不再稳定的天平——一切都被放在尘世且有限的幸福这一边，但另一边——却再无上帝可放，只有更大的虚无。虚无主义“空”掉了一切价值，包括罪责与怨恨，因此，本雅明式的政治神学通过回到自然获得救赎，而自然所给予的生命，不再是在上帝面前有罪的生命，也非神话暴力与牺牲献祭的赤裸生命，也非法则之下道德审判的生命，而就是自然化的生命、有待于再次出生的生命。如同尼采所言，生命总是处于非正义之中，而世俗之物都有其不完美，就其本性而言都有着不正义，正义只能属于神性或者上帝的属性，人类历史不可能导向正义，这只能是弥赛亚的工作，而且此正义的属性还不可能被人类居有，因为正义之为正义——乃是世界的状态或神的形势（als Zustand der Welt oder als Zustand Gottes），而非主体的善良意志。

把本雅明的思考与海德格尔做比较也许极为关键。在《存在与时间》中，面对人的“无家可归状态”（Unheimlichkeit），海德格尔指出，只有良知召唤才可以唤醒此在的自身性与本己性，此来源于自身又超越于自身的召唤所唤醒的罪责，并非宗教与道德意义上的判断，而是一种自身性的决断，这是一种被抛处境中的双重虚无化：来自“无”的良知向着一个并无根据的主体发出召唤，此良知召唤的良心到底被抛掷在何处？海德格尔中期指向荷尔德林诗歌中的祖国，但此祖国却无法与纳粹的种族主义帝国区分开来，于是就有了后期诗意的“自然化的自然”，重新激活荷尔德林“神美的自然”（die göttlich schöne Natur），但此良知却必须放弃意志的一切决断行为，而走出意志，彻底让予自身。

以虚无主义为道路：“第六封印”也被打开。

从幸福出发，本雅明承认，虚无主义不可避免，但这是多重的虚无主义[1]：

---

1 Daniel Weidner: *Profanes Leben: Walter Benjamins Dialektik der Säkularisierung*. 2010. S.40–41. 这篇论文中的“虚无主义”主题，有着复杂的多重性：虚无主义的弥赛亚主义，反讽的虚无主义，否定或颠倒的弥赛亚主义，启示录式的弥赛亚主义。但我们提出的则是“道家化的弥赛亚主义”，或者“自然化的弥赛亚主义”。每一种主义都包含着对虚无的理解，或者肯定虚无，或者否定虚无，或者肯定虚无不可能消除时，如何在虚无中游戏与创造。

其一，世俗秩序只是追求幸福，这是宿命的幸福，也只能导致自身的彻底沉落。对于本雅明，资本主义之为宗教，也是商品拜物教以幸福的欲望作为它的冠冕而已，不过是更隐秘的自我毁灭。

其二，神权政治或上帝之国也是虚无的，因为历史上就没有实现过，起码犹太人自己被放逐的历史命运就是明证，这也是为何锡安主义如此有诱惑力。第一次世界大战之后的犹太人，是“融入”欧洲彻底世俗化，但仍被大屠杀；还是“回到”耶路撒冷实现以色列国，却导致了民族国家冲突；还是继续“漂泊”，或者流浪到美国，或者又变相地控制着资本的流动。这三重选择都导致了世界更激烈的动荡。

其三，即便幸福的世俗秩序因为自身的虚无与堕落，会逆转，转向整体的救赎与补救，但也是虚无的。因为上帝已经退出世界，如尼采所言，上帝已经死去了，或者早就死去了，或者已经被我们杀死了，当然这也是虚无主义的时代。

此彻底的虚无化，乃是上帝或者弥赛亚自身的无用化。那么，还有其他方式吗？

其四，弥赛亚式的自然。这是一种新的可能性，但弥赛亚的自然化也要彻底面对自然整体上的消逝，如此消逝的自然性，难道不也是虚无的？如此虚无化的自然性，如何可能与弥赛亚结盟？

这岂不是异常吊诡的事情：一个已经虚无化或无用化的弥

赛亚，如何与一个虚无化或消逝中的自然性，形成一种更虚无或无用的结合？或者说，已经无用的弥赛亚性，与一个更无用的自然性，这两个“无用物”如何结合，还可以如庄子所言，形成所谓新的大用？并且还一直保持着自身的无用性？否则又会落入新的实用主义陷阱。

这可能也是庄子曾经面对过的根本疑难。作为概念实用主义者与政治谋略家的惠子，曾经指责庄子思想之无用。一方面，面对无处不在的天敌，要么无所逃于天地之间，要么只能知其无可奈何而安之若命，哪里有着救赎的力量？一切都是命而已，而且庄子就不相信任何是非之争，儒墨的拯救解决之道都被他否定，世界并无正义的力量。另一方面，庄子逃向自然，尽管这个自然并非自然规则，而是有着混沌变化且生生不息的自然，但此变化不定的混沌，如何确保生命的安息与不死？此没有偏见的自然，既可以瞬间摧毁持久的秩序，也可以毁灭败坏的人性，此自然又有什么用处？但庄子要在没有正义的人世间打开一个无常的自然界，世间一切物都已经没有用处，如同保罗神学对于世界的末世论判定，所剩时间不多，那就不去用世间之物；而另一个自然世界其实也没有什么用处，因为既然一切都可能瞬间毁灭，自然界的规则与小大之分也就没有定则，这并非道家“天人合一”论所观照的自然，而是灾变与混沌化的自然，乃至于无用的自然。

“无用的自然”如何可能成为救赎的力量？这是庄子打开

的自然世界之间隙：自然有着秩序或变化的节律，此节律可以压缩，也可以重新整合，关键是发现节律之间的间隙，通过此间隙重新整合混沌中的元素，形成永恒且鲜活的节律，并且让此节律一直保持生动的变化，此即道教后来的丹道之术，并且指向庄子的葆光灵府或无何有之乡。当然，其中需要永恒的节律调节与整合者，这就是那些奇妙的概念人物或卮言者：无为谓、无名、无始，等等。这些虚拟的"神明"就是"弥赛亚式"的行动者。但中国文化并没有如此明确的概念，而且这是多样化的弥赛亚性，并非唯一神式的弥赛亚。弥赛亚式的自然化，就是这些概念化"人物"的自然化运作，一直保持生成；而一直让自然保持生成变化的可能性，就是自然的弥赛亚化。

如果只有弥赛亚自己可以完成历史，他如何实行？这是生命的完成与转化，还是回到自然化生命的再次转化？如同有关赤裸生命的思考，在新康德主义那里，李凯尔特在弗莱堡讲授生命哲学时，本雅明与海德格尔可能都在现场，因此海德格尔早期也思考了生命的实现，并且受到了奥古斯丁神学的影响，甚至海德格尔后期走向了"自然的自然性"与"去己"（enteignen）之用；本雅明则是以其关于男性与女性、青春或学生的形而上学思想，更早地进入了更自然化的生命经验，其实也进入到灵根种子觉醒的经验。

灵魂的生命如何可能自身完成？面对自我与历史完成的不可能性，他们都认识到只有弥赛亚可以令生命完美，但也有着历史性地随时打断、毁灭与摧毁。上帝之国与世俗世界有着严格区分，神权具有非政治性，且只有宗教信仰的意义。如此论断导致巨大的争议。

以虚无主义为方法，也是因为此弥赛亚变得无用了。如果有着弥赛亚，此到来的弥赛亚也变得无用了。在这个意义上，虚无主义与神学，都成为无用的了，因此方法也就转变为：从无用出发，“以道家为方法”。

弥赛亚并不来，如果弥赛亚来了，就成了世间的主宰——基督教神学或天主教教会，或革命的乌托邦主义与各种独裁政体，如海德格尔在《黑笔记》(或称《黑皮本》)(GA97)中指出的：

> 总体独裁的现代体制来自犹太-基督的唯一神论。(Die modernen Systeme der totalen Diktatur entstammen dem jüdisch-christlichen Monotheismus)[1]

弥赛亚不来——虽然一直“要来”，但即便他来了，也是多余的，世间还是不需要弥赛亚，人类已经厌倦了对于弥赛亚的等待，人类等待太久了，以至于不再需要弥赛亚的到来。弥赛亚到来与否已经不再重要，构成不了事件，因此即便他来了，他还得再来一次以便宣告自身。或者即便来过了，以惊人的事件现身，如同基督教的耶稣，但后来因过于世俗化而失去

1 Martin Heidegger: *Anmerkungen I–V* (*Schwarze Hefte 1942–1948*). 2015. S.438.

了革命的超越力量。

弥赛亚变得无用了，他不再到来，但此无用的弥赛亚还得来，这是结构性的绝对差异，这是吊诡的逻辑，是诡异的差异论——无用之为大用的逆转。这是没有关系的关系，是绝对的切口，但不应该再次导致创伤。无用的弥赛亚如果到来，其唯一的作用，而且是多余的作用在于，他是最后的见证者。他会见证什么呢？在消极的意义上，也许仅仅见证我们每个人生命中都有的“不可摧毁”的信念（如同卡夫卡在《日记》中所唤醒的弥赛亚性力量）；在积极的意义上，则是催生我们生命中潜在的自然种子，让此种子弥赛亚化。如此到来与见证：既非否定——弥赛亚会来，并且改变世界，催生生命；也非肯定——弥赛亚没有来，与世界确实无关，而仅仅激活生命的可再生性。

这是世界历史与救赎超越之间的结构关系：二者根本不相关（a-relation），其间没有辩证法，不是康德的调节性理念，不是历史的目标与目的论，不是传统的各种末世论，不是可以由主体精神筹划的对象，不是各种乌托邦——无论是虚假的还是科学的想象，不是可以学习的手段，这就是世界政治的虚无主义方法。但其中又必须有着弥赛亚式的拯救批判，这如何可能？除非把无用作为一种批判道路，承认并肯定自身的无用性，弥赛亚的到来、弥赛亚性的力量才如此真切，因为这一切建立在自身解构的前提上，而且还取决于自身的转化。

也许德里达最彻底地应对了此困难与绝境，因此思考了“到来的民主”。即便他思考了柏拉图的廓纳（khora，虚位以待的“虚位”），但因为他从技术思考位置，没有打开自然与廓纳的关联，就错过了自然性与弥赛亚性的可能关联，民主与正义发生的位置就一直无法具体呈现。但本雅明可能有所不同，他认为弥赛亚的自然化与自然的弥赛亚化至关重要，只有实现此双重的转化，才有着到来的民主。

奇怪的颠倒出现了：这并非上帝死亡的神学，也非人类成人的神学，也不是上帝需要人的帮助，而是上帝或弥赛亚需要自然的帮助。如果弥赛亚再来，对于基督教已经来过的事件之回应，就是进入事件的后效，但此后效已经被资本主义技术取代，当一切都已经被技术化，还有什么是无法被技术化的？还有自然。但此自然并非外在独立的自然，而是可以在技术中不断再生的自然，同时也是技术的自然化。

这是什么样的自然？这已经并非“自然的自然性”或者“第一自然”，除非以这样的面貌出现：灾变的形态（比如自然灾害与天体灾变）、被动的生命感受（人体的衰老与死亡），以及工业生产导致的生态破坏。同时，也非“第二自然”，比如社会化与技术化的人类身体以及国家意志，或者说社会机器与欲望机器的组织形态（dispositif）。因此，自然也已经“非自然化”了，自然自身的修复也无用了。这是自然自身的无用化，正是因为人类当下更自觉认识到自然自身的灾变与无用化，才有“人类纪”或“生态学的转向”：发现自然自身无用性的自觉，既认识到第一自然遭受的破坏，也发觉到自然自身的生产或者自然自身表现的无用性。这是自然自身的双重无用性。

如果弥赛亚再来，应该再次化身？如同女权主义所大胆梦想的弥赛亚女性化（本雅明也梦想过女性弥赛亚），或者弥赛亚的自然化，这是弥赛亚的再次化身！但这一次，弥赛亚化身于灾变之中，经受灾变的检验——所谓整体消逝的自然就是弥赛亚面对自然的消亡；这也是自然的弥赛亚化，已然无用的自然通过弥赛亚再次具有救赎的力量。当弥赛亚唤醒自然潜在的密码，达成平等的馈赠和分享，实现自然的共有与文化的共有，自然也就得到了自身的救赎。

弥赛亚性与自然性二者都必须无用化：“第七封印”将被艰难地解开。

弥赛亚要来，以不来而来，以无用而来。如同策兰《逆光》中的诗句：“四个季节，而没有第五个，为了自身抉择其中一个（Vier Jahreszeiten, und keine fünfte, um sich für eine von ihnen zu entscheiden）。”一方面，根本没有第五个季节，这是不可能的，是绝对空无的第五维度，此维度并不存在；另一方面，却要以这个并不存在的第五维度或无维度——如同弥赛亚的来临——去选择或者区分已有的四个季节。[1]

整个《残篇》的语句充满了神秘教义学的密意与谜语，因为它指向的是弥赛亚自己的实现或完成。这是针对弥赛亚自己的要求，这是至高的神学式要求，甚至是神学式绝对律令，即要求弥赛亚自身保持回缩与退让（Zimzum），在世俗世界中打开一个空无界！但又不是直接打开一个空无界，否则就只是自由民主的广场空间；而是通过更多的迂回——经由沉默的自然，在沉默的自然中打开空无界。唯有进入这个沉默的空无界，也是灾变中的自然性，才可能在世俗历史与弥赛亚救赎之间打开一个缺口。这不是阿甘本等左派思想家的身体与革命方式，而是自然的默化以及此默化的弥赛亚化，也即弥赛亚完成自身的方法。其中有着弥赛亚式的批评拯救，有着弥赛亚自然化的审美默化。

弥赛亚不来，以其不来的退让与退出，打开新的余地，此余地的敞开、此弥赛亚的无用化，才有空间，但此空间需要

---

1 Werner Hamacher: "*Ou, séance, touche de Nancy, ici*（3）", in: *Sens en tous sens-Autour des travaux de Jean-Luc Nancy*. 2004. pp.119-142. 文章分析了策兰诗歌中的"第五维"与海德格尔后期思想中的予有（es gibt）的相关差异，"第五维"对于时间的思考并非与其他维度发生同质线性的关系，而总是从多一个维度出发。同时值得提及的是，给法国思想以内在影响的程抱一先生在其法语论著《虚与满：中国画语言研究》中，认为中国艺术的虚化敞开，也打开了"第五维"，参见 François *Cheng: Vide et plein, Le langage pictural chinois*. 1979. p.106，以及 Xia Kejun: *Chinese Philosophy and Contemporary Aesthetics: Unthought of Empty*. 2019。

质料的充实，就需要弥赛亚的自然化。这里发生了双重转化。一方面，已经退出的弥赛亚，却隐藏在自然的潜能之中，有待于被唤醒，这是弥赛亚的自然化。因为这是无用化的潜能，所以不再是传统的弥赛亚主义。另一方面，一旦此弥赛亚被唤醒，就需要自然被更明确地弥赛亚化，即让已经无用的自然不断地被复活，尤其是通过技术的“再生性”而激活。此再生性的激活，乃是自然的弥赛亚化，是自然共有的平等性，是庸用的通用，是无用之大用。无用之为大用，才是真正的减熵。

由于弥赛亚自身的退出，弥赛亚就在时间之外来临。弥赛亚是不来的时间性，是空无的时间性，是无用的时间性，是无维度的敞开。如此，弥赛亚的无用或不去用才有可能。人类不能去“用”弥赛亚，否则弥赛亚就会成为人类的工具。唯一神论最终导致无神论（如谢林所言）[1]，就是因为对弥赛亚使用之垄断的争夺。弥赛亚也不能去用人类，否则，再次需要以耶稣基督的献祭牺牲为代价。神与人的双重无用化，才是弥赛亚自然化与自然弥赛亚化的基本条件。

弥赛亚还是在历史事件之外，在历史时间的进步发展之外，保持为“第五维度”或者“无维度”，因此可以反思历史进步论，反对资本主义拜物教。而且，弥赛亚反而要去彻底面对自然本身的总体消逝性，自然其实也是无用的，此消逝的无

---

1　Jean-Luc Nancy: *La Déclosion: Déconstruction du christianisme*. 2005.

用自然，如何构成救赎？这就是悖论之处，但正是把此无用的自然与弥赛亚相关联，才可能让二者的无用开始相互作用。

因为自然的消逝不可避免，自然一直处于消逝之中，自然已经“非自然化”了，思想家们就不得不采取虚无主义的方法。但回复到自然，将有可能形成新的人类阶段，如同形成新的亚当，回到亚当堕落之前，再次开始创世记，进入新的创造与新的生命，这才是新的历史任务。这是弥赛亚的“第三次化身”——在犹太教的创世记与基督教的化身之后，甚至在整个西方唯一神论“之外”，开始新的创世。这是自然的再生，一次新的犹太教式灵晕（Tselem）的神显——一种源于自然的新形态，并且超出了人类世界，是人与自然的一种新关系，是在弥赛亚那里的再生。但这是多重的再生，不再有唯一的垄断，不再进入唯一神论的争夺逻辑。

虚无主义作为方法：一方面是消极的，一切都是无意义的、消逝的、丧失的、哀悼的；另一方面则是积极的，弥赛亚也是空无的、无用的、缺席的。它不是尼采式的意志，而是消融与消逝，在时间之外，但又在来临中，在弥赛亚的自然化之中，不死性的记忆进入永恒的消逝，形成图集（Atlas），形成星丛，形成辩证图像。

本雅明其实在《拱廊街》中指明了自己思想的神学性：

N7a.7：我的思想与神学的联系就如同吸墨纸与墨水的联系，

它浸透了神学。如果你只根据吸墨纸去判断，那么所写的一切都不存在了。[1]

如果这是他自己隐秘教义的表达，那么，此弥赛亚的神学教义已经如同墨水一样渗透到了所有的文本之中。这些看似不见墨汁的吸墨纸，就必须充分地接受弥赛亚思想的解读。此弥赛亚的思想就不仅仅是犹太教传统的弥赛亚主义，而是德里达所说的某种"没有弥赛亚主义的弥赛亚性"。按照后来卡夫卡的句法——"这是弥赛亚不再必要"，弥赛亚变得无用时才回来，是一个"无用的弥赛亚"，却必须有着大用（如庄子所言）。此无用的弥赛亚如何通过自然变为大用？这是我们对此命题的新表达与新解释。

只是这被弥赛亚精神充满了的吸墨纸，却全然看不出来了，好似一块白板，又好似一幅中国水墨画，因为虚淡的水性与墨性几乎渗透到了空白的宣纸中，仅仅剩下一片虚白，但这虚白中却有着丰富的色差与细微的墨色。就如同本雅明喜欢用的犹太教塔木德说法，可能有着四十九层薄纸叠印在一起（妥拉［Torah］的每一个段落都有着49层含义），这乃是弥赛亚自然化的不露痕迹的书写，有待于一层层去剥开。这是弥赛亚的道家化转化，当然，也是道家的弥赛亚化。

1 ［德］本雅明：《作为生产者的作者》，王炳钧、郭军等译，郑州：河南大学出版社，2014年，148页。

由于弥赛亚性与自然性的双重无用化，一旦弥赛亚进入历史，需要再次化身，就会导致时间的再次聚集，触发默化的再次发生：

其一，弥赛亚会来，但这是弥赛亚的重新化身，不是之前的任何形式。此弥赛亚化身的时刻，乃是从“非时间”而来，不在任何时空之中，是第五维度的时间性。因此，它的到来与否不受时间限制。

其二，它要悬置历史社会的任何功能。因为任何社会的阶级利益争夺都会导致利益的再分配，所以必须悬置所有的利益交换。哪怕是宗教意义上的“天国”补偿的经济也不行，如果陷入了这样的报偿经济，就不可能从资本主义交换中摆脱出来。

其三，去唤醒自然的自然性。尽管自然已经被破坏而且某种程度上也被技术化了，但自然的潜能，尤其是自然的弥赛亚性一旦被唤醒，就隐含救赎的密码，此密码的解密，乃是自然的时间性之唤醒。何谓自然的时间性？不是人为劳动与生存的工作，而是自然自身的生产，是自然时间的多重性压缩，这也是让自然来为。自然将如此来为：针对技术，这是自然的再生性技术；针对身体，乃是休息与睡眠，消除疲惫，让生命得到滋养；这不是身体的技术与自我的技术，而是生命的生养与养生。

如此三重时间性的聚集，才引发一个新的事件，但这也是事件的默化，是海德格尔“第二次转向”时对于静默的思考（这来自道家的启发），不是后来左派的革命事件（无论是巴迪欧思考的真理事件还是齐泽克的幻象穿越，尽管德里达的弥赛亚幽灵与德勒兹的事件之子还要复杂一些，也依然以革命而非默化为主导），而是弥赛亚的自然化与自然的弥赛亚化，形成转化的节奏。这既是转化的节奏——自然性与弥赛亚性的双重转化，也是节奏的转化——不再是革命而是默化之实现。

“所有客人都就座后，弥赛亚才会来临。”一个现代性的“实践性弥赛亚主义”如何可能？这是布洛赫与本雅明，阿多诺与肖勒姆，当然还有布伯与陶伯斯，德里达与齐泽克等人，在“弥赛亚式的现代性”几乎不再可能的处境下，都试图思考的核心问题。

如同阿多诺在《最低限度的道德》的结尾所言：

> 走向终结（Zum Ende）。——哲学，唯一还负责任的哲学，乃是在面对绝望，寻求去思考一切事物时，应该从救赎的立场（vom Standpunkt der Erlösung）来思考事物将如何呈现自身。如此的认识，将没有其他的光照，唯有救赎之光能照亮世界：其他的一切都不过是复建和保持为技术的片断而已。如此的视点必须建构出来，相似于这个世界并使之变得陌生，并显示出其中所有的裂痕与罅隙，如同它们曾经作为贫乏与扭曲（entstellt）的样子，而让它们在弥赛亚的光照下（im messianischen Lichte）得以显现。没有任何任意与暴

> 力，全然从如此对立的视点中超越出来，去赢获一个视点，思想只能从此而来？[1]

此弥赛亚的视角，以及弥赛亚来临的方式，乃是从“第五维度”而来：它不在历史时间的各个维度之中，它在时间之外，但通过自然的无维度（考虑混沌与黑洞等因素，“自然本身”严格来说并不是三维的也非四维的），打开新的瞬间——那些不可能存在的小门。

1 Theodor W. Adorno: *Minima Moralia, Reflexionen aus dem beschädigten Leben*. 1951, S. 480–481.

楔子

# 种子或灵丹：生命宇宙技术

导致“整体性复原”的那弥赛亚之物是什么呢？

除非是生命的“整体性复原”，否则哪里有着幸福的生活？此整体性复原的观念无疑来自犹太教神秘主义传统，而且，与不死性的观念一道，都来自犹太教的弥赛亚传统。内在唯一之人的觉醒，心中弥赛亚力量的唤醒，来自那剩余的种子与余光。[1]

如喀巴拉神秘主义所认为的，如果创世之前的容器破裂后，只能发现剩余的圣光与余香，那么，如何发现这些剩余的种子呢？在“沉默的自然”那里，本雅明1916年《论语言本身与论人的语言》(以下简称《语言论文》)中的观点，最后就落实在这自然的剩余质料共通体之中，这是相互分享的质料

1 参看更凝练的分析，刘精忠：《犹太神秘主义概论》，北京：中国社会科学出版社，2015年，第六章第二节对于卢立安主义三个关键词的分析：Zimzum（回缩）、Shevirath（破裂）和Tikkun（修复）。

共通感（stoffliche Gemeinschaft einander mitteilen）。在自然的沉默中，还有着上帝的神圣剩余种子。这是有待于补偿与恢复的元素（犹太教喀巴拉主义的 Tikkun），有着精神与不朽的潜能，才有着对于永恒衰败的补偿。而要转化人类生命，也只能通过回到自然，发现纯然的自然化生命，以及自然化的语言表达，让自然重新成为“纯粹语言”或“源语言”，这也是《语言论文》的最终落脚点。复原的要素都指向自然，但这是神圣化的自然，有着剩余生命种子的自然。

对于犹太教喀巴拉神秘主义，这是生命的种子，是创世之初，上帝退出或者回缩自身时，留给世界的剩余种子。对于佛教，则是“佛性”，哪怕是猪狗都有佛性，无论是“心性本净”还是“心性本觉”，只要通过第八识阿赖耶识“转识成智”的工夫修行，就可以成就本有的佛性，摆脱熏习与六道轮回。

道家或道教——也许受到佛教影响又反过来影响佛教——则激活了庄子《齐物论》中的天倪灵根[1]：或者是天府灵

1　把佛教“阿赖耶识”的种子说与庄子《齐物论》的“天倪”联系起来的思想家是中国现代性思想的开创者章太炎。见章太炎《齐物论释》，《章太炎全集》第六卷，上海人民出版社，2014—2017年。写出《齐物论释》（大约写于1913—1916年）后，章太炎于1916年致好友宗仰僧的书信中自认为（本雅明也是在1916年给布伯写信透露了自己《语言论文》中的神秘思考），《庄子》中亦尚有多义足与佛法相证。自此指明了佛教与道家的深度关联以及两者现代性转化的新道路，“不齐之齐”与“真俗平等”的观念，在“一往平等”的诉求中，也打开了与西方平等博爱观的对话。章太炎的俱分进化论对现代进化论发展观的反思批判，也影响了新儒学开创者熊十力和集大成者牟宗三的论说理路，牟宗三所谓即有限即无限之“诡谲的相即”可能也来源于此。甚至，章太炎的道家思想对鲁迅也有着直接的深刻影响，也许对毛泽东整个思想的影响更为深远。此中国现代性最隐秘的思想“种子”，还有待重新“培育”。

台中的“葆光”——“注焉而不满，酌焉而不竭”；或者是修真术要铸就的炉鼎（内丹外丹之对应）。在生命干细胞技术中则是不死细胞的可再生性。或者作为个体生命的心感之位置，如同王夫之“元有纹理机芽”的灵明之心，此心中之心的主宰乃是识神返归本源的“元神”虚位，或玄牝之门。[1]

犹太教、佛教与道教，在现代性中的心灵通感，都是广义的生命种子或灵根的觉感，即对“种子”形成共感的关联，并形成普遍性的感通。无论是科学的“理性”，还是唯一神论的“灵性”，或中国儒释道的“悟性”，都需要共同唤醒，来培育灵根化的生命种子，使之具有普遍感通的德能，生成“弥赛亚之物”，一直保持其可再生性。这就是弥赛亚性的世界性，也是整体性复原的普世性。

所谓牧师或者灵魂的导师，不过是如同苏格拉底所说的助产士，或如同本雅明所说的笨拙的助手。朗西埃对于普遍教学法的平等唤醒，章太炎把佛教的阿赖耶识的灵根种子之觉醒作为平等的根源，都是灵根觉悟的培育方式。

“整体性复原”之为“弥赛亚之物”（这是救赎的使命，是幸福的条件，是生命最为关切或关心之物，也是本雅明神学思想的核心），已经有几种拯救方式：

1. 基督教的“圣爱”（Agape）。作为一种生命整体的关联，

---

1　赖锡三：《丹道与易道——内丹的性命修炼与先天易学》，台北：新文丰出版股份有限公司，2010年，595页。

“圣爱”是对整体共通体的无限关联，因此是对分离的消除。基督的死亡与复活是对生命整体的恢复。

2. 中国道教的养生“修真”[1]。炼丹炉鼎就是建造个体小宇宙与自然大宇宙的感应技术，是时空压缩的节奏共感的建造。如同中国道教的内丹外丹学，或者西方的神秘炼金术（荣格的研究做了中西结合[2]），它是“胚胎”与“丹田”的原始基元的保持与养化，即本雅明也发现了的“烟云供养”。

3. “胚胎干细胞”（ES: embryonic stem cells）的再生医学（regenerative medicine），或者潜能干细胞的生命技术。“干细胞”通过技术处理后可以修复生命的所有器官，就如同扁形动物被切断后也可以完整地修复。这是自然自身所显示的复原潜能，而人类的此潜能却没有被开发，技术有待于与自然重新结盟。这是技术的自然化，它指明了生命宇宙技术的未来方向。

---

1 在道教中，“修真”即表示“再生、恢复或修补原始生命力”。正所谓一粒粟中藏世界，小宇宙共感大宇宙，丹头种子即整个生命之源。除了道教或者《道藏》的大量相关修炼文献，生物－化学与矿物学还有药物学的相关科学研究可参看李约瑟的成果（李约瑟：《中国科学技术史》第五卷［化学及相关技术第2分册］，北京：科学出版社，2010年；卢嘉锡主编，赵匡华、周嘉华著《中国科学技术史·化学卷》，北京：科学出版社，1998年，240页）对于《黄帝九鼎神丹经》之出现的讨论。

2 荣格、卫礼贤：《金花的秘密》，张卜天译，北京：商务印书馆，2016年（Richard Wilhelm & C. G. Jung: *Das Geheimnis der goldenen Blüte*. Eugen Diederichs Verlag,1994），荣格受到翻译家、汉学家卫礼贤的影响而确立了自己的精神分析新开端，他与弗洛伊德的不同之处就在于受到道教《太乙金华宗旨》以及《性命圭旨》的直接影响。关于“种子”之说，也请参看相关的佛教研究，沈庭：《从非本体到心性本体——唯识学种子说在中国佛学中的转向》，武汉：武汉大学出版社，2016年。“至虚至灵之神所住”，儒家曰“虚中”，佛家曰“灵台”，道家曰“玄关”或“先天窍”，等等，指向灵根种子的修真提炼和回光逆反的工夫。当代结合易经与丹道，并且回应荣格精神分析道家化的研究，参见赖锡三《丹道与易道——内丹的性命修炼与先天易学》，其中对天心玄窍与冥契存有论都有非常深入的阐释。

4. 对于犹太教，这是在神秘的语言表达中，人的名字与神的名字之间形成的生命感应（不同于缺乏语言命名的机器人Golem），如同本雅明所发现的自己具有撒旦气质的教名，或者恢复亚当之名的元语言/源语言。这种纯粹犹太教神秘主义的语言表达，孕育着具有普遍感通性的材料或新的人性，以新的种子培育出新的生命树，甚至，重新连接生命树与知识树。

5. 在文学书写中，在本雅明的个体自传中，他自己隐秘的犹太教名字 Agesilaus Santander 就是一个生命灵根的、充满危险暗示的种子。本雅明对克利“新天使”的形态学思辨，对于自然拟似性的梦想，如同波德莱尔与普鲁斯特的相似性感通书写，其中有着所有消逝了的记忆之复原与幸福回忆的救赎。

6. 在现代性中，对于本雅明与其他犹太思想家，以及其他德国思想家，比如克拉格斯与后期海德格尔，此整体性复原的潜能在于生命心感的整体恢复，进入灵晕化感通的宇宙经验；在于发现新的“灵媒”，这是现代性克服虚无主义，获得幸福的条件。[1]

---

1 不同文化的文脉以及不同学科之中整体复原的“种子”，如佛教的“无漏种子”，道家的“玄牝灵根”，喀巴拉神秘主义的“剩余种子”，宇宙主义者费奥多罗夫在其《共同事业的哲学》中对“复活祖先”与“调节自然”方案的神学博物馆梦想，个体名字的变异书写，相似性的感通材质，等等，还有待于未来的专著展开。更重要的是，面对尼采所说的恶性化的永恒复返，中国道家尤其是庄子那里“自生”（“天地与我并生，而万物与我为一”）与“道枢”（“得其环中，以应无穷”）结合而成的“生生之谓易”的思想，以及天倪的种子与天钧的平等说（无用之为大用：“为是不用而寓诸庸。”），应该可以与尼采的永恒复返对话，而本雅明后来受到傅立叶现代性“当下地狱”重复幻象的启发，以静止的辩证图像做出了再次校正。

7. 对于德里达，世界灵魂的重新出生必须回到柏拉图《蒂迈欧篇》的廓纳（khora）。廓纳中隐含着元素的踪迹，在如此提供滋养的场域（如同女权主义神学的子宫或者宫籁），在震荡的播散中，世界灵魂才可能重新生成。

如果有着“弥赛亚性”，有着“弥赛亚之物”的发现，这是一种与个体自我的“自身觉知”内在相关的永恒生命。个体生命的自身觉知是自我存在的根据，也是有限性的人类存在本身，但人类对不死性的渴望，表现为个体自我试图自身觉知到整个生命的存在，从原始细胞到自我意识，并且保持这种觉知的永恒性。从最初原始的整体生命感知（与宇宙的原初感通），直到未来技术的感知（比如干细胞再生技术是身体中的自然之自身的感知与生长），都还不是人类个体的自身觉知，因此人类需要弥赛亚。弥赛亚乃是使每一个个体保持永恒自身觉知的伟大存在。这也是生命宇宙技术的神学表达。

弥赛亚性在每一个个体之中，如同道家的“灵媒”或先天“胎息”，通过“胎息”的炉鼎式聚集的修炼原理来调节自己的呼吸，并激活内在的生命活力；如同佛教的佛性作为每一个体的阿赖耶识或如来藏而潜藏着；如同喀巴拉的原初种子；如同莱布尼兹思考的“单子”与“上帝”的关系。莱布尼兹的“微知觉”是细微的知觉感知（自身觉知的微妙性）。每一个单子从微知觉的灵根唤醒到自身整体性的充分自身觉感，就是单子自身之“道”的展现，就如同上帝自身的充分实现。各个单子的“道”之间并无重叠与替换，而是绝对唯一性的实现，其“道”之间和谐与否，则需要弥赛亚的调节，也如同上帝一样可以感知到整个生命与无数可能的世界。只有弥赛亚具有此世界整体的伟大觉知，就如同只有修炼后的佛陀可以感知自己个体生命每一处存在的状态。

“整体性复原”的秘密也可以表达为，个体自身的微知觉需要通过两个维度的再生来转化：既是自然的再生性——比如干细胞技术，也是内在自我的深度自身觉知——生命的内在调节；既是自然自身生产的技术之还原（自我觉知的外在化作用），也是自我意识的深度觉知之唤醒（自身觉知的内在化关心或练习）。二者需要结合，造就未来生命的可塑性。换言之，“自然性”与“弥赛亚性”内在结合，才能实现人类的不死性。

弥赛亚之物乃是那自然生命中尚未或者永不被败坏的剩余种子，通过走出偶像崇拜的囚笼，进入自由的敞开之地，让隐藏的灵根种子被唤醒，可再生性的活力得以萌发，使之在爱意的共通体中，获得公平的关心或公正的生长，这就是弥赛亚性的“到来的民主”。因此，这并非政治神学或神学政治的方式，而是潜能默化的方式，是渐进修养的韧性之实现。

本雅明通过莱布尼兹的单子论，歌德的源现象，个体生命与绝对理型的寄寓关系，或者技术游戏与自然相似的关系，而展开了相通的思考，并且在关于“生命宇宙技术”（bio-cosmo-technics）的思考中贯通起来。

我们是否由此可以认为，从周代宗法家族的分封建侯制度，到汉代儒道合一的统治，以及“人副天数”的宇宙观、孝道治国与谶纬神学，还有尸解成仙的墓葬空间，整体上确立了中国古代社会的基本神学－政治模式？这是天人交感与生命魂魄的药物学模式，离开了药物不可能有着帝国的统治或统制秩序。治理的神秘核心其实是“药理”，从天道到天理，再到公理。万物皆药，从草药到丹药，相互转化，但一直被少数特权者垄断。中国的帝王也有两个身体，一个为儒家的血缘家族所规训，一个为道教的长生不死所诱导。

对此中国药物学或药理学的重新研究，如果与德里达和斯蒂格勒的药物学（代具外在的药物学技术）相互结合，会打开新的思考维度。因为礼物的馈赠决定了生命的最高权力等级，自然之为礼物的广泛性，代替了生命死亡献祭的供奉模式。由于礼物之为毒药与良药的不可区分性，人民与领袖的相互崇拜和赠予行为都会陷入一种中毒的迷幻状态，代具技术的外在性与内在魂魄的不相干所导致的增熵，需要通过中国内丹外丹结合的“炉鼎”修真的原理来化解？

福柯之自我技术的古典快感享用的修身工夫论，经过现代性审美解放欲望的花花公子的苦行主义之后，需要进入中国道教丹道学的修真工夫论，就不再仅仅是密契主义的传统方式？同时也是把尼采关于生命培育与提升的超人论转化为生命修真的工夫论，转化为药物学与丹道学结合的生命转化的新工夫论？也许这也是斯洛特戴克梦想的哲学工夫，而不再是人种技术培育导致的优生学种族主义，由此神学与哲学将走向一种新的“生命宇宙技术”。

弥赛亚与世界的关系，其困难的“张力”不可能消除：

一方面，要保持弥赛亚精神的外在性与无用性，保持外在性的超越，保持提高拯救觉悟的绝对性，保持“无用的无用性”，保持无用的必然性与必要性。这是一种彻底的末世论，不为任何世俗的弥赛亚主义所诱惑。这就并非传统神学的弥赛亚来临，而是弥赛亚以“不来”而来，即他更彻底地回缩与退让，彻底地退出世界，让出自身，让“无”来为——上帝自身的空无化，让“让”来为——越是让予，如此彻底的让出，才越是有着“余地”。这才是弥赛亚的无用化，但却打开了神性敞开的新维度。

另一方面，弥赛亚必须进入世界历史，首先要进入自然世界，但是，此自然的自然性也是无用的。也就是进入已经被破坏或灾变化的自然，但又必须去寻找自然救赎的密码，去发现自然的美、自然的可再生性。这是反复的转折。还要进行多重的还原：历史的自然化还原、人类生命的自然化还原、技术的自然化还原。模仿自然自身的无用性与丰盈的生产性，就是自然之用。自然永恒的元素性之为“大用”，无用之为大用才是减熵的条件。但此自然之用乃是让“自然”来为：或者通过梦幻的无意识，或者通过宇宙的能量，或者通过技术的虚拟。

同时，这是一种新的弥赛亚性，是对德里达“没有弥赛亚主义的弥赛亚性”的新转化，但也是弥赛亚的自然化。

这是双重的无用性——弥赛亚的无用与自然的无用：无用的弥赛亚以其回缩的退出，昭示了让出与余让的伦理姿态；而自然则不陷入技术的被动性与被宰制状态，而是让自然不可被摧毁的潜能、整体性修复的潜能，被不断地唤醒与复原。同时，弥赛亚再次化身，进入自然之中，但这个自然乃是处于混沌变异之中、隐含灾变的自然，即进入柏拉图式的“虚位”（chora/khora）之中，但仅仅是“虚位以待”而已，且永远保持为“虚位”，不被任何主权者占据；与之相应，已经弥赛亚化的自然有待于其潜能不断被唤醒，有待于生命遗传技术的再次转化，从而在弥赛亚的共有与共享的平等性上，再次实现自然的可再生性。

一

# 本雅明的无用教义：弥赛亚性与自然性的双重还原

理论上存在一种完美的幸福可能性：

相信心中的不可摧毁性，但不去追求它。[1]

——卡夫卡《日记》，1917年

1917年，可能因为受到道家无用思想的影响，卡夫卡在思考弥赛亚来临的可能性时，竟然写出了如此吊诡的语句：

> 到弥赛亚成为无用（/不必要）时，他会到来的，他将在到达此地一天后才来，他将不是在最后一天到来，而是全然最后（/末日）那天。[2]

1 ［奥］卡夫卡：《卡夫卡全集》（第5卷），叶廷芳主编，石家庄：河北教育出版社，1996年，53页。

2 ［奥］卡夫卡：《卡夫卡全集》（第5卷），1996年，47页。也参看阿甘本等人的相关分析，尤其是哈马歇集中于思考卡夫卡关于弥赛亚之无用的转化作用的观点。

弥赛亚，本来与历史并不相干，他可以来，可以不来。

弥赛亚，一直在来，却又一直尚未到来。

弥赛亚，即便已经来过了，也将离开，甚至，彻底离开。

但现在，甚至弥赛亚只有变得无用时，才会到来。

如果弥赛亚已然无用，为何还要再来？这是异常吊诡的事情，这是吊诡之思。

但在此吊诡之思中，有着弥赛亚主义的拯救批评（Rettende Kritik des Messianismus）。在此不同于"提高觉悟"的批评方式中，有着自然的审美与沉默的转化。[1]

但谁是本雅明？一直有着两个瓦尔特·本雅明（Walter Benjamin），这个名字一直有着两种不同的"力量"（Walten），如同他自己在《面向暴力的批判》中所给出的隐喻：纯粹的与不纯粹的、神圣的与神话的暴力或力量（Gewalt）。

本雅明去世几乎八十年之后，其中一个已经成为"显白"的本雅明，那个越来越被"神话化的本雅明"、充满革命力量的本雅明，尤其是当左派持续发掘本雅明弥赛亚思想与革命的关系，神话的力量也成了神圣的暴力，越来越纯粹，但也越来越枯竭，不再有人去读本雅明了。还有另一个本雅明，一直保持为隐晦的状态，还有大量德语笔记的奥义隐藏在字里行

1 参看哈贝马斯的相关讨论，郭军、曹雷雨编译《论瓦尔特·本雅明：现代性、寓言和语言的种子》，长春：吉林人民出版社，2003年。

间，有待于再次开启其尘封状态。本雅明面对卡夫卡的写作受到了布莱希特批判的压力，似乎卡夫卡的写作没有什么教义可言了，虽然还有着谣言与愚蠢留给我们。可能对于本雅明的思想，我们也过度挖掘了。

或者，这两个本雅明，显白的与隐晦的，神话的与神圣的差异，套用流行的本真行话，一个如同“刺猬”，一个好似“木偶”。显白的“刺猬”，来自浪漫主义的批评反讽式“元写作”，如这个形象所暗示的，本雅明的思想与资本主义全球化的现实格格不入，试图保持自己的个体生存风格，或者是花花公子的苦行主义，或者是带着十字架钉痕的革命者。而那个隐晦的“木偶”形象，则与愚蠢的侏儒为伴，却保持为隐秘的弥赛亚形象，如同堂吉诃德的仆人桑丘，既搞笑又超然，甚至像默化的、道家式的辅助者。[1]

前一个本雅明已经与犹太教的保罗神学派结盟，被彻底带向了左派革命，并与马克思主义结合。这第一个结合，与浪漫派文学批判的写作相关，批判资本主义拜物教，以犹太教的微弱弥赛亚主义寄寓了历史的未来。但现在，这些要素都被改变了，有新的资料或者被重新发现，或者被重新理解。而新的另一个本雅明，就其“教义”中几个基本要素而言，其显现方

1 Walter Benjamin: *Gesammelte Schriften II*. 1991. S.1198. 本雅明认为：“或者认为堂吉诃德是与中国道家的类似精神团队相关？但作为不安分的精神，而与之对比，桑丘似乎是一个安分的道家主义者。”（S.1206）

式却全然不同了。另一个本雅明是隐晦的，还有待于被重新发现、重新解释。

大致还有如下一些要素，有待于再次解读：

1. 弥赛亚式自然的节奏。1916年《论语言本身与论人的语言》作为本雅明思想“最为本源”的种子，其对于亚当式“源语言”的思考，以“沉默自然的残余”开始新的纯粹语言表达，其思想种子却没有后来的继承者。这是因为后来的语言哲学，由索绪尔语言符号学理论、语言游戏理论和信息媒介技术语言理论接连占据了主流。何谓自然化的亚当式源语言？这是一个尚未回答的问题，但本雅明自己的新“教义”就开始于此。虽然这与犹太教神秘主义相关，但20年代的《神学－政治学残篇》——犹太教弥赛亚的自然化——对此的解释一直不明确，弥赛亚自然化节奏为后来的保罗神学解释学所主导，被陶伯斯、阿甘本、齐泽克等人泛化了，错失了弥赛亚的还原与自然化还原之间的可能关联。

2. 独一性的星座。本雅明的博士论文将德国浪漫派的反思与歌德的自然观作了对比，重新思考了浪漫派与自然美的关系，给出了对歌德的源现象与自然化的解释，但此自然化的还原如何可能？源语言与纯粹颜色的感知，艺术想象的彩虹与肥皂泡的颜色和源语言的艺术性，还有待于解释。这也关涉到现代性个体的唯一性如何获得理型的普遍性，“个体化的星座”也是德国巴洛克悲悼剧的认识论元批评的主题。本雅明这些年轻时代的手稿与思考，一旦与绘画艺术的自然化联系起来，是否可以打开新的灵晕之思？尤其是与歌德的自然化还原联系起来，也是弥赛亚的自然化动机之一。

3. 第二技术或自然的解放。涉及解放的主题，与马克思主义或历史唯物主义相关。历史唯物主义主要思考了第一技术的生产力及人类解放。本雅明在《艺术作品在其技术可复制的时代》(以下简称《艺术作品论文》)中，区分了第一自然的魔术性与身体技术化的第二自然，并且试图让第二技术的游戏与自然的相似性再次关联，但这些概念处于模糊的调整中，并没有展开。

讨论本雅明与历史唯物主义的关系，不仅仅要肯定技术的游戏复制（“游戏”在德语中有着多重含义：游玩、赌博、表演、施行与行动），还要思考技术的自然化（游戏复制与自然相似的关系以及自然自身的复制技术）。这是两种不可分离的模仿模式，因此不只是人类的解放，也是“自然的解放”。此自然的解放与弥赛亚的自然化相关，复制技术导致灵晕的衰退，但复制技术是否需要获得新的灵晕（/ 光晕：aura）[1]？这就必须让游戏化的第二技术再次自然化，也许需要走向更彻底的

---

1 本雅明所思考的 Aura 这个词异常复杂，可以参看 Miriam Bratu Hansen（*Cinema and Experience: Siegfried Kracauer, Walter Benjamin, and Theodor W. Adorno*. 2012）与 Susan Buck-Morss 的相关研究。我们试图将 Aura 翻译为“光晕”或“灵晕”，取其“光彩”与“气韵”的双重性。作为富有光彩的气息，Aura 乃是“光气之融合”，由此激活中国传统气韵生动的美学。现代性技术复制的“游戏”导致光晕消逝，那么，如何重新回到自然的相似性？在远与近的逆转之间，发现新的审美，乃是去发现一种新的“灵媒艺术”(Aura Demonic Art)。

“第三技术”（甚至应该称之为“第三技艺”——结合了技术与自然）？尤其是《艺术作品论文》第二稿的相关问题，论及电影与摄影所打开的游戏空间，以及神经支配（Innervation）的电影集体感知。

这个被动性的感知需要一步步转化：

其一，它与无意识的冲动相关，作为身体－图像空间，被超现实主义的自动书写唤醒；其二，成为一种集体的被动感知，但被电影及其震惊效果唤醒；其三，此神经支配的生命材料，不仅仅被书写技术激活，而且也与模仿的相似性相关，尤其与自然的相似性相关；其四，则是与孩子们的游戏相关，而在孩子们那里游戏与相似性内在契合，自然的象形文字阅读与书写，让感知得到更充分的培养；其五，一旦进入灵晕（Aura）与自然的关系，就需要“气氛美学”的推动[1]，形成一种扩展了的审美感知，但这是一次逆转，把身体的神经支配的被动性不仅仅向着技术外展，而且向着身体更内在的自然的自然性还原，向着宇宙感还原；其六，重新连接生命技术与全息宇宙的新感知，这是本雅明所梦想的“拱廊街式”的总体唤醒感知，也是无意记忆的唤醒，这需要技术化的身体神经感知与神经的自然可塑性重新连接，并走向更彻底的干细胞可再生技术或多潜能干细胞（iPS）持续增殖技术（具有某种不死特征）；其七，不是波德莱尔式的毒品式迷醉，而是需要更积极的广泛连接，

1 ［德］格诺德·波默：《气氛美学》，贾红雨译，北京：中国社会科学出版社，2018年。

进入质料的共感，或者与犹太教的灵晕（tselem）发生共感，重获上帝的形象。这个神经感应方式的革命，其实是深沉感知的"默化"，是技术的双重转化，从革命到默化，从默化到革命，此双重转化方式还有待展开。现代性的生命疗愈与拯救，不再仅仅在身体欲望的革命与生命技术的方向上外在展开，而且也在生命的自然化还原的方向上内在展开，这是弥赛亚与自然性重新连接的契机。

4. 欧洲的道家化或虚无主义的道家化。与布莱希特、卡夫卡和普鲁斯特相遇的文学社会批判，以布莱希特为主导的反思与对话，推进了布莱希特的道家化，这是另一个布莱希特，即马克思主义的道家化[1]。布莱希特的文学已经被中国化、道家化，可谓道家化的漂泊者或者友善者。本雅明甚至认为："老子如此的教谕诗，如同预言一样振聋发聩，一点也不比弥赛亚的言说差！这句话，对于当今的读者而言，却不仅包含了一个预言，还包含了一种训诫。"[2]围绕卡夫卡小说《邻村》的争论，还有本雅明给布莱希特的老子诗所写的评注，涉及弥赛亚的道家化与道家的弥赛亚化，但并没有为后来的西方思想家所关注。而更重要的还有本雅明在手稿中惊奇地看到的那个"作

1 ［德］本雅明：《无法扼杀的愉悦：文学与美学漫笔》，陈敏译，北京：北京师范大学出版社，2016年，234–238页，本雅明解读了布莱希特关于老子的诗歌，在逃亡的世界中寻求得救的可能性。至于马克思主义的道家化与墨家化，参看布莱希特《中国圣贤启示录》，殷瑜译，北京：北京师范大学出版社，2015年。

2 ［德］本雅明：《无法扼杀的愉悦：文学与美学漫笔》，240页。

为道家的桑丘”(Sancho Pansa als Taoist)[1]。这是西方研究者几乎从未提及的新论点，本雅明那几百页关于卡夫卡问题的笔记也被尘封着。与文学性相关，卡夫卡与普鲁斯特的文学写作走向“无意记忆的自然化”。如此一来，三重虚无主义解释学形成了：不只是虚无主义与弥赛亚叙事，还有空无所成的道家无用化的解释学。[2]

5. 自然的弥赛亚化节奏。《拱廊街》的资本主义迷梦，被超现实主义识破。文学家与艺术家们试图以即兴偶发的自动书写呈现碎片之梦，来对抗资本主义的拜物教之梦，但并不足够，本雅明还需要唤醒更深沉的第三记忆或“无意记忆”(mémoire involontaire)，它不同于斯蒂格勒后来提出的“外在化”第三记忆，因为它是多重的内在化第三记忆：弗洛伊德与超现实主义开启的无意识，荣格的集体无意识与原型，普鲁斯特的无意记忆与音乐唤醒，克拉格斯的宇宙灵魂，还有同时代瓦尔堡的记忆图像集，以及中国文化的自然默化的拟似性记忆。这些内在第三记忆的多重整合方式，以及它们与外在化记忆的关系，有待于进一步研究。这与救赎的新天使相关，但这是弥赛亚自然化的节奏，也是自然的弥赛亚化，这是双重转化的节奏形成过程。拱廊街如何实现自然的弥赛亚化？在自然已经技术

1 Walter Benjamin: *Gesammelte Schriften II*. 1991. S.1198.

2 Franz Kafka: *Tagebücher 1909–1923*. 1997. S.532. 可参看笔者的相关研究，夏可君：《无用的文学：卡夫卡与中国》，桂林：广西师范大学出版社，2020年。

化后，技术的自然化，或者辩证图像与梦想之唤醒的关系如何展开，还有待思考。

以上五个方面的思考，将揭示另一个本雅明。这另一个本雅明已经在那里，散碎的文本资料已经在那里，但被解释学所组合的未来生成却全然不同。这是有待于再次发生的“本雅明教义”，是本雅明的“教义”（Lehre）。它不只是宗教论断与哲学体系，不只是诗意的思想与文论批评的文学化，不只是散文游记与箴言片断，它包含上述这些要素，在渐进修养韧性之修炼中，成为“混杂的教义诗”，其中有着生命感知的彻底转化，如同“浪漫”这个词所启发的乃是“渐进的总汇诗”，它就是“混杂的教义”。

此五个方面的综合不是偶然的，恰好发生在犹太教的开端处、浪漫派现代性与自然关系的开启处、马克思主义现代性社会批判的生发处、现代文学的发生时刻，并且指向未来救赎的可能性条件：从宗教神学（针对上帝死亡与退场）、现代性的个体生命唯一性（针对人类纪的造作）、政治经济学批判（从劳动到游戏）、现代文学诗学（“三重解释学”也是三重人性的重新组合），到弥赛亚与自然之不可思议的多重结合。

教义，弥赛亚自然化，个体性的星座，相似与游戏的辩证综合，虚无主义的道家化，自然弥赛亚化的节奏，等等，有待于重新关联起来，重写另一种现代性。

## 1.1 未完成的教义论纲

除了本雅明，20世纪没有一个思想家有如此两个特点：

第一，把自己的思想或哲学，以及各种文体的书写，自觉地规定为“教义”。本雅明把中世纪论题式护教辩护体、犹太教式神秘主义书写与德国浪漫派的片断书写整合起来，形成了一种新表达。这种写作与维特根斯坦早期《逻辑哲学论》相似，但风格全然不同，更接近于广义的文艺写作。这在他大量以“论”（如《论语言本身与论人的语言》与《论模仿能力》）和“面向”（如《面向暴力的批判》与《面向普鲁斯特的形象》）为标题的文论中可以看出，而且，这些教义写作的很多文本在本雅明生前并未发表，构成本雅明自觉的隐秘教义。

第二，没有人比本雅明留下了更多不同文体的写作文本，还有大量尚未完成的手稿，《艺术作品在其技术可复制的时代》有几个不同手稿，《柏林童年》也是如此，《拱廊街》计划也并未完成。几乎只有海德格尔的手稿可以与之相比，但本雅明的文体形式之多样混杂，却无人可以比拟，正好对应了当前世界“混杂现代性”的状态。这样就给所有的研究者以巨大的难题，从何处进入？

从“未完成性”去思考本雅明，就是去思考本雅明试图从一开始就思考而一直尚未厘清的某个基本问题，它来自其教义的隐秘核心，我们必须从其隐秘的核心教义再次出发。这个核心是什么？由什么来确保？当然是本雅明自己的文本，是他“一以贯之”的那个隐秘线索，但这个尚未明确甚至可能折断的阿里阿德涅线团，一直是一条隐线，起码生前并未发表，这就具有了前面所说的双重性：教义的隐秘性和未完成性。那么，这是什么样的论题？一言以蔽之，对于我们，如同《残篇》所宣示的——这是弥赛亚如何进入世俗世界的难题。

弥赛亚如何进入世俗历史世界？这样的论题与难题，才是本雅明教义的核心秘密。这也是其弥赛亚的“吊诡”之处：既然弥赛亚如此强大且具有超越性，那为何无法进入历史的现实世界，且无法改变历史的进程？就如同犹太教神秘主义不得不面对的难题——全知全能的上帝为何不拯救自己拣选的民族？或者这也是神义论的难题。而这样的弥赛亚岂非多余与无用了？如果弥赛亚确实已经无用，那么此无用的弥赛亚如何构成对世界的救赎？再一次，这是一个现代性的吊诡：随着世俗世界的兴起与人类理智的发达，哪里还有神的位置？神圣岂非多余？但此多余的弥赛亚，却要救赎世界，还并非在历史终结处，而是随时随地都有可能。

这是本雅明《残篇》最明确面对的难题。这个文本无疑是解开本雅明思想的钥匙，而且现在已经证明，它是本雅明与几个犹太人——布洛赫、肖勒姆，还有布伯等人对话的成果，是犹太人面对现代性世俗化处境，思考救赎之不可能的可能性时，最深刻自觉到的问题。弥赛亚的上帝之国如何在世俗世界实现出来，如果二者绝对不相干？这是犹太教不同于基督教与其他宗教、也不同于诺斯替主义之处，但又要相信弥赛亚之绝对正义有着矫正世界的权能。这样的自相矛盾有何意义？悖谬的是，世俗历史并不自动倾向弥赛亚王国，那么二者又如何可能相关？这是本雅明一开始就确立的问题，《残篇》中人类对幸福的追求必然会落入虚无主义的深渊，这才不可避免地导致箭头的转向。

这是两个方向的重叠。一方面，这是“弥赛亚式自然化的节奏”，只有弥赛亚从超越世界进入人类这个已经总体破碎的世界，来修复（tikkun）它，人类幸福才可能实现，此整体性修复需要弥赛亚的力量，人类自身不可能有此能力。另一方面，人类追求幸福而不可得，因此需要逆转自身，这个逆转导致人类进入自然，打开第三重世界——进入整体上消逝与永恒的“自然”，但此自然因为其消逝，需要救赎力量的唤醒，需要弥赛亚在自然之中苏醒过来，自然的弥赛亚式苏醒就是“自然的弥赛亚化”。这是本雅明在《拱廊街》与《论历史的概念》中的命题，是其早期思想中还不明确但已经隐含的命题。

弥赛亚与自然化的双重还原，这样的解读就与陶伯斯后来对此文本的解释及其巨大影响区分开来，因为陶伯斯否定了这个文本中的自然化维度，反而靠近基督教保罗神学的弥赛亚救赎方向，这也许是他被施米特神权政治蛊惑的后果。

弥赛亚的自然化和自然的弥赛亚化，二者相互转化所形成的节奏，就是本雅明思想中隐秘的教义。这是一个尚未被发现与尚未完成的“本雅明”。

当我们重新从本雅明开始，进入那些论纲式的教义书写，第一个重要的文本就是1916年《论语言本身与论人的语言》，其思考的核心是回到最初的“源语言”或“纯粹语言”（Ursprache/reine Sprache）。

要避免亚当式堕落的人类语言，不走向混杂的、判断式的、抽象化的现代资本主义语言表达，就需要再次回到亚当堕落前的源语言。这如何可能？既然神圣的语言已经消失，人类语言已经堕落，那就只能去发现那个“沉默的自然”。但自然的语言乃是双重的沉默：自然无法表达的悲哀与自然被人类语言遮蔽的悲哀。如果有着亚当式的最初命名与原初快乐，而且进入耶和华神圣名字的新语言，那就需要进入已经破碎、处于沉默中但还有着残剩光芒救赎种子的自然。此残剩的自然乃是世界修复的种子。显然，残剩的种子、破碎、修复、神的名字等概念，都来自犹太教喀巴拉神秘主义。对上帝的退出、世界的破碎与种子的修复这三个相关概念的当代语言哲学表达，就是本雅明教义真正的开始，是最初的种子，而《残篇》则露出了破土的一点点端倪。

源语言也是本雅明在与布伯的书信对话中最早提出来的命题，而布伯则是第一个把喀巴拉神秘主义或哈西德主义实行了现代转化的思想家，还是《庄子》神秘对话文本与《聊斋志异》

鬼怪故事的翻译者。如此一来，本雅明的犹太教喀巴拉神秘主义与中国道家的自然化神秘主义就有着隐秘合流的可能性，这将在本雅明1934年论卡夫卡的文论中开始真正的汇聚。在1916年《语言论文》这个隐秘文本中，自然与弥赛亚已经有所关联，弥赛亚要发现新的自然，才可能恢复语言的纯粹性，这是本雅明语言教义的基本问题，也是第一个尚未完成的教义。

第二个尚未完成的教义则关涉到本雅明《评歌德的〈亲合力〉》与相关的自然主题。这是把人类追求幸福的意志及其不可能性发挥到极致的文本，从歌德小说中“奥蒂莉”这个形象上，可以看出歌德那里也有着对弥赛亚救赎的渴望，但这并非歌德从基督教那里借来的，也不是从犹太教神秘主义那里学习到的，而是歌德自己迫不得已的思考。

歌德这位可能获得了人世间所有幸福享受的至高者，也发现人类不可能获得幸福。“奥蒂莉”这个名字，如同“亚当”之名，其中有着神圣的踪迹，即自然的亲合力与化合作用。她的名字也是小说四个主人公名字的组合，有着对称，有着神秘不可抗拒的元素性组合。但她却不可能得救，这个名字会破碎，会播散，如何使之在幸福的想象中整合起来？如同自然的沉默与哀悼得到救赎？这就是本雅明要寻找的小说的真理性内容，不是传记性的事实内容（不只是人类不幸福的事实），而是真理性的救赎。

幸福的救赎如何发生？本雅明就此施行双重还原。首先是

“自然生命的还原”，把人类的“纯然生命”——已经道德化与宗教化的生命，有罪的生命，被道德审判的生命，也就是前面所说的亚当堕落后的三重语言中的纯然生命——向着“自然化的生命”还原。此自然化的生命卸掉了神秘命运的诅咒。人类生命在最初生成时，离不开神话的献祭牺牲，人类恐惧神秘，只能以神话与惊恐来保护自己，如此自相矛盾当然只是加深了人类对于神秘的恐惧，如同希腊悲剧进入命运诅咒的恶性循环之中。那么如何解咒？把“纯然生命”向着“自然化的生命”还原，不进入人类各种道德与罪感的叙事，如同尼采已经解构、批判的“道德的谱系”，而是走向无罪责的无辜生命或自然化的生命。当然，在此自然化生命之中，也有着不幸，有着哀伤，如《亲合力》中不幸淹死于水中的小孩，而“水”之为自然化的元素，既是幽暗晦涩的，也是滋养生命的。自然具有此悖论性存在，既是破坏消逝，但也是永恒循环的再生，而且作为永恒处女象征的奥蒂莉最后饥饿而死，这也是一种回归自然的方式。

我们看到了奥蒂莉这个形象的自然化还原，但其中并没有救赎发生，而是人类关系的整体解散。救赎如何可能？这是歌德必须回答的问题。在本雅明的解读中，还必须经过“弥赛亚的还原”——第二次隐秘还原：这是划过恋人或者歌德自己头上的星星。这既是消逝的流星（永恒消逝的自然），也是永不消逝的星群（不死性的记号），这些星群如同泪水编织的面纱，是弥赛亚性与自然性的幻象融合。自然的弥赛亚化中，此幻象的面纱是必要的，它让不幸的人类可以获得安慰，尽管不是救赎，但可以是安慰。这就是本雅明早期对于自然弥赛亚化的艰难寻求。

只有从弥赛亚性与自然化的关系上，我们才可能重新阅读本雅明生前发表的文本，比如《译者的任务》，文本自身需要在异质语言中"余存"(bleiben)，翻译之为修补的行动，就如同自然在艺术中余存，对于碎片黏合的比喻也是弥赛亚救赎的暗示。又如，在《面向暴力的批判》中，本雅明区分开"神话的暴力"与"神圣的暴力"，尤其是试图去发现纯粹的中介，而这个作为质料共通体的媒介(一种"灵媒")，其实乃是把人类生命向着自然化生命还原，而并非后来德里达与阿甘本所理解的暴力批判，并非技术化的生命与赤裸生命，其间的区分就变得关键了。

更重要的还有，本雅明在对暴力的批判中试图去发现"非暴力"(gewaltlos)的可能性。21世纪以来暴力的总体回归中，当前的革命思想面对资本主义全球化的胜利时，似乎只有依靠纯粹手段的暴力，而且以神圣名义进行暴力行动。[1]但这些革命行动如何与恐怖主义的神圣暴力区分开来？无论这是宗教激进主义的暴力化，还是基督教式以恨为爱的法外行动，都陷

1 Nathan Eckstrand and Christopher Yates: *Philosophy and the Return of Violence Studies from this Widening Gyre*. 2011.

入了暴力的恶性循环。从克尔凯郭尔到德里达，到阿甘本与齐泽克，从纯然生命走向生命政治，并走向神圣化的献祭，这是西方传统似乎无法走出的现代性困境？在本雅明那里，此非暴力的行动，是与理解“纯粹语言”相关的领域，也与自然化的生命相关。神圣化的暴力如同宗教仪式上起净化作用的水，正是在这自然化的还原中，纯然生命与自然化的生命被区分开了，而后者却并未展开。[1]

我们必须继续寻找第三个尚未完成的教义，还得继续追踪本雅明生前并未发表的文本。也许有人会说，随着本雅明所有文本的出版，再单纯去说文本的尚未发表已经没有了当下的意义，因为一切都已经袒露出来了。但教义的秘密与悖论在于：越是显现出来，反而越是隐秘。《神学－政治学残篇》不是20世纪80年代被发现出来后成了讨论的焦点吗？但几乎没有人触及“弥赛亚式自然的节奏”这个命题，也几乎没有学者把弥赛亚性与自然化关联起来，因此，尚未完成的隐秘教义，这样的说法并未过时，也许永远不会过时，即便本文要解开七封印，可能谜依然还在。

本雅明1933年的两个小文本（《相似性的教义》与《论模仿能力》），也寄给了肖勒姆，接续1916年的《语言论文》，讨论相似性与模仿能力。这是本雅明隐秘教义自我回响的节奏，

---

1 Simon Critchley: *The Faith of the Faithless Experiments in Political Theology*. 2012. p.217.

用了几乎16年的时间。为什么刚刚从纳粹德国逃难出来，在西班牙伊比萨岛上，得了重病，试图自杀的本雅明，却写出了两篇论语言的新文本？这是在危机时刻的严峻思考。《语言论文》作于内战时刻，面临犹太人自身命运的危机：是成为德国民族国家的一员而彻底归化，是保持中立与游离之外，还是回到耶路撒冷而接受复国主义？对于本雅明，这三种可能性都不存在，所以他才回到自然的生命。这既是种族的生命，但也超越了种族的定义，因为此残剩的自然种子，如同犹太人被拣选又被放逐，得救的只是少数或余数（如同《以赛亚书》写到的），此“余数”乃是弥赛亚自然化所成的种子！

那么，如何再次唤醒此余数或者自然弥赛亚化的动力？那就要回到与自然相关的相似性。这是人类最初的模仿能力。这不是人类后来的游戏与学习，不是柏拉图与亚里士多德的模仿观——无论是对纯粹理型的模仿，还是对人类悲剧行动主体的模仿——而是一种与自然原初相似的能力，是与宇宙感通的原初德能，是生命整体修复的潜能，如同个体生命出生时与星座原初建立的瞬间命运关联。这是个体单子的理型化，如同论述德国悲悼剧的文本《认识论批判的序言》所要思考的核心问题。为何要回到与自然相关的相似性？因为在最初的自然相似性中，人类还有着与宇宙的关联，但随着历史发展与进步，人类逐步丧失了与宇宙整体的关联感，已经不再与宇宙感通，而这是波德莱尔以来现代性审美的根本诉求。

此自然的相似性或拟似性，在似与不似之间的相似性，可以保持人类的历史性记忆，预计到与自然相关的永恒记忆。尽管自然消逝着，但其中有着永恒性，只是此永恒性还有待于进入弥赛亚的渴望之中，转化为不死性。这自然的感性相似性被唤醒之后，需要进入“不相似性”或“非感性的相似性”。这是个体的书写性姿态，也是个体名字的生命书写。这也是为何本雅明这个时期回到了自己具有犹太教神秘主义意味的本名（Agesilaus Santander），如同肖勒姆对本雅明和他的天使形象的复杂解码，进入个体天使形象的幻象。这是个体的隐秘签名，此签名的“非感性的相似性”需要与“感性的相似性”建立关联。如果相似性乃是经验的器官（die Ähnlichkeit das Organon der Erfahrung ist），那么，恢复或者修复已经萎缩的器官，乃是经验的重新生成，其中必须有着灵晕，因为灵晕中的踪迹包含从未写出之物。

这样的关联在西方文明中已经基本消失，如何在现代性中得以重建？本雅明1938年在中国艺术中发现了“墨戏书写”。它是游戏的自然化，把游戏与相似性结合起来，没有分裂，不同于技术可复制时代的艺术，后者走向游戏，而遗忘了相似性[1]，

1 关于相似性的讨论，福柯在《词与物》认知型的演变中有所思考，文艺复兴时代的知识型以“相似性”（la resemblance）为主，并且区分开了四重相似性（适合、仿效、类比与交感），但进入古典时代则被符号的差异性分析取代。但是，本雅明回到巴洛克时代，并且保持对于相似性与不相似性之间的关联时，显然并没有进入福柯知识型演变的叙事逻辑，这也导致另一种全然不同的面对自然的态度。

导致现代性与自然的分裂。它也是个体与自然建立生命感应的相似性关联，是“烟云”一样的宇宙相似性。

弥赛亚到底如何进入世界？如果弥赛亚不得不迂回，通过自然来迂回，如此迂回，也必然导致弥赛亚自身的改变；如果弥赛亚自身不变异，自身不转化，依然只是固守弥赛亚自身的原则，哪怕是喀巴拉神秘主义的教义，也不可能实行现代性转化。转化，相互的转化，才可能有着感应的效应。

弥赛亚如何自身转化？那就需要弥赛亚自身的无用化，这是卡夫卡的彻底性虚无主义变异。一个变得不再必要的弥赛亚如何还有着大用？需要把喀巴拉神秘主义的上帝回缩退出加以更彻底的转化，不仅仅是退出，也是退让，是自身的无用化。但此无用化，却打开了一个自由的空间，一个无用化的自由空间，无人可以占据的纯粹自由敞开空间。此让出来的空余空间，也是上帝自身的无用化，就不仅仅来自犹太教与西方自身，也是来自中国道家，尤其是庄子的思想。

这是卡夫卡所说的教义：“认认真真做某事同时又空无所成。”这样的道之教义，也是布伯开始的教义之道，随后在本雅明1934年《论卡夫卡》的文本中得到回响。此回响在公开发表的论文中有所表达，即《邻村》的故事来自老子的《道德经》。卡夫卡式的“邻村”是现代虚无主义的停顿瞬间与死亡的深渊，不可能抵达，但它也是弥赛亚回忆救赎的目光，如同本雅明1938年反驳布莱希特时所展开的对比，面对“邻村”

这个世俗世界中人类被压弯的脊背，需要弥赛亚来矫正，轻微地纠正。

邻村，就是余地的暗示与指向，就是不可能抵达的可能之地。

但是，此弥赛亚已经无用化，卡夫卡的世界中没有真理性可言，只有谣言与愚蠢，因此无用的弥赛亚只能通过愚人得到帮助。此帮助来自那些苦修的研究者，以及桑丘这样的傻子，但桑丘在卡夫卡笔下，不是英雄堂吉诃德的随从，相反，是真正游戏的助手。

这个桑丘是本雅明后来所说的操纵历史唯物主义木偶的那个侏儒，但此侏儒并非齐泽克式的革命式主体，而是道家化的——“桑丘是一个道家主义者”。这是本雅明论卡夫卡与《中国长城建造时》的密码，是他在手稿中写就的密码，一直在那里，但从来都没有一个西方学者关注此命题。无用的弥赛亚需要桑丘这样的傻子，需要一个道家化的傻子，或者仙道般的助手。弥赛亚需要道家化的助手，才可能纠正这个世界。[1]

弥赛亚自身也要如同自然一样沉默，而回到自然的弥赛亚，乃是一个具有无限潜能的弥赛亚，因为自然相似性具有多样性与丰富性，而且是罗杰·凯卢瓦（Roger Caillois）所说的奢华与无用性。这是自然的礼物，自然的书写（比如石头的美妙

1　参看夏可君《无用的文学：卡夫卡与中国》。

印迹），自然无意义给予的礼物；这是弥赛亚的自然化，作为礼物给予的弥赛亚。

如此无用的弥赛亚、需要道家助力的弥赛亚、自然化的弥赛亚，乃是本雅明教义的第四种可能性。

如此无用的弥赛亚得到助力后，如何改变世界？一个道家化的弥赛亚如何改变世界？需要再一次进行双重运动。一方面，无用的弥赛亚对世界的改变只是一点点的纠正，而不是对这个世界的彻底革命，因此不同于整个革命乌托邦的道路，比如从布洛赫的乌托邦到当前意大利左派的革命行动。此一点点的纠正，如同犹太教哈西德主义中正义之人（zaddik）要想接近上帝，必须“变小”，因为只有变小，才可能休息，在来临的上升之前更新活力。另一方面，与另一种“无为”的方式呼应起来，依然与中国文化相关，也与布洛赫和布伯相关——但都来自中国文人美学的姿态——需要进入自己的作品中而消失。此消失也回应了自然的总体消逝，但又经过了本雅明更彻底的展开。

如本雅明1933年讨论阿多诺论克尔凯郭尔著作时的结论所言：“把自己变小，并消失于图像之中，获得安慰或救赎。”此三重转化方式，人类主体的转化方式，来自中国文人美学。这是本雅明隐秘教义有待展开的第五个方面。

如卡夫卡在日记中写道：“两种可能：把自己变得无穷小

或本来就是这么小；第二种是完成式，即无为；第一种是开端，即行动。”[1]变小与无为，这样的转化与助力方式，就不再是德勒兹的“小化的文学”，而是如同布伯融合哈西德主义、佛教与道家文学的混杂教义书写，成为“无用的文学”。这两种方式，既是人类重新行动的开始，也是弥赛亚自身转化的方式，而其根本动力则来自中国。中国文人美学对现世的超越，乃是通过自己创作的作品，如唐代的“如画观”，形成“以真为幻”和“以幻为真”的诡异转化方式，并最终通过“素屏”把自己无用化，以进入一个自然化的世界，让自然来改变自身，如此细微的变化，也是为了展现渐进修养的韧性。[2]

这也是比超现实主义更彻底的“自然无意识”，不是人类主体的无意识或第三记忆，也非技术化的第三记忆（如同德里达与斯蒂格勒所思考的方向），而是进入自然默化的拟似性记忆。正是在这里，凯卢瓦的思考方向变得尤为重要。凯卢瓦与巴塔耶的社会学学院和超现实主义团体都有联系，但又超出了后者“卑污的唯物主义”与“欲望无意识书写”，而走向“客观的抒情”，打开了昆虫拟似的形态学自然维度，可能最接近歌德对于形态学的诗意梦想。无论是来到巴黎的本雅明还是后来写作《启蒙辩证法》的阿多诺，都认为凯卢瓦对人类行为之

---

1 ［奥］卡夫卡：《卡夫卡全集》（第5卷），61页。

2 ［日］浅见洋二：《距离与想象：中国诗学的唐宋转型》，金程宇、［日］冈田千穗译，上海：上海古籍出版社，2005年。

生物学或者昆虫学的形态学还原，比所有现代的人性思考都更彻底，因为自然界的行动拟似性与人类原初的惊恐，直接被烙印在了人类行动的无意识记忆上。因此，弗洛伊德的生死本能其实并不彻底，还有待于向着生物学的形态拟似性还原，这也是阿多诺在《启蒙辩证法》中批判反犹主义的思想前提，但也很少被研究者展开。当然，这并非纳粹式的种族还原，也非人类学的唯物主义。后来法国后现代思想家们，无论是拉康与福柯，还是德勒兹与利奥塔，都利用了弗洛伊德的无意识欲望与力比多经济的解放，但都忽视了自然的形态学这个维度。

在凯卢瓦、本雅明，以及阿多诺看来，人类主体行为的生物学还原，尤其是自然的无意义拟似性的生产行动，是纯然消费、多样与无目的的生产，是具有绝对无用性的奢华行为。比如，蝴蝶翅膀的华美与多样性，就是自然自身生产的礼物（具有无限性）。但人类的行动，无论是种族主义的还是技术工业的，都建立在对自然拟似性的模仿与压抑上。在分析启蒙理性时，阿多诺指出，理性既要模仿自然，又要压抑自然。就此而言，启蒙辩证法受到凯卢瓦的隐晦影响，也受到本雅明自然拟似性与模仿能力之唤醒的启发，试图重建自然历史的辩证关系。这也是肖勒姆一直担心和怀疑的：本雅明如何可能结合早期语言的神秘魔术理论与后期马克思主义的唯物主义语言理论？其结合点就在自然材质的共通感上，让技术的复制游戏与自然的相似性共同游戏，而弥赛亚就是此质料共通感或宇宙灵魂的唤醒与复活。

如此把自己变小，又消失于图像之中，乃是人类进入自己的创作物。但此创作物，乃是艺术品的质料与自然感知上的相似性。这是本雅明文本中已经隐含，但一直没有被明确阐述的道路。直到《拱廊街》的写作，面对资本主义的总体化梦幻世界，如何以新的梦想来代替，这个生物学神话的还原才变得尤为迫切。

这就需要进入尚未完成教义的第六种可能性。这就进入了《拱廊街》的梦想世界。

本雅明要唤醒的梦想世界，或者说本雅明文本中所出现的梦幻世界异常复杂，也许，从来就没有梦想是单纯与明媚的。

首先，这是资本主义拱廊街所建造的早期资本主义梦幻——内外打通的商品拜物教世界，尽管可以让主体消失，但最终都被现代主义的玻璃建筑吸收，不留下任何痕迹。

其次，则是超现实主义的巴黎神话所唤醒的人类无意识的自动书写，以及物象的拼贴式怪异组合。这样的欲望革命，以此迷醉来吸取革命的能量，但依然是虚无主义死本能的奇异表达及其“物化”的变态。

这就有了第三重梦想：本雅明在《艺术作品论文》中试图以电影观看所建立的身体－图像－空间，让神经支配进入集体社会化的共通梦想游戏，而且还具有象形文字与装饰的可读性。但它要么被法西斯主义利用，要么进入纯粹的数码虚拟空间，全然没有了灵晕。

因此，在《拱廊街》计划中，本雅明试图建构第四重梦想空间，通过荣格神话原型的集体无意识和普鲁斯特的无意记忆，再次唤醒波德莱尔式的宇宙感通与自然的灵晕，只是这个维度又与前一个技术复制时代的梦想重叠了。

因此，还需要一个更彻底的梦想，接续前面的第四重梦想，借助于凯卢瓦对生物生死本能的自动化还原，走进一个自然化的梦想世界，如同中国道家式的庄周梦蝶与蝶梦庄周，如此相互转化，从而进入自然的第三记忆，进入生命整体修复的潜能。这是本雅明在《艺术作品论文》中所触及的根本问题，不只是第二技术的游戏，还是游戏与相似性的共同游戏。唤醒自然久远的相似性，发现自然自身的重复、自然的DNA复制，以及自然的可再生性（如赤腹蝾螈的可再生性与细胞可塑性），如同干细胞技术所激发或者说唤醒的人类自身中自然性的再生产，并由此走向可能的“第三技术”（或重新处理techne & physis［τέχνη & φύσις］的“第三技艺”）。人类进化导致的巨大后果就是“人类完整的修复能力”的减弱与隐藏，相反，低级的扁形动物却有着惊人的修复能力。

因此，再次恢复此完整的修复能力，不就是本雅明《残篇》所说的整体性恢复？只不过这是自然生命的自我修复，人类的技术在进步中遗忘了此修复机制，而走向了外在的技术进步。可再生技术或者生物技术是否此修复能力的再次唤醒？就如同人文教化之为“渐进修养的韧性”之练习，如果此双重的修复韧性或可塑性被培养出来，不就是对人类的真正拯救？

激活或者唤醒此自然的自身可再生性与能产性，需要借用荣格的集体无意识，但又必须还原到自然的相似性与自然自身的生产性。

沉默的自然是“前维度”的，在一切维度之前，最为“隐德莱希”（ἐντελέχεια）的材料。而人类总是生活在自己建造的三维空间之中，时间性的第四维使到来的空间变形，或者自然历史的变化一旦成为废墟，历史就被还原到自然状态，这就是人类历史的废墟化或者追求幸福导致的沉沦。这在本雅明所指出的人类骷髅般的面容上可以看到，这样的面相学还原[1]，也是把历史还原到自然自身的威严上。那么，弥赛亚的拯救如何发生？弥赛亚进入自然，打开第五维度。这不是历史性的第四维度，也不是自然自身的前维度或者无维度，而是弥赛亚带来的第五维度。此第五维度并不存在，如同无维度，一直在空无之

1 阿多诺对音乐“面相学”（Physiognomik）的思考，尤其与马勒相关，在自然声响与和声结构之间的悖论，向着某种自然性，乃至于接近中国诗性，也许也是一种弥赛亚的自然化？在上帝失名之后，如何祈祷？无词歌之为祈祷的方式，需要激发自然式音乐的祈祷？

中，在自由的敞开中，有待于生成。

本雅明试图通过梦的“唤醒”打开第五维度，既是在梦中，又在梦中醒来，但可能还是在另一个更大的梦中（庄子《齐物论》所说的“大圣梦”）。只是这个从未来而来梦见我们的做梦者，是即将醒来的——这个未来的、到来着的苏醒，彻底唤醒梦中的我们。这个唤醒的做梦者所梦见的我们，乃是在第五维度显现，这是杜尚的《大玻璃》努力去做却并未实现的梦想。如此被梦见的我们——已经幻化为新天使，此带着自然能量的新人的生命形象，也可能是非人的，可能是技术复制的，也可能是神仙般的，是一个混杂的新天使形象，是被未来的弥赛亚所矫正过的得救形象，这是自然的弥赛亚化。

我们应该成为未来的新天使，那让天使可以显现出来的空间在何处？在本雅明要再次实现的拱廊街，他不再是闲逛者了，而是如同波德莱尔诗歌中那个萦绕在星空中的天使，只是他不再孤独。

如此想象中的新天使，从未来而来的、被塑造的新天使打开的第五维度，乃是弥赛亚进入历史的时间标记，而不是基督教的耶稣降临了，尽管童贞女圣灵感孕有着自然性的前维度，天使的报喜暗示“第五维度”所带来的圣灵种子。但现在，救赎的过程乃是弥赛亚的自然化，不是弥赛亚的人类身体化。如此再一次生成，乃是新天使的“复多化”显现，那个梦见我们的弥赛亚，也许不是一个，而是有着无数的可能形象。

中国文化有着对自然的自身表达，无论是人类必须“以自然为性”，还是人性的自然化还原，尤其是自然的拟似性还原，都有着抒情的客观性乃至于命定性，只是过于陷入人与自然的一致性与顺应性，没有认识到自然灾变的可怕，也不承认自然已经被技术化，乃至于废墟化了。因此中国文化的自然观也需要更彻底的思考，进入混沌化的自然，进入更沉默的自然，进入残剩化的自然，并且在新的技术中再次生成。如此技术化的自然，当然不只是技术而已，而且是技术的再自然化，比如，“干细胞”再生医学与技术——具有自我复制与自我更新能力的多潜能干细胞（iPS）再生技术，不同于器官移植与基因编辑，它可以开启一种不同于“免疫反应”的神学政治思考模式（德里达面对9·11的思考以及随后埃斯波西托［Esposito］更丰富的展开）[1]。如此激活的自然，让弥赛亚得以产生果效的

1 对于德里达而言，“自身免疫”的过程隐含着奇怪的悖论：每一个活物都以自杀的方式工作，破坏它自己的保护层，使它自身具有反抗自己免疫性的免疫性，如同9·11就是一次自身免疫式的自杀，而且是双重的自杀——美国培养了杀死自己的恐怖主义分子。作为事件的神学，伤口在未来已经事先形成，还有更可怕的事件会发生，不可居有且无法预测。对于埃斯波西托而言，如果生命服从于内在的权力，按照其内在的动力，那就注定自我毁灭，因为生命本身承载了不可避免的自我矛盾；为了自我拯救，生命需要走出自身，形成一个规范或保护伞的超验点；这就有了从自然向着技术的转译，生命的自然需要自身分裂，所谓保护就是对被保护的对象加以悬置和异化。显然，在这里，自身免疫的神学政治及其类比逻辑，都强调了对自然生命的否定性。但干细胞生命再生技术则是对生命自身可再生性的肯定。这是两种不同的生物学机制。这也是我们的思考方向与西方生命政治和生命技术不同之处。

自然，预示着人类修复能力的激活和新天使的来临。

这是《论历史的概念》中的那个新天使吗？这是弥赛亚来临时所要打开的小门。这道小门就是第七种尚未完成的教义，或者是第七封印的彻底拆封，它并非历史唯物主义的，也非基督教的，甚至，也不是犹太教式的，而是中国式的小门。这是本雅明相似性想象的来源：一个文人进入自己的作品中，变小而消失，这样人类便超越自身，在世俗世界中，进入一个质料化的共通体之中，生成为他者。

## 1.2 弥赛亚的还原

弥赛亚来临与否，将如何影响我们的时代？当前历史处于什么样的时刻？更彻底的例外状态？进入了“生命经济”的新冷战（不同于之前的生命政治）？或者生物技术将带来绝对的虚拟时刻与不死经验？

以阿甘本和内格里为代表的意大利左派思想家们，与巴迪欧、齐泽克等人一道，面对资本主义的全球胜利，试图从本雅明的弥赛亚主义与马克思的历史唯物主义的结合出发，以例外状态来梦想新的革命主体。但他们尤其受到犹太教神学家陶伯斯的影响，把本雅明解释为保罗革命神学隐秘复兴的先驱。

但这或许是一个误解或误读，当然这是一个被允许的解读方向。一旦我们从《残篇》重新出发，让本雅明隐秘神学思想的种子重新发芽生长，让这颗无用的种子在另一片土地上重新开花结果，我们将看到另一个本雅明，另一种弥赛亚精神：既非阿甘本接续陶伯斯遗言式的保罗革命神学，也非德里达的"非弥赛亚主义的弥赛亚性"，亦非意大利左派潜能化的革命行动，而是"弥赛亚的自然化"与"自然的弥赛亚化"。这是一种道家化的弥赛亚精神或弥赛亚精神的道家化，人类历史上从未出现过这样的思想方向。不同于中国传统发生过的道教革命，也不同于受到西方基督教影响的革命模式，它是一种全新的道路！

本雅明这样的现代犹太人面对的吊诡处境是：一方面，接续传统的犹太教，等待弥赛亚的到来，尤其是面对纳粹帝国的兴起，只有弥赛亚的记忆可以抵御拜物教与种族灭绝的残害；另一方面，弥赛亚的救赎又丧失了意义与功效，如同卡夫卡所言，弥赛亚已经无用，只能以虚无主义为方法，来面对弥赛亚的缺席。如果弥赛亚已经无用，那为何还要保留弥赛亚的记忆？如果只是虚无主义的深渊与幸福欲望的自我毁灭，是否还需要弥赛亚的救赎？一个无用的弥赛亚如何构成救赎？

这正是本雅明的"吊诡式逻辑"：通过自然，在幸福的悖论中，在欲望的逆转中，让时间的方向指向自然，以弥赛亚自然化的节奏，塑造未来的人性。这就是本雅明所说的"弥赛亚式自然的节奏"，它出自本雅明1920年左右所写的《神学－

政治学残篇》手稿[1]，这个文本凝缩了大量的思想种子：弥赛亚的形象，上帝之国与世俗秩序的差异，世俗秩序的衰败与自然的关系，发现弥赛亚与自然的关系，以此弥赛亚修补世界的可能性，这个修补的诉求来自喀巴拉神秘主义。[2]

作为被封存已久的“启示录”，它还给我们指明了一种犹太性与中国性的新关系。它把“弥赛亚”与“自然化”联系起来，这是西方从未梦想过的连接，也是东方从未发生过的连接。尽管已经出现了弥赛亚与南美解放神学的关系，出现了日本佛教与基督教的深入对话，但弥赛亚性与自然化的连接还从未出现过，这也并非亚洲场景中英国的儒耶对话，更非简单的基督教的道家化。因为按照唯一神论的传统，弥赛亚性是外在超越的，东方的自然观则是内在生成的，如同马克斯·韦伯对外在超越与内在超越的区分，二者如何可能结合？

弥赛亚的自然化与自然的弥赛亚化，如此“吊诡”的结

---

1 再一次强调，这个文本写于肖勒姆所确认的1920年左右，就是1919年完成博士论文后所写，不是阿多诺所说的1938年。也许拉库－拉巴特比陶伯斯更明确认识到这个浪漫主义弥赛亚化的重要性，而不是如同陶伯斯只强调这个文本的犹太属性，但拉库－拉巴特也忽视了这个自然性维度后来的发展。当然，这把浪漫派犹太教化或者把渐进的总汇杂说诗进一步教义化了，而“教义”就是某种混杂现代性的书写。弥赛亚神秘主义传统的激活也是弥赛亚式的还原，这也导致本雅明的思想与哲学，既不是传统的哲学也不是海德格尔式的思想，而是某种诗意化的“教义”，包含了哲学与神学，还有文学，或者是我们在别处指出过的三重解释学（犹太教拉比式神秘主义解经—虚无主义式解构—道家式无用解释学）的整合（参见夏可君《无用的文学：卡夫卡与中国》）。

2 ［德］肖勒姆：《犹太教神秘主义主流》，涂笑非译，成都：四川人民出版社，2000年，258页。Gershom Scholem: *Die jüdische Mystik in ihren Hauptströmungen*. 2000. 以及，Gershom Scholem: *Die Geheimnisse der Schöpfung. Ein Kapitel aus dem Sohar*. 1971.

合，如何可能？这正是本雅明面对现代性危机所给出的先知性思想。从此线索出发，本雅明的早期与后期思想并没有什么断裂，无论是浪漫派的文学解释、超现实主义的世俗启迪，还是受到马克思主义影响的社会批判，乃至对于现代大众梦想空间的着迷，都没有放弃这个弥赛亚与自然相互转化的思考。

这个思想的隐晦与怪异，才是思想真正的事情，去思想所尚未思想的关系，乃是“教义”[1]，但这是“教义的吊诡”，也是“吊诡的教义”：此新的教义进入了“纯粹的矛盾”，即吊诡的经验。吊诡乃是悖论与绝境的纯粹化。悖论乃是不可能解决的，绝境乃是无路可走的。但是，吊诡一方面肯定悖论的绝对性，肯定绝望的处境不可能被解决；另一方面又相信此悖论可以在某个时刻转化，绝境可能被松开，发现余地与出路。这才是纯粹的悖论，绝对的悖论，故名之曰吊诡，而这正是

1 何谓“教义”？如本雅明在《未来哲学论纲》中所言：“未来哲学的要求可以表述如下：在康德哲学体系的基础上形成一种与经验概念相一致的知识概念，对这种经验来说，知识就是教义（Lehre）。在其普遍性要素方面，这样一种哲学或自身被称为神学，或在它具有历史意义的哲学要素的意义上，使自身高于神学。经验是知识的重复的统一和连续。”Lehre（教义）广泛出现在这一时期本雅明和肖勒姆的讨论中，肖勒姆在《本雅明：一个友谊的故事》中认为 Lehre 不仅仅是人类的道路，或者是犹太教塔木德律法的道路，也是事物之间的超因果联系，以及它们在上帝那里的建构。我们则理解为，面对哲学自身的虚无化，以虚无主义为方法的同时，神学试图面对世界与救赎的断裂关系，而神学自身也面对上帝之死或者上帝的回缩。因此，“教义”乃是哲学的虚无化与神学的虚无化，面对此双重的虚无化，教义从自身的悖论出发，寻求内在与超越之间的新关系：世界之物的剩余化——世俗之物的“不去用”或者无用化——让自然来为；来临世界的无余——不是弥赛亚来临——而是弥赛亚更彻底地退出或退让。此双重的虚无化，既非西方传统的从无创造，也非泛神论，而是重新连接自然性与弥赛亚性，这才是本雅明教义的秘密。

庄子思想的重要贡献。

20世纪初，处于犹太教复国主义旋风中的本雅明，面对着现代性的基本危机：如果犹太人作为他者性与它异性的化身，进入现代性的启蒙世界，绝对的外在超越，要么继续为模仿的暴力（从施米特到希特勒的德意志模仿神话与种族暴力神学政治）所排斥，导致大屠杀的处境；要么被世俗世界同化，成为资本主义的核心要素，如同美国全球化资本主义与犹太性计算思维的结合，而从思维方式的讨论上看，不仅海德格尔在《黑皮本》中有所论述，就连肖勒姆也认同犹太教计算性思维的优先性；要么独立出来，成为民族国家，然而在中东的以色列国与阿拉伯世界的持久冲突一直无法解决。也就是说，犹太教的弥赛亚救赎，上帝之国，不可能与人类历史发生直接关联；基督教的化身救赎计划，也因为基督教的世俗化而丧失了自身的活力。

那么，犹太教的弥赛亚如何与世界相关？让犹太教自身退却，不是进入世界，而是双重的退却：这既回应了上帝的彻底退隐或完全被销蚀（如同布伯所言，而奥斯维辛集中营也见证了，上帝并不在场，救赎并没有发生）；也回应了犹太人的历史命运，历史上对犹太教的几次大迫害已经昭示了犹太人与世俗世界关系的不可能性；但二者之间的连接一直没有找到，这也是喀巴拉神秘主义思想在西班牙大迫害时期的贡献，只能以上帝的自身回撤或者退出，来思想弥赛亚救赎与历史世界的关系。

这就是本雅明与肖勒姆在布伯的启发下，回到喀巴拉神秘主义的“卢立安主义”（Lurianic Kabbalah）的三重基本思想。其一，上帝在创世之前就已经退出或者“回缩”，与之类比，如同犹太人必须退出世界，更多地退出，而非进入，或者被流放就是再次退出。二者的生存姿势相同，只有更彻底效仿此退出与回撤的姿势，不去占有与拥有，才可能打开更多的生存“余地”。其二，上帝的自身退出，导致世界的涌现可能性，而象征世界的瓶子因此“破裂”（Shevirath），无数善恶的碎片飞溅开来，但其中还有着少许残剩的余光与余象。如同被拣选的犹太人，作为少数中的少数，作为“余数”，一直还在罪恶的世界中等待弥赛亚来临的剩余者，就是此残余的种子。其三，如何“修补”（Tikkun）这个已然破碎的历史世界呢？聚集那些残余的种子，让他们的余光或余象得以重新“聚集”，来补救世界，直到弥赛亚到来，使之彻底复原（restitutio in integrum），从而形成新的共通体，形成永恒的“星座”。这是犹太人得救的唯一可能性。

在早期论文中，本雅明用这样的三重要素弥补康德批判哲学的不足，形成了自己的“教义”思想。此“教义”结合了康德哲学的理性化经验与犹太教的神秘宗教经验，还有德国浪漫派与歌德的文学想象经验。那么，如何让三重的犹太教精神进入历史呢？这三重要素还是保持为一种外在于历史的想象，并没有进入历史，犹太人还是在世界历史外面——仅仅作为剩余者，保持着此弥赛亚来临的信念，作为没有希望的希望，并没有获得现世的幸福与现实的得救。如何可能实现出来？这是本雅明1910—1926年的主要问题，也是《残篇》的核心问题。

本雅明给出的回答是：弥赛亚与自然化的新连接。首要的是，必须让传统的弥赛亚主义及其神学思想变得无用，但这又吊诡地唤醒了弥赛亚性自身原初的无用性：上帝在创世之前就是自身回缩的，也是退出的；这也是上帝自身的退让，此退让就是上帝自身的无用化，此自身的无用却打开了原初的空余，这就是“余地”的原初余留。

## 1.3 沉默自然的还原

最初的容器破裂后，在上帝退出世界后所留下的原始空洞中，历史行动者有待于去发现那还剩余的圣光与余香式的余留物（Rest/Reshimu），那么，如何去发现这些剩余物呢？

在“自然”那里。本雅明在《论语言本身与论人的语言》中思考了语言的自身传达与纯粹性，人类语言的堕落与知识判断的魔术，以及资产阶级语言的闲聊，导致世界历史的堕落与败坏不可避免。如何补救？补救的要素在哪里？本雅明认为需要重新回到亚当的原初语言，再次发现纯粹语言，即回到伊甸园，回到与自然和谐共在的那个“自然”。

但此自然不可能被言说，一旦被言说，会再次进入语言的判断之中？那么，自然如何言说？本雅明在文章最后指明了方向：回到沉默的自然。此沉默的自然有着自身原初的沉默，以及被人类语言遮蔽的沉默。由此唤醒自然的双重沉默——堕落之前的沉默与堕落之后的沉默，此沉默中反而保留了剩余的种子：

> 因此这些思考给我们留下了一个关于语言的纯粹概念，尽管它或许仍旧是一个不完善的概念。本质的语言是媒介，在媒介中，精神本质得以传达。这一不间断的传达过程流动贯穿着整个自然，从最低的存在形式到人，再从人到上帝。人通过它给予自然和人类自己以专名向上帝传达自身，根据接受自然所传达的给自然命名，因为整个自然充满了无名的、哑默的语言和上帝创世性语言的剩余物（dem Residuum des schaffenden Gotteswortes），它作为认知名称保留在人身上，也作为悬置的判断处于人之上。自然的语言可以比作一个秘密的口令，每一个哨兵在传达这个口令给下一个人时都使用自己的语言，但口令的含义是哨兵的语言本身。所有高级语言都是对低级语言的翻译，直到最终展现出最终的明晰的上帝语言，达到语言运动的同一性。[1]

作为本质语言的媒介，传达精神本质的媒介，作为整体

---

1 Walter Benjamin: *Gesammelte Schriften II*. 1991. S.157.

贯彻着的媒介，就是“灵媒”。此灵媒从根本上则来自哑默无名的自然，来自那有待被重新唤醒的“剩余物”（Residuum）。这个被保留着的剩余物，就是原初语言的生命“种子”，就是“灵根”的生命样式——如同歌德的“源现象”或者“源图像”，这是中国文化的胚胎或者先天之气。也许这也是柏拉图所思考的 Khora（廓纳 / 虚位）？

这个还隐含着上帝语词与剩余的自然，就是“剩余”的种子，也正是喀巴拉神秘主义所说的那个世界之容器爆裂后要发现的救赎种子。尽管世界已经陷入了恶的多样性，但每一个个体外壳内还隐含着救赎的种子，如同佛教的“阿赖耶识”中那未被熏染的“无漏种子”（或“第九识”，或“如来藏”）。这些还隐秘保留着的种子或者圣光，就是卢立安主义所说的救赎因子，有待于被重新唤醒与激活，有待于聚集为新的“质料的共通体”（stoffliche Gemeinschaft），即犹太教万物拯救“归位”（rechten Ort / Tikkun Olam）的共通体。本雅明后来的语言哲学就走向此方向，而这也正是肖勒姆共同努力的方向。

本雅明的语言论文最后落实在“沉默的自然”这个剩余物，自然的沉默中有着上帝的神圣剩余，但此沉默的自然也是无用的。因此《神学 – 政治学残篇》确实可能如肖勒姆所言写于1920年左右。考虑到其对衰败的彻底反思，分离开世俗秩序与上帝之国，《残篇》也可以与1940年《论历史的概念》的思考联系起来理解。

在《论历史的概念》的第二条中，本雅明写到了幸福与救赎的关系：

> 我们关于快乐的观念和想象完全是由我们生命过程本身所指定的时间来决定其特性和色彩的。那种能唤起嫉妒的快乐只存在于我们呼吸过的空气中，存在于能和我们交谈的人，或本可以委身于我们的女人身上，换句话说，我们关于幸福的观念牢不可破地同赎救的观念联系在一起。这也适用于我们对过去的看法，而这正切关历史。过去随身带着一份时间的清单，它通过这份时间的清单而被托付给赎救。过去的人与活着的人之间有一个秘密协议。我们的到来在尘世的期待之中。同前辈一样，我们也被赋予了一点微弱的救世主的力量，这种力量的认领权属于过去。但这种认领并非轻而易举便能实现。历史唯物主义者们知道这一点。[1]

没有比这个第二论题更接近《残篇》主题的了：接续第一条讨论弥赛亚救赎对于历史的任务或者服务，弥赛亚与现实历史发展及目的不相干，因此就是无用的。确实如这里指出的，神学似乎已经彻底看似没有什么可认识性，而且很丑陋不入法眼了。但是，本雅明还是相信，神学可以帮助历史唯物主义，如陶伯斯敏感指出的，因此，弥赛亚王国与世俗世界的不相干，需要幸福作为中介来转化，需要唤醒或者触及自然的沉

1 ［德］汉娜·阿伦特编《启迪：本雅明文选》，张旭东、王斑译，北京：生活·读书·新知三联书店，2008年，266页。

默。难怪阿多诺会认为整个文本写于20世纪30年代末期，而且这里提到“委身于”女性的身体，还提到“呼吸”——这不就是更自然化的躯体？甚至就如同《拱廊街》提到的母性，女性的弥赛亚（female Messiah, la Mère）？[1]

这些微弱的弥赛亚力量，试图在现实的历史唯物主义与弥赛亚救赎的断裂之间，找到微弱且碎片化的联系，那些闪烁的余光或火花。这个微弱的联系，就是本雅明思想的当代意义，但已经不再是微弱的，而是无用的弥赛亚性。

弥赛亚的自然化，还要面对人性的罪恶，即人类的生命或者命运已经处于历史的罪恶之中，如同《创世记》以来的人类堕落，并没有所谓“纯然生命”。要转化此人类生命，只能通过自然，以及自然化的语言，让自然重新成为纯粹语言或源语言。这样的困难，内在唯一的人的发现，心中的弥赛亚力量，才是剩余的种子与余光！这是补偿与恢复的元素，是精神与不朽的引入，是对永恒衰败的补偿。但这是在时间与空间的总体中。何谓这个时空的总体？即世界总体的转化，与自然相关的总体性，历史世界总体上得以转化，此转化以弥赛亚的自然节奏来显现。

而关于自然的沉默，本雅明在《语言论文》中有所指明：

---

1 本雅明：《拱廊街》（Walter Benjamin: *Gesammelte Schriften V*. 1991. S.737.），U14a /4，以及相关笔记片断。

然而，在堕落以后，当神的语言诅咒大地时，自然的外观被深刻地改变了。如今开始了它的另一种沉默，这种沉默的含义等同于“自然深沉的悲哀”（tiefen Traurigkeit der Natur）。一切自然物若是被借给语言，便会开始哀悼，这是一个形而上的事实（即使“借来语言”比“让其可以说话”意味更多）。这一命题具有双重含义。首先，它意味着自然会为语言本身哀悼，无言是自然巨大的悲痛（Sprachlosigkeit: das ist das große Leid der Natur）（因为无力救赎自然，人的生活和语言都处于自然之中，而非像人们所假设的那样只有诗人的语言）。其次，这一命题意味着自然本该哀伤。然而，哀伤是语言最无差别的、无力的表达。它几乎只包含感觉上的呼吸；而且即使在只有植物的沙沙作响之处，也总是具有一种哀伤。因为自然是沉默的，所以她悲伤。然而如果将这一命题倒转，便会更深地引起自然的感觉；自然的悲痛使其沉默（die Traurigkeit der Natur macht sie verstummen）。在一切哀悼中，此处包含着最深的无言的倾向，这种无言无限地超越了表达的不可能或非倾向性。那哀悼的彻底地感受到自己被不可知的所认知。被命名——即使命名者与神相仿且受祝福——或许常常留有一种悲伤的预感。可是它不是由一个受祝福的、天堂般的命名的语言，而是由人的上百种语言命名，在他们中间名字已经枯萎了，可是根据神的宣告，人却具有万物的知识，这是多么悲伤啊。万物只有在神那里才有专名。因为在其创造的语言中，神将它们召唤出来进入存在，通过它们的专名召唤它们。[1]

自然是悲伤的，自然因为自身的沉默以及被人过度命名而悲伤，而且陷入了双重的沉默。只有重新命名自然，以自然的方式命名自然，以“纯粹语言”的方式命名自然，给出诗意的命名，才可能让自然幸福。让自然幸福——即是让我们人性中的自然得以安息与幸福；让我们的人性回到人性的自然性，唤醒自然中尚未败坏的要素或弥赛亚性种子，获得神性的专名；但又不得不面对自身的消失，还要让永恒性的痛苦与喜悦，转变为弥赛亚性的不死性；而自然的永恒性与弥赛亚性的不死性，二者的重新关联，在于质料共通体的重新感通，在于自然的潜能或者弥赛亚性种子的唤醒或者再生，在于发现那更可感的充满希望的质料，即唤醒生命“整体性修复”的潜能，才有着幸福的实现。

无论是本雅明后来围绕自然展开的思考，还是阿多诺最后相信自然有着救赎的密码，还有海德格尔在第二次转向后思考自然的自然性，都试图让自然重新开始说话，说出纯粹的语言与幸福的语言。

如何进一步发现此“剩余的自然”或“无用的自然”？1933年面对纳粹德国的兴起，本雅明开始思考自然的“相似性”或“拟似性”（Ähnlichkeit/Mimicry），写出了《相似性

1 Walter Benjamin: *Gesammelte Schriften II*. 1991. S.156.

的教义》(*Lehre vom Ähnlichen*)与《论模仿能力》(*Über das mimetische Vermögen*)。其中思考了“感性的相似性”(sensuous similarity)与“非感性的相似性”(unsinnliche Ähnlichkeit)之间的关系，以相似性或拟似性的模仿性(mimesis/ mimétisme)，来打破“同一性”的秩序，唤醒人类与星体之间的“相似性”，即“宇宙的相似性”。[1]

《相似性的教义》与《论模仿能力》回应了1916年的《语言论文》。“教义”与“论述”，乃是本雅明特有的内在“心法”，是其最根本的主题。本雅明指出了相似性的根源：“自然产生相似性。人们只要想想相似性。但生产相似性的最高能力还是属于人类。是的，也许人类没有什么最高的功能不是通过模仿的能力得到决断的共同规定。这个能力有着历史性，并且在种系发育和个体发育层面都有史可查。至于后者，很大程度上是通过游戏(das Spiel)来培育的。”[2]

相似性的天赋只不过是想要变得相似和模仿行动的强大冲

---

1 Doris M. Fittler: “*Ein Kosmos der Ähnlichkeit.*” *Frühe und späte Mimesis bei Walter Benjamin*. 2005. 有关模仿(mimesis)与相似性(semblance)的关系——不同于传统哲学自柏拉图与亚里士多德以来的思考，相似性(semblance)与拟似性(mimicry)的关系——相似性更为广泛，“拟似性”并非仅仅是一种强制性的认同，而且是有着创造性的原初动力。拟似性或拟态主要指向动物昆虫之间的相互模仿，很多是奢侈与无用的模仿，参看凯卢瓦相关研究。模仿所包括的两个方面——相似(Schein)与游戏(Spiel)，在本雅明看来，似乎随着人类历史发展，与自然更相关的原初拟似性让位给了第二技术的游戏性。对此，本雅明的思想还有着模糊之处。需要指出的是，此拟似性与虚拟技术带来的拟像或仿象(simulation)不同，后者是数字技术生产之物，而与自然没有关系，如果与自然的仿生学(Biomimicry)相关，就必须重新理解第二技术了。

2 Walter Benjamin: *Gesammelte Schriften II*. 1991. S.208.

动的微弱雏形。因为模仿能力与模仿对象都会随着时间而变化，随着历史的发展，我们人类的模仿能力与相似能力减弱了，也远远超出了狭隘的感性世界。几千年前的星星的状态，在它们诞生的那一刻伴随着一个人的存在，是在相似的基础上编排的。我们出生时刻的星座以其“非感性的相似性”决定了我们的命运，如同拟声词决定了最初的“感性相似性”。

> 而自然的通感接受到决定性的意义，在于其思考的光芒，乃是去从根本上，全部地去刺激与唤醒人类的每一种模仿能力，这种能力在人性中会给予它们的回应。[1]

如何唤醒人性中几乎已经消失的模仿能力，并且与早期语言论文中自然语言的业当式还原关联起来，以此面对技术复制的游戏，这本来是本雅明语言理论不同于任何其他语言哲学的关键之处，但可惜并没有得到明确论述。

随着人类技术符号的实用普遍性以及人类语言表达能力的发展，“感性的相似性”几乎都被“非感性的相似性”取代。如果说古代社会过于被感性的相似性限制，那么现代社会似乎过于被技术符号化的非感性相似性控制（如同我们这个数字虚拟时代所产生的无尽幻象）。那么，如何重建“感性的相似性”与“非感性的相似性”之间的关联？中国文化在似与不似之间

1 Walter Benjamin: *Gesammelte Schriften II*. 1991. S.205.

的"似像"感应(比如"烟"的不相似与"云"的相似性)是否可以重新连接二者?或者提供某种连接的启发?这也是为何后期本雅明对中国思想和艺术尤为感兴趣,尤其是汉字书写符号与保罗·克利的文字图像绘画的可能关系,尽管这些也没有得到充分展开。

这才有后来本雅明要在技术世界唤醒原初的自然之梦(在《拱廊街》中思考唤醒与自然的宇宙关联),才继续发现弥赛亚来临的节奏,以及弥赛亚体现的质料共通体。而把弥赛亚的来临与沉默的自然性关联,在诺斯替主义那里有着世界灵魂与救赎的关系,但明确联系弥赛亚性与自然性,还是有待展开的思考。这不就是犹太性与中国性的结合?无疑,这也是后来本雅明研究者很少关注的思路。[1]

这也让我们再次联想到海德格尔第二次转向后的自然之思,尽管也是回到自然性,但与本雅明回到纯粹语言不同,本雅明的思想要求我们回到自然与宇宙的相似性,回到梦的记忆唤醒,而海德格尔则更强调自然的元素性,天空与大地,以

---

1 如安德鲁·本杰明(Andrew Benjamin)的研究,Andrew Benjamin: *Working with Walter Benjamin: Recovering a Political Philosophy*. 2013。这也是各种时间的区分:自然的,命定的,资本主义的,等等。弥赛亚的时间,其来临的节奏,必须打断资本主义拜物教的时间,克服命定的、不幸福与不快乐的时间,任世俗世界的时间走向衰落,因为追求幸福,反而导致衰败,而自然的时间呢?它会导致幸福,却既是消逝的,又是永恒的。永恒的自然元素性可以吸取,但消逝的必须被拯救。这是弥赛亚的来临,弥赛亚来到自然,激活自然的可塑性,并且与此可塑性的力量结合。激发自然的可塑性,才是弥补创伤、修复生命的条件,才是德福一致的机会。

及隐藏性，尤其是语言本身发生的痛苦与孤寂。因此，结合海德格尔后期语言的沉默、本雅明沉默的自然和中国文化的默化，将是重新思考自然与弥赛亚关系的契机。

如此自然化的弥赛亚，似乎也是卡夫卡所说的无用的弥赛亚。这也是新天使的无用化，如同克利的绘画，在更靠近自然符号化的时期，似乎天使也自然化了，形成了自然的宇宙节律，如同萨利斯的研究[1]。

这才是“德福一致”的解决方式：弥赛亚的自然化与自然的弥赛亚化，二者相互触发的节奏和谐，以及可塑性的相互促进。

中国文化并不如此看待自然，而是相信自然本身就可以构成救赎，如同阿多诺后来也相信的，自然隐含救赎的密码。而以超越自然为指向，西方现代性的革命是对西方内在革命信念的彻底化，即走向自由王国：一个是“生命政治”的暴力革命，其最终目的是为了取消国家，消除政治本身的暴力根性，如同犹太教的弥赛亚拯救，如同本雅明对暴力的批判；一个是“生命技术”的救治，如同未来的基因技术以及身体器官的移植，并且最终以人造的技术躯体的劳动彻底取代人类的劳动，导致人类的解放。

而中国传统思想则与之不同，一直以自然的自然化为目

---

1 John Sallis: *Senses of Landscape*. 2015. p.118.

的：一方面是从自然本身获取尘世的幸福，这是有限生命的还原，“以自然为性”，去除社会的等级制，把人性还原到自然的生长性上，摒弃恶性的竞争，从而培育出诗意的“类存在”，经由“诗意的伦理学”，让主体气质变化；另一方面，这是“技术的自然化”，从“生命经济”的养生来观照，整个世界都可以入药，如同中医的类比理论，如同丹道学，内丹可以连接个体生命的养生与宇宙的无限世界，追求所谓“长生不老”，而“风水”不过是世俗幸福的大众化。这二者都以默化为主，但缺乏绝对正义的维度，因此进入现代性时，绝对公正的法则无法建立起来。

因此，中国的自然观，只有面对现代性的科学技术与现代性的生命政治，如同海德格尔在第二次转向中的思考[1]，才可能打开一个新的自然观，并且与弥赛亚的救赎关联起来，否则，中国的现代化会重复生态破坏的灾难。

未来的哲学，不过是结合二者：让摩西出埃及的革命与庄子回到自然的默化（革命与默化）同时发生，形成“非功效的功效”或“无用之用”（或“用无用”）。因为过去的失败者与不幸者如果没有被补救，余存者的记忆就不会安息；如果弥赛亚之为未来时间的先验条件没有被历史的书写充实，如果书写的技术没有得到自然现时的感性滋养，如果无法从无余中打开

---

1　夏可君：《一个等待与无用的民族：庄子与海德格尔的第二次转向》，北京：北京大学出版社，2017年。

余地，从革命到默化，从默化到革命，就不可能。对于中国是如此，对于病毒侵袭全球的世界，一个脱节与停顿的灾变世界（a catastrophe world of caesura and adikia），尤为如此。

“墙文化”能够因此被穿越吗？也许只有弥赛亚与自然性的相互转化才可能触通自然性的质料渗透性、弥赛亚的奇迹或者虚拟的技术性，但又不陷入巴比伦塔的欲望狂妄与技术虚妄。

本雅明在《论历史的概念》第十一条中反思现代性资本主义的劳动时，联系自然的解放，指明了批判的方向：

> 新的劳动概念简直就等于剥削自然，这种对自然的剥削带着人们幼稚的心满意足，同对无产阶级的剥削形成了对照。与这种实证主义相比，傅立叶的幻想就显得惊人的健康，尽管它是如此经常地遭到嘲笑。在傅立叶看来，充分的写作劳动将会带来这样的结果：四个月亮将朗照地球的夜空，冰雪将从两极消融，海水不再是咸的，飞禽走兽都听从人的调遣。这一切描绘出这样一种劳动，它远不是去利用自然，而是把自然的造物，把沉睡在她腹中的潜能（als mögliche in ihrem Schoße schlummern）有能力释放分娩出来（zu entbinden imstande）。正如狄兹根所说，自然“无偿地存在着”。对败坏了的劳动概念，自然属于它的一种补救（Komplement）。[1]

1 ［德］本雅明：《启迪：本雅明文选》，271页。译文有修改。

因此，本雅明所憧憬的傅立叶式的自然的和解状态，带有一个乌托邦式的启示录想象[1]，倒是与庄子在《逍遥游》中所说的极其相似："藐姑射之山，有神人居焉，肌肤若冰雪，绰约若处子，不食五谷，吸风饮露，乘云气，御飞龙，而游乎四海之外。其神凝，使物不疵疠而年谷熟。"释放自然的潜能，构成弥赛亚救赎的条件。

这也是对康德与牟宗三"德福一致"问题的回应：不是康德的道德律与幸福经验的分离，也非牟宗三的道德理想主义的先天本性，而是面对欲望的辩证法，在逆觉中重新生长，让弥赛亚自然化，也让自然弥赛亚化，而不再认为人类依然具有无限性，因此，要让自然来为，让人性中的自然性不断出生。

1 后来布洛赫更彻底地发展了这个"自然之为主体"的思想，把马克思所说的自然的沉睡的潜能解放出来，以达到启示录式的价值，就如同施密特的思考，见施密特《马克思的自然概念》，欧力同等译，北京：商务印书馆，1988年，176页。

## 二

# 歌德的诗性源现象：自然的弥赛亚化

> 最高的乃是：去领会，所有事实都已经是理论。
>
> 天空的蔚蓝为我们显现了色彩学的基本法则。
>
> 人们并不在现象后面寻找什么东西；现象自身就是教义！
>
> ——歌德，*Maximen und Reflexionen*, Nr. 488[1]

重新开始，从弥赛亚性与自然性的关系，思想将重新开始。

弥赛亚与自然，二者可能本来并不相干，在唯一神论的历史上，几乎没有成为过核心的问题，也许斯宾诺莎和莱布尼兹

1 Walter Benjamin: *Gesammelte Schriften I*. 1991. S.60. 本雅明在早年的博士论文中也引用了这个语段，而且重点在于强调歌德的自然认识与浪漫派的自身认知的差异，并以天空的蔚蓝为例，暗示了无限的无限性，这也是后来本雅明自传式书写中的蓝色天空，也是海德格尔晚期思考荷尔德林的天空时所说的显现之中的自身隐藏。

那里曾经触及过此匪夷所思的关系。进入现代性，则是本雅明与卡夫卡等犹太思想者，试图去建立其不可能的关联。

弥赛亚与自然性，以及两者相互的转化，这是思想新的开始。

弥赛亚如何与自然相关？这是未来哲学的纲领，必须重新书写整个德国古典哲学，从康德重新开始，改写整个康德的体系，使之成为一种新的“教义”：一种更广泛、更混杂的总汇诗，一种更具有渐进修养之韧性的总汇诗，一种更具有现代性张力的新教义。

思想的事情乃是弥赛亚如何与自然性相关？大多数思考，都是从本雅明1922年《面向暴力的批判》的文本出发。它确实接续着《残篇》，讨论了神圣暴力与救赎的可能性，但是，如果从弥赛亚与自然性的关系来看，几乎同时期写作的文本《评歌德的〈亲合力〉》，可能更能触及这个主题，也是更隐秘的思考。

如果我们从本雅明自己的思路出发，从浪漫派的文学理论到歌德的小说写作，浪漫派未完成的弥赛亚主义与犹太教传统的弥赛亚主义，有着某种重合。以说话与神圣的暴力的区分来思考非暴力的可能性，与歌德的小说写作中隐含的弥赛亚救赎，都是试图把纯然生命向着自然化生命还原，重新连接弥赛亚性与自然性。

## 2.1 绝对的文学与自然的幻象

本雅明从早期德国浪漫派出发，而浪漫派接续康德的基本问题，面对了“对象经验”(或对象认识)与“自身经验”(或自身认识)的分裂难题：一方面，从物自体与先验范畴的差异出发，经过先天时空整理过的人类认知能力，不可能直接认识物自体；另一方面，人类的自身经验，意志与自由的直接关切，自由意志的自身意识，自律的原则，让人类可以认识到自身的统一性与同一性。此二者的分裂，导致后来的各种综合。康德通过判断力与目的论批判来连接，走向对于自然的重新解释。而费希特则只是从自身意识出发，从主体性的自身否定出发，但也陷入了主体自身的决断与自我镜像。谢林则以康德的天才观思考“理智直观”的可能性，但其实无法摆脱康德所说的先验幻象，除非走向后期的自然思辨神学。同时期的黑格尔则诉诸自然历史的进程，从自然隐含的理型到人类历史的发展过程，最终以绝对精神实现出来，但却导致了历史的封闭。因此，有限与无限的关系，还有待于重新开始。

德国早期浪漫派从费希特的绝对自我出发，浪漫派当然认识到此方向会陷入自身认识的无穷后退，如果一切对象认知都已经是自身认识，如何可能不陷入自我的封闭之中？这就只能是反思的增强和乘方，二者的叠合被还原到绝对物之中。浪漫派甚至给出一条定理：“一切都只认识它自己的同类（selbst

Gleiche）并唯独被它的同类所认识。”但也陷入感知的悖论：“可感知性是一种注意力。”即任何对象认识都是一种自身注意力的赋予。本雅明指出，浪漫派试图把此悖论还原到反思的媒介与感知的素材上，就形成了一种相互的注意：“在所有述谓中，我们所看到的化石都看着我们。”这难道不就是后来《艺术作品论文》中所说的“反向凝视”的灵晕与注意力的培养？即，“素材（Stoff）必须自己关照自身，这样它才能被关照”。[1]

认识与感知都被还原到一种材质媒介上，此媒介也是一种“反思媒介”（Reflexionsmedium），但此反思媒介又被还原到自然化的材质上，在浪漫派与歌德面对自然对象时体现出来。“实验者”在自然对象的观照中会出现魔幻式的观察（magische Beobachtung），如诺瓦利斯所言，“当实验者的构成与自然越是和谐，自然也就越是完善地通过它显现自身”。歌德也有类似的看法：“每一实体都有它与自身贴近的感应（就是如此！），如同磁中之铁。”[2]正是在这个意义上，本雅明指出，反思的、认识的与感知的媒介，在浪漫派那里叠合起来了，而观察就是这些媒介的同一性，并且在梦幻的观察中统一起来。当然此实验性的观察也具有反讽性，因为所观察的对象乃是不确定的。此魔术般的观察也与《语言论文》中的魔术语言相通，难道不也是在梦想一种“灵媒艺术”？

---

1　Walter Benjamin: *Gesammelte Schriften I.* 1991. S.55–56.

2　Walter Benjamin: *Gesammelte Schriften I.* 1991. S.60.

从自然观察的理论向着人类的精神创作物转变时，艺术作品也应该获得如此相通的规定，其连接的重点就是“反思的媒介”。如同文学作品就是自己塑造自己，艺术乃是“自己内视自己、模仿自己、塑造自己的自然”。本雅明指出，这并非说自然是反思和艺术的基础，而是说应当保持反思媒介的完整和统一。诺瓦利斯甚至认为自然是比艺术更好的表达。

浪漫派所说的文学，乃是渐进修养之韧性的总汇诗。就此而言，“文学故事”已经成为“文学批评”——成为自身反思的“元写作”。但此具有自我反讽的文学理论还必须再次成为文学——成为超越元写作的“绝对写作”或“绝对文学”。此绝对的文学乃是对于世界秘密的分享，却不可能解破谜语，只是进入世界与艺术之谜的经验，也即对于源现象的经验。这才可能让有限的作品向着绝对物接近，这也必然以作品自身的消亡为代价，因为反讽的艺术精神并非艺术家的主体意志，而是艺术自身的精神。对素材的反讽会毁灭素材，这是否定性的、主观的维度；但形式的反讽是肯定的与客观的维度。即，对形式的反讽以主体的自愿毁灭为代价；反讽要求作品的自我取消，并看到了作品绝对摧毁（absolute Zersetzung des Werkes）的可能性，但形式的反讽又不仅仅是毁灭作品，而且还要让反讽自身接近于不可毁灭（Unzerstörbarkeit）；形式之为形式乃是永恒形式的天空——形式的理型（die Idee der Formen），其中有着作品的余存（das Überleben des Werkes）；艺术作品从这一范围中吸取了不可毁灭的存在，如此才揭开了艺术的超验秩序的幕帐，并把这一超验秩序中的神秘揭露出来。本雅明由此发现了整个浪漫派绝对文学或绝对艺术的悖论与秘密：

> 通过在反讽中毁灭作品的确定表现形式，又把具体作品的相对整体性更加深刻地返归于作为总汇诗作品的艺术整体之中，从而获得了与后者的解谜联系，但又不丧失自己。[1]

施勒格尔就是要在反讽中得到净化的作品的不可毁灭性，因为艺术中的理型与作品不是绝对的对立物，只要作品能够克服它在表现形式上的局限性，那么理型可以是作品，作品也可以是理型。但浪漫主义之为广义的文学与诗学之为渐进的总汇诗，其文类还在生成之中，且永远只是形成，是无限的过程。也是在这个意义上，浪漫派的弥赛亚主义还没有完全展现出来。

但在歌德那里，本雅明发现了不同之处。对于歌德而言，浪漫派的无限进程还是缺乏对绝对理型的领会，理想与艺术的关联不在一般的媒介之中，而是有一种折射标明的，但在任何一部作品中都找不到此纯粹的内容。歌德所说的这种内容乃是

---

1 ［德］本雅明：《德国浪漫派的艺术批评概念》（Walter Benjamin: *Gesammelte Schriften I*. 1991. S.86.），王炳钧、杨劲译，北京：北京师范大学出版社，2014年，106–107页。我们还必须注意到，此“不可摧毁性”及其信念，在1917年卡夫卡写作的转向之际，其日记中也有着同样的内容，并建构起无用的弥赛亚的思想；而本雅明的博士论文也大致写于这个时间点。这是为了抵御第一次世界大战的阴影吗？这也是为何本雅明后来如此看重卡夫卡，两个人几乎早就心有灵犀了。

“源图型”（Urbilder）。艺术并不能创造出源图型，这是看不见却可以直观的源图像，古希腊人称之为缪斯的才能，艺术不可能获得与源图像的相同性，模仿也不可能做到。此“源图型”不可见，如同康德的理智直觉，作为直观对象的艺术理想有着必要的可感知性，但又从不纯粹显现于艺术作品之中，这就是显现的悖论。那么，在哪种事物中，理型（Idee）可能显现出来呢？又不是黑格尔式的绝对精神的感性显现。对于歌德，这是“自然”，但这是自然本身之为表现物（das Dargestellte），它并非自然科学等要处理的对象内容，而是发现自然之中的“源图型”。歌德在《植物变形记》中发现的原型“叶”，即某种原型植物（Urpflanze），如同本雅明在给百科全书写歌德词条时所言，通过改造斯宾诺莎的自然化神学以及康德的《判断力批判》，歌德坚持要赋予概念或者理型一个明确的感官现实。

“源图型”先于一切被创造的作品，存在于艺术范围之中。艺术不是创造物，相反，自然才是！因此，要做的是把握自然的理型，使之能够成为艺术的源图型（成为纯粹的内容），这才是歌德探索“元现象”（/源现象：Urphänomen）的真正努力。当然这里依然有着悖论：

> 只有在艺术中，而不是在世界的自然中，真正的、可直观的、源现象式的自然，对模仿来说，才是可见的，而在世界的自然中，它虽然在场，但却是藏匿的（通过显现来过渡）。[1]

---

1 Walter Benjamin: *Gesammelte Schriften I*. 1991. S.113.

本雅明充分认识到了歌德所面对的问题及其解决方式，如同浪漫派没有把握住艺术的理想（ideal），歌德则没有澄清理型的绝对形式的问题。具体某一个艺术作品总是具有偶发性与未完成性（这几乎成为整个现代性艺术的诅咒），但又必须体现出最具一般性的理型与法则（这也是康德所说的反思判断力与规定性判断力之差别）。如何把如此具有偶发性的个别性与最具普遍性的理型，以某种反思媒介的方式综合起来？本雅明认为这类似于探究生物与生命关系的形态学研究，如同研究单个有机体的僵死结构，显然需要活生生的范型。歌德发现了自然，因为自然提供了非人为的源图型，艺术自然就必须创作出作为形式的源图型或某种风格，自然本身也不可能是这样的一种图型。正是在这里，一切都有待于重新解决：从自然出发，但又要走向艺术作品，如果仅仅是艺术作品，又并不具有元图型；既要保留自然性，又要具有绝对的形式，有这样的艺术理论与批评理论吗？

以自然为材质，生成艺术作品，既要保留材质，又要面对材质的摧毁性，还要体现出一般的理型，可能有着两个展开的方向。一方面，西方思想面对自然时，从自然材料出发，以几何学的理型来塑造材料，赋予其外在形式，附加象征，最终寻找可以数字化与虚拟化的材质（比如硅石等）；另一方面，中国文化面对自然时，顺应自然自身的变化，让人造物顺应自然自身的生长性、自然自身的可塑性，寻求人与自然的和谐，让人性中的自然呼应自然的自然性，压缩自然的节奏，获得宇宙的感通。在浪漫派与歌德那里，也许还在后期谢林那里，逐渐出现的是与中国相近的自然观，就集中在“反思媒介”的可塑性与可感通上。也是在这个反思媒介的客体性或创作物上，本雅明看到了艺术自身的自主性，这也是康德所赋予的判断力的自主权。

现代性的反思让我们再次回到了康德那里，有限与无限的二元性裂隙被再次打开，这也是现代性的基本处境。德国浪漫派认识到康德自然观的重要性，尤其是诺瓦利斯，但以施勒格尔为代表的浪漫派还是陷入了自我意识的绝对反思，不断镜像后退，进入主体的绝对反思层面，建立自律原则，让文学成为文学批评，批评本身反而比文学更重要，因为批评本身就是自我绝对反思的方式，文学写作成为元写作，这样，只能在反讽与机智中进入绝对的文学，摧毁艺术作品，但又要使之幸存，这样的悖论张力如何实现出来？这不是某种不可消除的幻觉。

这就是艺术宗教不得不面对的困境，也是自然性与弥赛亚性的结合之处，其结合一直有着某种幻象，这是一种幻觉化或假象（Schein）式的美感，在假象的显现（Erscheinen/appear）之中，有着真理性内容，只是无法明确。而德语 Schein 这个词，在本雅明那里，应该被同时理解为：美的显现，假象或幻象（Illusion）的显现，显现的拟似性或相似性（semblance/

mimicry)。显现、假象与相似性三者内在相关。尽管黑格尔与尼采对此有所思考，但本雅明最明确地把显现的假象与相似性紧密关联起来，而且与游戏(Spiel)对比，把模仿行为视为元现象，做了历史性与现代性的严肃考察。而且在随后的扩展中，本雅明让“游戏空间”展现的现代性技术，与自然虚化敞开的“余地”(Spiel-Raum)有所关联。

这就是歌德出现的意义。歌德也认识到康德与随后德意志哲学展开的问题，从个体的生命经验与文学经验出发，尤其从对于自然的经验观察出发，他认为康德的自然观不足以弥补二元裂隙，必须重新理解自然与自然美。自然的“源现象”(元现象)才是解决有限与无限二元分裂的中介，而不是基督教的道成肉身，不是德国古典哲学的历史理性，也非谢林的天才式理智直观。本雅明试图以歌德来弥补浪漫派的不足，通过自然的中介或者自然化的媒介，来连接主体自我意识与对象意识的分裂，因为自然的“源现象”可以启发现代性个体的理型表达。

如果现代性以个体的唯一绝对性以及有限性不可代替为出发点，那么如何形成个体的普遍性呢？即个体如何显现出柏拉图的理型普遍性或者绝对性呢？如果只是个体的唯一性，那依然是有限性的，无数个体的有限性也还是有限性，如何具有绝对性与普遍性呢？这是个体的自身理型化表达，但如何表达出来呢？不可能是传统的各种方式：柏拉图的纯粹理型直观与迷狂，悲剧英雄自我认识的受难时刻，天才的创造力，僭主们的自我哀悼，以及对耶稣基督的效仿，等等。现代性的个体唯一性如何可能连接自身的有限性与世界的无限性？问题再次出现了。

歌德的回答是：自然性与自然的“源现象”可以启发艺术的想象力。自然美的源现象，如何走向艺术的源现象呢？被给予的个体唯一性，又如何可能表达出自身那不可表达的唯一性呢？唯一性的绝对普遍性是不可能表达出来的，即便还原到自然，也只是被给予的自然的源现象，并非人类的创造力再次创造出自身。

这是本雅明在博士论文《德国浪漫派的艺术批评概念》的《绪论》中的那个脚注所暗示的基本问题，即认为浪漫派已经认识到自然与弥赛亚的关系，但没有解决问题。这也是为什么我们认为《神学－政治学残篇》写作于20年代，而非阿多诺所说的1938年左右。

## 2.2 纯然生命还原为自然化的生命

那么，如何从歌德的自然出发而走向弥赛亚的救赎呢？歌德处于历史的转折时期，基督教信仰被启蒙理性代替，资本主义与工业革命开始萌芽，康德哲学中的二元分裂越来越明确，已有的解决方式都不够，内在的自然，有着自身超越的自然——混沌的本源或神话式的自然——无疑也是自然自身的不确定性与超越性，自然的灾变与混沌也超越人类的控制。

自然如何与外在的弥赛亚式超越关联起来？不是从人性及其理性一般出发，也不是从神性的绝对性出发（此二者带来了分裂，这在自由意志问题上体现得尤为明显），而是从自然出发。自然既是有限的也是无限的，这意味着：一方面人类有属于自然的一部分，是有限的与必死的；另一方面，人类也有着自然的无限性部分，比如，无限性的宇宙记忆，或者胚胎中的生命复制，或者原初的星座记忆与宇宙的模仿性，就如本雅明指出的，人类出生时刻的命运与性格，在星座（之为柏拉图式理型）上就建立起来了。如同歌德以"源现象"认识到的自然构成，以及个体的命运形象，"星座"就是来源于自然又被人类投射的"源图型"。[1]但自然自身的内在超越与源现象，如何在人类中实现出来？以艺术想象力的方式实现出来？单靠自然自身不可能实现，这就有了弥赛亚的必要性。

困难在于，歌德并没有自觉的犹太教救赎意识，更不可能有喀巴拉神秘主义的诉求。尽管在德国浪漫派那里，在德意志神秘主义思想中，或者受到斯宾诺莎影响，甚至在莱布尼兹那里，都并不缺乏犹太教喀巴拉神秘主义的思想要素，但歌德显然还没有此自觉。

1 ［德］本雅明：《德意志悲苦剧的起源》，李双志、苏伟译，北京：北京师范大学出版社，2013年，11页。

在本雅明看来，歌德回向了自然，又认识到已有各种解决方式的无效，无意识中导致歌德的自然与弥赛亚救赎相关了，或者说，与自然的魔灵及自然神话的和解。美的表象或假象方式不足以拯救生命的苦难与罪感，需要救赎方式，但此救赎又不再可能是基督教的复活与和解，而只能来自隐含的“另一种”弥赛亚精神。因为救赎的迫切性，此迫切性既是从自然出发的，但又是没有资源的，只有一种外在的不可能的资源，即弥赛亚要素，或者说那种被放逐了的喀巴拉神秘主义的要素，才允许被带进来。

这可能是本雅明自己附加的，也可能是歌德所隐含的，但本雅明在《评歌德的〈亲合力〉》一文中则明确提出来了。本雅明写作这篇论文（写作于1921—1922年，出版于1924—1925年），乃是在论德国浪漫派的博士论文与论德国悲悼剧的教授资格论文之间，正是为了解决教授资格论文的序言《认识论的元批判》中的基本问题——个体如何把自身理型化表达出来？这是不可表达的表达，只能通过美的假象。此美的显现中必然有着幻象——如同康德的先验幻象不可能消除，但又有着“真理性的内涵”，或者说，有着柏拉图的纯粹“理型”，如同人的个体星象图或者星座所显示的性格与命运，这样的纯粹理型表现才是源语言，它对应于源现象，也是对现象的拯救，尽管这是现代性的个体化拯救。

歌德的自然化美学，让本雅明把自己的思想转向了另一个维度，这就是重新思考自然与生命，自然化生命与救赎的关系。但这是什么样的自然观呢？它几乎潜在囊括了各个“自然化哲学”的相关要素：

其一，受到西美尔歌德研究的影响，歌德所发现的“源现象”或者“源图像”“原型植物”，以及对牛顿的颜色理论的反对，带有某种思辨物理学的自然形态学（morphology），对于本雅明，这是宇宙的相似性，还与凯卢瓦非历史性的倒置生物学“人形论”（anthropomorphism）相通。

其二，吸收了莱布尼兹的“单子论”，每一个单子作为无限宇宙的浓缩，对于本雅明，则是每一“独一体”都具有“星座”的相似性理型；对于分形自然几何（自然自身前维度的生发）的发现，此自然的不定型前维度也是灵晕发生的来源，可能也启发了当前的所谓实在主义或者思辨物理学的再次转向。

其三，与洪堡风景地貌的“面相学”（Physiognomik）相关，人类与自然的相似性，得到了气氛美学的发展。[1]

其四,二十世纪荣格的“原型”精神分析理论，克拉格斯的宇宙爱欲，以及韦伯的社会学“理想类型”之说，都内在相通。

其五，西美尔1913年关于歌德的研究著作，也启发了本雅明及其后的自然哲学思辨，还有布洛赫随后把“自然–主体”

1 ［德］格诺德·波默：《气氛美学：课程、美学和艺术的社会生活》，贾红雨译，北京：中国社会科学出版社，2018年。波默非常深刻地指出了自然的灵晕与面相学的可能关系。

（Natur–Subjekt）朝向更彻底的乌托邦发展。[1]

其六，受到肖勒姆的犹太教神秘主义灵晕（Tselem）的影响，重获上帝的面容，或者从自己的名字中发现天使的签名。灵晕的踪迹中有着生命书写的从未发现之物！

其七，继续扩展的方向则与中国思想相关，从气氛美学与面相学走向中国艺术审美，比如山水画上皴法的块面触感之为“别开生面”——既是来自个体生活的“地貌”，也表达了个体的书写“风格”痕迹。而“梅兰竹菊”四君子的自然性情，还有性格与书法笔迹学的关系，关涉到“感性的相似性”与“非感性的相似性”的关系。在本雅明与瓦尔堡那里，围绕“文字（character/word）–图像（image）–姿势（gesture）”三者之间形成的势态（与 dispositif 不同），还有待于专门展开。

这也是哈贝马斯在讨论《启发式的批判还是拯救式的批判》两种批判的差异时，所看到的二者在相似性上的共通性：

> 在这方面相似性能力也是对自然强制力的原始依赖性的标志：它在巫术的魔力中表现出来，在万物有灵论世界观的原始恐惧中继续存在着，而保留在神话之中。所以人类的种类规定性就是要清除这种依赖性，但又不让相似能力和语义学的能源枯竭，否则就会使从人类需求的眼光来解释世界的诗的能力丧失作用。这就是弥赛亚

1 Alfred Schmidt: *Goethes herrlich leuchtende Natur, Philosophische Studie zur deutschen Spätaufklärung*. 1984.

性式的许诺的尘世内容。[1]

要寻求幸福，对于歌德与本雅明而言，需要从自然元素的亲合力，即从自然的相似性上获得启示。

与之对应，有必要插入中国古代思想基本的生命观，它不同于世界上其他任何文化就在于：中国思想家认为，生命自身并不是被造之物，也不是道德化的人性生命，不以任何悲剧英雄为楷模，也不追求神圣的生命。中国古代的生命观乃是："天地与我并生，而万物与我为一。"此个体的生命乃是"与天为徒"，即庄子在《大宗师》中所说的"真人"。中国文化的生命真理性在于"真人"："且有真人而后有真知。"真人之为真人则在于：

其一，《养生主》中的"全生"——保全生命得以天年："为善无近名，为恶无近刑。缘督以为经，可以保身，可以全生，可以养亲，可以尽年。"

其二，真人不受生死急变的伤害："若然者，乘云气，骑日月，而游乎四海之外，死生无变于己，而况利害之端乎？"（《齐物论》）或者说，真人乃是《德充符》所说的生死齐一化："胡不直使彼以死生为一条，以可不可为一贯者，解其桎梏。"

其三，真人乃是不益生，是无情而有性。《徐无鬼》所说的："古之真人，以天待人，不以人入天，古之真人！"或者说

1 郭军编译:《论本雅明：现代性、寓言和语言的种子》，424页。

天与人不相胜也。

其四，真人乃是《刻意》所说的纯素的集聚："故素也者，谓其无所与杂也；纯也者，谓其不亏其神也。能体纯素，谓之真人。"

其五，真人乃是《德充符》所说的正生者："受命于天，唯尧舜独也正，在万物之首。幸能正生，以正众生。"只有生命保持自立与独立，不被陷害与受害，才是正命。

其六，真人在政治上乃是纯粹的给予，是给予自身的给予，是《田子方》所说的："若然者，其神经乎大山而无介，入乎渊泉而不濡，处卑细而不惫，充满天地，既以与人，己愈有。"也是最公平的法则，让每个人的天赋被公平对待："故无所甚亲，无所甚疏，抱德炀和，以顺天下，此谓真人。于蚁弃知，于鱼得计，于羊弃意。以目视目，以耳听耳，以心复心。若然者，其平也绳，其变也循。"（《徐无鬼》）

其七，真人乃是《在宥》中借神秘人物广成子所说的"长生"："善哉问乎！来，吾语汝至道。至道之精，窈窈冥冥；至道之极，昏昏默默。无视无听，抱神以静，形将自正。必静必清，无劳汝形，无摇汝精，乃可以长生。目无所见，耳无所闻，心无所知，汝神将守形，形乃长生。"此"至道之精"是中国文化整体性复原的基元，也是所谓长生之"精－神"，或者它针对的正是后来生命医学所说的不老化、不死亡的"癌细胞"。

道家的“灵府”或者“玄牝”，被道教自觉系统化，就成为“修真”。修真的整体性复原，乃是生命基元的自身再生、自身聚集与自身更新（self-regenerative, self-accumulative, and self-renewing），是一种生命的经济（bio-economy）或生命的家政。它也不同于生命复制的技术，而是不断可以再生自身的潜能，并且有着尚未实现的生命剩余（surplus of life）[1]。

歌德小说《亲合力》中那个新生婴儿淹死了，但并没有洗涤先前分裂的罪过，他的死完全符合命运之秩序。对此，本雅明写道：

> 这里说的不是伦理的命运之秩序——一个婴儿根本不可能获得它——而是指自然的生命之秩序，不是人们通过决断与行动，而是通过犹豫与休息，陷入这种秩序。如果不重视人性，受制于自然的力量，自然的生命（natürliche Leben）就会使人性堕落，并将会在它与更高的生命相结合时让人丧失无辜（Unschuld）。随着人的超自然生命的消失，他的自然生命就成了罪过，在违背伦理性的行为中也少不了它的作用。因为它与纯然生命（bloßen Leben）的生命结

1 Melinda Cooper: *Life As Surplus:Biotechnology and Capitalism in the Neoliberal Era.* University of Washington Press, 2008. p.140. 作者在该书中分析了新自由主义如何把生命政治转变为生命经济，利用马克思主义的剩余价值生产学说，转变为“生命之为剩余”（life as surplus）的生命经济生产。中国文化在一定意义上早就在充分利用生命政治与生命经济的交换性了，其吊诡之处在于：一方面，血缘家庭与宗法家族的传递看起来如此自然化，是一种自然化的生产；另一方面，无论是王朝的家庭化，还是生命的技术化或养生化，又如此伦理化与政治化。当前混杂现代性的处境，就在于资本生产与生命经济的混杂化，没有任何现代经济学理论有能力对此进行分析。

成了联盟，这个联盟在人身上体现为罪过。人躲不开罪过引起的不幸。[1]

在这里，本雅明区分了“纯然生命”与“自然生命”：前者已经是有罪的生命，是在上帝面前的赤裸生命；后者看似无辜，但要么因为忽视人性而堕落，要么与更高的生命结合也会丧失无辜。本雅明也区分开了“感性的自然”（die sinnliche Natur）与“超自然的生命”（des übernatürlichen Lebens）：人性中的超自然之神秘的消失，如同亚当的堕落，自然生命也就成了罪过，人类的感性欲望因此无法躲开不幸。[2]

如果人类要获得幸福，有限必死的生命要获得永恒的生命，就必须从此不幸状态摆脱出来。如何既要保持自然化无辜生命，又要与更高生命联结，这是本雅明试图通过歌德的小说来讨论的，而且还要形成对暴力的批判，可能这是本雅明面对了也还无法解决的复杂难题。

但对于本雅明而言，面对马克思与恩格斯两种生产（生产工具与家庭生产）的理论，为了从暴力批判的死亡逻辑中走出来，必须有一种生命再生的逻辑，或者永生生命与超自然的

1 ［德］本雅明：《评歌德的〈亲合力〉》，王炳钧、刘晓译，北京：北京师范大学出版社，2016年，24页（S.139）。

2 Colby Dickinson and Stéphane Symons: *Walter Benjamin and Theology*. 2016. 参看论文集中 S. Weigel 的明晰分辨。对于我们，区分开自然化生命与赤裸生命的细微差别，通过无辜的生命走出神学化的生命，再从自然化生命走向弥赛亚超自然救赎的生命，这非常不同于阿甘本后来“生命政治”的方向。

生命的道路。这也是小说《亲合力》所涉及的婚姻关系，或者家庭的生产。这是与自然密切相关的生产，实际上也是马克思《1844年经济学－哲学手稿》中隐含的自然——“彻底的自然主义或人道主义”。从必然有罪的赤裸生命，转变为自由的和永生的生命，如何可能？或者说，到底何谓永生的生命？这是神圣家族或被上帝允诺的民族，还是儒家所说的子子孙孙无穷匮也的生生不息？是道家的长生不死，还是现代生命技术所说的“不死细胞”？或许，这是对于整体性复原之生命种子的再生，是“弥赛亚之物”的广泛发现，如同本雅明继承的柯恩的弥赛亚观，弥赛亚拯救的并非某一个种族或某一个人，而是拯救整个人类或者人性的存在本身。

在这个意义上，本雅明的生命政治并非走向后来“生命政治”的死亡逻辑，而是向着自然化生命还原，从无辜与无罪的生灵生命（creaturely life），发现超自然生命或“永恒生命”（zoe aionios / ζωή αιώνια）的可能性。这也是弥赛亚与自然性的关系，即“永恒生命的救赎”（Erlösung im ewigen Leben）的核心问题。

本雅明从犹太教与希腊神话的双重历史背景来思考生命，但同时又以德国20世纪20年代的生命哲学为出发点。

一方面，生命，在传统历史与神学的规定下，就是有罪的纯然生命。在犹太教与基督教的原罪规定下，“纯然生命”在上帝面前就是赤裸与有罪的生命，同时，也是在道德法则之下面对处罚的生命，这是双重的有罪性，当然这也是本雅明从犹太化的新康德主义思想家柯恩那里接受过来的生命规定。在这个意义上的纯然生命，其实就是海德格尔早期所说的被抛的“实际性”。另一方面，本雅明受到尼采生命哲学的影响。尼采在《偶像的黄昏》中指出了生命的无辜性，每一个生命都有着自身的透视角度，因此生命是非正义的。在解构各种罪责的神学与道德规定之后，尼采面对的问题是，混沌之中或自然化的生命如何获得生命的正义；此“深渊般的思想”被整个德国生命哲学继承，无论是西美尔与克拉格斯，还是舍勒与海德格尔，都在尼采的自然化生命哲学如何重新历史化与世界化的境遇中展开。

这样的双重性也决定了本雅明思考的基本方向：一方面，总是把纯然生命置于神学与道德罪责的规定下，尤其在资本主义的拜物教时代；另一方面，则试图把纯然生命向着尼采式的自然化生命还原，使之与弥赛亚性再度结合，寻求救赎的可能性，这又不同于德国人的生命哲学。正是在此意义上，从纯然生命有着两个走向：一个方向是从“纯然生命”走向“赤裸生命”(naked life)，即阿甘本与革命左派所展开的现代性方向(无论是误读还是推进)，尽管其中已经带入了生命政治与历史灾变的维度；另一个方向则是从“纯然生命”走向“自然化的生命”，克拉格斯的宇宙化爱欲的生命，对于灵魂与自然的原初关联以及灵晕的极远关系，给予了本雅明以明确的方向。无论是本雅明在《面向暴力的批判》中对非暴力与语言媒介的发现，还是对歌德《亲合力》中奥蒂莉形象的讨论，都试图把生命从神话与道德的罪责中解放出来，使之向着混沌与不可表达的自然性还原。后来讨论卡夫卡的“前世界”也是如此，并使之再次进入与弥赛亚救赎的全新关系之中。

如果我们以1924—1925年的《评歌德的〈亲合力〉》为中心，结合《性格与命运》中的无辜的人性生命与《面向暴力的批判》中的纯然生命，不会走向阿甘本的“赤裸生命”[1]，而是走向“自然化的生命”！这是更彻底的还原，从而打开另一种思考的维度，即弥赛亚的自然化，而这是阿甘本与陶伯斯等人都没有走上的方向。因此我们将主要集中分析本雅明对于歌德《亲合力》中“自然”与“自然的生命”的复杂思考。

首先，“自然的生命”在人类的道德伦理与自然本能之间的挣扎。以一夫一妻制来反对不忠，命运就是生者与罪恶之间的联系，罪只是让人死或不幸，但是法律并不让人得救。这是不得不肯定的自然本能，随着现代性对个体欲望的绝对肯定，欲望与生存的无辜，如同尼采所言，也隐含着混沌的无法理解

1 有关阿甘本“赤裸生命”（nuda vita）概念的来源，其与阿伦特分析现代生命的避难所背景，与亚里士多德在zoe与bios之间的原初区分，对于本雅明“纯然生命”的意大利转译，与施米特“例外生命”的区分，与福柯“生命政治”的关系，以及与德里达“生命技术”的争论，等等，诸多讨论，这里不再展开，我们的方向是在自然化生命与生命技术之间打开思考的空间。与之相应，对于暴力的批判方式与生命正义的获得也非常不同。如同莱姆克（Thomas Lemke）指出的，阿甘本的生命政治把生命更多指向了“死亡政治学”（Thanatopolitics）的逻辑，而不是放在生命的转化与生命的剩余价值上。（Thomas Lemke: *Biopolitics, An Advanced Introduction*. 2011. pp.59-60.）或者说，阿甘本还没有转向生命种子可再生性的培育上，其弥赛亚就不具有真正的力量。

与不可表达。

其次，“自然的神话”与生命的牺牲。自然在人类历史的起源上就已经被神话化，并且几乎不可能被消除。自然在人类历史中的原初显现，必然带有神话的想象与幻觉的投射，且隐含暴力的牺牲献祭仪式。没有暴力，人类无法从自身的恐惧中解脱出来，但因为此暴力，自然的神话永远脱离不了暴力，这就是《面向暴力的批判》一文讨论的核心问题。但对问题的回答却隐含在论歌德的长文中。

人类出于恐惧而相信，此神话式的自然需要牺牲品，需要个体的死亡献祭，不得不被动地发明惩罚的法则与诅咒的语言，但由此形成了神话生命的规范形式，这在英雄的生命那里成为典范样式，由此人的魔灵与自然的神秘力量得以显露自身的威严——恐惧的力量及其自我消解。这也是后来独裁者们的自然神话，希特勒就是如此，这也是本雅明比施米特等人更深刻之处。但恐惧只能激发更大的恐惧。悲剧因素与恐惧，责任的与时代精神的、超越的与荣誉的恐惧，带有希望的恐惧，等等，依然存在着。没有恐惧就没有了自然神话，但恐惧又导致更大的自然神话，神话的幻象就不可能自我解除。当然，这也非悲剧英雄死亡时的自由感。就如同歌德小说中的女主角奥蒂莉，既是自然之子也是自然的牺牲品，或者如同夏洛特与爱德华的儿子的淹死，好像是一个自然现象。

奥蒂莉就如同无罪的耶稣，她并没有诱惑他人（没有陷入其他四个主人公之间错乱的情爱关系，尽管她的名字又是这四个人的合成，她是亲合力的化身，但其自身并没有被“污染”），没有道德伦理的罪恶，但她导致婴儿淹死，有着自责。此风雨不测的自然现象所导致的死亡，让她自己在忏悔中回归自然，饥饿而死——似乎是一种最接近于自然的死亡方式，当然水性元素才是自然力的显现。因此她的献祭牺牲既非神话的要求也非宗教的救赎，而是有着更深的意图，即有必要从这个形象上去发现另一种宗教拯救模式，既非献祭也不否定人类的热情意愿。

再次，自然之为源现象或自然生命的还原。自然有着自身的源图型，自然化的艺术乃是进入此源现象之谜，虽然神话让人错愕，但以艺术的直观来传达，如同拉奥孔的恐怖雕塑场景，而且艺术天才们使之在作品中可以直观。对生命的自然化还原，体现为星空图像的诗意宗教想象。歌德对自己星座性格的恐惧，也昭示了自己生命形式中的神话因素与星相学的晦暗之处。神话中的人类以恐惧来换取与魔灵力量的交往，如同后来《浮士德》第二部所指向的寓意，这并不是肯定星座，而是以星座来体现自然的神话要素。其中有着悖论，这是“悖论的表象”或“显现的悖论”（der paradoxe Schein），尤其体现为原型或者源图像的自我认知，如同本雅明通过克利的新天使形象所认识到的面相学。

重要的是“奥蒂莉”这个形象，她是人性中自然生命的无辜之表象或显现，其中有着真理性内容，既是表象（Schein），但又有着真理，如同哲学必须拯救现象，小说的真理必须拯救生命，形成诗意的艺术宗教，这就是纯粹自然化的生命（das bloße Leben，das bloße natürliche Leben）的还原，本雅明把这两个词关联起来了！这既非神话也非无神论的归化，而是自然化生命的还原。尽管奥蒂莉看似有着某种基督教圣人形象的投射，在性态化的生命本能中寻找根源，当然这是基督教的反面（即处女式的生命），但此处女的生命是为了启示自然性，而非神圣的不可触（如同福音书的叙事）。此自然化的生命，既有生命的自然罪过（在自然面前没有保护好小孩），也有生命的自然无辜（毕竟是偶然现象也非有意为之），并成为生命之自然无辜的表达。这才是人的精神，尽管无辜的自然生命也有着危险的魔力，但进入了自然本身不可表达的悖论，由此悖论开始了一个新形象的建构。

自然，沉默的自然在表达中，尤其在艺术的表达中会面对不可表达（Ausdruckslose）的表达悖论。一方面，面对自然的沉默，如同奥蒂莉的沉默寡言，自然的不可表达与沉默的主题出现了；另一方面，自然还是混沌的，如同魔灵与混沌本来就混合着，艺术必须肯定此混沌不可消除，也肯定魔灵的力量，但又要不着迷于它，却也不是去除它，还要在僭越或狂乱（hubris）中保持边界的清醒，这就是艺术的困难与魅力，但艺术也接纳了自然的混沌，这也是 Schein（幻象）的必要性。如同荷尔德林所言,(艺术)结合“神圣的迷狂”与“清醒的表达”,并且进入音乐的节律,并不穿越或妄想消除混沌与混乱。[1]

面对不可表达的悖论,文学的叙事乃是进入打断的时刻,让“无法表达”的混沌力量击垮“作品”,但又不陷入狂乱。就自然性而言,这是作品中的水元素,水之为元素的灵活性,具有奇特魔力——水既是黑色昏暗的,又是镜子般明朗澄清的,这就展现了歌德作品中的真理性内涵,其中也融入了荷尔德林对于悲剧最深的思考。

最后,这样的自然有着救赎的可能性吗?奥蒂莉的形象只是不可表达的表达之显现(Erscheinen),这也是一种和解,但此和解只是美的和解,美的和解也只是和解的表象或假象(Schein)而已。因此如何彻底地拯救(Rettung)现象或美的自然?既要拯救表象,也要拯救美,而美又离不开表象或假象,不可表达与假象也相关,这就要彻底拯救“不可表达”本身!这就必须与上帝和解(Versöhnung),才可能获得真正的安宁。

但本雅明,如同卡夫卡,已经认识到——这也是没有希望的希望。如果我们去数一数本雅明文本中出现的“希望”这个词,如他自己所言,所有词语中只有希望不需要任何解释。希望来自哪里?来自自然!如何与魔灵和解?如何消除自然神话的恐惧要素?那么,和解如何可能?奥蒂莉自己饿死了,具有

---

1　[德]本雅明:《评歌德的〈亲合力〉》,88页。

某种处女性，如同小说中暗示的圣母形象，但其实又并非如此，而是要有现代性的情欲与个体性，兼具某种自然生命的无辜，“奥蒂莉”就是歌德在诗意叙事中播下的“生命种子”。

## 2.3 泪水的面纱与救赎的密码

在上帝面前，人处于赤裸状态，如同伊甸园中的亚当夏娃。没有上帝的自然生命只能是罪感的生命，或者如同尸体，如同“静物画”之为“死物”(这是巴洛克悲悼剧中的思考)。但自然又是不可揭示的，自然保存着秘密。伊甸园中的生命是赤裸生命——但并不自知——不同于后来阿甘本所说的赤裸生命。或许本雅明思考赤裸生命时，也以伊甸园亚当堕落之前为原型，但这是无辜或无罪的自然化生命，处于“纯粹语言”与“源语言”的状态，因此这是有待于一次次复还的生命，是整体性修复的生命原型。亚当乃是整体性修复的生命种子。

只是此自然化生命要面对多重的还原：从堕落后的生命向着原初生命还原；从基督教的第二亚当向着第一亚当还原，使之成为纯然生命；从纯然生命向着自然化生命还原，重新成为“土”，并且进入创世之前的“混沌”，得以自生，而非被造；从自然化生命向着弥赛亚还原，重新获得灵气。自然生命才是原初的生命，才是无辜的生命。

奥蒂莉的生命，在歌德与本雅明看来，如同植物的沉默一样是无言的。因此，此沉默的自然是没有命运的，也就不进入牺牲的赤裸生命与神圣生命的行动逻辑，而是保持着自然的悲伤。奥蒂莉的死亡场景中似乎有着某种基督教的神秘性，如同拉撒路的复活，但对于歌德，掠过恋人头顶而坠落的星星这一象征，才真正表达了救赎的神秘。对于歌德，教义来自星星的告诫，歌德将星星视为希望的象征——这是停顿的时刻，“希望仿佛从天而落的星星，掠过他们的头顶”。而且，这最具悖论的希望最终出自和解的表象：

> 就如同太阳落下，长庚星升起在苍茫暮色中，将越过漫漫长夜。长庚星的光芒当然是启明星发出的。所有希望都以这种最微弱的光芒为基础，即便最强烈的希望也只源于此。[1]

但最终的希望从来不属于抱有希望的人，而只属于希望所寄托的人。这就是吊诡之处：它是希望，不可能的希望，没有希望的希望，为和解的表象提供了存在理由。其中有着保罗式的弥赛亚句法，但实际上，本雅明已经把希望与自然化的生命和自然的美融合起来。

对于歌德，此灿烂的星光之为希望，也是恋人们所抱有的希望，这暗示了从自然美而来的救赎。这也进入了语言不可表达的领域，但其“不可表达性”如何具有显现的表象之美？美

1 ［德］本雅明：《评歌德的〈亲合力〉》，117页。

不仅仅是表象而已，表象为何不仅仅是美的遮盖物，而且是它的本质法则？本雅明接续了西美尔的思考，无疑这个文本深受西美尔的歌德研究的影响。回到之前理型如何可见的问题，本雅明写道：

> 美的显现却是先于必要的完全被遮盖状态的面纱。美，既非面纱，也非面纱遮蔽的对象，而是对象在其面纱中。这正是艺术批评的任务与工作！艺术批评不是要揭开遮盖物，而是要通过对遮盖物的最确切的认识，使自己上升为对美的真正直观，这是直观作为秘密的美。真正的艺术作品只有不可避免地表现为秘密时，才可能被把握！[1]

美永远无法明了自身，绝对的文学或者绝对化的艺术如果要让人直观秘密的美，自然美的显现就需要必要的遮盖。如同文学（作为被遮盖的对象）——需要文学批评（需要遮盖物或面纱），但文学批评还必须上升为“绝对的文学”（作为面纱中的对象）。本雅明以面纱作为“元隐喻”，让真理和绝对可以显现，让艺术批评上升为美的真正直观，直观秘密的美——因为美的显现仅仅只是面纱——对象还是被遮盖着。就如同海伦的衣裳化为云彩，围绕浮士德，而奥蒂莉的遮盖物始终是她活生生的躯体。只有美的面纱，这个悖论的表象，让救赎得以暗

1 ［德］本雅明：《评歌德的〈亲合力〉》，109页。

示：聆听音乐时饱含的泪水才是面纱？这些深深被触动而流出的泪水构成了面纱，并且在音乐中升华；星星就如同播种泪水的晶体，爱慕恍如音乐的泪水，给画面蒙上了一层面纱。[1]此泪水的面纱之为净化，也转化了亚里士多德的悲剧诗学，通过寻找星星或星座这种自然化的媒介物，把矛盾双方结合起来，所谓亲合力的化合性，不过就是此作为共通体媒介的元素。

泪水，只是自然美的面纱，是人类真挚情感的自然流露，是自然美的显现，但要成为艺术美则不同，需要结晶，此结晶化乃是星星。星星的象征与启示，乃是泪水的凝结与永恒化，如同星座，把星座与星星的救赎连接起来，就是希望，这是歌德在对话中暗示的希望，这也是自然的弥赛亚化。

本雅明指出，是"奥蒂莉"（Ottilie）这个纯洁女孩的名字，让歌德停留于世界而充满眷念，因为她的"名字"就如同"亚当"的自然化元素性名字，有着救赎的密码，就是灵媒化的标记。亚当这个名字有着三重暗示：混沌的原初性——自然的元素性——名字的唯一性或者神圣的踪迹。奥蒂莉的名字其实也是缩写的代码，是小说中两男两女关系的结晶符号（OTTO），有着火性与水性的元素性——她对于水性的观照，有着混沌的爱的喧嚣与躁动，有着神圣的踪迹——如同圣母玛利亚处女般与自然性的纯洁，既是"感性的相似性"（这个女子的处女性

1 ［德］本雅明：《评歌德的〈亲合力〉》，104–105页。

及其自然性），也是“非感性的相似性”（四个角色之间的复杂关系及其符号之间的化合关系）。进入这场失败或者死亡的爱情，如同歌德自己现实生活中的失败与丧失，如何可能在艺术美或者小说叙事者（加入作者观念也是一种浪漫派）的元批评中，并且在一种审美幻象中获得救赎呢？星星从爱者的头顶掠过，带来希望的显现，和灵媒的发现。

从自然化的星座模仿，到歌咏中的星空，这先于我们且已经触摸我们的星星，暗示了救赎的已然发生，但又尚未来临，而这正是弥赛亚救赎的情态。本雅明在论文的结尾集中解读此星星的自然化显现，就是为了从绝望走向“没有希望的希望”，这在阿甘本看来，与历史的概念一道，正好是保罗神学的语言与期待。但是，此微弱的力量（这个文本已经触及了“微弱性”），却是联系自然来讨论的，而阿甘本却没有提及此自然性，这是因为阿甘本等人受到陶伯斯的影响，陶伯斯在《保罗政治神学》的思考中，认为卡夫卡与本雅明的作品中没有自然的任何地位。但是，本雅明对歌德的解释，却从自然出发，从自然化的人类至深情感的泪水面纱，到救赎象征的星星的面纱，都是从自然性出发的弥赛亚救赎。

借助于歌德的自然美与美的幻象，把弥赛亚自然化，把星星的瞬间与音乐联系起来，就是后来的犹太教天使形象：在上帝面前歌唱又瞬间消失的存在，因为音乐乃是救赎的秘密。

与拉康就无意识这个谜一般主题的思考相关，也与弗洛伊德对于生死本能的思考相关，从无时间进入时间的个体化原初经验中，到底是一开始就有着人类他者的共在，最初的无助的婴儿只能以回避与恐惧的方式回应事件，还是一直有着拉康所假定的自然主义，即生死之为生命的绝对经验，也一直保持在人类共在的经验之前？死本能既是生命被给予的事实，也是生命一旦感受到就成为惊恐幻象的双重根源！这是纯然生命不可能消除的实际性与幻象化的两个方面：一方面是生死的实际性与唯一性；另一方面则是立刻给出的幻象或者想象的回应。中国文化的“真人”倒是最能体现出此二重性。这二者都是无时间性的，不同于死本能，而是生本能的双重性：不断被给予与出生的实际性，相信永生的信念之幻象，逐步进入自然性与弥赛亚性的非时间性？这样的连接会形成另一种时间经验吗？“第五维度”由此而来？而音乐不过是最好地同时体现出了二者：音乐的节律是自然节律最好的凝缩，也是生命永生意志的直接体现。

借助于歌德的自然美，本雅明重新面对个体化的悖论——与自然之为中介的关系，在对象意识与自我意识之间，打开自然化生命的思想。对象意识的二元分裂（物自体与认知能力之间），自我意识的自我反思绝对化的悖论（机智的瞬间想象连接与断片化的文体），在个体化与自然化之间建立了新的关联。

尽管本雅明认为德国浪漫派的中心是弥赛亚主义，也认为歌德的自然化诗学中有着弥赛亚性，但显然都不够。在随后的发展中，本雅明把面纱的思想图像与犹太教联系起来，在写作《拱廊街》时作了更为明确的自我确认，必须把歌德的自然源现象与犹太教的历史神学联系起来：

> N2a.4 在研究西美尔对歌德的真理概念的表征时，我清楚地认识到，我在《论德国悲悼剧的起源》一书中关于本源（Ur-sprung）的概念是将这一基本的歌德概念严格而必要地从自然领域转换到了历史领域。本源——原初的现象，被从异教的自然语境中搬到犹太教的历史语境中。在《拱廊计划》中我也在寻找本源，即我从拱廊的兴衰中寻找其建造和转换的本源，并通过经济事实抓住这一本源，然而这些事实，从因果律的观点来看，即从缘由上来阐释，并不构成本源现象，它们只是在它们各自的发展(Entwicklung)——或用“展开”(Auswicklung)这个词更恰当——中才会成其为本源现象。它们使拱廊的整个具体历史的形成得以显现，正像一片树叶从自身展示出整个经验的植物王国的全部财富一样。[1]

后来本雅明思考荣格所说的集体无意识原型，也是继续扩展歌德的自然形态学的源图型。而弥赛亚如何与自然的源现象相关？这就要回到伊甸园的亚当之名，如同本雅明思考“奥蒂莉”这个名字对于歌德的意义，这个名字有待于重生，因为这个名字标记的生命就是灵根的种子，有着魔灵性的种子。如同

---

1 Walter Benjamin: *Gesammelte Schriften V: Das Passagen-Werk*. 1991. S. 577.

策兰诗歌《赞美诗》中写到的“无人的玫瑰”，那是一个在花朵中重新出生的躯体，或者说弥赛亚与基督的形象要在“花”的形象里重生？但在《曼多拉》一诗中（一种空无化的曼陀罗花？或灵根种子的反向复活？），只有“空无”反向凝视我们，救赎之“王”仅仅在空无中，反而需要读者或余存者的眼睛对着空无，才可能见证“王”的存在，这是策兰“反灵晕”又“反自然”的自然化想象。

“面纱”的思想形象，不仅仅体现在歌德的自然化诗意想象中，在现代性的抒情诗与小说书写中，在普鲁斯特对于灵晕的思考中，都有所体现：

> 灵晕（/光韵）的经验就建立在人间社会常见的呼应向无生命物或自然与人关系的转换上（Reaktionsform auf das Verhältnis des Unbelebten oder der Natur zum Menschen）。我们在看或是觉得自己在被看，会激发出某种眼神，去感知某一现象的灵晕就意味着赋予它激发眼神的能力，非意愿记忆（/无意记忆）想起的东西与此是对应的。（顺便说，无意记忆想起的东西是独一无二的：它们试图保存在它们的记忆所捕获不到的地方。因而，它们为这样一个灵晕概念提供了支持，该概念将灵晕视为“对某个远方的独一无二显现”。这一界定本身可以表明灵晕这种现象的膜拜特质。根本遥远的远方是接近不了的：事实上，不可接近正是膜拜意象的首要特性。）普鲁斯特对灵晕的问题是多么熟悉已无需强调。可是依然

> 值得关注的是，有时他间接提到它时，其中包含了他的理论：“喜欢神秘性的人总以为，注视某物的眼神中总有一些留在了该物上”（这或许就是那回应该眼神的能力）。“他们认为，纪念碑和画像只在柔软的面纱下才会展现出自己（nur unter dem zarten Schleier sich darstellen），而这层薄纱是由众多仰慕者几个世纪的爱与怀念织成的。”普鲁斯特有点闪烁其词地断言：“只要人们将这种合成与个体具有的唯一实在，即与他自身的感情世界挂上钩，它就会变成真的。”瓦雷里将梦中的感知界定为一种灵晕性的感知，与此颇为相似，但由于它的客观性倾向而走得更远。他写道：“如果我说我在这儿看见了一个物体，这并不是说我和物体间没有区别了 ...... 而在梦中则相反地没有了这种区别。我所看见的东西像我看见它们一样看见我（Die Dinge, die ich sehe, sehen mich ebensowohl wie ich sie sehe）。”与梦中的感知特性相同的是庙宇里的自然特性（die Natur der Tempel）。[1]

在这里，无意记忆与灵晕相关，哪怕是坚硬的纪念碑，也可以在柔软的面纱中被感通，灵晕就体现在如此这般面纱的梦幻感知之中。此自然化与梦幻化的灵晕化感知，有着救赎吗？灵晕其实已经是一种神学的显现方式（epiphany），在远方的接近与久远之物的反向凝视中，我们的生命得以被凝视，得以余

---

1 ［德］本雅明：《波德莱尔：发达资本主义时代的抒情诗人》（Walter Benjamin: *Gesammelte Schriften I*.1991. S. 646–647.），南京：译林出版社，2012年，153–154页。

存，也即是“被记忆”——被一个个到来的他者凝视。如此延续的梦，如同一个时代对于另一个时代的梦想，此梦的契约只有弥赛亚可以保证？

当然，问题依然存在：让弥赛亚自然化，让自然体现出救赎的力量，如同后来阿多诺在《美学理论》中所言，自然作为尚未存在的美（die Chiffre des noch nicht Seienden），隐含着救赎的密码[1]，这还只是问题的一半，这只是德意志文化寻求救赎的方式。那犹太人呢？一个犹太人如何可能寻求救赎？歌德的德意志方式还是隐含的——不可能说歌德要成为犹太人，这是本雅明在现代性状况下的解释，也许被认为有些牵强，如果能够从犹太人自身出发，弥赛亚寻求自然化的道路，二者的结合就比较完整了。

本雅明回到歌德的源现象，就不仅仅是审美的救赎，同时也是面对暴力问题，因此他区分开神话的暴力与神圣的暴力，试图通过后者，来化解神话的暴力，并与自然化的生命相关联，发现自然化生命的余存。从自然出发，从无用的自然出发，既是自然美之救赎密码的唤醒，也是一种拯救批判的激活，在当代的生态学批评转向中将有所展开。

---

1 Theodor W. Adorno: *Ästhetische Theorie*. 1995. S. 115.

三

# 卡夫卡写作的道家化：弥赛亚的自然化

在本雅明的公寓小图书馆里，也是他精心选择的少数图书中，与《圣经》并置在一起的，是一本《道德经》。

——肖勒姆《日记》，1918年6月

弥赛亚与自然化，这是不可能的关系，这也是没有关系的关系，无关之联。因为自然是被造之物，弥赛亚是创造者，在整个西方传统，无论是唯一神论传统，还是希腊哲学传统，自然都处于低级与被动的位置。

只有到了尼采的自然生命与混沌的感性，可能也是在马克思的活劳动或生命的劳动中，自然才获得自身存在的尊严，尽管后来的自然大多体现为身体的感性或者生命政治的管理。这是身体的现象学与生命的政治所展开的方向，尽管身体与自然相关，恰好是身体的自然性让身体不同于人造物，不同于技术的制作性，但此已经人类历史化的身体，已经被“假器化”（prothesis）的身体，还不是自然。哪怕身体的自然性，比如疲惫、厌倦与死亡，都还不是自然性。自然的自然性有待于被还原，自然的自然性乃是自然可以再生的元素性，此可再生性及其尚未存在的美具有救赎的密码（如阿多诺在《美学理论》中所言）。此自然的自然性如何与弥赛亚性相关或者相互感通，还是从未思考的主题。

这也正是本雅明随后思考的道路。如果说1916—1926年的前期本雅明主要以歌德的源现象（还有荷尔德林悲剧思想的隐秘陪伴）来解决现代性危机，思考自然的弥赛亚化；那么，1929—1939年的后期本雅明则以卡夫卡为核心（以波德莱尔的通感与普鲁斯特的无意记忆作为理论支持），经过道家的转化，以此进入现代社会，来思考弥赛亚的自然化。

歌德的自然美及其拯救乃是自然的弥赛亚化：看似自然的泪水与面纱，作为文学象征的星星，却指向弥赛亚希望的象征或暗示。与之对应，卡夫卡则回应以其祈祷的方向，以其记忆回忆的姿势。任何生命姿势都有待于弥赛亚来纠正与调节，此即弥赛亚的自然化，尤其是经过了弥赛亚的道家化，而不再需要革命的暴力。

“自然的弥赛亚化”：自然美的绝对性，是德国浪漫派所没有实现出来的目标，现在通过歌德的自然美与源现象来实现。自然的死亡——绝食，在泪水的面纱中形成自然的显现与表象，暗示出弥赛亚性。尽管此美的表象还不是和解与救赎，救赎仅仅在于：从泪水到星星，星星是泪水的结晶，它也是天空的面纱，这还是“停顿”的时刻，这是对荷尔德林悲剧观的重新理解；此星星的落下，乃是救赎，是星座的重新凝结与想象，是没有希望的希望；因此，其中有着弥赛亚性的指向与诉求。因此，这不是阿甘本等人所说的本雅明的保罗神学化，而是自然的弥赛亚化节奏，泪水越是变成星星，越是自然在弥赛亚化，“星星”就如同犹太教神秘主义的“天使”，在上帝面前歌唱的天使。这是救赎的密码——尚未存在的自然美有待于被诗意地唤醒，但也是弥赛亚式的唤醒。

“弥赛亚的自然化”：要选择看似最不具备自然的民族，即被拣选的犹太人，但在布伯看来，也许最具有东方宗教特征的犹太教也最具有自然性的原初特性。[1]本雅明选择卡夫卡并非偶然，因为卡夫卡是犹太人，尽管是布拉格的犹太人；但也是说德语，受到布伯影响，对于犹太人的现代性命运有着切身关注；也思考了犹太教神秘主义与现代性个体之间的关系；其小说写作，如同德国浪漫派的“元写作”，是关于写作的写作，是写作之不可能的写作，面对现代资本主义官僚机器的庞大与犹太教法典传统的无效，这也是写作的无用化；如同塞壬的沉默、普罗米修神话的自身遗忘，对于“遗忘”的肯定与混沌

1 ［德］布伯：《论犹太教》，刘杰等译，济南：山东大学出版社，2002年，70页。

“前世界”的深入，对弥赛亚无用性的肯定，卡夫卡式如此虚无化的改写，都隐含着某种犹太的道家式改写。[1]

卡夫卡尚未完成的写作及其寓意，因为本雅明随后的研究而得以明确。在本雅明看来，卡夫卡的小说并没有真理可言，只有愚蠢与谣言，而愚蠢之为“助力”，也许有助于我们理解真理。面对一个已无真理性可言或真理连贯性已经丧失的世界，弥赛亚及其《妥拉》(Torah)的律法已经失效，并处于无意义的虚无主义状态，因此弥赛亚变得无用了；但是，面对此无真理的世界，卡夫卡的譬喻写作还是揭示了生命的真相，即生命在扭曲(entstellt)状态中挣扎。正是从这个不可摆脱的挣扎状态，此生命受难的姿势中，卡夫卡看出了弥赛亚来临的必要性。而本雅明强调弥赛亚的来临就是为了纠正此扭曲的生命姿势，尽管只是“一点点的纠正”。本雅明又指出，卡夫卡需要一面镜子，才可能明白自己写作的失败，哪怕是譬喻写作的非真理性，也需要一面镜子让卡夫卡的譬喻写作在反思自身时“多出”一点点。此多出的少许剩余力量来自哪里呢？对于本雅明而言，卡夫卡已经认识到了这一点点的东西，可能来自中国道家的智慧。但卡夫卡对他所想象的中国却有着某种恐惧，如同《一道圣旨》中的无效传递：临终皇帝的遗言并未抵达那个接受者，因为使者永远无法走出帝国的宫殿，而那个等

1 参看夏可君《无用的文学：卡夫卡与中国》。

待消息的“你”只能永远等待一个从未抵达的消息；因此，发送者、传递者和接受者，这三者其实都是无用的。当然这主要是针对儒家帝国统治的讽喻图像。

但此指向中国的譬喻及其失败，确实照亮了某些现实，这需要行动者一开始就肯定自身的失败，从一开始就肯定自身的无用，并且保持此无用，这正是中国道家的智慧。这就是卡夫卡认识到的“道”：“认认真真做某事同时又空无所成。”这就是诡异的生存之道。因此，本雅明认为卡夫卡已经认识到，那个骑士堂吉诃德的仆人桑丘，一直被当作愚蠢的化身，所谓“沉着的傻子与笨拙的助手”，但正是这个“道家主义者”，却构成某种“助力”，因为他可以帮助我们摆脱现代性的无尽烦恼与巨大的疲惫，卸下我们生存的重负。[1]

如果弥赛亚来临，需要某种“助力”，那就需要一些助手，这些助手，看似愚蠢与无用，却有着大用。尤其当世间已无真理，当暴力主宰的世代，只有学习，构成某种助力，还需要保持自身的无用。如同齐泽克指出的，[2]一方面，今天政治行动的威胁不是被动性，而是虚假的行动，那种变得活跃、去参与的冲动掩盖了行进中的虚无性，真正难以做到的是退后一步，抽身而出。而另一方面，如同列宁在面对革命的压力而陷入两

1 Walter Benjamin: *Gesammelte Schriften II*. 1991.S. 438.

2 [斯洛文尼亚] 齐泽克：《暴力：六个侧面的反思》，唐健等译，北京：中国法制出版社，2012年，8页。

难选择时，不去做决断，而是“我找个没人的地方学习、学习再学习”。保持自身的无用性，却在学习与忍耐中，等待未来，这是渐进修养的韧性默化工夫。

在围绕卡夫卡与弥赛亚关系的争论上，肖勒姆与本雅明都具有某种否定的密教色彩，如同斯台凡·摩西指出的：“因为上帝无法挽回的缺席是找寻他的最可靠手段。至于卡夫卡，在肖勒姆看来，他则处于整个无望的不可探测的时刻，因为对他来说，上帝未曾离家，还没有变得无处可寻：并非如此，他只是将要退隐在顶楼之上。”[1]对于肖勒姆，上帝无疑在卡夫卡的作品中缺席了，但其踪迹是可寻的，但对于本雅明式的卡夫卡，摩西的律法也处于上帝彻底缺席的世界当中，这个世界已无真理可言，而且即便有着真理也不可通达。

## 3.1 诡异之道：“认认真真做某事同时又空无所成”

老子与庄子的道家思想对西方思想的影响一直有待于从更深的层次进行思考，尤其是从历史的“痛点”上，在语言学的翻译与学术研究的准备之后，在文学的想象与思想史的比较之后，有待于从历史的灾难与生命的关切上，内在地切入。

1910年，布伯选译了庄子对话（《庄子的交谈与譬喻》

1 ［法］斯台凡·摩西：《历史的天使：罗森茨维格，本雅明，肖勒姆》，梁展译，上海：华东师范大学出版社，2017年，216页。

（*Reden und Gleichnisse des Tschuang Tse*），并翻译了一些鬼怪文学（蒲松龄的《聊斋志异》）[1]，随后不久，卫礼贤对老子《道德经》与庄子《南华真经》做了全本翻译，因此，德国兴起了一段时间的道家热。后来有人认为"欧洲的道家化"自此已经开始，甚至认为从马克思主义的社会解放批判（以劳动与商品为对象）出发，法兰克福学派经过第一个阶段的启蒙理性批判（本雅明与阿多诺等人，以文化工业与日常生活为对象改造哲学），直到语言交往的批判（哈贝马斯以语言交往行动来改造哲学），再到第三代的现代政治批判（以福柯的身体及其生命政治为对象），经过此三步的批判理论之后，西方思想已经陷入了困局与停滞，早就应该增补一个新的"亚洲转向"——针对西方现代性的"总体动员"与不断的革命运动，需要一个东方式的沉默转化（如同笔者在海德格尔那里发现的，他1945年左右开始的"第二次转向"与中国以及东亚密切相关！）。[2]进入21世纪的批判力量，应该进入第四个阶段：经过现代性持续加速与总动员的革命方式，在一次次灾变后，人性的生命需要"整体性修复"，要完成此修复，就需要寻找到基本的元素或"胚胎"，需要发现生命灵根的种子。

本雅明在《卡夫卡去世十周年纪念》论文中，尤其是1938

---

1 Martin Buber: *Schriften zur chinesischen Philosophie und Literatur*. 2013.

2 来自斯洛特戴克的思考（Peter Sloterdijk: *Eurotaoismus, Zur Kritik der Politischen Kinetik*. 1989. S.200.），也参见朱利安对于"默化"的思考（François Jullien: *Les transformations silencieuses*. 2009. pp.67–68.）。显然，默化与无用或无为内在相关。

年与布莱希特这个马克思主义者的辩论中，面对现代社会的复杂性与时代的战乱，思考了“弥赛亚自然化”的可能性（同时也隐含道家自然观的弥赛亚化）。本雅明由此明确提出了“道”的基本解释学原则，他增补了卡夫卡日记书写中所缺乏的“道”这个词：

> 也许这些学习成了空无，但它们非常接近那空无，而正是这空无使事物可用——即是说，“道”。这就是卡夫卡所要追求的，卡夫卡写道：“他煞费周折地抡锤打出一张桌子，且同时又一无所做，且并不像人们说的，‘抡锤对他来说是一个无’，相反，‘对于他，锤是实在地抡着，同时又是一个空无’。这样抡起锤来，就更大胆，更果决，更实在，如果你愿意说，也更为疯狂。这就是学生们在学习时所采取的如此果决，如此令人着迷的姿态。”[1]

在这里本雅明重写了有用与空无的关系，可以简化为：“认认真真做某事同时又空无所成。”进入了“道”之思，“道之教义”（Die Tao-Lehre）或“教义之道”（Der Weg der Lehre）[2]。中国文化的道之思开始发生明确的改写引导作用：刻苦地学习，几乎是苦行；但同时，也要相信所有这些工作其实是无所用的；正是此无用，却接近那个变得可用的“无”，这就是“道”。

1 ［德］本雅明：《经验与贫乏》，王炳钧、杨劲译，天津：百花文艺出版社，1999年，37页。Walter Benjamin: *Gesammelte Schriften II*. 1991. S. 435.

2 Martin Buber: *Schriften zur chinesischen Philosophie und Literatur*. 2013. S. 106–107.

道之技艺不是一般的技术方式，乃是来自无——如同先天胎息的保存，也是走向无——保持虚气的转化，对于本雅明与卡夫卡，则是通道的敞开。这是对于空无的双重守护，有用的诡异就在于此。这来自“道”的深度启发，深深契合于老子与庄子的思想，尤其是《道德经》第5章的“天地之间，其犹橐龠乎？虚而不屈，动而愈出”。“橐龠”也就是道教后来修炼的丹炉，并且保持通道的敞开运动。当然也来自第1章的“道可道非常道，名可名非常名”。在这里，弥赛亚已经开始道家化。

“认认真真做某事同时又空无所成。”为何本雅明要以“道”的两面性——空无与有用——来思考犹太人的命运，并思考卡夫卡小说的写作动机以及现代性审美的命运？因为其中有着化解现代性疑难与犹太人自身律法悖论的方式？因为外在超越的犹太人无法发现进入现代世俗社会的通道？因此需要“绕道”——接纳道家及道家的自然？

这里有着多重的反转：一方面，既要认认真真研究，如同苦修的学生与学者，不是抛弃传统经典与教义，而是要去不止息地学习；另一方面，又要认识到不可能直接寻找到答案，因为这是指向“无”的学习——空无与无尽地学习，所以反倒是要打开空无，打开空白，阅读从未发现之物。同时，还要反转：一方面要让空无来为，保持空无的空无性，任何教义必须成为空无的启示与自身空无化；另一方面，让此自身概念性的空无化与自然化的生命结合，形成一种新的可能技艺。对于中国道教而言，这就是生命修真与转化的原理：一方面，个体的修炼活动，乃是聚集先天的胎息，培育灵根的种子，即内丹的修炼；另一方面则要借助丹炉提炼出丹药。前者的修炼乃是去除人性的污浊，如同佛教的修行也是去除污染熏习的过程，越是修炼越是简化自身。于此才可能生成出一种广义的无用的教义。因此，这里有着弥赛亚的道家化，弥赛亚性的无用化。

“认认真真做某事同时又空无所成”：此空无性与自然性的结合，是阿甘本与南希，甚至德里达，都没有触及的关键差异。这个吊诡的逻辑也就不同于传统的辩证法与现代的解构策略。

这也是本雅明在有关卡夫卡的解释中，所重新阐发的道家与弥赛亚的新关系。这就是那个村子的寓意——《邻村》这篇小说。

> 我的祖父老爱说：“生命惊惧的短促。现在，在回忆中，对于我，生活被压缩在一块儿了，以致我几乎无法把握住，比如，那一个年轻人，怎么可能下定决心，骑马去往邻村，而不害怕，即——全然撇开众多的不幸事件——这寻常的、幸福流逝的生命时间，对这样一次骑行，已经远远是不够的呀。”[1]

这是本雅明找到的“邻村”——如同《城堡》前面的小村，

1 ［奥］卡夫卡:《卡夫卡全集》(第1卷)，182页，译文有改动。

邻近天堂，也邻近地狱，双重邻近，但无法抵达的村子，其实是一个深渊，也是一个余地。因为此余地的指向，卡夫卡的写作其实已经打开了某种新的书写道路，这里有着对老子道家的直接挪用。

围绕卡夫卡写作的意义，1933年后从纳粹帝国逃离出来的本雅明与布莱希特在丹麦有过持续的争论。布莱希特认为卡夫卡作为布拉格的一个犹太小青年，骨子里依然有着犹太式的法西斯主义崇拜，尤为需要马克思主义式的批判。但在本雅明看来，卡夫卡已经自我反省了这个法西斯主义背后的虚无主义绝境。本雅明认为卡夫卡还有着弥赛亚救赎的维度，并以此来反对法西斯主义的权力欲求。但这个维度在何处显现呢？

本雅明给出了双重的反驳：一方面是对施米特的决断主义与独裁主义的反驳，对希特勒法西斯主义的反驳，尽管阿甘本有所反驳，但其实还不足够；另一方面则是对布莱希特的弥赛亚主义的反驳。这个双重反驳可以让革命左派从乌托邦的迷梦中苏醒过来。

本雅明就以《邻村》为例，围绕“虚无”的不同形态，提出了“三重解释学”，来面对现代生活的复杂性[1]：

1. 这是关于日常生活的现代“虚无主义”冒险。犹太人与现代大众一样，都在鸡毛蒜皮的、日常算计的生活中如乌龟一

---

1 Walter Benjamin: *Benjamin über Kafka. Texte, Briefzeugnisse, Aufzeichnungen*. 1981. S.153.

般爬行着，从一个泥沼到另一个泥沼。因此，他们或者渴望法西斯主义与独裁者的拯救，或者就沉迷于日常生活一步步的苦心经营。虽然有着骑士的冒险精神，但危险无处不在，如资本市场股票的突然崩盘，或性解放导致的疾病，其实都令人“寸步难行”，几乎没有余地。现代性欲望的普遍化与合理化，反而加强了这种日常化的虚无主义或者无处不在的灾祸。但这是现代生活必不可少的虚无主义态度。卡夫卡则认为，只有修建巴比伦塔后，并不爬上去，即不去用它，才可能不陷入无妄的争夺。这里叠加了芝诺的飞矢不动悖论与保罗神学的弥赛亚等待，那个所谓弥赛亚来临的“小门”（极为细小几乎不存在），其实只是奇怪的重叠。

2. 这也是小国寡民式“道家虚无化”的生活方式。小说来自中国道家箴言的直接改写，即这个小说其实来自老子《道德经》第80章：“邻国相望，鸡犬之声相闻，民至老死不相往来。”对这个语句，既可以消极理解也可以积极理解。如同前面指出的做一张桌子的方法——“认认真真做某物同时又空无所成”，卡夫卡阅读老庄道家所获得的书写原则，只有本雅明敏感地指出了这一点。后续研究者也不多见。[1]如此积极地无所成，形成了无用的解释学。现代性主体必须保持自身的无用：邻村还是邻村，并未抵达，也从未抵达，我们的日常生活还是那样，

1 Stanley Corngold: *Lambent Traces: Franz Kafka*. 2004. 此外，哈马歇在对策兰的解读中继续发挥了本雅明与卡夫卡的这个原则。在无用的文学中，这是一个普遍性的原则。

如同动物一般生活着；但邻村在那里，如同《城堡》前面的“村子”依然与“城堡”保持着距离。此间距的保持，却形成了余地，面对灾难的发生，也许保持隔离与间距就是保存生命的余地所在。这样的间距保持，也是主体间性相互尊重的生存方式，此区间或间隔（spacing），必须被保持住，并形成敞开的通道（passage）。如果有着弥赛亚来临，只能经过此通道而来，并且不占有它，而是要确保通道的通畅，这已经是弥赛亚悄然地自然化了。

3. 这还是犹太教弥赛亚式的虚无化解读。这是那个“老者”回忆的目光，或者是“老国王”回望的目光，当然也可能是“老子”一般老者的目光，根本上则是弥赛亚式“回忆”的救赎目光。“老人”不同于年轻人在于，他已经“抵达”了邻村，这是他的回首与回忆，而只有弥赛亚回忆的力量，才能够把一个个幸福的瞬间提取出来，并聚合那些消逝的瞬间而形成新的星丛或星座（如同静止的“图像辩证”）。这是个体记忆的救赎方式，但也是自然化与弥赛亚化的整合。一方面，邻村的间距已经被弥赛亚回忆的想象穿越；另一方面，这个老者既是离开人间隐遁起来的中国道教的神秘始祖，也是那个重返人世间的弥赛亚。这是弥赛亚式的解释学，弥赛亚并未来临，还是虚无主义的，但消逝的瞬间已经被聚集起来，进入了未来的回忆之中，弥赛亚性的力量就来自未来的记忆。或者这是持久的等待，如同这个小村子其实也是塔木德故事中那个等待弥赛亚来临的公主的临时身躯[1]，她要保留这个等待的位置，一个虚位，一个余地。

如此弥赛亚回忆的目光，乃是记忆的救赎力量，也是不可摧毁的信念之保持。这里有着多重的记忆：文化历史的记忆，尤其是文化历史中诗意的隽永记忆；或者是永恒的自然元素的诗意化，也重叠在儿时的记忆之中；或者面对当下消逝之物，作为辩证图像的唤醒，以诗歌的节律记录下来，如同新天使的歌唱。

如同卡夫卡最后一篇小说《约瑟芬，女歌手或耗子的民族》中的歌唱，也有着三重性声音的叠加：动物式的耗子叫、口哨声的即兴无用化与灵魂升华的歌唱，如此三者同时显现。这有些让我们想到莫言小说《檀香刑》的写作：遭受檀香木凌迟刑法时的纯粹肉体的叫声——西方火车奔跑时的汽笛声——并不存在的消解疼痛的猫腔歌唱，只是莫言并没有明确此三重声音的元写作教义，尤其是无用的教义。

## 3.2 三重解释学：本雅明与卡夫卡写作的中国动机

这个世界已经没有真理性，我们也不可能走出此非真理的世界，甚至连想走出去的愿望都是愚蠢的。如果卡夫卡的世界

---

1　Walter Benjamin: *Gesammelte Schriften II*. 1991. S.424.

中只有谣言与愚蠢，那么我们如何可能借助于此谣言与愚蠢而走出非真理状态？以无用的智慧走出这非真理的危机状态，不就是一个关涉救赎的神学问题？

由此本雅明给出了这样一个比喻：

> 我的思考与神学相关，正如墨纸与墨水相关。它浸透了墨水。但是如果有人想通过吸墨纸来判断所写的东西，那么写过的东西什么都不会留下。[1]

这个比喻是奇特的。一方面，神学的思想渗透了每一处，如同墨纸被墨水渗透，但又不可能通过墨纸来判断神学书写留下的痕迹，似乎一切都消失了，或者充满了每一处，无法区分，如同庄子的卮言充满了每一处。另一方面，这个比喻本身来自何处？难道不是中国文化的水墨书写？这不是西方传统的“白板”与“蜡印”的比喻，而是墨水与墨纸，是一种自然渗透的原理。弥赛亚的自然化就是一种渗透，不是一种外在的嫁接。

进入本雅明1934年专门论卡夫卡的文本：整个文本的中心，如果有的话，其实是“中国动机”，一个吊诡的逻辑——“认认真真做某事同时又空无所成”！这是一个西方还没有发现的隐秘动机。这个动机如何渗透到本雅明写作的每一处？线

1 ［德］本雅明:《作为生产者的作者》，王炳钧、郭军、蒋洪生等译，郑州：河南大学出版社，2014年，148页。

索就在本雅明对于卡夫卡日记片段的引用：何谓道？“认真做一张桌子，却一无所成。”二者同时实现才是“道”，既是有为的工作，也是无所成的无作。此道家化的“道”已经是弥赛亚即将走上的“路”，但现实历史似乎从未走上过。

“认认真真做某事同时又空无所成”：这是卡夫卡从中国道家发现与提炼出来的智慧，经过他犹太式的文学改写与个体生命体验，已经具有了普遍性的价值！

卡夫卡自己需要一面“镜子”，其实这面镜子来自中国。卡夫卡继续以中国来观照自身，就会发现另一个亚伯拉罕，因此，弥赛亚的道家化必然具体表现在对于文化历史开端之命运的改写上。而始祖亚伯拉罕，就成为卡夫卡解构书写与变异书写的对象。

这是一个中国化的亚伯拉罕：他不再是克尔凯郭尔的亚伯拉罕（《恐惧与战栗》的生存基督教思想深深刺激了卡夫卡），而是卡夫卡自己虚拟的一个搞笑的学生（暗示那些还在勤奋解读《妥拉》而不得其门的经师和学生们），还是一个被本雅明强化了的跑堂侍者，他殷勤跑堂的动作如同中国的那些“低头哈腰”的侍者们，是这个姿势孕育了所有的想象，从而把文学引入到教义，使之成为譬喻！因而不成为图像，而是成为“动作”。

这就形成了卡夫卡“姿势的诗学”。弥赛亚道家化的姿态改写，其形象的集中改写，就可以在“亚伯拉罕”这个犹太族长献祭自己儿子以撒的事件上体现出来，并且可以看到三重不同的改写方式及其交叠，从而形成了三重不同的解释学。

首先是这样一个无法出门的亚伯拉罕：“可是他却无法去献祭，因为他出不了家门，家里离不开他，家计需要他，总是还有什么要安排。他的家还没有建好。可是，家没建好，他就没有依靠，没有依靠，就不能走，圣经也认识了这一点，因为它说：他要了自己的家。于是，亚伯拉罕真的事先就应有尽有了：如果没有这个家，他在哪里把儿子养大呢？他的祭刀又该插到谁的身体里呢？”随后是另一个无用的亚伯拉罕：“第二天：这个亚伯拉罕又想了很多，不过，都是老故事了，不值得一说。尤其是那个真正的亚伯拉罕，事先他已经什么都有了，从孩提时代就引向那里，我看不出有什么突变。如果他什么都有了，而且本该被引到更高的地方，他就一定要，至少看起来是这样，被拿走什么东西，这是合乎逻辑的，不是什么突变。而上面那些亚伯拉罕就不一样了。他们站在自己的建筑工地上，突然要上摩利亚山，可能他们连个儿子还没有，就该献出儿子了……”还有一个就是有关那个坏学生的笑话，一个听错了老师召唤，却形成了强烈对比的差学生，此形象暗讽亚伯拉罕也可能听错了上帝的命令或法则，这是一个喀巴拉神秘主义式的反讽改写。卡夫卡再次书写了三个别样的亚伯拉罕：这种喀巴拉神秘主义式反讽改写、虚无主义的延迟行动与道家化无用解释学的巧妙融合，只是对世界轻微的纠正而已。[1]

其一，“犹太教拉比们的神秘解释学”，或者基督教已有的解释。在无论是传统塔木德还是克尔凯郭尔的基督教解释中，亚伯拉罕听到上帝的指令，处于恐惧与战栗的顺从与考验之中，并且其信奉得到了检验，“考试”似乎过关了。当然传统解释学已经认识到此悖论。

其二，现代性或者卡夫卡式的“解构式解释学”。总是有着“另一个或者它异化的亚伯拉罕”(Abraham, l'autre: Abraham, the Other)，这是卡夫卡对克尔凯郭尔的反讽，即亚伯拉罕可能听错了，上帝并非要他去献祭儿子加以考验，他以为自己是族长，出于恐惧而听错了。卡夫卡对此还有更微妙有趣的改写，即一个成绩很差的学生在学期结尾时，老师要表彰优秀学生，他因为坐在最后一排且过于紧张，以为老师要表彰自己，也同时站立起来，导致哄堂大笑。但这也是表彰好学生以警醒差学生，充分发挥了克尔凯郭尔本来要发扬的反讽精神，而且在德里达学派那里得到了更丰富的展开。[2]

其三，道家化的“无用解释学”。这个亚伯拉罕根本就没有去献祭以撒，因为他有太多的房子要建造（这个改写可能还模仿了《古兰经》中那对建造天房的阿拉伯父子），有太多的

1 ［奥］卡夫卡：《卡夫卡全集》（第7卷），415–416页。

2 Joseph Cohen /Raphael Zagury-Orly (Eds.): *Judéités: Questions pour Jacques Derrida*, 2000. 其中德里达的开场文章《亚伯拉罕，他者》就以这个故事打开了关于犹太教自身解构的话题。

妻子和太多的家务事要料理，他根本就出不了门。日常生活的琐事够多了，显然这导致了信仰性命攸关的考验的无用，导致了神圣命令的悬置。这个族长怎么看起来都如同中国“四世同堂”的族长。

此三重不同的解释学，因为“无用”而得以贯通起来：虚无主义的无用消耗与深渊；道家间隔间距的无用与保持；犹太教弥赛亚未来记忆的无用期许；由此形成了无用的解释学，以此可以重写整个现代性。

弥赛亚的道家化，或者是自然的弥赛亚化，并非理论上的思辨，而是彻底面对时代的危机。本雅明在与布莱希特的对话中还坦率记录了更严峻的挑战：

> 他再一次强调（像更早在勒拉旺杜，但在用词上对我来说更清晰）卡夫卡作品的预言性方面。卡夫卡有一个问题，只有一个，他说，那就是社会体制的问题。他为蚂蚁帝国的想法恐怖：在社会中人类因为他们的生活方式而疏离于自己的这种想法。而他预感到这种异化的某种形式，如国家政治保卫局的方式。但他从未发现一种解决方案，从未在他的梦魇中醒来。布莱希特说到卡夫卡的精确，它是一个不精确的人、一个梦想家的精确。[1]

布莱希特指控卡夫卡的身份可能会促进某种“犹太式的犹

1 ［德］本雅明:《和布莱希特的对话》，连晗生译，《上海文化》2013年第7期。

太法西斯主义”，卡夫卡的写作可能增加和扩散了笼罩卡夫卡的黑暗，而不是驱散它。因此，对于本雅明而言，澄清卡夫卡是必要的，那就是说，确切地阐述能从他的故事提取的实际的暗示。思想如何不是增加与扩散萦绕在卡夫卡世界的黑暗——而是去驱赶其中深重的黑暗？思想在面对困难而无助时——如何不是去“促进”犹太法西斯主义？这是布莱希特对卡夫卡与本雅明的挑战。

布莱希特非常强调卡夫卡的写作面对组织体制这个“天敌”的无力，甚至认为只有这一根本的异化问题及卡夫卡对其精确的文学想象，才是卡夫卡的贡献。这个组织体制也是《一道圣旨》中那皇帝的遗嘱永远无法传递出来而要面对的重重官僚体制。这是马克思主义要摧毁的制度，但布莱希特不认为卡夫卡已经解决问题，而卡夫卡的类比却显得无比精确，有一种异域梦想家的精确，甚至也精确暗示了民众对统治者的崇拜，总是渴望一个强势的、天命附身的领袖。这里达到了彼此观照的协助式比较研究，如果这个“犹太男孩”与“雅利安男孩”一样，那不也是同样在渴望一种强势的首领来拯救自己的民族？

犹太教的积弱弥赛亚主义，如何与希特勒的法西斯主义区分开来？这是20世纪二三十年代德国革命的保守派知识分子最关切的问题。这也是为何本雅明在20年代初也如此崇拜施米特《政治的概念》与《独裁者》中的主权杀戮理论，更不用说，海德格尔、施米特与云格尔等人，在30年代初都如此认同希特勒拯救德意志人与欧洲文化的虚幻梦想。很多人在这里失足，并陷入了迷途。而且，吊诡的是，希特勒在模仿犹太教的选民与救赎叙事，雅利安人才是欧洲真正的选民，如同尼采“超人”的伟大政治与文化梦想，以此面对欧洲的危机。显然，对领袖的渴求、对救赎的模仿，再次陷入了陷阱的自弃与捕鼠器的逻辑之中。

布莱希特认为单靠卡夫卡自己是无法找到出路的，必须经过某种迂回，即老庄道家的道路。但是，问题也出现在这里。一方面，布莱希特对领导或者领袖（Führer）的召唤，不是与希特勒这样的元首相应了？不也与海德格尔所着迷的领袖与元首的开端力量同谋了？道家的欧洲化如何避免这个迷障？另一方面，道家自身并不需要领导，而是提倡让出与避让，乃至于无为，但这又如何成为领导？中国文化并没有解决这个问题，历史上儒家与帝王政治的合谋导致道家自然退隐的审美化。这二者之间的分离在现代性能够解决吗？处于流亡之中的布莱希特和本雅明，如何可能回答这个中国文化政治的根本难题？在这里，布莱希特似乎充满内在的惊恐：是否道家也会陷入帝国主义的权力迷惑？这也是很多西方革命左派学者对海德格尔思想道家化的怀疑。比如，齐泽克一直追问：“泰然让之”（/ 集让：Gelassenheit）如何可能那么轻易就消解了集中营大屠杀的责任与罪责？

布莱希特也正是在作这样的思考，他甚至虚构了一场卡夫卡与老子围绕经济财产的当代对话，尝试把犹太式动机道家化。这当然也在回应本雅明论卡夫卡的文章，因为本雅明在论文中大量讨论了"卡夫卡的道家化"。本雅明式的卡夫卡写作——"认认真真做某事同时又空无所成"——如何化解这个相似性的模仿暴力？除非把犹太教道家化？把弥赛亚自然化？再让自然弥赛亚化，潜移默化才可能革命化？"认认真真做某事同时又空无所成"这个吊诡的逻辑，就是试图把这三者——虚无主义反讽或解构的解释学、弥赛亚神秘主义的解释学与道家无用的解释学——内在结合起来，形成相互的助力。也许这样的综合关联与彼此的"助力"，已经被布莱希特看到，故两个朋友作为对手的讨论，一开始就是从道家切入。

## 3.3 不可摧毁之物：布莱希特与道家式的友善

弥赛亚的自然化，犹太思想的道家化，还体现为本雅明与布莱希特在逃亡过程中的自我转化。布莱希特1938年在流亡途中写出了题为《关于老子在流亡途中著〈道德经〉的传奇》（*Die Legende von der Entstehung des Buches Taoteking auf dem Weg des Laotse*）的十三节诗歌，认为这是生命保存的钥匙之诗

(Schlüsselgedichte)[1]。而本雅明则专门回应，并强调了道家“友善”的重要性：

> 一个中国先哲曾说：“大学者、大文豪们曾生活于最为腥风血雨、暗无天日的年代，但他们也是人们曾见过的最友善、最开朗的人。”这个传奇故事中的老子不论走到哪里，不论在何处停留，都始终在传播这种开朗与欢愉的氛围。他骑坐的公牛是欢快的，尽管它驮负着老者，这却并未妨碍它去愉快地享用新鲜草料。他的牧童是快活的，他坚持用干巴巴的言语来解释老子的贫穷：“他是位教书师傅。”身处关卡横木前的税吏是快乐的，正是这种快乐才激励他去高兴地询问老子的研究成果。如此一来，这位智者本人又怎么可能不快乐，若他不快乐，他的智慧又有何用？[2]

而且本雅明还相信，此道家“友善”的姿态，一点也不亚于犹太教的弥赛亚精神：“你懂的，被战胜的乃是坚硬之物。”(即“以柔克刚”)这也来自老子“水之运动”，这是道家的智慧。本雅明甚至认为：“老子如此的教谕诗，如同预言一样振聋发聩，一点也不比弥赛亚的言说差！这句话，对于当今的读者而言，却不仅包含了一个预言，还包含了一种训诫。”[3]

老子式的教谕诗改写后，也是本雅明自己梦想的教义式精

---

1 这首诗的完整翻译参见本雅明《无法扼杀的愉悦》(*Gesammelte Schriften, II*, S.539–572.)，234–238页。

2 ［德］本雅明：《无法扼杀的愉悦》，239–240页。

3 ［德］本雅明：《无法扼杀的愉悦》，240页。

神，在这里，道家的教义其实已经与弥赛亚性关联起来，弥赛亚已经更彻底地道家化，革命的方式也柔和化了。在被迫流亡途中，本雅明与布莱希特不约而同把自己的生命逃避方式想象为老子式的自由逃逸，以此逆转不可承受的历史灾难。或者，这也是一种消失于图像的方式，老子出关——离开这个世界——以便消失在自己留下的箴言之中（处于革命艰难困苦时期的鲁迅在上海也创作了《出关》），因此也才让布莱希特与本雅明如此着迷。

对于本雅明，还需要唤醒无意记忆，无意记忆更可以唤醒这种救赎意识，这才是生命不可摧毁之物。那个邻村中的老者，其目光在回眸中与弥赛亚的目光重叠了，因此穿越了村子之间不可能超越的间距——那是老子《道德经》所守护的自然化距离（自然性体现为“鸡犬之声”），保持“隔离”与“间距”，只是还必须把隔离的间距转化为一个虚化的“之间”[1]，保持此虚间的通畅，间隔永远保持间隔。重新思考全球化的后果，文明的对话与交流并非“共融”（communion），但又有着穿越，或者是虚拟网络的穿越，或者是弥赛亚式的穿越，弥赛亚之到来，乃是保持“通道”的通畅，并非占据通道。

既然病毒来源于自然的神圣性，那么，只有激活另一种

1 尽管朱利安思考了中国思想中的“间距”与“之间”的重要性（François Jullien: *L'écart et l'entre*, 2011.），但他并没有深入展开“之间”的通道之“通畅”的保持与“庸用”之大用的绝对性。

神圣性，才可以救治生命。因此，弥赛亚的自然化，即犹太教的道家化，也隐含着自然的弥赛亚化——只有弥赛亚可以在自然的无限间距中保持间距的通畅，形成通道之庸用，如《庄子·齐物论》所说的通道："为是不用而寓诸庸。庸也者，用也。用也者，通也。通也者，得也。"

"认认真真做某事同时又空无所成。"面对不可消除的虚无主义，又不可能不以虚无主义为方法。即便有着道家的无用论，进入现代性，还不足以化解虚无并驱散黑暗，还必须更彻底地面对所谓"后现代主义"与"现代主义"的差异与抉择：

——如果现代主义一直肯定此空无或虚无的空无性：或者以基督教否定神学的方式，肯定上帝的自身撤离与退出，但此否定依然要求世界本身继续空无化；或者并不去填充它，而是继续扩展此空无的敞开性，让这个尘世的世界成为向着神秘世界的敞开通道；或者保持一种中性的悬空，神与人的双重不忠或者双重死亡，并没有中介来连接，保持此中空的空出，反而可以激发生存的冒险。

——那么，后现代主义则不同，要去"填充"这个空无，因为无法忍受此空无的空洞性：或者以"污浊的现实"去填充，如齐泽克等人的思考，这是亵渎的普遍性，既然崇高的空无之为空无也是空寂的，倒不如回到污浊的现实，更能体会到个体自身的短暂有限性与存在感，肯定个体的有限欲望与享乐；或者以佛教的悖论去填充，烦恼即菩提，神圣空无与亵渎罪恶同在，二者的区分只是在于“自我的舍弃”（这是东方式的填充，如同日本佛教的绝对空）；或者，有着“虚拟的填充”，如科幻电影在虚拟空间的短暂满足，用技术不断打开混沌与外太空的空间，这是对敞开的填充，因为无法忍受外在的无名性。

显然，卡夫卡的写作同时具有这两个方面：一方面是上帝的缺席或回撤（retrait），犹太律法与传统的失效，如肖勒姆所说的虚无之启示、本雅明所说的以虚无主义为方法，这以卡夫卡小说中那一直在远方且处于雾霭中的“城堡”为象征；另一方面，则是现实生活及其日常的灾难，资本主义官僚机器的控制，还有个体情欲之间的纠缠，试图从污泥中走出来却只会陷入更大的泥沼之中，这以此处的“村子”生活为实质，任何反抗都是可笑的，如同堂吉诃德的行动，其实也是另一种虚无主义。

但是，卡夫卡小说中还有着“不可摧毁”的维度，既非“空无”也非“填充”，而是打开了自然化的生命，但又不陷入天敌的死亡法则，而是试图转化此双重的虚无化。

卡夫卡式的诡异书写在于，必须从双重的虚无与无用出发。这是卡夫卡世界的双重折叠或双重击穿。内部封闭的世俗历史世界需要被打开一个可以穿越的“洞”，从而实现卡夫卡对于生命的自然化还原——动物生命与自然生命，打开逃逸之路，外部世界的超越来临，也带着危险，而且拯救者也已经退出、远离，但此远离又启发了一种自我觉醒与自我保存的余地。外部超越的弥赛亚王国则需要自身撤离，撤离得越远越好，并不直接进入世界，而是后退到世界诞生之前，再次进入混沌，反而可以随着新的涌现，再次进入世界，如同喀巴拉神秘主义的创世回撤，或者就如同《一条狗的研究》中那只接受空中粮食、修炼音乐科学，可以重新长大的小狗。

卡夫卡小说《地洞》(地洞就是“余地”的别名)中的那只老鼠，最好地体现了卡夫卡式道家化的无用工夫论——那不可摧毁之物面对摧毁时的劳作：

一方面，它不再进入任何资本主义官僚机器的生产机制之中，尽管我们身处泥沼之中，但我们必须发现一个自我规避的小洞，就如同道家退避到自然中来重新培育生命的灵根，为了不陷入天敌的魔爪与泥沼的诱惑，一直保持在无尽的觉醒与觉感中，并坚持修建自我保护的掩体，不被他人的泥沼迅速淹没。——面对泥沼与危险的时刻侵入，这是“认认真真做某事”。

另一方面，它要立刻认识到，自己所有的建造其实是无用的，危险时刻会来临，任何掩体都是无效与无用的，越是建造越是会陷入自我权能的错觉之中，必须摧毁此掩体。并且，它必须无时无刻不保持觉醒，而且立刻推翻已有的掩体，重新开始寻找新的“余地”。而此余地似乎并不存在——保持为“同时又空无所成”。

“认认真真做某事同时又空无所成”，这就是卡夫卡式道家化的诡异工夫：一方面，看似有着无尽的余地，发现机会与空间，不断去修建自我保护的掩体；另一方面，任何这样的余地，其实都不可能抵御随时可能来临的意外危险，反而构成了自我的陷阱。但它不得不既要认真修建，以最富有智慧的方式建构完美的掩体，又立刻认识到这样的修建其实还是会被攻破与摧毁。

如此建构与解构的同时性，恰好就是“认认真真做某事同时又空无所成”的诡异工夫：是的，需要建构，但也必须自我解构，这是“差异”；需要生存的余地，但此余地并不存在，这是“绝境”；但又“不得不”反复寻找余地，“不可能不”——去发现那——“几乎”——不存在的——余地，对于余地的信念乃是对不可摧毁之物的肯定，这就是“诡异”的工夫能够层层转进的内在力量。

卡夫卡的写作，就是在生命的变形记与神性的再次化身中寻找二者的连接，形成新的通道，逃避天敌的法网。这是双重的无用式转化。不去用人造之物，而是为自然所用，认认真真做某事同时又空无所成！这是庄子心斋之“虚而待物”，如同“饥饿艺术家”的表演，如同塞壬的歌唱，在大海元素的神秘喧嚣中，不是去诱惑而是保持自身的沉默，变得无用了。不去征用神圣之物而导致灾难冲突，而是让神圣之物去转化自然之物。这是庄子心斋之“虚室生白”，如同女歌手约瑟芬妮的工作，仅仅如同耗子叫，毫无意义，只是噪音。如此双重转化，也许会打开一条新的转化之路？

作为渐进修养的韧性，中国道家的无用之思，只是一种迫不得已的“助力”，但此外来的力量，也会对弥赛亚的来临构成“助力”？如果一个古老帝国永远不可能依靠自身力量走出自身，永远不可能依靠自身的力量实行现代性转化，如果其自身灵根的种子无法被培育出来，那么就需要弥赛亚来唤醒其灵根。

那么，“出埃及”的弥赛亚力量就是其必要条件？让历史化所形成的习性化权力变得无用，从异质性的文化中学习变异的方式，但依然使之无用化，采取自由运用本己且并不居有陌异力量的方式，仅仅保持通道的敞开，让革命与默化相互触发，相互“借力打力”，也许可以减少“暴力”。但这是一种什么样的生命技艺？这是诡异的逻辑——“认认真真做某事同时又空无所成。”

四

# 模仿的神学：无意记忆与现代性的救赎

这个世界只属于那些借宇宙之力生活的人。

人只有在这样的共通感中才会生发出对于宇宙的迷狂。

——本雅明《到天文馆去》

弥赛亚如果施行救赎，弥赛亚必须进入自然。

自然乃是一条迂回的道路，万物都可以回到自然，重新开始。此自然具有某种宇宙的力量，只是需要被唤醒，它沉睡在人类身体中，它既被技术唤醒，也被技术遮蔽。

回到自然，从自然开始，开始于对自然的模仿，开始于自然对自然的模仿。但对于人类已有的历史而言，对自然的模仿乃是为了超越自然，尤其是有助于技术的形成。比如，模仿理型——柏拉图式的数学化与人造物的方式，模仿理想的人性——亚里士多德有关理想人性的模仿所导致的净化效应。还有一种隐秘的模仿，就是人类模仿动物，通过献祭牺牲此动物，而形成了人类社会，但悖论是，人类却要极力遗忘此模仿。还有另一种模仿，模仿自然的模仿——现代仿生学开始的技术的自然化转向。或者还有一种非人为的模仿，就是观察自然自身的模仿。

如果有新的开始，那就是去学习自然自身的模仿，模仿自然的模仿，并且让技术与艺术，让人类的一切行为都去模仿自然自身的模仿。这是一种奇怪的“返祖”，但却可以让自然的自然性得以激活，甚至让自然与人类双重获救。

比如，生物界的模仿，兰花模仿蝴蝶，蝴蝶模仿兰花，蝴蝶的翅膀模仿周围世界之物，这无数的模仿与伪装，并非出于适者生存法则，而就是自然自身的丰盈与能产性。或者反过来，我们从动物的形态上看出人的形态，似乎昆虫在模仿人类，但这些昆虫却在人类出现之前早就存在，比如那“祈祷的螳螂”（praying mantis），其形态非常相似于一个在祈祷的人，因此获得了某种宗教的暗示，但一旦人们发现螳螂性交时雌性会吞噬雄性，咬掉雄性的头，一种被阉割的恐惧就直接烙印在人类的无意识之中。更富有暗示性的是，此无头的躯体依然具有自身蠕动的快感，如同超现实主义者布勒东所推崇的“无意识自动书写”，或如同巴塔耶所提倡的神圣主权的自我取消或神秘的无头共通体（Acéphale，主权之为无，形成“无头的共通体”）。

自然自身的模仿或仿生学（mimesis 与 mimicry 或 biomimicry），一直隐藏在人类行动中，形成了某种自然历史。人类的历史化开始于对自然的模仿，但也压抑此自然的模仿性，并且导致牺牲的暴力，如同阿多诺在《启蒙辩证法》中的分析。[1]这也是为何阿多诺后来反对本雅明的技术复制的游戏，而强调自然相似性的重要性，恰好不是压抑自然的模仿，而是让模仿的本能进入自由的游戏。[2]自然的模仿也导致人类认知能力的变异，人类的技术化越来越导致模仿能力的减弱，但技术需要通过仿生学再次去模仿自然，甚至利用“仿生学”的原理，利用自然的可塑性与可再生性（扩展马拉布关于德里达书写与可塑性之关系的论述，直到拟似性与可再生性），比如干细胞技术[3]，去激活自然自身的生产性，激活人类完整的修复能力。或者，模仿乃是去模仿自然自身生产的丰盈，如同凯卢瓦在《美杜莎的面具》中对于蝴蝶的翅膀以及昆虫各种模仿方式的思考：通过伪装、掩饰与巫术去游戏，在自然中游戏，

1 阿多诺对于模仿的思考，体现在多个方面：其一，受到凯卢瓦的影响，认为反犹主义的核心秘密与模仿相关；其二，在人类历史的观念中思考模仿与认知的关系；其三，模仿与理性或者形而上学的本性相关；其四，模仿体现为音乐生产的面相学维度；其五，在审美理论中思考自然美隐含的救赎密码。我们的讨论主要集中于模仿在相似与游戏之间的张力与转换。

2 在《美学理论》“模仿与理性”一节探讨二者之间辩证法的文本中（Theodor W Adorno: *Ästhetische Theorie*. S.89.），阿多诺直接回应了本雅明的灵晕和大众复制艺术作品的区分，认为本雅明忽视了两种艺术类型之间的辩证互动关系，虽然技术复制破除了魔术，似乎掌握了现象本身，但其实也粉饰美化了现象，而且本雅明没有批判群众的暴力。

3 Dieter Birnbacher: *Naturalness: Is the “Natural” Preferable to the “Artificial” ?* 2014.

并非仅仅出于自我保存与种族保存的动机。自然的模仿还有着神学的意涵，人类要与自然和解，而非对自然的主宰与技术的“集置”，这就需要学习自然的让予。自然的让予乃是一种不求回报的馈赠，而人类的任何礼物馈赠行动，几乎都需要回报，哪怕是基督的献祭牺牲也需要天国的补偿。如何可能有一种隐秘的模仿的神学？除非是一种无用的神学？

如果我们扩展本雅明对于模仿的二重性区分（技术的游戏与自然的相似），甚至加入动物昆虫的拟似性或模态（这是游戏还是相似？），通过自然的拟似性游戏来考察自然与技术的关系，就可以再次思考第一技术与第二技术的区分。本雅明认为第一技术试图去主宰人类，但又与自然的模仿相关，利用自然的魔术来控制自然，如同人类模仿动物并牺牲动物来形成人类组织；而第二技术扩展了人类集体游戏的空间，使之更为自由，并且试图与人类和解。但如何让技术的游戏与自然的拟似性，让第二自然与第一自然合而为一？或者按照本雅明自己的说法，让技术的复制游戏与人类中隐藏的相似性共同游戏，并与人类神经支配中的“身体的自然性”和解？ 这是未解决的问题。本雅明后来甚至抹去了这些问题。本雅明所提出的“第二技术”还是模糊的、初步的，也许他提出的“第二技术”仍不足够，我们必须走向“第三技术”，即，模仿的二重性，技术与相似，还与自然自身的相似性，仿生学的新技术，一道共生。[1]

回到自然自身的模仿与无用性游戏，凯卢瓦在对蝴蝶翅膀的观照中发现，蝴蝶翅膀的多样性与美丽，并不服从于生物进化论的有用论。凯卢瓦接续巴塔耶的浪费的一般经济学与莫斯对礼物给予的人类学研究，走向自然自身的多余性与无用性生产，指出了技术外在化假器生产与自然自身生产的差异，尤其是自然自身生产的无用性与进化论的无效：

> 第二个巨大的反对意见来自对有用和无偿的同化。自然选择的教义很容易承认或甚至假设产生水母鳍式散热片、螳螂锯齿状鱼叉和鼹鼠蟋蟀式的挖土机的可塑性，但由于假设的特性，它拒绝为蝴蝶翅膀的图案和颜色设想类比的机制。在这里，必然与多余（Somptuaire）之间的对立似乎是决定性的。有人认为，任何没有明确目的的事物都不应该成为决定的因素。无用性（L'inutile）是不被接受的。换句话说，多余（superflu）的东西都显现为无法解释的先天性。[2]

1　笔者后来注意到 Irving Wohlfarth 的文章：*Jeu et enjeu de la «seconde technique» chez Walter Benjamin,* in: Spielraum Anthropology & Materialism A Journal of Social Research 3 / 2016 Utopia/ The Elsewhere and The Otherwise，也思考了本雅明艺术作品论文第二稿中的相关问题，围绕传统的第一自然与第二自然的区分，如何转向第一技术与第二技术的历史转变，但又如何不得不再度回到技术与自然的游戏关系上，甚至也触及了“第三技术”的乌托邦性（在我们这里则是虚托邦），也参看 Wohlfarth 关于本雅明的文章，比如关于本雅明与弥赛亚犹太精神的关系的论述。

2　Roger Caillois: *Méduse et Cie.* 1960. pp.50–51.

自然自身生产的徒劳无益，尤为体现在蝴蝶的翅膀上，这是自然的扩展。自然的和谐与美丽定义了自身，如此自然自身的给予是一种大美。凯卢瓦尤为看重一个例子，即蝴蝶的翅膀，其自身复制或者自身的重复，打破了生物进化的法则，这也是艺术最应该去模仿，但从来不敢去模仿的对象，因为蝴蝶翅膀的对称体现了纯然奢侈与无用的生产，打破了生物界的经济法则。这并非巴塔耶与德里达的“一般经济学”，而是“无用的经济”：

> 如果蝴蝶的翅膀相似于一个特殊情况，我认为，有两个原因：第一个，轮廓和图案在这种情况下是奢侈的装饰而任意添加到昆虫的有机体中，似乎不是它构造的一个重要组成部分；随后，这些动机通常是非常复杂的，而蝴蝶的对称——严格来说是横向的——被简化成尽可能简单的形状，就像人体的情况一样。这一次，几何学和简单的规律，似乎让位于最为丰富的组合，不受生物平衡经济法则的支配。[1]

对于凯卢瓦，不仅仅是自然自身的生产或康德所说的自然的技艺，此自然的生产也让人类反思自身，那就是自然仿佛也在模仿人类的行为。无论是螳螂的奇异习性、蝴蝶翅膀的美丽、竹节虫的伪装、眼斑蝶（以及为它们增色的间歇性运动），

1　Roger Caillois: *Méduse et Cie*. 1960. p.42.

还是灯笼蝇的面具，问题总是一样的，即这些特征中的每一个都与人类有某些相似之处：相似于人类的某种痴迷、某种神话、某种非理性但又令人信服的信念或行为方式。因此凯卢瓦认为这里有着深层的“拟人化”，但这是必须避免的效用论，当我们谈论蝴蝶的翅膀时：一方面，尽管试图拿蝴蝶翅膀与艺术的形式美比较，但这种类比导致人类内在的恐惧——其实人类害怕拿自己的艺术品与蝴蝶翅膀比较，因为无论如何都无法相比，就连西方天使的翅膀与静物画也无法相比，中国传统的花鸟画具有某种写实性的再现，画过很多蝴蝶，但似乎也无意与自然比较；另一方面，任何生存与有用的范畴，其实都不适合于蝴蝶翅膀的多样性，因此，我们应该停止将人类反应投射到自然的非人类部分，资源的巨大浪费可能正好是自然自身生产的规则。

尽管人类的工具确实拓展了人类的感知范围，人类以其自由的想象力去改变世界，由此发明了大量的假器或中介器具，但无论如何都不具有蝴蝶翅膀的生产机制与美丽形象，而且，人类的自由与人类的有机体没有内在的关联。尽管当代人工智能与生物技术试图改变人类的肌体，打破无机物与有机物的界限，但迄今为止还是没有突破这道界限。本雅明从神经支配的质料感知出发，通过技术来塑造生命肌体与器官，但又无法进入救赎之梦，只是停留在技术的游戏层次。此外，自然自身的相似性还不同于人类对自然的加工，就如同中国艺术家与西方艺术家不同：并不去加工自然，而是保持自然的自然性，尽量发现相似性和类比，表现为仿生学式的工艺。

重新进入本雅明对于弥赛亚性与自然性的思考，进入本雅明对于技术复制时代艺术作品的思考，需要增加一个维度——自然的相似性游戏，才能彻底打开弥赛亚与自然性关系的深度。

## 4.1 艺术作品：在相似与游戏之间

回到自然，从自然开始。但这是什么样的自然？是“第一自然”还是“第二自然”？

本雅明受到以卢卡奇为代表的历史唯物主义影响，接受了“第二自然”这个概念，将技术生产形成的人类社会视为“第二自然”，不同于一个没有历史化的本体论自然概念，也不承认一个抽象化的纯粹自然世界，即一切感性与感受都已经被历史化了，没有在历史生产之外的感性自然或者第一自然。

卢卡奇在《小说理论》中，通过比较“第一自然”与“第二自然”的关系，揭示了整个现代性的困境：

> 人类产物的第二自然，不具有抒情的实体性；它的形式过于僵硬，以致无法适应创造符号的瞬间；……第二自然并不像第一自然那样是无声的、彰显的和无感知的；它是僵化了的、变得陌生的、

> 不再能唤醒内心活动的感觉综合体；它是腐朽了的内心活动的一个陈尸所，因此——如果可能的话——只有通过心灵再次苏醒的形而上行动才能唤醒它，因为心灵曾在第二自然早期的或应有的生活创造或保存了这一自然，而其他内心获得都决不能把它唤醒。第二自然与心灵所追求的东西太近似了，以致没有被心灵仅仅当作情绪的原材料来对待；但是它太陌生了，以致难以成为心灵的适当表现。这第二自然面对第一自然的陌生，即现代感伤的自然感情，只是这样一种经历——人们自己所创造的环境，对人来说不再是一所出生成长的祖宅，而是一座牢狱——的投影。……第一自然，即作为纯认知的有规律的自然和作为纯感情带来安稳的自然，只不过是人与其产物之间异化的历史哲学之客体化。[1]

在这里，卢卡奇指出了“第二自然”是人类行动与历史化的产物，第一自然并不纯粹独立存在，即并没有一个假想的、可提供安慰的、浪漫派的自然世界，而是都已经被规律化了、被习俗化了、被象征化了的自然。但是“第二自然”最初与“第一自然”还有着某种关联，随后却被异化与遮蔽了，“第

---

1 ［匈］卢卡奇:《小说理论》，燕宏远、李怀涛译，北京：商务印书馆，2012年，57页。从黑格尔接受而来的这个概念，卢卡奇打开的“第二自然”新思考，也给阿多诺以深刻影响。无论是阿多诺《自然历史》和《启蒙辩证法》的思考，还是后来《否定辩证法》内在于人性之中的自然自生性（Naturwüchsigkeit），走向主体对于自然的追忆（Eingedenken），都回应着本雅明的思考，并且影响了后期哈贝马斯关于宗教的思考，比如《在自然主义与宗教之间》中，哈贝马斯比较了黑格尔、施莱尔马赫尔与克尔凯郭尔的不同进路，但我们只要指出一点，哈贝马斯的思考还是囿于西方文化内部，并没有真正面对东方的进路。当然，对本雅明与阿多诺的自然概念做出区分并加以专门研究，无疑也是题中应有之义。

二自然”自身也会陷入僵硬，因为如果不能唤醒第一自然的活力，“第二自然”就只是一座牢狱，如同资本主义拜物教导致的异化状态。因此重要的任务是用心灵去唤醒沉睡的原材料，即灵根的种子及其魂魄的感知力，但现代性的抒情表达只是让“第二自然”成为散文体而非诗歌，如诺瓦利斯那样的童话风格也只是一种浪漫派的纯反思，只是在情绪上而不是在叙事上，更没有同难以解决的内心发生深刻的联系。卢卡奇甚至认为歌德也没有解决此难题。卢卡奇这部1911年以德文出版的著作，可能也深深影响了本雅明1916年的《语言论文》？那个沉默的自然也需要再次被唤醒？唤醒自然，无论它是第一自然的自然性还是第二自然的心灵，这成为本雅明的核心问题。一旦涉及无意记忆的过去，涉及荣格的集体无意识的精神原型与梦想，涉及弥赛亚来临的未来记忆，就是魂魄的现代性重构。

或者说，按照本雅明后来在手稿中更明确的区分，此危机在席勒与歌德那里所体现的差异中，就已经暗示了现代性的根本困境：席勒试图回到审美游戏（Spiel）来化解感伤的诗（第二自然）与素朴的诗（第一自然）的冲突；而歌德则是以相似性的幻象来统一艺术作品的未完成性与源现象式的自然。但严重的问题是，这二者如何可能结合起来？[1]也许先知先觉的荷

1 在手稿中，本雅明指出了游戏与相似在文学艺术史的相关差异：席勒强调了“游戏”的重要性，而歌德则推崇“相似”的幻象，如此两极如何重新结合？本雅明重新书写了文艺史问题，但相关问题在现代性的审美批判中并没有被展开，这正是我们在这里的任务。见 Walter Benjamin: *Gesammelte Schriften VII: Nachträge*. 1991. S.667–668。

尔德林已经认识到了此危机。他既要写戏剧、翻译戏剧——回应古希腊悲剧而使之当下化，也要写哀歌与颂歌——既要回到自然的神秘暗示也要有着法则的严格计算。但这不也导致了荷尔德林的撕裂与疯狂？本己与陌异二者似乎同时都丧失了？

本雅明有着犹豫与转换，这主要体现在《艺术作品在其技术可复制的时代》的第二稿德语版中（见《本雅明文集》GS第七卷），不同于第一稿与第三稿（见《本雅明文集》GS第一卷）之处，就是对第一自然与第二自然、第一技术与第二技术的相关区分，他逐步以“第二技术”取代了“第二自然”，但在最终稿中，他又放弃了这些相关的段落。因此，问题就在于：他为何要以自然与技术的关系来思考？几个手稿的关键不同在于：第一稿与第三稿以技术的可复制性与大众的散心所导致的灵晕衰退为主，而第二稿则走向相似与游戏的对立以及可能的共同游戏，后来被删掉了。本雅明为何放弃这个思考？

从本雅明论文第二稿少许不同的正文与两个关键的脚注中再次出发，我们将集中思考的构架范畴是：相似与游戏，以及二者相互游戏的可能性，或者相互转化的可能性。两者的关系将彻底改变我们对于《艺术作品论文》的思考方向，也让我们重新理解灵晕及其现代性重写的可能性条件。

对于本雅明，第一自然也是一个有着神话，有着魔术，乃至于需要牺牲献祭，有着自然暴力的自然。本雅明在论文中以“第二技术”代替了“第二自然”，因为第二技术与游戏更相关，而第一技术代替了第一自然，因为并没有所谓第一自然或者自然的自然性，一切都已经被技术替代，都经过了人类意识的技术操作，已经与自然远离。但是，第一自然与第二自然，以及自然与技术的关系，面对法西斯主义与纳粹的兴起，这两种反动的力量都是通过新的技术，即利用“第二自然”（如同海德格尔批判纳粹的庸俗化与力造性的意识形态），来充分激活那个神话般的“第一自然”（即激活了血与土的种族神话与神秘象征），第二自然与第一自然似乎得到了某种新的结合，却导致了历史的巨大灾难，因此只靠第二自然似乎并不足够，需要重新思考技术。

其一，何谓“第二自然”与“第一技术”？本雅明在第二稿的第六节写道：

> 当代社会的技术是最不受束缚的，可是，这种独立的技术作为一种第二自然与当代社会却是对峙着的，就像经济危机和战争所表明的那样。当代社会的技术与原始社会的技术具有同样强烈的社会效果，人们虽然创造了这种第二自然，但是，对它早就无法驾驭了。这样，人们面对这第二自然就像从前面对第一自然一样完全受制于它了。而艺术又受制于人，电影尤其如此。电影致力于培养人们那种以熟悉机械为条件的新的统觉和反应，这种机械在人们生活中所起的作用与日俱增。是我们时代非凡的技术器械成为人类神经把握的对象——电影，就在为这个历史使命的服务中获得了其真正

含义。[1]

现代技术已经创造出了第二自然，它就是彻底技术化的社会，而且针对的是人类"神经支配"的身体感受。如何改变人类神经的活动图式，是自从超现实主义论文结尾以来的核心问题："让身体和图像在技术上相互渗透，使全部革命的张力变成集体的身体神经支配，让整个集体的身体神经支配变成革命的放电器。"[2]对于本雅明，最能体现神经支配集体感知的"电影"则是现代技术时代所发现的新媒体，可以代替古典艺术的灵晕媒介，甚至具有某种拯救批判的新功能。灵晕绝不仅仅是一种艺术样式，因为其与古代神性象征的关系，其日常生活中无处不在的装饰审美，灵晕其实是一种现代性的神学，一种启示的知觉，一种"灵媒艺术"(Spiriting Art)，一种新的"艺术宗教"。

其二，本雅明随后放弃"第二自然"的概念，区分开"第一技术"与"第二技术"，并强调了"第二技术"的重要性及其革命性意义。他在第二稿的第六节（法语版也有此节，而第一稿与第三稿却无）明确指出：

> 严肃与游戏，严格与松绑，在每一个艺术作品中都是混合起

1 Walter Benjamin: *Gesammelte Schriften VII: Nachträge*. 1991.S. 359. 该文论手稿异常复杂，也参看 Walter Benjamin: *Das Kunstwerk im Zeitalter seiner technischen Reproduzierbarkeit.* 2012。该书严格区分了五个不同的手稿，该书中的第三稿即我们这里所说的第二稿。

2 ［德］本雅明：《本雅明文选》，陈永国、马海良译，北京：中国社会科学出版社，2011年，201页。

来的，尽管以不同的程度交错分配着。这就意味着艺术联系第二技术，就如同联系第一技术一样。此外这里需要表明的是，那种认为第二技术的目的是去“主宰自然”(Naturbeherrschung）的观点在很大程度上是成问题的；如此理解第二技术的观点还是把它当作第一技术来标记了。第一技术实际上是从主宰自然而看待的；第二技术则要更多在自然与人性之间共同游戏中来看待。当今艺术的决定性社会功能就是去训练（Einübung）此共同的游戏。这对于电影尤为有效。电影的功能是在如此的统觉（Apperzeptionen）与反应中，与这些在日常生活中几乎扮演着重要角色的器具（Apparatur）打交道时，去训练人性。与这些器具打交道，也同时教育人类，通过获得位置，把他们从事务的劳役中解放出来，只有当人性的宪法制度已经掌握了这些新的生产力才有可能，而这正是第二技术所开辟出来的生产力。[1]

这个区分异常关键。第二技术之所以不同于第一技术对自然的主宰与控制，是因为要让人类解放出来，通过电影这些新的媒介或器具，以及围绕这些器具的日常训练，来磨砺出新的统觉，训练出新的人性。这是对于人性的一种新的练习或培育，还是一种新的技术化规训？也许本雅明在1930年过于相信技术的革命力量了？这就是本雅明与马克思主义的新生产力革命内在相通的部分，只是本雅明联系电影这些艺术化的媒介

1 Walter Benjamin: *Gesammelte Schriften VII: Nachträge*. 1991. S.359–360. *Gesammelte Schriften I*. 1991. S.717.

来讨论，法兰克福研究所的朋友们似乎并不认同，也许这个观点过于接近布莱希特了。

这里有一个重要的论点值得指出来："第二技术"似乎不仅仅是人类的技术，它不同于主宰人类的第一技术，而是要在自然与人性之间有着更多的共同游戏，这个"更多"(viel mehr)，"多"(mehr)在哪里？比单纯的技术游戏"多"在哪里？本雅明似乎在这里并没有指明。在随后的思考中呢？那就应该更多地指向自然的相似性，或者与自然的游戏——这是自然自身的游戏，比如生物界的相互拟似性模仿，如蝴蝶的翅膀；或者是人类与自然一道游戏，不是人与人的斗争游戏，而是人类进入自然，与自然一道生活与游戏。因此，此"共同游戏"中，需要实行的转化反倒异常复杂：通过与外在器具打交道，进入身体神经感知的图式化运作，再到身体"统觉"或"感知"(aisthēsis /αἴσθησις)的灵晕化，直到打开更多的时空游戏的余地空间。这都需要通过技术与自然的互动，甚至形成可能的"第三技术"或第三技艺？此"更多的"转化过程如何完成？

本雅明随后的思考，仅仅出现在两个长长的脚注中，而这是第一稿与第三稿都没有的片断。本雅明后来删掉这些片断，恰好体现了其思想内在的不确定性与其他可能性。

其三，第二技术所打开的这个游戏空间具有什么样的价值？其具体的思考仅仅出现在第二稿第6节的一个脚注中（法语版按照第二稿翻译，也有此注释，这是第一个重要的脚注）：

> 革命的目标是去适应这个加速。革命是集体的神经支配（Innervationen des Kollektivs）：正好是对神经支配的新颖寻求，历史的唯一性的集体，在第二技术中拥有其器官（Organe）。第二技术是一个体系，其中掌握着基本社会的力量，这也是与自然力量进行游戏而表现的前提条件（für das Spiel mit den natürlichen darstellt）。就像一个孩子学习着伸展手臂去抓住月亮时，是把月亮当作一个球一样了，人性在其神经支配的寻求中试图去做的也是如此，它设置了一个目前可以抵达的乌托邦式目标。对于革命而言，不仅仅是第二技术肯定了他面对社会的基本要求。因为第二技术的目的在于把人类从其劳动一般中解放出来，而另一方面，则是扩展个体与其游戏空间（Spiel-raum）之难以估量的范围。在这个游戏空间中，它再也不知道如何区分了。但他已经设置了他的要求。集体越是让第二技术成为它自己的，个体就越是从属于集体的情感，也越来越少地如同之前它在第一技术的主宰之下。换一句话说，通过第一技术的清除（Liquidation）所解放的个体，提升了它的要求。第二技术并不即刻确保它最初的革命目标，除非解决了第一技术所埋葬了的个体生命追问——即爱与死的问题。傅立叶的作品是指向这个要求的第一个历史的证据。[1]

在这里，本雅明再一次指出了第二技术的重要性：它与新的技术相关，每一个时代都有其新的技术，这是典型的马克思主义的新生产力与技术关系的展开，只是要与超现实主义的神

---

1 Walter Benjamin: *Gesammelte Schriften VII: Nachträge*. 1991. S.360, 717–718.

经支配关联起来。

所有的转化都在于寻找到革命的器官，本雅明思想的核心其实只有一个——让思想去唤醒与塑造革命的“器官”（Organe，或者就是生命可再生性的种子），或感通转化的“机体”（即生命整体修复的“胚胎”）：或者是剩余的自然，或者是僭主们的骷髅或历史的废墟，或者是爱者们的泪水，或者是可以进入迷醉状态的身体图像，或者是具有模仿能力的手，比如孩子去抓住月亮时，乃是把月亮当作气球，总而言之，与神经支配的新技术化相关。如果与中国文化的想象相关，那就是变小与消失于图像之中的器官。

因此这就导向“第二技术”最重要的贡献——其“游戏”作用，不同于“第一技术”试图去主宰自然的方式，而是让“第二技术”成为“集体化的神经支配”，成为一个社会化的身体，这就充分拓展了游戏空间，而在本雅明看来，电影最能打开此新的游戏空间。这就导致最后的贡献：“第二技术”就是来解决“第一技术”过于人为化而遗忘了个体生命的爱与死的问题，必须让生命获得解放。本雅明指明了傅立叶的重要性。在本雅明看来，劳动不应该只是辛劳，而应该通过游戏来赋予灵感，因为真正的劳动，其目的不应该是价值的生产，而是更激进的目标——自然的改善。对于傅立叶而言，更好的自然的理想乃是以幽默风趣的方式来实现自然的目的论，即让游戏与劳动结合。

在这个段落中，核心的词是“游戏空间”（Spiel-Raum，与图像空间［Bildraum］和肉身空间［Leibraum］相关，形成集体化的神经感知媒介）。本雅明在这里进行了语词“游戏”：一方面是游戏与相似的对比，“相似性”似乎更接近第一技术（受到自然的主宰，具有原始的魔术或巫术，需要个体生命的牺牲献祭），当然第二技术也与第一技术或者第一自然有着可能的关联，只是这关联还不明确，这里主要是突出“游戏”的革命性[1]；另一方面，“游戏”的力量在于打开更大的“游戏”空间，比如电影和摄影，直到当代的数字虚拟技术；但“游戏空间”这个词在德语中还有“余地”、余隙、边缘与行动范围的动力方向等多重意义，可以激发更多的对比。[2]那么，电影

1 如果与“游戏”的政治神学相关联，我们也许还可以提及施米特，他在《哈姆雷特或赫库芭：时代侵入戏剧》（*Hamlet oder Hekuba-Der Einbruch der Zeit ins Spiel*. 1956. 王青译，上海：上海人民出版社，2015年，53-54页）中，回应本雅明的《德意志悲苦剧的起源》，也涉及游戏的表演性空间，就是从具体现实历史人物唯一历史时刻的不幸命运上（这是施米特本人也在类比自己的历史迷误？），尤其在莎士比亚的伟大想象中，比如使哈姆雷特所处的巴洛克时期历史个体人物的命运被升华到了神话的高度，似乎成了神的游戏者，参与历史命运的塑造。无疑本雅明要牢牢抓住“现在”这个历史时刻，哪怕这个当下已经是“地狱”，是永恒复返的地狱状态。从戏剧空间的游戏——到电影空间的游戏——再到数字复制时代的游戏空间，如何再次回到与自然的关系，又不陷入种族神话的自然神话空间，还一直是现代性的巨大疑难。

2 如果可能，我们也可以对比海德格尔与本雅明就艺术作品问题所作的思考，相关文章都写作于1935—1936年，历史如此巧合，都是围绕艺术作品的重新规定：本雅明走向对传统整个灵晕衰落的必然性以及新技术媒介的无产阶级与大众艺术的双重肯定，但海德格尔的世界与大地之争再次复活了历史诗性的神秘创建的灵晕。海德格尔也思考了“时间-游戏-空间”之为“之间”与“过渡”的深渊性。甚至，后期海德格尔再次思考了天地神人的四元体的镜像游戏。如果灵晕有着神性的背景，加上海德格尔对于艺术作品自身隐藏的挖掘，而自身隐藏又与自然的自然性相关，那么，围绕艺术与灵晕、技术与自然的关系将会得到更彻底的思考。

复制技术是否为人类的神经支配提供了新的灵晕感知转化呢？如果气息或香味触发的灵晕是不可通达的无意记忆的庇护所，那么，相似性与游戏，自然与技术，如何形成一种新的具有灵晕感知的“共同游戏”呢[1]？

其四，为了思考“更多的”共同游戏，需要进一步展开这个游戏与模仿的新关系，本雅明对于第一自然或第二技术的思考与其他人不同，在于他是在“模仿”中展开的，而模仿包含相似与游戏两面。同样是在《艺术作品论文》第二稿第11节一个一直被忽视的长长脚注中（“第二个”重要的脚注，而在法文版中却并没有出现），本雅明思考了相似性的命运，以及与游戏的对比关系，并且再次回到了灵晕与美的关系上：

> 美的相似性显现（schönen Schein）的意义植根于灵晕知觉（auratischen Wahrnehmung）的时代（美的显现带有着假象，但因为来自灵晕，其知觉有其真理性。灵晕的知觉是本雅明提出的知觉模式，与“启示的知觉”一道，却一直没有得到充分思考。——笔者注，下同），现在则走向了终结（因为进入了技术时代，而黑格尔也已经指出了艺术的终结）。这个审美理论很大程度是被黑格尔充分表达出来的。……经验的根据是灵晕（Dieser Erfahrungsgrund ist die Aura）（经验之为经验，对于本雅明，在于传达出灵晕，有灵晕萦绕，这是一种对于经验的独特规定，不同于康德的先验，而有

1　Miriam Bratu Hansen: *Cinema and Experience: Siegfried Kracauer, Walter Benjamin, and Theodor W. Adorno*. 2012.

着某种神秘的光环或者氛围笼罩）。与（黑格尔对于美的假象的批判）相反，在歌德那里，其作品一直彻彻底底是以灵晕现实性的充实（als auratische Wirklichkeit erfüllt）而创造出来（对于本雅明，歌德是与整个德国古典哲学相对立的例子，如同前面我们的思考，歌德的自然观与源现象，开启了不同于康德的另一种教义）。迷娘、奥蒂莉与海伦就分享了此现实性（本雅明特意举出了三个例子，我们之前已经分析了奥蒂莉）。“美，既非面纱，也非面纱遮蔽的对象，而是对象在其面纱中（Weder die Hülle noch der verhüllte Gegenstand ist das Schöne, sondern dies ist der Gegenstand in seiner Hülle）。”这是歌德艺术的本质，也是古代艺术的直观（这个句子再次出现，怎么强调都不过分。这是本雅明对于歌德美学，对于显现与相似，对于美之幻象的赞歌，也是最为准确的现象描绘——美本身就是显现，有着面纱之美，有着灵晕的面纱！这也是古代艺术直观的神髓！）。一旦我们回首其起源，这个观点的衰落就变得双重地（doppelt）接近了（模仿的双重性，这是后面展开的游戏与相似）。这就在模仿（Mimesis）作为所有艺术行动的源现象（Urphänomen）之中（模仿也是一种生命活动的源现象）。此模仿所做的，如同其模仿的，只是可显现性（scheinbar）。（显现仅仅显现自身，如同灵晕一旦显现，就是美的自身显现，在显现与灵晕背后并没有神秘，只是纯粹的直观，或者说对于距离的直观，因为灵晕不可接近。）而且最古老的模仿所认知的只是唯一的质料（nur eine einzige Materie），并在此质料中建构出：只是模仿自身的躯体（Leib des Nachmachenden selber)（本雅明强调了身体的重要性，这是人类学的唯物主义，也是回到神经支配的身体统觉中）。舞蹈与言说，身体与嘴唇的姿势是模仿最早的显现(如同中国文化的诗意姿态：手之舞之足之蹈之，即最初的源语言)。——模仿所生产的是它的事实的可显现。人们也能说：它与事实游戏（本雅明在利用游戏这个词展开模仿的广泛性，主要强调模仿中游戏的一面）。由此我们遇到了形成模仿的这一极，在模仿中，相互紧密交织着两片纸页，蛰伏着艺术的两个方面：相似与游戏（Schein und Spiel)(再一次，本雅明强调了模仿的两个方面及其相关性)。此两极性当然只是对立的辩证，仅仅看其在历史中的角色（二者的依赖与对立，有着辩证关系，这是另一种新的历史辩证法？可惜几乎没有研究者展开这个研究，后来阿多诺倒是对此有所发展，以此批判文化工业的复制技术，批判本雅明并发展了模仿理论)。前者是相似性，事实上也是如此。后者是游戏，则是通过第一技术与第二技术的世界历史的对峙而获得确定的角色（本雅明这里认为第二技术更具有游戏的力量，且打开了更大的游戏空间，将取代相似性，从而决定历史的命运）。相似性是最为抽象的，但因此也是所有魔术经验方式的第一技术中最为持久的图式（本雅明把第一技术与第一自然看作原始巫术时代的力量，是一种在抽象中依赖魔术而支配自然的力量，但又如何与源语言的魔术区分开来呢？），游戏则是所有实验的经验方式或第二技术的深不可测的保留。既非相似性的概念也非游戏的概念，传统的审美对此有所陌生（即，在传统中已经出现了二者，但本雅明并没有展开）；而且就概念的配对而言，崇拜价值与展示价值也隐藏在概念的配对之中，也并没有说出什么新东西(《艺术作品论文》中有很多成对的概念，此书写方式也有辩证法，此消彼长还是彼此共生，这是尚未解决的疑难)。面对历史时，一旦它们的概念发生突兀的变化，就丧失了差别(即，一旦其中一个，相似或游戏，突然占据主导地位，一个就可能取消另一个，他在手稿其他地方对此也有所指明)。这就导向了实践的洞见，也就是说，相似性的萎缩，即灵晕在艺术作品中的衰落，是一个巨大游戏空间的获得(以灵晕为例，传统以相似来获得灵晕的方式即将让位于以游戏获得的方式，或者说灵晕本身也被取消)。这个宽阔的游戏空间在电影中打开自身。在电影中，相似性的要素完完整整地被游戏取代(电影与摄影的出现，将打开更大的游戏空间，而相似性则没有了空间！但是相似性不也可以游戏？相似性就没有了自己的"游戏空间"？"游戏"这个词一直有着泛化的危险，就如同传统美学中，相似、幻象或显现一道也被泛化。)。而照片也取代了崇拜价值，其位置也被大大地加强了。在电影中，相似性的要素即将让位于游戏的要素，而游戏已经与第二技术结成了同盟(本雅明明确指出了这个新的结盟，其后果是，游戏与技术合一，而相似则退出历史舞台，21世纪数字虚拟游戏的大量涌现，确实导致了新的大众游戏的狂欢，但也导致"数字全景监狱"的奴役状态，并导致了生物性触感与生命力统觉的减弱，这是本雅明可能尚未思考的问题)。[1]

1 Walter Benjamin: *Gesammelte Schriften VII: Nachträge*. 1991. S.368–369. 括号中的追问为笔者所加。

对本雅明而言，古代灵晕的消逝不可避免，如同黑格尔所指出的艺术的终结，但是随着第二技术的发展，现代人的游戏能力获得了更大的活动空间，就会带来新的经验。在这里，本雅明给出了一个历史发展的判决，即认为第二技术与第一技术的对峙乃是历史的任务，因为对于本雅明而言，“模仿”有两个方面：就第一个作为古老拟似性或“相似性”的第一技术而言，有着魔术的魔力，模仿万物时获得了灵晕，如同星象学在古代的价值；但进入现代性，此模仿中的第二个要素，即“游戏”则突显出来，并与第二技术结合，尤其在复制技术化的艺术表达空间，比如电影与摄影艺术的展示中，此新的“知觉媒介”获得了主导地位，也渐渐取代了相似性的古代方式，并导致了传统灵晕的彻底“衰落”。因此，古代的灵晕显现模式，与美和宗教的崇拜价值一道也将消散。那么，是否可能出现另一种“新的”知觉媒介与知觉模式，带来新灵晕之存在模式的“上升”呢？这是本雅明文本中已经隐含但并没有提出的问题。因此，拯救灵晕，其实也是对于神学的另一种拯救，一种可能的“灵媒艺术”。也许，灵晕美学，发明新的“灵媒”，其实也是一种诗意的艺术宗教。

但是，本雅明越是让第二技术的游戏与第一技术的相似对抗，越是面对“共同游戏”的困难，如果一切都处于第二技术的游戏空间中，看似游戏的空间扩大了，哪里还有相似的余地？哪里还有美的余地？哪里还有美的面纱？本雅明对第二技术的赞扬，无疑已经预感到了20世纪60年代以来美国波普艺术（Pop Art）的发展以及当代艺术虚拟技术化的游戏泛滥，但是，相似性何在？美与美感何在呢？

进入数字虚拟技术时代之后，美国好莱坞的很多科幻电影，比如《黑客帝国》，还具有本雅明所期待的那种革命功能吗？数码复制全然没有本雅明所思考的灵晕的各个要素（此时此地的唯一性与原真性、不可接近感与反向凝视），或者如苏珊·巴克－莫斯（Susan Buck-Morss）在《观看的辩证法》中的分析，如果摄影与电影及其无意识视觉过度刺激，比如数字时代无所不在的图像爆炸（如同阿芙洛狄忒式的梦幻泡沫的涌现），每一次都是强度刺激，就有可能导致有机体的麻痹、感觉的挫伤与记忆的抑制，即过度刺激与麻痹的同时性，导致人类无能力做出反应，感知彻底衰退，哪里还能发现从未写出之物？因此，反而在这个技术虚拟时代更需要一种新的灵晕？甚至一种具有灵晕诗意的“艺术宗教”？技术越来越虚拟化，似乎把游戏推向了极端，如同这个时代出现的大量游戏机生产，除了阿多诺随后所批判的文化工业生产与体育的娱乐化之外，是否还需要一种彻底的逆转？向着自然的相似性转化？进入更深的自然及其相似性？那么，这第二技术如何可能把相似性的模仿维度也结合起来，形成某种可能的“第三技术”或“第三技艺”，这才是现代性的核心问题。

在本雅明那里，不是没有犹豫，不是没有其他可能的方向，尽管后来的研究者主要集中于《艺术作品论文》中的神经支配的技术转换，集中于身体的社会化，围绕集体无意识的神经感受与弗洛伊德的梦想无意识相关联，强化了“视觉的无意识”[1]，打开身体的表面多孔性空间与欲望表达的空间，却并没有深入此共同游戏的困难。

其五，本雅明并非彻底的历史唯物主义者，反倒是一个历史化的“质料主义者”。本雅明的“人类学唯物主义”乃是要去考察，在历史发展中，随着技术进步，人类身体感知的改变，即“身体－图像－空间”与神经感受的转变将会如何转化。是否重新与宇宙发生共感，而且不是第一次世界大战的暴力式共感？

在远古时代，人类与自然有着直接的感应关系，主要是通过模仿中的相似性进行的。从父子面孔的直接亲近的感性相似性，到星象之遥远的非感性的符号相似性，无论是感性的相似性（拟声词或者象形文字），还是非感性的相似性（符号标记与刻画），都包含了模仿的“游戏”，其中有着魔术的灵晕。无论是崇拜的还是神秘的灵晕，这样的游戏还保持着人类与自然的关联，或者与第一自然的关联。但随着技术的进步，人类走向了游戏自主的时代，逐渐以游戏取代了相似。游戏的优点是打

1 围绕“视觉的无意识”与弗洛伊德的欲望表达，以及巴塔耶“非形式”与“卑污的唯物主义”等问题，美国批评家罗萨琳德·克劳斯（R. Kraus）等人所为，充分体现在《十月》杂志的批评家群体论战上，以此对抗之前的格林伯格的形式主义美学，但他们还是回避了根本的问题：游戏与相似二者如何共同游戏呢？

开了游戏空间的更大范围，电影和摄影解放了人类的感知方式与神经支配。但是“第二技术”也需要与自然的相似性展开可能的相互游戏，这也是为何本雅明在1933年《相似性的教义》与《论模仿能力》等短篇论文中要去思考“相似性”，尤其在知道了凯卢瓦对自然拟态的研究之后，要打开第三种要素——自然自身的相似性（similar）与拟似性（mimicry）。正是在这里，本雅明在《艺术作品论文》中有着犹豫：一方面要肯定第二技术的游戏性，肯定游戏对于相似的代替，肯定古典灵晕消散的必然性；另一方面，第二技术不同于第一技术仅仅去支配自然，也要肯定自然的相似性，发现技术与自然相互游戏的可能性。《艺术作品论文》的第二手稿与法语翻译稿就是此矛盾最明显的体现。但是在第一稿与第三稿中，本雅明却删掉了这些相关内容，而更多地肯定复制技术与大众审美的重要性。我们这里的研究就是试图指出游戏与相似二者共同游戏的必要性，而这是本雅明研究中最具有潜能的方向。

本雅明随后的思考不是没有展开前面那个“更多的”共同游戏空间：神经支配的集体化感知，不仅仅局限于人类个体的无意识与身体活动，本雅明还试图把身体感知向着宇宙的通感还原。本雅明一直试图重建人类与宇宙的原初感应，这受到克拉格斯与巴霍芬“自然化的神学”（natürliche Mythologie）的深刻影响，以图像－身体为媒介，“把遥远过去的灵魂所形成的原始世界与现代人的意识相比较，人类由此可以接受到其知觉”[1]。也许这也是一种启示的知觉。在随后的《拱廊街》的写作中，本雅明进一步向着人类原始生物本能的拟似性还原，这不同于弗洛伊德的欲望力比多还原，而是类似于凯卢瓦式的生物形态学还原，再经过灵晕化的技术转化（由远而近），经过“拱廊街”梦想无意识的历史性还原，又在荣格的集体无意识与神话原型的影响下（尽管需要阿多诺式的物质辩证法批判），经过马克思主义历史化“辩证图像”的当下化之后，同时，还在中国道家的默化之后（呼吸转化），此神经支配或许可以与宇宙的自然元素相互感应，唤起灵根生命种子的普遍觉醒。这样的发展方向，本雅明不是没有设想。当然也有着犹豫与不确定性，这就是为何他在第三稿中删掉了那些有关游戏与相似的片断，也没有展开第一技术与第二技术的复杂关系的论证。一旦我们回到第二技术的游戏与自然的拟似的关系，神经支配的器官就不再仅仅局限于弗洛伊德的无意识，也不仅仅是后来《拱廊街》关于震惊的经验，甚至还不是后来斯蒂格勒围绕技术的“器官学”所展开的思考，而是激活相似性的器官，唤醒无意记忆，这才是形成新经验的源泉。

本雅明坚持现代人应该学习运用技术来达到与自然的和谐，但电影技术以及随后的数码技术，并没有达到本雅明在《单向街》最后一篇《到天文馆去》一文的要求：与宇宙力量

---

1 Walter Benjamin: *Gesammelte Schriften III*. 1991. S. 44.

进行新的史无前例的融合。反倒是技术的战争、驾驭自然或对自然的集置化（如同海德格尔的思考），数码虚拟技术对生物器官的麻痹，越来越成为主导。甚至，随着生命技术的出现，无论在种族的纯洁化还是基因编辑的选择中，虚拟技术确实创造出了人与宇宙的新型关系，不同于传统民族与家庭的情形。这也就是本雅明所说的：对宇宙的开发第一次以星球模式展开，也是所谓“人类纪”的开始。

技术建立的这种宇宙感能够确保生命的共生吗？作为物种的人将全然被技术接管？技术与自然（游戏与相似）的“共同游戏”如何实现？尤其是当相似性总是来自自然的启发，不是“世俗启迪”，而是“自然的启迪”，自然所产生的相似性以及启发的仿生学普遍性，自然自身的复制与生产，不同于技术的复制，是否可以触发对于技术的另一种理解？或者说，技术如何再生出自然的自身复制？自然的第三记忆如何得以余存？这就需要质料与感知的再次转化，尤其是与自然相通的“质料”进行“游戏”，那就应该走向“身体”与“自然”的感通关系，让“神经支配”与自然的“气息”发生共感或感通，形成新的灵晕化知觉与启示的知觉，即“质料共通体”的转化，才可能导致真正的减熵。

技术不应该只是技术的游戏。尽管电影与摄影技术让观看者似乎有着走进图像之中而消失的感受，但那并非主体自身的创造，在电影院中观看的身体是被动的，如同身处洞穴之中。当代数字虚拟多媒体浸透式的艺术展览，让观众在其间有着参与游戏的幻觉，却丧失了与自然的相似性关系。也许数字虚拟技术也需要进入与自然的游戏？如同日本虚拟技术团队teamLAB所设计出来的作品？由此，需要把第二技术的游戏与自然的拟似性重新关联起来。

这也是本雅明已经感受到但尚未处理的现代性悖论，就如阿多诺在《启蒙辩证法》与《美学理论》中的反驳与反省[1]。一方面，一旦现代性资本主义生产与复制技术深度结盟，一切都成为游戏的生产，如同娱乐与体育，通过广告宣传对感官的消费渗透，哪里还有与自然相关的相似性的地位？是否反而应该回到与自然相关的相似性或拟似性？另一方面，尽管把第二技术的游戏与自然的拟似性重新结合，但也要避免纳粹法西斯主义的审美政治。也许中国文化一直在利用这种组合游戏？[2]

在手稿中，本雅明再一次写出了类似的语句："美的幻象的减弱是与灵晕的减弱同步的。这同一个胚芽的两边都处于模仿的源现象之中：相似与游戏。每一个的发展都以另一个为代

1 Joseph Weiss: *The Idea of Mimesis: Semblance, Play, and Critique in the Works of Walter Benjamin and Theodor W. Adorno.* 2011.

2 正是在这里，我们发现了相似与游戏、假象与真理，这些二元范畴对于分析中国文化的重要性，因为中国文化一直在感性的相似性与非感性的相似性，即似与不似之间，保持关联，一方面富有弹性与可塑性，但另一方面则陷入了模糊与诡计，在充分征用自然的相似性力量时，也压抑了个体自由的可能性。而且，假象与真理的无法区分也可能导致不追求真理的取向，进而陷入总体的游戏世俗福乐的生活。此外，阿多诺在《启蒙辩证法》中接续有关相似性或拟似性的思考，与凯卢瓦对话，进一步拓展了法西斯主义所隐含的相似性压抑以及模仿的暴力性，这也有助于我们分析社会中的隐蔽暴力。

价。”[1]这正是现代性的困难之所在，现代性就一直无法辩证地结合第二技术的游戏与自然的相似性，除非形成“第三技术”或“第三技艺”，以形成新的生命转化的器官。这恰好是未来哲学的任务？也许这非常接近布洛赫在《希望的原理》中所说的“没有暴力的技术”或“同盟技术”，以化解资本主义的“狡诈技术”（List–Technik）。

## 4.2 主体化的无意识与客体化的铭刻

现代性救赎的秘密在于“记忆”，但这是悖论的救赎：一方面，面对时间的瞬间消逝而无可奈何，此不断消逝的瞬间不可能被拯救，不再有任何中介来拯救此消逝，而且现代人不得不肯定此短暂的有限性与消逝性；另一方面，记忆的永恒感又必须从此短暂无常中抽取出来。现代人如果不能重新感受到永恒，如何可能摆脱虚无主义？

人类通过“记忆”（记忆女神谟涅摩绪涅［Mnemosyne］乃缪斯之母）书写，无论这是个体的无意识记忆，还是历史的集体记忆，或者是波德莱尔所说的“历史的诗意”与“无常中的永恒”，此历史的诗意需要记忆的书写。

人类历史出现了两种历史书写的记忆模式：

第一种是历史性的“外在化第三记忆”——在人类有限肉

---

1 Walter Benjamin: *Das Kunstwerk im Zeitalter seiner technischen Reproduzierbarkeit.* 2012. S. 146.

体之外，以外在性的技术铭刻，来超越人类必死性，也反过来塑造了人类的身体感知，它并非当下化第一记忆的再现，也非想象力参与的第二记忆，而是人类不可记忆或者死后余存的外在化技术刻写。第三记忆反而是更本源的记忆，是人之为人的开始，如同唯物主义历史学所认为的，人类之为人类，依赖于外在工具的制作，正因为有第三记忆的外在技术化铭写、外在化的余存，有限人类的历史性才可以传递下去，人类成果才可以保存下来。而且，人类要从自身劳动的奴役状态解放，需要更多的技术复制，以致我们这个时代的转录与刻录技术发达，复制技术发达，随着我们这个时代人工智能的发展，“人类纪”世代终于来临。[1]

第二种是个体肉身化的“内在化第三记忆”——进入无意识的记忆书写板，由无意识面对原初创伤，在回避与压抑所形成的防御机制中，在超我的第二记忆与自我的第一记忆之后，在无意识的第三记忆中，形成了一套所谓压抑情节，来回应原初的缺席与创伤症候。此症候的解码，让人类从压抑中解放，如同精神分析与文学艺术的治疗活动。

但此内在化与外在化的两种方式，有着局限性：历史的无限性“外在记忆”，并没有解决人类短暂有限生命的痛苦，而

1 ［法］斯蒂格勒:《技术与时间》三卷本，裴程译，南京：译林出版社，2012年。斯蒂格勒接续海德格尔与德里达，思考了技术对人类的重要性，尤其是“假器”或“代具”与第三记忆的外在性。

且外在历史的技术化，也遮蔽了历史的诗意，人工智能离诗意还很遥远；而“内在记忆”虽然来自个体的痛苦，却成为痛苦记忆的发酵推动者，导致人类的自残与伤害的强制重复，无法从压抑中解放出来。

还有另一种记忆模式吗？让人类既有着历史的诗意，又可以从无常中感受到永恒？就此本雅明思考了“无意记忆”(/非意愿记忆：mémoire involontaire）的重要性。[1]在仔细思考了历史唯物主义与技术复制的关系，并接触到超现实主义接续无意识书写而开启世俗启迪之后，本雅明认为前者与资本主义拱廊街的迷梦——技术拜物教不可能分离，后者的偶发性欲望自动书写也不足以化解拜物教的迷梦，还必须唤醒更深沉的永恒之梦——普鲁斯特的无意记忆与波德莱尔的通感诗学。它不是历史规律的无情，也非超现实主义的自动书写的迷梦，而是在灵晕的踪迹中隐含“从未写出之物”，如此“唤醒”(既处于梦中也处于唤醒状态)是一种奇怪的苏醒——还处于更大的梦中，如同庄子《齐物论》所说的“大圣梦”或“吊诡”状态。此无意记忆的独特书写方式，即本雅明所说的唤醒辩证法：看似无意识但其实已经唤醒，看似清醒但又处于艺术的梦幻状态，看

1 “无意记忆”(mémoire involontaire)，来自本雅明对于普鲁斯特与柏格森的思考。本雅明1929年《面对普鲁斯特的形象》，以及《发达资本主义时代的抒情诗人》中围绕波德莱尔的几个主题，都深入思考了无意记忆的重要性。本雅明所谓无意记忆，当然不是弗洛伊德的无意识理论，也非柏格森记忆的绵延，也非德里达的技术记忆，而是与自然相关，这也不同于后来德勒兹等人的解释方向。

似无意其实有着书写的自觉。这是一种异常诡异的记忆状态，也只有如此诡异，才可能实行更彻底的记忆改写，让弥赛亚自然化，让自然弥赛亚化。

此自然化的无意记忆，作为第三种记忆，与自然相关："自然化的第一记忆"乃是形态的相似性复制，如同植物与动物的种类复制或再生（或歌德所说的原型植物），如同本雅明指出的父子面孔的相似性，以及人类与宇宙原初力量的共感，都是从星象学开始，而古代人对于面相的相似性更敏感。或者，从原则上说，宇宙中的事件可被先前年代的个体与群体模仿。"自然化的第二记忆"则是更内在的结构化复制，即 DNA 基因复制。这是人类生命或者生物种类的复制，自然的生态系统也有着无处不在的相互算计和相互通讯，这是自然自身的技术操作与运算规则。

何谓自然化的第三记忆？这是歌德所说的"源现象"，或所谓"源图像"，它有待于人类发现。庄周梦蝶——这是无意识的第三记忆，而蝶梦庄周——则是自然的第三记忆。蝴蝶的翅膀因为具有更大的拟似性唤醒而成为范例，自然本身在自身复制或者自身拟似性的游戏中，试图变异出一种新型的生命存在——这是新的人类，一直可以重新生成的超人与新的生命体。庄周在这样的转化过程中，乃是一个新的庄周，一个还未出生的庄周，一个可以一直出生的庄周。这是一个个可以一直再生的生命，这是生命的"不断出生"，而非"向死而在"。

当前干细胞移植的再生性技术或具有不死特征的 iPS 细胞增殖技术（比如基本上不具有排斥反应的“治疗性干细胞克隆”，当然其生命伦理还有待讨论），是人类完整修复能力的激活与机体可塑性的加强（此隐秘的能力到底隐藏在何处还是一个谜），但我们必须肯定这自然自身的隐秘技术。我们已经有了无数的“假肢”或“义肢”（prothesis），但还没有生产出对应的“义手”（人类自身的合成器官）。人类到底在什么时候丧失了此“完整性修复”的能力呢？“弥赛亚之物”的拯救是否就是此隐秘修复能力的重新唤醒与复活，并使“减熵”真正成为可能？它可能与拟似性有着某种关联，即人类试图要去拟似自然的“第三记忆”，以此宇宙的拟似性，巨大的拟似性潜能，让整体的自然重新生成为某种“新人”或“新生命”（所谓“后人类”）！这是弥赛亚的自然化唤醒，即，弥赛亚进入宇宙的拟似性模仿中，唤醒整体性修复或复原的潜能，以此复活的修复潜能再次模仿或想象某种未来的人性，或者是中国文化的“真人”。即，弥赛亚成为自然时，自然也弥赛亚化了，这是世界之重新生成。

人类离开了记忆技术，就会丧失自身的本质。人类由记忆技术建构自身的历史，以此摆脱人类自身的有限性与必死性，是记忆技术塑造了人类的感知。但人类的记忆也限制了人类自身。如同说记忆让人衰老，孩童们的天真游戏就不需要记忆。

这就是“第三记忆”的悖论：不同于第一记忆的当下回

忆、第二记忆的想象力参与，“第三记忆”面对了人类的遗忘与死亡有限性，这是体外的记忆，铭刻与记录在有限人类躯体的外在事物上，以超越有限性。但此第三记忆的转录技术也限制了人类历史，因为人类历史只能通过此铭刻的记忆来回溯已经发生的事件，同时，过于依赖体外记忆或者技术化的记忆手段，又悖论性地减弱了人类自身的记忆能力与专注力，人类自然化的祈祷注意力没有得到培育而逐渐减弱。

德里达在思考保罗·德曼的记忆理论时进行了“外在化记忆”（Gedächtnis）与“内在化回忆”（Erinnerung）的对比。[1]德里达继承马克思主义的唯物论生产与感知的历史性塑造理论，试图以第三记忆的外在化记忆来抵消主体记忆的内在化回忆。对于德里达，外在化的记忆记录比内在化的回忆更重要，这也是后来斯蒂格勒继承第三记忆而展开的思考：我们的时代被技术渗透，被技术化的转录技术主宰，这是物质化的技术生产，如同地球被人类的作为覆盖，走向所谓“人类纪”，走向 AI 时代。

当然，此外在化的第三记忆并非人类的能力，而是人类成为人类的条件——借助于某种超越的想象力参与——如同神性参与到此第三记忆的发生：人类生长出新的感知，从而与动物区分开来，乃是生长出“假器化”的感知，是外在感知塑造了

1 ［法］德里达：《多义的记忆：为保罗·德曼而作》，蒋梓骅译，北京：中央编译出版社，1999年。

人类感知，这样的塑造借助于某种想象力的参与。一个还不是人类的身体要去接近外在事物时，需要克服巨大的空间障碍与困难，身体的协调性还没生成出来。这需要通过外在技术，主体之手接近外在事物，在外在事物上铭刻记号，这并非仅仅是人类的工作而已，其中还有着“神性”，即，借助于想象的神力。此想象的神力乃是某种幻象——人类必不可少的幻象，去克服死亡的恐惧，才可能形成此铭记技术，如同德里达在《论文字学》中的精彩分析。外在化的第三记忆乃是记忆自身的记忆化，是记忆在实现自身。

但要让历史返回，尤其是个体记忆返回，还有诗意的要求。如果我们一出生就被影像记录下来，甚至，整个一生都被影像跟踪记录，那么，我们就彻底进入了影像的记忆模式，我们会被影像化的外在记忆的记录模式控制，就没有了重写的可能性，也没有了其他叙述的可能性，而仅仅是为看似如此忠实的影像记录所控制。

面对此客体化的第三记忆书写，德里达强调外在技术的重要性。此外在化的书写记忆建构出人类的假肢或假器，甚至连上帝也是一个假器化的上帝。唯物主义的历史生产规则就是此假器生产的绝对化。但此假器的生产不导致人类的异化吗？这也是德里达不得不面对的技术嫁接所导致的变异。它导致播散的不可控制，拯救记忆的良药不也成为毒药？只是德里达似乎并没有解决此第三记忆的困境：离开了技术复制，不可能有物质性的历史；但进入此记忆转录，却导致第三记忆剥夺了主体的内在记忆。

与之相应，但与之不同，如果要保留内在记忆的优先性呢？是否还有另一种第三记忆？这是人类的无意识记忆模式。这种模式也经过了转录，外在劳动内化在人类身体或神经回路中，经过了语言符号的历史化，但还是内在于主体自身。弗洛伊德的记忆痕迹，尤其是原初的记忆书写，就是无意识的书写方式。

此无意识的原初记忆，不可能在场，不可能直接记录，而总是事后在压抑中被再次书写，但这是在记忆痕迹的神经回路中进行的，而且也经过了人类语言与技术的历史化。这就是为何德里达思考弗洛伊德“书写板”时，认为这是人类自身的外在化。尽管这是人类的无意识领域或者内在心灵的地带，但这个无意识的流动地带也被第三记忆渗透，只是与外在记忆相比，人类通过语言符号等进行的无意识记忆也是另一种外在记忆——只是在人类自身之内。本雅明“神经支配”的复杂之处就在于，它既可能是内在的无意识记忆，也可能是外在化的技术记忆，这也是为何他联系身体图式与电影技术来思考的缘故，但其实还有着第三种记忆模式隐含其中。神经支配的感知有着三重关联：外在技术化的生产工具塑造，内在自身感知的想象，以及自然化的深度感知再生。本雅明思想的复杂性就在于他试图从“三重世界”（器物—身体—自然）来思考机体器官的感通可转换性。

但这里有着差别，德里达物质客观性的记忆可能忽视了主体化的内在记忆，这是后来女权主义发扬的性别差异。因为德里达对于第三记忆，对于胡塞尔内在时间现象学的批判，走向了外在物质化的技术铭写，但人类的无意识书写模式与外在化不同，人类身体并不同于外在技术的记忆，还有着生物性本能，还有着主体自身的选择，尤其是带有精神压抑的记忆，这是有着情感选择的记忆模式，不同于外在技术的物质化录制。此压抑与变形的第三记忆，在无意识记忆活动中，以扭曲的方式展开。

此主体性的第三记忆，在梦中、口误中，在文学艺术创作中会偶尔显现，形成征兆。只能通过阅读征兆，来唤醒原初记忆。但此原初记忆的显现，要么是集体无意识，比如俄狄浦斯情节；要么是个体的创伤记忆，处于强制重复之中。因此，人类无意识（unconscious）之为第三记忆，潜意识之为第二记忆，显意识之为第一记忆，经过无意识的符号化——重复强制与防御机制——形成了第三记忆与个体历史书写。这反而又限制了无意识的流动性，所以出现了德勒兹与利奥塔对精神分析的批判，解除第三记忆的结构化限制，必须解放第三记忆。

此内在化的第三记忆，如同外在化的第三记忆——也需要神力参与——如同梦想的无意识活动及其原始宇宙共感的记忆，而内在化的第三记忆，也是记忆自身的记忆化铭刻。当巨大的创伤事件作用于身体的感知时，不是“我”这个个体在感知，而是某种发生的事件，是此事件在铭刻记忆，或者是某种集体的无意识，或者是宇宙的记忆铭刻在梦境中。这是第三记忆的奇特力量，如同外在第三记忆的神秘力量。

此主体化内在记忆的重新书写，不同于外在记忆的客观性记录转录，但此内在书写的解放有赖于外在书写，比如文学书写与艺术作品创作，但也只是作用于主体自身的书写。这里有一个差别：尽管有着外在化，但也改变了内在化。而且，一旦进入福柯所说的主体技术与身体技术，走向欲望的治疗，尤其面对欲望的虚无化，虚无的欲望化有着一定的调节作用。但这样做并不彻底，因为欲望与快感的享用，还是会导致虚无主义。或者走向呼吸的调节？此呼吸的调节是内在化的生命转化，并不走向外在技术，而是把身体本身变成媒介转化的作品或机体，生成为“灵媒”。此外，回到主体肉身的发生上，如同“多潜能干细胞”或某种具有“万能细胞”的再生医学，似乎要形成某种可以共享的“细胞社会”，不同于外在化的技术，它要激活主体的内在性潜能，这就打开了第三种可能的方式——自然化的记忆。

## 4.3 整体性修复的胚胎：自然化的第三记忆

有另一种记忆模式吗？与记忆相关，但并非第三记忆的客观化转录技术，因为此转录记忆基本上是有意的。当然技术的记忆并没有意图，而是一种重复记录，也就没有悖论。悖论只是发生在人类与历史的选择上。记忆的录制也是一种重复，并没有未来的差异出现。面对第三记忆的录制，必须寻找另一种记忆方式。不同于斯蒂格勒的技术思考，我们必须回到记忆本身与人类主体的原初关系上：与记忆相关，但又可以塑造历史，具有可塑性的历史诗意，就不是书写的固定，而是消散之中的“无意记忆”？

迫切的问题是：除了外在的技术化复制刻录记忆与内在的无意识梦想书写记忆，是否还有另一种记忆模式？在面对唯物主义的外在化技术复制记忆与内在化的精神分析自我技术之后，还有另一种记忆模式吗？

这两种记忆模式都有着内在困境。如前文所言，外在客观化记忆，尽管有着历史传承，但并没有面对主体的唯一性；内在主体性记忆有着个体唯一的创伤记忆以及民族的集体无意识，但一旦放弃作品，回到肉身本身，还是有着死亡的焦虑与虚无的自我毁灭。那么，有另一种第三记忆模式吗？能够“转化”外在技术与内在记忆？有着主体的记忆，但不是主体性的，有着物质感的铭记但并非止于外在记忆，这就是本雅明从普鲁斯特那里继承的“无意记忆”，也是去发现从未写出之物。

此无意记忆带来的是另一种记忆方式，是一种精神的修炼术。本雅明所要面对的问题是：他已经认识到了历史唯物主义的技术生产与进步历史观的重要性，尤其是记忆书写模式的进步；他也接受了弗洛伊德与超现实主义已经展开的个体肉身的无意识书写与自动书写的模式；但是他也认识到自然化生命的书写，不是这样的外在化记忆——技术可复制时代的拱廊街书写模式，也不是集体无意识的超现实主义书写——如同阿多诺所批判的，不仅仅是历史唯物主义的进步发展模式，也不仅仅是个体的追忆方式。但也与二者相关，就是要修改无意识的记忆，如同电影《盗梦空间》修改原初的念头。因为只有修改资本主义拱廊街的迷梦，深化超现实主义的无意识革命——无论这是“图像空间”（Bildraum）还是“身体空间”（Leibraum）的神经模式改造，都有待于进入自然的领域而被再次塑造——如此才可能改变历史的进程。只有进入个体的无意识领域，才能摆脱集体无意识的控制，这是双重的接受，又是双重的超越，走向无意记忆的书写。

本雅明如何打开第三种第三记忆的书写模式呢？不同于外在技术的模仿论——从柏拉图以来的理型数学化模式，也不同于主体的行动模仿——亚里士多德的悲剧行动的模仿与表演理论，而是打开了第三种模仿——自然的拟似性（mimicry）与相似性（semblance）。这样的无意记忆模式也是一种“精神的练习”（geistlichen Übungen）。不同于福柯的自我关心的技术或“花花公子的苦行主义”，对于本雅明，这不只是对身体的关心（care），也是对自然生命的关心，一种精神生活（vie spirituelle）的修炼方式。当然，这也是肯定世界消失的哀悼的记忆辩证法，肯定现存之物就其本质而言的不可救药的不完善性。面对此困境，对于普鲁斯特，这需要无意记忆的写作。本雅明强调了此无意记忆与相似性的相关性：

> 它们包括普鲁斯特对记忆的狂热研究，以及他对相似性的充满激情的崇拜（sein passionierter Kultus der Ähnlichkeit）。当他出其不意、令人震惊地揭示出作品、面相学（Physiognomien）或言谈风格中的相似性时，这种同梦境间的关联尚没有暴露出它无所不在的霸权。那种为我们所习以为常，并在我们清醒时被把握住的事物间的相似性，只是模糊地映射出梦的世界的更深一层的相似。在梦的世界里，一切发生的事情看上去不是彼此同一，而是在相似性的伪装下暧昧地彼此相像。[1]

一个非常重要的区分发生了，无意记忆激发的是面相学一般的“相似性”，而非形而上学的“同一性”，哪怕这是一种扭曲了世界的乡愁。相似性尤其通过梦境来游戏，白昼的压抑，未来的预感，过去的或者人类历史的原始记忆，还有自然化的混杂变化，等等，都在其间，而且是字谜与图谜，是文字、图像与实物等的混杂，有着相似性，不全是抽象，摆脱了矛盾律的限制。尽管记忆具有相似性的伪装，彼此相像，

---

1 Walter Benjamin: *Gesammelte Schriften II: Aufsätze, Essays, Vorträge*. 1991. S. 314.

正是因为此相像，此相似性才可以刺激、触发记忆，让记忆复活，但这是无意记忆，如同梦中的过去重现出来，并非主体所能控制，其中却有着幸福的允诺。

对于普鲁斯特，“看”（voir）与“模仿欲”（désirer imiter）本是同一种事情，以至于本雅明认为：

> 在这种创造性中，他对植物性生命的嗜好值得我们认真看待。奥尔特加·伊·伽赛特第一个提醒我们注意普鲁斯特笔下人物的植物性存在方式（die Aufmerksamkeit auf das vegetative Dasein）。这些人物都深深地植根于各自的社会生态环境，随着贵族趣味这颗太阳位置的移动而移动，在从盖尔芒特或梅塞格里斯家那边吹来的风中摇晃个不停，并同各自命运的丛林纠缠在一起而不能自拔。诗人的模仿拟态（die Mimikry）正来自这样的环境。普鲁斯特最精确、最令人信服的观察总是像昆虫吸附着枝叶和花瓣那样紧紧地贴着它的对象（in der Metaphorik den Niederschlag der gleichen Mimikry）。它在接近对象时从不暴露自己的存在。突然间，它振翅扑向前去，同时向受惊的旁观者表明，某种非计算所能把握的生命业已不知不觉地潜伏进一个异类的世界。真正的普鲁斯特的读者无时无刻不陷入小小的震惊。[1]

本雅明这里的比喻异常重要，他指出了普鲁斯特想象力的来源，乃是一种对于自然的拟态或拟似性。因为这实际上来自

1　Walter Benjamin: *Gesammelte Schriften II: Aufsätze, Essays, Vorträge*. 1991. S. 318.

昆虫自然世界，如同凯卢瓦对于昆虫世界拟态的发现，如同昆虫对于花朵的拟似，比如兰花蝴蝶与蝴蝶兰花的相互拟似性游戏，进入自然自身复制与生产的游戏。本雅明继续写道：

> 普鲁斯特呈现给我们的不是无边的时间，而是繁复交错的时间。他真正的兴趣在于时间流逝的最真实的形式，即空间化形式。这种时间流逝内在地表现为回忆，外在地表现为生命的衰老。观察回忆与生命衰老之间的相互作用，意味着突入普鲁斯特世界的核心，突入一个繁复交错的宇宙。这是一个处于相似性状态的世界，它是通感（Korrespondenzen）的领域。浪漫主义者们第一个懂得了通感，波德莱尔最为狂热地拥抱了它，但普鲁斯特则是唯一能在我们体验过的生活中将它揭示出来的人。这便是 mémoire involontaire（无意记忆）的作品。这种让人重返青春的力量正与不可抵御的衰老对称。当过去在鲜嫩欲滴的“此刻”中映现出来时，是一种重返青春的痛苦的震惊把它又一次聚合在一起。这种聚合是如此不可抗拒，就像在《追忆逝水年华》第十三卷里普鲁斯特最后一次回到孔布雷时发现斯旺家的路和盖尔芒特家的路交织在一起，于是这两个世界也融和为一体。[1]

在这里，本雅明已无限接近中国艺术所试图抵达的“苍秀”的境界：同时衰老与青春化，而这正是通过“烟云供养”

---

1 Walter Benjamin: *Gesammelte Schriften II: Aufsätze, Essays, Vorträge*. 1991. S. 320.

获得的，从自然元素的书写中获得能量，并获得切身的幸福感受。这就与超现实主义从迷醉中吸取革命的能量不同，而这也是本雅明1938年面对中国绘画展时所感悟到的生命转化形式，这样的无意记忆就是自然化的第三记忆。

这是一种自然历史化的叙事，这也是利科尔所注意到的历史时间，即非现象学还原的宇宙论时间与生存论时间的重新关联；或者这是本雅明所说的讲故事的人的基本手艺，手艺中有着灵晕，而且与中国人对于器物的自然历史化余存和时间沉淀的包浆化灵晕的感悟相关：

> 讲故事的人有赖于手工技艺的氛围。或许任何人都不曾像瓦莱里这样鲜明地描绘出这种氛围的精髓。他说："手工技艺讲述的是无瑕的珍珠、浓烈醇厚的美酒和真正充分发育的生物等自然界的完美的东西，并把它们称为'一大串彼此原因相似的珍贵的产物'。"这些原因的积累过程没有时限，达到极致才告完成。瓦莱里接着说："自然的这一不急不慢的过程，人曾经模仿过。精细到尽善尽美程度的微型画和牙雕、精磨细刻的宝石、一系列透明的薄漆层层相罩的漆器或绘画作品，所有这些不惜心血的持久劳作才能做出的产品都逐渐消失了。时间不足惜的时代已经过去了。现代人不再干不可缩略的事情了。"[1]

1 ［德］本雅明：《本雅明文选》(Walter Benjamin: *Gesammelte Schriften II: Aufsätze, Essays, Vorträge*. 1991. S.449.)，陈永国、马海良译，北京：中国社会科学出版社，1999年，313–314页。

在这里，按照诗人瓦莱里敏感的诗性经验，小说的叙事，或者一切艺术，就应该如同手艺人的工作，在石头或者事物的表层产生出“薄漆相罩的那层透明色层”，那种让时光停留的灵晕表面，是一层柔和的面纱，或中国式的虚薄艺术（infra-mince Art），也是一种“诗意化的艺术宗教”。但此“让自然来为”的技艺，进入现代性已经基本失传了。

甚至，对于本雅明，此自然历史化的手艺，好似中国半童话半神话的混合式道教形象（taohaften Gestalten）与道教氛围所保护的生命火焰，在宁静自然中（naturhaft ruhend），让生灵（Kreatur）得以逃离，也与自然的声音都息息相关。这就再次回到了《神学－政治学残篇》中所说的逆转时刻，只有当人的原始天性发挥到极致，在其彻底堕落的时刻，才进入向着圣洁转变的那个转折点。由此历史时间的箭头才可能发生逆转，幸福的允诺才可能实现。

这另一种记忆模式不同于技术的外在化与主体的内在化，而是打开第三种记忆模式：自然化的记忆模式中，DNA 的自身复制、干细胞自身复制就是自然化的自身复制，不是外在化也不是内在化。尽管我们这里用“复制”这个词，但其实是“相似性”，如同个体器官自身的相似性复制（从胚胎干细胞开始分化生长）。在复制的概念中其实有着相似性，或者是“可塑性”（plasticity）与“拟似性”（mimicry）的结合，是“可再生性”（regeneration），是自然化的再生技术——这是自然化的技术，不是外在技术的技术，也非意识的记录压抑模式。

此自然化的自身可再生性技术，在本雅明那里，可以称为“第一技术”或者与“第一技术”的神秘魔术相关，但不同于外在化的“第二技术”，也非“第二自然”——自然已经被彻底人化。此自然化的自身生产与复制技术如何被重新利用？其中可能有着“第二技术”的复制游戏与“第一自然”的重新结合：此自然化的技术或第三技术，如何被扩展呢？干细胞移植技术的原理如何扩展？尽管本雅明不知道干细胞移植技术，但他对于文学书写的思辨，尤其是对相似性的推崇，对自然的拟似性还原，就是另一种记忆的复活，去发现潜藏在那里的从未写出之物，如同潜藏在“胚胎”中的干细胞被提取与再生出来，如同万能细胞的不死性增殖。那么，是否也可以把无意识记忆（注意普鲁斯特所思的并不是精神分析的无意识欲望书写）转化为自然化的复制？这就需要把记忆自然化，不是通过外在已有的日记与日志，也不是通过精神分析的内在记忆模式，而是借助于一种自然化的记忆方式。自然化的第三技术也可以复制，但这不同于本雅明之前所说的技术可复制性，而是生命的可再生性，是一种灵媒艺术，是自然自身的生产与丰富性。这是从昆虫的相似性模仿及其生产、仿生学与生命医疗，以及复合生命技术的未来等方面所展开的思考。

外在客体化的技术复制记忆、内在主体化的梦幻书写记忆和自然中介化的可再生记忆，这三重记忆模式需要重新结合，进入质料共通体的潜能或者凯卢瓦所说的“物质神秘主义”之中，而相互转化。尤其是第三重中介化自然记忆，可以结合与转化前面两种，让人类生命与自然生命重新整合，形成新的余存记忆。

第二技术与自然的和解，或者自然的弥赛亚化在于，第三记忆的唤醒或者激活，再生性技术的自然生产，如何被共享或者共有。不再是身体器官的捐赠，而是胚胎干细胞的生命再生技术。“胚胎干细胞”或“前胚胎干细胞”之为源头，或者所谓“胎盘”中的“不死细胞”（“多潜能干细胞”或者 iPS 细胞增殖技术），能够激活生命的潜能并修复生命（相关生命伦理还在讨论之中），甚至在死者身上采集活体细胞制成 iPS 细胞并且诞生后代。似乎这是另一种不死性？但其中也有着变异的可能性，如何确保此未来技术的安全性——需要弥赛亚来确保？弥赛亚作为整体性修复的确保可以形成技术时代的弥赛亚精神？此外，“细胞共有”的生命共享性如何得到政治的保证？这是另一种生命政治，是中国文化“真人的神学－政治学”（“真人”是一个仙道化的神秘想象，是生命理想的可塑性与可再生形象），另一种生命再生的政治学－神学，另一种“灵媒－技艺”。而且，共有的救治如何具有公平性与普遍性？

这还是需要弥赛亚来确保，庄子《齐物论》中的天倪与灵府葆光的种子，需要在弥赛亚的确保下才可能平等地生长。这是中国文化自然生命的弥赛亚化。在这个意义上，自然的弥赛亚化体现为自然整体修复潜能的激活，并具有社会的共有性或者庸用性，如同章太炎对于《齐物论》佛教化阿赖耶识种子平等观的现代性解读。如《庄子·齐物论》中所言："恢诡谲怪，道通为一。其分也，成也。其成也，毁也。凡物无成与毁，复通为一。唯达者知通为一。为是不用而寓诸庸。庸也者，用也。用也者，通也。通也者，得也。适得而几矣。因是已，已而不知其然，谓之道。"自然资源、虚拟知识财产和生物遗传技术，这三种应该被人类共有，应该成为共通之物即共有的"庸用"之物，才可能确保生命的平等。

如同齐泽克接续哈特和内格里的《帝国》与《联合体》中对于诸众与沟通的思考，从生态资源的"自然共有"到非物质生产劳动的"文化共有"，这是本己之"去己"(ent-eignen)，去除私有与占有的资本主义逻辑，当然也是接续朗西埃的"无分者之分享"，也即是庄子式的无用之用。对革命左派的道家式解读还有待于展开。这就形成了不同于20世纪"语言学转向"的第四次转向："生态学转向"(不同于之前的本体论、认识论、语言学三种转向模式)。此转向本来可以摆脱政治的左中右之争，但因为缺乏弥赛亚性与自然性之间关联的张力，此新的政治行动空间尚未打开。

本雅明思考无意记忆，还与他对于整个技术的思考相关，尤其是尚未完成的关于第二技术的思考。而要思考技术，就必须回到与自然的关系。

自然化的记忆方式有三个层面。第一记忆是物种的相似性形态，植物与动物的形态之直接相似性，如同父子关系的相似性。第二记忆则是 DNA 的复制记忆，此复制乃是更内在的结构性记忆复制。第三记忆则是胚胎干细胞再生技术，这是自然化的第三记忆。中国传统中外丹与养生术已经领悟到这一点。但是第三记忆并非仅仅是自然自身的生产，还必须加入人类的想象力（也并非人类，而是弥赛亚的加入），实现自然的重新生成与变异。本雅明则是通过普鲁斯特的相似性书写，重建宇宙的相似性，实现个体生命的理型化，面向未来去发现从未写出之物。

值得注意的是，任何第三记忆都并非“人类行为”。如同外在化的第三记忆需要神力参与，内在化的第三记忆则是巨大的未知事件所施加的力量，同样，自然化的第三记忆，看似是干细胞再生技术，其实是弥赛亚的力量。虽然自然的干细胞复制技术利用了拟似性，但是在这个干细胞的拟似性或再生性上，出现了弥赛亚的工作，即弥赛亚的自然化——再生性的发现与利用乃是一种弥赛亚的神性——自然的潜能已经在那里，但需要激活，需要艺术的压缩与提取，需要技术与自然共同的游戏。如同胚胎与脐带这样的原型质料（对于中国文化，胎盘已经是生命的源现象），乃是一种母性意义上的神性，也是人类最初就感受到的记忆力量。此母性的活力乃是弥赛亚的自然化、弥赛亚的母性化，如同进入历史内部的肠子或者历史过程的连续喷射隐喻，本雅明写作中的输精与孕育图式及其所隐含的末世论有待于被发现。[1]此自然母亲的宇宙躯体，乃是更广大的集体身体，一个“虚位以待”的身体，如同伊利格瑞（L.Irigaray）就自然元素与廓纳（khora）的关系所展开的思考。

这也是本雅明在《到天文馆去》片断中试图要激活的一种宇宙的爱欲与生命的共通感：

> 这个世界只属于那些借宇宙之力生活的人。古人对宇宙的态度则不同：那是一种迷狂。正是在这种体验中，我们才绝无仅有地既在所有离我们最近也在所有离我们最远的事物中——而不是只有前者整合后者中——感受到了自身。这就是说，人只有在这样的共通感中才会生发出对于宇宙的迷狂。[2]

也许中国文化最好地保留了此原初的宇宙感通，从《易经》《黄帝内经》到道教的养生术，从书法到山水画的表达，甚至皇权的神秘政治也在“天子”的天命交感中。

但此相似性的感通或通感，需要激活，作为更广大的想象力，是涵摄时间层次的通感，不是自然节奏的层次，而是弥赛亚时间整合的层次。因此，这是弥赛亚化自然的节奏，不是自然的自然化节奏，这就与海德格尔不同。世界灵魂从个体生

---

1 ［澳］罗兰·博尔：《天国的批判——论马克思主义与神学》，胡建华、林振华译，台北：台湾基督教文艺出版社，2010年，120页。

2 ［德］本雅明：《单行道》，王涌译，南京：译林出版社，2012年，103页。

命的宇宙相似性出发，进入节奏的感应，让不同的节奏整合与感应起来，形成节奏化的宇宙神秘感知。此宇宙的相似性，如同显现形态的第一记忆与内在结构的第二记忆。第三记忆之为宇宙的通感记忆，就是中国文化的感通论，或牟宗三所说的“精灵的感通论”。其实这就是生命整体修复能力的复苏。此自然的弥赛亚化乃是压缩自然的时间节律，不是自然自身自生的已有节律，而是压缩之。这个压缩与节律化，时间层次的调节与整合，不是来自人类的力量，而是自然的弥赛亚化。面对灾变与变异，寻求宇宙的相似性与感通，并与技术结合，成为共用的技术，让自然弥赛亚化。

中国传统文化已经具有弥赛亚的自然化与自然的弥赛亚化的某些面向：一方面是胎盘的养生术，另一方面则是艺术活动对于节奏的压缩。如同庄周梦蝶与蝶梦庄周已经形成了吊诡之思，中国文化的问题在于：二者的转化关系或者不明确，或者陷入少数者的垄断之中，或者陷入神秘之中，因而缺乏普遍性。

而此第三记忆的自然化转化，乃是自然化的第三记忆中加入了弥赛亚记忆整合的力量，如同卡夫卡小说《邻村》中那个回忆的老者，整合了记忆中幸福闪电的时刻。这是记忆的节奏与压缩，只有弥赛亚有此力量去整合已有的时间感，克服历史的间距与深渊，使之在相似性中整合，让衰老变得年轻，即自然的弥赛亚化，保持生命转化的训练。这是生命的不断出生，不是海德格尔的向死而在。

弥赛亚的自然化，将不同于三个唯一神论的历史行动：不同于犹太教的保持在外面，无法进入历史；不同于基督教的道成肉身；不同于伊斯兰教的先知献祭行动。

而自然的弥赛亚化，则不同于中国文化的儒释道传统：不同于儒家的自然自身的神圣化，而缺乏普遍性与补救机制；不同于道家或道教，尽管触及了自然的可再生性，但过于神秘化；不同于佛教的出世，由此导致对自然的舍弃。

本雅明的无意记忆不同于超现实主义的内在记忆（世俗启迪），不同于历史唯物主义的外在记忆（世俗弥赛亚革命模式），而是打开了第三种记忆模式。无意记忆与自然化的关系，自然化的相似性记忆模式的扩展，历史化与救赎的关系，这些是本雅明思考的核心问题。转化外在与内在记忆，使之向着第三种记忆生成，让自然化的相似性记忆成为救赎的力量，就是自然的弥赛亚化。

当然，弥赛亚记忆不再是外在记忆，比如《圣经》的记录，卡夫卡已经不再相信可以解开密码；不再是内在记忆，比如弗洛伊德与超现实主义的自动书写与解码，只是个体欲望的发泄与过于偶发的革命事件；而是弥赛亚的自然化——救赎需要进入自然之中，如同原初的记忆与外在历史记忆都已经失效了，需要进入自然化的还原，唤醒宇宙记忆。这不是人类记录与历史记忆的还原——原罪说与弗洛伊德的压抑说都是外在与内在记忆的强化，而是回到《创世记》及其之前：新的亚当，新的纯语言或原初语言，沉默的自然。回到这个最初的思想起点上，打开自然化的无意记忆，这就是弥赛亚的自然化还原。

同时，弥赛亚被自然激活，如同回到胚胎之中提取出可以再生的干细胞，这是再次回到创世记，但激活弥赛亚的自然化潜能——不是基督教的道成肉身，而是弥赛亚自然化，且实现之后，还得让此弥赛亚的自然化力量得以激活，既然弥赛亚已经自然化了，自然也同样在弥赛亚化。因为弥赛亚一旦进入自然之中，就可能更彻底激活自身，弥赛亚的救赎与未来记忆，不是自然化的以过去为主的记忆，弥赛亚面对的乃是未来的记忆，这会打开未来，不再仅仅是过去的自然性还原。如此二者的相互转化，就形成了弥赛亚式自然的节奏。

此弥赛亚的自然化，是回到最初的伊甸园——那个还未堕落的亚当，不是旧约的第一亚当（犹太教的外在书写技术），也不是基督教的内在化亚当（道成肉身的内在记忆书写，或如奥古斯丁所说的内在的内在化），而是回到自然的元素性，再次弥赛亚化。弥赛亚的自然化，就是给予元素以新的灵性，回到沉默的自然。

自然的弥赛亚有着这样的要求：一旦弥赛亚进入自然，激发出宇宙性的通感，同时也需要打开未来的想象。此未来的想象是什么呢？需要什么奇妙的力量参与？如果外在第三记忆是通过外在记录或转录的书写，内在第三记忆则是通过梦想的无意识书写，那么弥赛亚自然化之后，自然的弥赛亚化需要什么样的力量呢？这是新天使之梦？或者此新天使通过什么样的相似性而得以显现？不是书写，不是梦想，而是可塑性与再生性的游戏？或者通过默化的方式？如同渐进修养的韧性，我们的思考还需要一种新的语言。

按照本雅明的思路，弥赛亚的自然化是庄周梦为蝴蝶（当然这里的庄周乃是神性本身），而自然的弥赛亚化则是蝴蝶梦为庄周（此庄周也非庄周了，而是可能生命与可能世界中的那个未来的神性化的庄周，具有永恒生命的庄周）。对于本雅明，重要的是发现相互转化的器官或机体，此机体就是喀巴拉神秘主义的天使，或者本雅明从克利的绘画上所幻见的“新天使”——人类－机器－自然元素－图像书写所混合而成的某种具有救赎性的材质。而且，“新天使”乃是为一个更大的美梦所梦见的一种理想的人类形态。它不一定是某个人，而是一种宇宙感通的“新存在”。新天使——作为对此新形态的“人”的梦幻想象，如同尼采对于超人的想象，其实乃是生命整体修复能力的唤醒。

为何本雅明可以打开此弥赛亚自然化的节奏？这来自《神学－政治学残篇》中的那个根本问题：人类历史并不自动走向弥赛亚王国，而弥赛亚王国与世俗历史也并不相关。弥赛亚如何进入人类历史呢？世俗历史的人类在追求幸福时，其意念被修改才有可能，即掉转方向，以自然为中介，当然此中介也无用化了。

这个意念的方向如何被修改？这是什么样的工作？这是对无意识的记忆的修改，此修改乃是进入无意识领域，让弥赛亚救赎意识改变无意识的方向。而弥赛亚的自然化，是回到历史本身，但并不是延续历史进步观，而是修改历史的方向。在跳跃中，在感性活动中，如《论历史的概念》所言，修改物质与幸福感受的关系，不是拱廊街的那种消费式感受，而是更自然化的感受，让神经支配的图像空间与自然元素性的气氛发生感通与感应，施行呼吸转化的默化工夫论，让弥赛亚与自然结合，才可能修改物质生产与技术进步导致的对自然的破坏与侵蚀。后来布洛赫发展出以自然为主体的思想，把自然之中质性的潜在剩余，说成是一种自然神秘主义。这是弥赛亚性与自然性相互转化的另一种说法，可能形成某种自然主体的“共同生产力”（Mit-produktivität）与具体化的“同盟技术”（konkrete Allianz-Technik）。[1]对于布洛赫，自然乃是一个拯救的实验室，是一种“能生的自然”（natura naturans）。这里有着对生命出生（natality）的不断肯定，如同阿伦特所思考的政治生命，不同于赤裸死亡化的生命政治，不再是“向死而在”，而是唤醒人类生命中已经隐没的整体修复的潜能或“弥赛亚之物”，使之不断可再生。

---

1 Ernst Bloch: *Das Prinzip Hoffnung*. 1985. S. 802.

五

# 变小且消失于图像的“小门”：弥赛亚进入世界的中国式想象

据说吴道子在唐明皇宫殿的墙壁上画了一幅山水画，如此相似于自然，以至于让皇帝无比崇拜，但吴道子却指着画中山脚下的一个大洞穴中的庙宇说，那里有神灵居焉，然后他拍了一下手，洞穴的门就突然开了，里面的美真是妙不可言，最后，他自己就走了进去，那道门也关上了。只剩下无比错愕的皇帝，等到他要接近时，整个图画也消失了，仅仅剩下一堵白墙，从此就没有人再见过吴道子了。[1]

——克拉格斯

如果有弥赛亚，如果弥赛亚到来，他需要一些已经打开了的门。

弥赛亚要进入世界，需要一些打开的通道，可能就是一

1 Ludwig Klages: *Der Geist als Widersacher der Seele*. 1981. S. 359.

些门。

甚至，就是一些小门，小小的门。

只有门已经打开，弥赛亚才可能走进来。

这是本雅明最后试图去打开的小门：

（A）历史主义心满意足地在历史的不同阶段之间确立因果联系。但没有一桩事实因其自身而具备历史性。它只在事后的数千年中通过一系列与其毫不相干的事件而获得历史性。以此为出发点的历史学家该不会像提到一串念珠似的谈什么一系列事件了。他会转而把握一个历史的星座。这个星座是他自己的时代与一个确定的过去时代一道形成的。这样，他就建立了一个"现在"的当下概念。这个概念贯穿于整个弥赛亚进入的碎片之中。

（B）在时间中找到其丰富蕴藏的预言家所体验的时间既不雷同也不空泛。记住这一点，我们或许就能想见过去是如何在回忆中被体验到的，因为两者的方式相同。我们知道犹太人是不准研究未来的。然而犹太教的经文和祈祷却在回忆中指导他们。这驱除了未来的神秘感。而到预言家那里寻求启蒙的人们却屈服于这种神秘感。这并不是说未来对于犹太人已变成雷同、空泛的时间，而是说时间的分分秒秒都可能是弥赛亚侧身步入的小门。[1]

"这并不是说未来对于犹太人已变成雷同、空泛的时间，

---

1 ［德］本雅明：《本雅明文选》( Walter Benjamin: *Gesammelte Schriften I*. 1991. S. 704. )，陈永国编译，北京：中国社会科学出版社，2011年。

而是说时间的分分秒秒都可能是弥赛亚侧身步入的小门（Den Juden wurde die Zukunft aber darum doch nicht zur homogenen und leeren Zeit: Denn in ihr war jede Sekunde die kleine Pforte, durch die der Messias treten konnte）。”

——让我们重复一遍这最后一个句子，这几乎可以说是本雅明思想的最后之词（The Last Words）。如果他逃亡到西班牙边境时所写的那些文字已经永远消失了，这最后交给阿伦特的手稿片断就是遗言，而遗言的最后，则是论纲增补的两段文字，而最后的最后之词，则是弥赛亚来临的“小门”（die kleine Pforte）。

本雅明的思想，如果有着尚未实现的遗言，乃是指向小门隐喻的每一个瞬间。只有打开了这样的小门，弥赛亚才可能进来。如果这样的小门没有打开，弥赛亚将不会来，即便来了，也进入不了我们的世界。尽管在时间上是分分秒秒，但此时间如何空间化？即，这道道小门如何打开？

但是，似乎读过这“最后之词”的思想者，都没有去思考这道道小门。它们可能并不存在，或者它们可能早就存在了，只是我们没有看到？如果弥赛亚来临，会以跳跃式步伐，无论是“虎跳”，还是“小的跳跃”，都打开了一道道小门，这一道道小门，或许早就打开了，只是我们一直没有看到而已。

一道小门，来到小门之前的人，并非卡夫卡小说中那个来到“法的门前”的乡下人。他执意要进入法的大门，其实只是一道小门而已，但是他太执着，陷入了“大法”的执念，却不知道这道门——其实也许就是一道小门而已，他其实就没有看到门？如同他没有看到脖子上的小虱子。因此，最后，这道门，还是被关上了。

打开一道道“小门”：既是打开本雅明已经打开的那一道道小门，也是去打开本雅明思想所试图要打开的一道道小门。

没错，就是小门，而非大门。

为何是小小的门呢？这“小”与“门”，如何来到思想中呢？

这是几个犹太思想家之间隐秘传递的故事。本雅明对于小门的思考，一直与一些犹太人隐秘的心事相关，有的时候，还隐秘地与中国相关。

小门，如果犹太人与中国人、弥赛亚与自然性，有着某种奇特的关联，也许就发生在这些小门的位置上——这一不可能的虚位上？

也许，这也是中国思想有待于去打开的小门，也许，这是本雅明在想象中为中国思想同时打开了另一扇门。

## 5.1 布洛赫：弥赛亚来临的中国小门

如果有着弥赛亚，如果弥赛亚要进入世界，就需要一些打开的通道，可能就是一些门。

是的，一些小门。

这第一道小门，来自犹太人西美尔的思考，这个社会学家与现代感性审美的最早研究者，思考了“门”与“桥”的重要性。

为何是“桥”与“门”？因为这两个事物最好地传达了世界的两种方式——联合与分离。从铺路开始，到桥的出现来克服距离的障碍，桥梁的美学价值是让河流的分离直接显现，又让连接也直接可观，“桥”就几乎成了永恒连接的直观形象，即所谓“源现象”。后来海德格尔思考“物”时也要直观海德堡的大桥。

在分离与统一的关系中，“桥”倾向于后者，桥墩两头的间距可以明确测度，同时其间距也被桥梁自身超越；在人类文明诞生于河流之后，“桥”作为岸的抹去让人类可以接近；“桥”就成为人类谋求进步发展时打破距离的基本中介。与之相反，“门”则以其较为明显的方式表明，分离和统一只是统一行为的两个方面；“门”在屋内空间与外界空间之间架起了一层活动挡板，维持内部和外界的分离；“门”比不能移动的墙更能体现封闭性；但“门”又是活的，可以消除屏障。

西美尔特别强调了“门”在有限的人类与无限的先验之间关联的重要性：“门”（de-limitation）是人类本来应该可以长久站立的交界点，“门”将有限单元和无限空间联系起来，通过门，有界的和无界的相互交界；“门”与“桥”有所不同，“桥”

只是将有限的与有限的联系起立；而“门”的意义更丰富，因为世上的人们无时无刻不站在门的里边和外边，通过门，人生的自我走向外界，又从外界走向自我。[1]西美尔最后指出，因为人类的本能是“合”，所以必须“分”，而“门”最好地体现了人类的有限性——把自己关在家里，并从无限的自然分离，但门的活动性，也可以让人类随时走出界限而进入自由天地。

如果按照中国思想的方式来表达：“桥”乃是从内在到内在的连接，如同儒家的血缘关联，或者天人感应；而“门”则如同道家的内在超越，有着超越性，但总是与门的界限相关，既可以是人类处于自然的边界上，也可以是人类进入无限的自然而遗忘自身。门，对于中国文化，乃是“门道”，指示事物转化的枢纽位置，至为关键！

“门”，成为现代性思想的一道“门槛”：人类开始思考自身的有限性与死亡——主体的死亡，如同海德格尔20世纪20年代开始给出人性或此在的绝对规定——“必死性”。同时，“门”与“门槛”也意味着人类可以越过界限而通向无限。不同于海德格尔，犹太教思想家认为，因为有着上帝的无限记忆，通过救赎的外在超越，或者自然的内在超越，人类通向无限。罗森茨维格也是在20年代写出《救赎之星》，如同后来列维纳斯以伦理的无限性批判海德格尔的有限性与必死性，因

1 ［德］齐美尔：《桥与门：齐美尔随笔集》，涯鸿、宇声等译，上海：上海三联书店，1991年，5页。

为这是面对他者的面容，及其面容上无限上帝所留下的踪迹。

西美尔去世之前不久出版的《生命直观》可能也给本雅明以深刻影响，其中对于生命的超越、生命的个体性及其不死性的思考，伴随着本雅明对于幸福与命运的思考，以及对于自然化生命与个体化理型的思考，而且西美尔似乎还对灵魂转世有所肯定，尽管这在不朽的生命创造的形式中有着共通性。面对叔本华式的个体必死性与尼采式永恒复返的悲剧性，现代性的个体生命如何在有限与无限的“门”之间寻求救赎?

现代人一旦认识到个体的必死性与不可替代性，就来到了生与死之间或有限性与无限性之间那几乎不可见的门槛上。这与中国思想有什么关系?西方文化，无论是希腊的神庙还是基督教的教堂，其实一直都是内在封闭的空间。如同斯洛特戴克的分析，进入现代性，似乎需要把封闭的门打开，而更自我封闭的犹太人，更迫切体会到进入世界的重要性。但哪里有进入世界的门户?犹太人一直在寻找“桥”的中介——资本、理性与技术，但似乎找不到进入世界的“门”。发达资本主义时代的拱廊街好像也是没有门的，虽然看似打通了室内空间与走廊。因此，门，在哪里呢?

打开门，是要打开现实经验之门。如另一个犹太人，一个对现实有着侦探一样目光的思想家克拉考尔所指出的，通往现实世界的大门是西美尔最先为我们打开的，这也是因为西美尔分析资本货币所带来的生活距离。当然，更重要的是，自康德以后，不再有纯粹的哲学体系，而只有对于康德二律背反或者理念与经验二分的具体现实经验。或者说，哲学已经小说化，如同歌德以来对于哲学的自传式书写，如同卢卡奇早期对于小说的研究。对于本雅明而言，卡夫卡的小说本身就是现实具体经验的哲学表达，就如克拉考尔从“侦探小说”中寻求弥赛亚救赎的时机。在康德体系分裂之后，只有从日常经验出发才可能超越哲学体系的自身封闭游戏：如同本雅明对于拱廊街都市经验的感知；如同阿多诺对大屠杀和文化工业的感受；如同齐泽克以电影和萨德来反思黑格尔与拉康的哲学，让超越的弥赛亚进入污浊的现实（Kitsch）之中。

世界已然成为可读之书，西美尔对于货币资本的日常生活阅读已经是一种还原，而现代性越是大众媒体化，越是与商品结盟，大众文化的欲望就越成为一种梦幻式的象形文字。这就需要文化批评展开双重的书写，既要使之还原到古老的带有巫术与魔术的象形文字或相似性（本雅明、克拉考尔与阿多诺认为电影有着埃及象形文字的征兆），又运用当代技术的电子书写或者虚拟书写，写出从未发生之物（德里达与斯蒂格勒等人的推进）。进入现代性，当弥赛亚被资本主义商品拜物教窃取身份之后，已经没有警察可以查出真正的作伪者或凶手了，如果弥赛亚再次来临，如何有着新的化身经验？需要什么样的侦探手法，才可能进入现场而发现弥赛亚来临的踪迹？需要有一双阅读象形文字书写密码的眼睛。

西美尔以“门”来思考现代性的尴尬处境，另一个犹太人布伯则在哈西德主义大师Rabbi Nachman那里找到了“变小的窍门”。因为哈西德主义的正义之人（zaddik）要接近上帝，必须“变小”：如果他要连续打通与上帝的关系，就必须放松自己，处于变小的状态，以便休息好，迎接即将来临的上升，获得更新的活力；如果正义之人要接近民众或普通人，使他们改善与上升，也有必要进入把自身“小化”的状态，进入日常生活之中。就如1917年之后的卡夫卡式写作，开始把小说人物变小，不断变小，如同“小鼠”，发现世界的逃逸之门。

如果有着弥赛亚，如果弥赛亚要进入世界，就需要一些打开的通道，可能就是一些门。

是的，一些小门。需要打开第二道小门。

思考门槛，面对小门，这第二个犹太人布洛赫，开始了接续的思考。在《乌托邦的精神》中，布洛赫把我们这个时代比喻为黑暗的时代，甚至弥赛亚的救赎也进入了黑暗，如同荷尔德林的诗歌所明确规定的时代状况（世界之年进入了漫长的黑夜）。如何走出黑暗？需要打开门，并且实行转化。

门，门道，乃是一个转化的所在。对于布洛赫而言，“门”甚至成为专门的主题动机（das Tor-Motiv），其中有一节专门沉思了“门”的思想形象。

“战争终结，革命的门打开。”在尚未存在与观念存在之间打开门的连接，面对基督教弥赛亚的虚弱，以及乌托邦精神的死亡，布洛赫必须重新理解弥赛亚的来临，其结论就是：

> 我们自己向前，通过思想，受难，期待，进入我们内在的镜像之中，我们变小而消失，如同寓意的宫殿之门在绘画中被打开，去召唤弥赛亚，并且在爆破中逃向外面，而设置道路。时间处于绝对启示的内在空间，绝对地在场。正好，这也是弥赛亚的第二次来临，并且在如此爆破中他飞到外面，置撒旦入死地……[1]

如果弥赛亚再次来临，似乎不是基督的复活，而是如同绘画中的门被打开，一个世界之物，内在于世界，但又超越了世界——一道绘画之门被打开，这个绘画之门似乎并非西方已有的想象方式，那来自哪里呢？

布洛赫还在《踪迹》中再次思考了门的主题或动机，并使之成为哲学思考的对象：

> 一种哲学的生活，通过学习死亡而获得称号，如同蒙田所言，几乎成为一种魔术般的方式，还有一个中国式的目的动机，劳作之门也是死亡之门，既醒目又决不偶然，以其最高的图像的严肃性，进入一个没有什么艺术性的位置与所在（Ort und Stelle）。这已经足够去指明了，作为一个游戏，并不强烈，但指明了最后的纯粹愿望，就在于，在作品中有着一条新的道路，不只是从世界之中

1 Ernst Bloch: *Geist der Utopie. Faksimile der Ausgabe von 1918*. 1971. S. 144.

> 导入。从老画家的故事中我们得知，他把最后的图画指给他的朋友看：那里可以看到一座花园，一条狭窄的小路，温柔地引导着，经过一些树木一些流水，直到一个宫殿的小门。当这个朋友转向这个画家朋友时，一点奇怪的红色，这个画家不再在他旁边了，而是处于图画之中，转向了那条通向寓言之门的小路，安静地站在小门之前，转过身来，微笑着，打开了门，并且消失了。[1]

这是一个温柔的奇迹，是一道寓意的小门：因为持久的劳作与投入，或者说注意力的持久天然的祈祷，老画家进入了自己一生所工作的图像之中，这是最后的告别，但也是生命的重新开始。如果这个过程并非终结的寓意，而是与绘画艺术同时展开的生命经验，那么，我们人类的生活本来应该是：一方面在进行艺术的劳作，另一方面也同时进入了另一个绘画的游戏世界。这样的“同时性”才是劳作与游戏的共同游戏，才是生命的真理。这个进入图画而消失的寓意，其实暗示着另一种诗

---

1 Ernst Bloch: *Spuren*. 1969, S.154–155. 这个故事还有不同版本，起码有着这样的混杂性：（1）据说这个故事可能来自唐代吴道子的故事，与山水画相关，其实这在中国的“如画”（以幻为真，以真为幻）传统中已经出现。（2）可能来自日本的改编，被翻译为英文，再传到欧洲（Gregor Dotzauer: *Das Verschwinden des Verschwindens. Die Legende von Wu Daozi: Eine Spurensuche. Text + Kritik. Zeitschrift für Literatur* 31/32 , 2009.）。（3）也可能来自德国生命哲学家克拉格斯对这个中国故事在幻象或想象（Phantasie）上的展开（Ludwig Klages: *Der Geist als Widersacher der Seele*. S.359.），他对本雅明产生了深度影响。（4）更有可能来自布伯对于庄子和蒲松龄带有犹太谱系的转译。艺术家自身消失于图像的秘密在于什么？让位于作品本身而余存？打开一个空白与空无的场域？门——不过是空白敞开的暗示？另一种变形记——但不是卡夫卡变形记中主人公的动物化与死亡的结局，而是再生于一个虚度的空间。

意化的艺术宗教。

布洛赫还以另一个中国诗人韩子（Han-tse）进入了他自己所书写的世界为例，指明所谓审美的真正生产在于穿越了永恒的表意文字的墙，而且，更重要的是，布洛赫指出马勒最后的音乐作品也具有这样的相似性作用。甚至，卡夫卡可能也读过这个与诗人相关的故事。因此，这个变小与消失于自己作品之中的方式，构成了西方现代性敏感的心灵或现代犹太心灵的隐秘密码。

对于现代犹太人而言，如何在大地上寻找到家园？除非打开一个内在超越的世界，既在这个世界之中，又有着超越性，但又不同于列维纳斯所说的在圣书中活着——犹太人并非海德格尔式的在世界中生存。这是中国文化所启示的变小与消失于自己作品的方式——在自己所创作的艺术作品中生存，这是另一种幻化方式与启示感知模式。

20世纪初至20年代的布洛赫对本雅明影响巨大，甚至达到了让本雅明崇拜的地步。这并非表面上的崇拜，而是一种精神气质的认同，一种思想方向上的认同，而且是在时代生命的危机与微妙感知上的相通。尽管对于本雅明，弥赛亚的来临，可能与布洛赫的乌托邦革命有所不同，是《神学-政治学残篇》中所说的以自然为中介，但一种异质的想象已经打开，我们随后就会看到这种影响的深度以及不同的解释。

这样的想象被布洛赫当作所谓“中国动机”，一种“穿墙术”，一种源象征的开门术，一种打开世界之门、打开梦幻与幸福之门的神奇方式。

## 5.2 阿多诺：世界的内在化

如果有弥赛亚，如果弥赛亚要进入世界，就需要一些打开的通道，可能就是一些门。

一些小门。这些小门的位置已经异常诡异。这是第三道小门。

思想处于门槛上，思想乃是打开弥赛亚来临的小门，乃是一种现代性转化了的犹太式思维方式，但不仅仅属于犹太人，而是已经受到了中国文人美学的影响，弥赛亚救赎的思想已经中国化了，已经有所变异了。

很快，我们就读到了第三个犹太人与门相关的语段。本雅明1933年在评论另一个犹太人阿多诺关于克尔凯郭尔的专著时，集中讨论了阿多诺这个基督教式存在主义思想家的“内在性”，但阿多诺却把这种思辨的宗教哲学还原到室内的家庭空间中，进入一种内在空间的具体化思考，而并非泛泛而谈。(康德之后，哲学必须进入日常生活。) 同时似乎也受到了卡夫卡对于克尔凯郭尔之亚伯拉罕的反讽解读的影响，或者他们之间有着某种共感，以至于本雅明在评论的结尾写道：

> 中国的童话中，传递着一个画家消失于（他自己所画的）图像之中的运动，并且作为一个哲学的最后之词（als letztes Wort dieser Philosophie）来认识。这种自身“通过变小而得以消失的拯救方式”。如此进入图像的方式，并非救赎（Erlösung）；但它是安慰（Trost）。这样的安慰，其源泉是幻想（Phantasie），其幻想的机体（/ 器官：Organon）通过不间断地从神话历史的过渡（Übergang）而在和解中（in Versöhnung）获得安慰。[1]

哲学再次进入了自身“最后之词”的检验：这却来自一种中国文人美学的方式，即变小而消失于图像的方式。当然，这无疑来自布洛赫，也是回应更早的《神学－政治学残篇》中那个消逝的总体时空，尽管不同于犹太教的救赎，但在现代性中却构成了“安慰”，而且构成了和解与转化的“通道”。那么，如何转化？学习中国文人的转化方式：在自己的作品中，打开一个幻象的“间性”世界，在其中显现又隐藏，就如同一个梦想的空间，做梦的人进入自己的梦中，也消失于自己的梦中；如果这梦想空间得以外在实现出来，就好似打开了一个可能的虚托邦，比如唐代屏风所建立的卧游想象空间，比如宋代与明代的园林建筑。

最明确的关联乃是本雅明开始把布洛赫有关消失于作品的“门之中”的想象，与阿多诺的内在化社会学空间反思关联起

1 Walter Benjamin: *Gesammelte Schriften III: Kritiken und Rezensionen*. 1991. S.382–383.

来，当然阿多诺也受到了本雅明对于拱廊街走廊空间反思的影响。但这种关联也势必让阿多诺这个犹太人无比惊讶，因为阿多诺著作中并没有如此直接地把弥赛亚性与中国文人美学关联起来，本雅明如此连接，也是试图把克尔凯郭尔的生存论基督教信仰向着两个方面转化：一方面肯定阿多诺对于信仰审美图像化的转化，审美图像尽管消失，微小，但其中隐含救赎的细微之物，也是弥赛亚之物的转化；另一方面，则是由此变小与消失，而与中国童话和文人美学联系起来。面对时代的巨大挫败，本雅明同意了阿多诺在著作中的最后一句话：“从悲哀转向安慰，迈出的不是最大的而是最小的一步。”[1]为了保留渴望的不可摧毁的信念，本雅明与卡夫卡一道，以此微小而脆弱的信念，让弥赛亚自然化了。

如此变小与消失的方式，在1933年与1934年的历史时刻非常关键，小门尽管小，却标记了历史灾变的关键时间节点！因为这是纳粹德国真正迫害犹太人的开始，而且也是本雅明开始逃离德国的时刻，再也不可能回去了，生命应该逃向何方？

---

1 ［德］阿多诺：《克尔凯郭尔：审美对象的建构》，李理译，北京：人民出版社，2008年，175页。本雅明这样的解读来自对阿多诺相关语段的改写（比如有关阿多诺的改写出现在158–159页上），阿多诺试图把克尔凯郭尔的基督教生存论信仰加以审美化，并思考了变小和消失于图像的审美“转化”与“幻想”方式，本来与中国故事没有关系，却被本雅明关联起来。当然，阿多诺如此思考也是在与本雅明对话，其随后所写的《自然历史的观念》也回应了本雅明的巴洛克德国悲悼剧以及歌德《亲合力》研究，核心的主题是自我的消失与自然的救赎。这也是阿多诺在其最后著作《否定的辩证法》的最后部分，即《自然历史》《历史与形而上学》段落中再次面对的主题。

只有减轻负担，只有变小，才可能逃亡？

必须变小并且消失于图像，才可能得到救赎，即便不可能救赎，也可以获得某种想象的安慰。这成为本雅明弥赛亚来临思想的三个步骤：第一，变小，甚至无限地小；第二，消失于作品的“门”之中；第三，发现转化的机体或者器官。

## 5.3 布伯的《聊斋志异》与佛教式“间薄”面纱

如果有弥赛亚，如果弥赛亚要进入世界，就需要一些打开的通道，可能就是一些门。

一些小门。这些小门内在的幻想源头，到底来自哪里呢？

第四个犹太人出场了，其实他早就在那里了。这个变小并且消失于图像的方式，如果来自中国，是谁最早引入此想象的方式的呢？也许是布伯。因为早在1910年，布伯就翻译了中国鬼怪小说《聊斋志异》，而其第一篇《画壁》，这个与佛教相关的教谕故事，具有中国文人美学的想象。

《画壁》讲了一个佛教寺庙发生的神秘事件。在一个讲道的场景中，叙事者“我”与一个朋友去听高僧讲佛法，听着听着，我的朋友看到壁画上诱人的欲望图像，想入非非，竟然“进入”了壁画的图像之中，获得了畅快的满足。我发现他不见了，只能求助于讲道的老和尚，才把他从壁画中唤醒出来。等到他从壁画上下来，才明白一切只是一场幻觉或者幻念。(时孟龙潭在殿中，转瞬不见朱，疑以问僧。僧笑曰：“往听说法去矣。”问：“何处？”曰：“不远。”少时，以指弹壁而呼曰：“朱檀越何久游不归？”旋见壁间画有朱像，倾耳伫立，若有听察。僧又呼曰：“游侣久待矣！”遂飘忽自壁而下，灰心木立，目瞪足耎。孟大骇，从容问之，盖方伏榻下，闻叩声如雷，故出房窥听也。共视拈花人，螺髻翘然，不复垂髫矣。朱惊拜老僧，而问其故。僧笑曰：“幻由人生，贫道何能解。”朱气结而不扬，孟心骇叹而无主。即起，历阶而出。）

布伯的翻译就用了“消失”（Verschwinden）这个词。而这才是布洛赫获得灵感的来源之一。布伯不仅翻译了蒲松龄的作品，还同时选译了庄子的对话，庄子的文本中也有着要求人类把自己“变小”的语段，或者认识到自己的渺小，比如“鼠”与“鱼”的生命形态，或如同《秋水》中的形态对比。但何谓“消失于”作品？此作品并非一般意义上的人造物，乃是具有自然感通之物，是充分让自然来为的人造物或者艺术品。这也是为何中国画家消失于图画中的山水或庭院之中，这是一个“虚化”的场域，但因为与自然相关，又可以在自然之中实现出来，如同中国的屏风画的卧游幻境，就具体转化为园林式的游走“虚托邦”。因此，从拱廊街的建造到情境国际主义的新巴别塔，需要向着自然化的山水园林普遍性构想延展，这是“虚托邦”空间想象的未来工作。

此变小与消失于图像作品中的方式，似乎与福柯所提倡的审美生存风格与个体生命的艺术化或生命形式的自我塑造相关，但又有根本不同。区别在于，中国的人文美学不仅强调个体生活方式的审美化，而且要求再次转化，即生命的艺术还必须在自然中实现，既是艺术的自然化也是自然的艺术化。为何本雅明的这种中国式想象并没有在西方得到足够扩展？因为他后期自传式拟似性想象书写，不再是技术的复制，而是自然化的相似性，而且是与中国道家的自然化艺术相关。只有通过自然的中介，此变小且消失的方式才可能在世界打开一个内在超越的通道，才可能形成生命转化的材质媒介，此媒介乃是具有宇宙感通的媒介，即“灵媒艺术”！也许中国的墓葬文化，比如汉代墓葬与魂魄的关系中，其“微型宇宙”的方式，或者“无形的微型”，以及后来“以小观大”的艺术思维，都启发了西方现代性对于中国的真切想象。

如果有弥赛亚，如果弥赛亚要进入世界，就需要一些打开的通道，可能就是一些门。

一些小门。这些小门，第五道小门，可能也是一些窗，只是被蒙上了一层神秘的面纱。

这也让本雅明真正处于一个门槛上：不可能再回到德国了，逃到法国巴黎？或者逃到西班牙？写作的笔踪必然变得复杂迷离。在如此散乱的步伐中，本雅明开始书写一些异常佛教化的神秘断片，与布伯提倡的融合写作异常相似，把哈西德故事、佛教或禅宗以及现代哲学结合起来，形成新的元书写。1932年在伊比萨岛上，本雅明写出了《太阳的阴影》中的片断文字：

> 哈西德有一个关于要来的世界的传说。那里的每一件事情都被安排得就好像我们这个世界。我们现在的房间，就如同那个就要来临的世界（in der kommenden Welt）；我们的孩子们正在熟睡，他们也将睡到来临的世界。我们在这个世界身体的穿戴，也将穿到来世。所有的世界如同这里一样——只有一点点的改变（nur ein klein wenig anders）。这要做出幻象（Phantasie）。只是一层面纱（Schleier），以便拉开一些距离。一切都保持为刚才的样子，但面纱吹拂（wallt）起来，那就一切都不可觉察地在其下移动了。[1]

在本雅明改写的故事中，要来的世界或者得救的世界与这个现世的世界之间，其实只有一点点的差别，“只有一点点的改变”，但这一点点或者极小的差别如何被打开？也需要把自己变小？如此变小在诗意的艺术宗教的幻想中，就是一层薄薄的面纱？此面纱乃是一个艺术作品打开的间性世界。如同佛教所思考的“烦恼即涅槃，涅槃即烦恼”——其间的“即”，也许就是牟宗三先生所说的“诡谲的相即”。这吊诡的间性如何被打开？不仅仅是本雅明，对于后来的阿多诺而言，这也是借助于艺术作品的方式，但此艺术品生产的无目的之目的论，

---

1　Walter Benjamin: *Gesammelte Schriften VI: Fragmente vermischten Inhalts.* 1991. S. 419–420.

是对所有事物的拯救，把每一事物带到它们“正确的位置”（rechten Ort），也带上了犹太教弥赛亚救赎的立场：“一丁点的改变”[1]。

显然，这样的转化方式，如此诗意的想象，好似犹太教神秘主义，但又根本不同了，特别具有了东方的诗意。这就值得追问，从布洛赫开始的这种变小并且消失于门中——作品或图像中的方式，到底来自哪里？其想象力的源头到底来自何处？

变小的重要性，在另一个犹太人阿伦特那里，也有补充说明：

> 深受超现实主义的影响，这种企图“力求在最微贱的现实呈现中，即在支离破碎中，捕捉历史的面目”。（《书信》Ⅱ，685）。本雅明热衷于细小，甚至毫厘之物。……对于本雅明，一个对象物越小，其意蕴越大。肖勒姆提到过他在笔记本的普通纸张上写满一百行的野心和他对科隆（Cluny）博物馆中犹太人部分的两颗麦粒的尊敬，在麦粒上，相同的灵魂刻写了完整的 Shema Israel。对他来说，物体的大小和它的意义成反比。这种兴趣，绝非奇谈怪想，而是直接产生于曾对他有决定性影响的唯一的世界观，产生于歌德对

1　这个说法可能最早来自布伯对于哈西德主义的发扬（M.Buber: *Die Geschichten des Rabbi Nachman*. S. 99.），以及布洛赫的断片思考（E.Bloch: *Spuren*. S. 201.），也回响在肖勒姆对于喀巴拉神秘主义谱系的还原之中（G.Scholem：*Die jüdische Mystik in ihren Hauptströmungen*. S. 301.），并被阿多诺的审美救赎理论接续（Adorno: *Ästhetische Theorie*. S.208.）。如此一点点的改正方式，是犹太知识分子或者思想者聚集起来的小小“星丛”。这是在现代性寻求救赎的另一种默化方式吗？只是在本雅明这里体现得最为丰富与复杂，因为它指向了与中国文化的想象性关联。

Urphänomen（源现象）客观存在的自信，Urphänomen 是一种原型现象，是一个在“意义”（Bedeutung，典型的歌德词语，在本雅明笔下经常出现）与表象，词与物，理念与经验重合的世界表象中可以找到的具体事物。物体越小，似乎越可能以最密集的形式容纳所有事物，因而他对两颗麦粒包含整个 Shema Israel——犹太教义的精髓——感到喜悦，最精微的精髓显现于最精微的实体，在两种情形下，其他任何事物都起源于精微的实体，但在其重要性上已不能和它的源起相比。换句话说，从一开始就深深吸引本雅明的绝非理念本身，而始终是现象。[1]

当然，对于我们，对微小之物及其源现象的关注，不仅仅来自超现实主义与歌德，也不仅仅来自犹太教，而是来自中国童话或故事。

## 5.4 从变小到消失：姿态的纠正

如果有弥赛亚，如果弥赛亚要进入世界，就需要一些打开的通道，可能就是一些门。

一些小门。但这个变小且消失的故事，还来自另一个犹太人，这是第几个了？第六个！

1 ［德］本雅明：《启迪》，阿伦特导言，张旭东、王斑译，北京：生活·读书·新知三联书店，2008年，30–31页。

这来自卡夫卡。本雅明1934年写作卡夫卡的论文时，把变小—消失于图像—救赎，这三重步骤，很好地连接起来，其中就有着中国文人美学的彻底实现与转化，而且更明确化了——其证据来自卡夫卡《日记》中的箴言，其中有着对无为与无用的深度改写：

> 两种可能：把自己变得无穷小或本来就是这么小；第二种是完成式，即无为；第一种是开端，即行动。[1]

这个变得无穷小，以及无为，才是真正的行动，是开始也是终结。因此这是对耶稣弥赛亚句法的改写，开始与终结都已经不同了，开始是把自己变小，有些相似于喀巴拉上帝的回缩行动，而最后把自己无为化，则是来自中国道家。而且这与卡夫卡笔记中所说的“认认真真做某物同时又空无所成”相应。因此，这并非仅仅是德勒兹所说的“小众的文学”，而是“无用的文学”。

本雅明指出卡夫卡的这个原理其实来自老子与道家，并进一步扩展了这个道家的想象。如何实行一点点的小小改变，并且消失于图像，而实现救赎？本雅明在《论卡夫卡》中分析道：

> 然而，在短篇小说《在流放地》中，当权者却使用了一种旧式机械，在犯人的背上刺花体字，笔画越来越多，花样繁多，直到

1 ［奥］卡夫卡：《卡夫卡全集》（第5卷），1996年，61页。（Zwei Möglichkeiten: sich unendlich klein machen oder es sein. Das zweite ist Vollendung, also Untätigkeit, das erste Beginn, also Tat）

犯人的背清晰可见，犯人可以辨认出这些字体，从中看到自己犯下的、却不知道的罪名。这就是承受着罪行的脊背，而卡夫卡的背上是一直承受着它的。他在早期的一篇日记中这样写道：“为了使身子尽可能沉一些——我认为这对入睡是有好处的，我将双臂交叉抱起来，把双手置于双肩上，像一个被捆绑起来的士兵躺在那里。”在这里，负重与（睡觉人的）忘却是同时并进的。在《驼背小人》中，有一首民歌表达了同样的意境。这个小人儿过的是一种被歪曲了的生活（entstellten Leben）；当救世主来到时，他就得消失，因为伟大的拉比说过，弥赛亚不愿用暴力改变世界，他只想对它一点点地改正（nur um ein Geringes sie zurechtstellen werde）。[1]

驼背小人也是小小的，因此，它需要弥赛亚的来临，但弥赛亚的来临只是一点点的改变，只是轻微的改变。如果需要弥赛亚，只是一个微小改变世界的弥赛亚，一个“小弥赛亚”，小小的弥赛亚，或者就是一个不可摧毁的微弱念头或信念，而且这个驼背小人最终还得消失，显然，这个德国童话中的驼背小人，已经被中国想象改写了。

在这里，变小—消失—救赎，三步救赎的工作，乃是弥赛亚微小地去纠正生命弯曲的基本动作，这也是姿态改变的诗学，改变姿态就是改变生命的形式。

我们甚至在策兰的大量诗歌中发现此“变小”的诗意要求：

---

1 Walter Benjamin: *Gesammelte Schriften VI: Fragmente vermischten Inhalts*. 1991. S.432.

《数数杏仁》中“数数那苦涩使你合不上眼的东西，把我也数进去。……让我变苦。把我数进杏仁。”或者，“一颗星如同一粒发疯的尘埃”……

## 5.5 童年之门：中国的瓷器图案

如果有弥赛亚，如果弥赛亚要进入世界，就需要一些打开的通道，可能就是一些门。

一些小门。一些打开内在世界与超越世界之间的小门，这第七道门。

尽管上面的段落并没有直接触及门，但考虑到卡夫卡对于法之门的书写，门，对于犹太教与西方，可能处于一个坚硬划界的门槛上；而对于东方与中国，门，并非门槛与固定的界限，而是一种敞开的通道。到处都有着门，如同西美尔所想象的，门是可以移动的，门的发现与打开，如同卡夫卡写作中国万里长城时所发现的无处不在的裂隙，因为“分段修建”的方式必然有着无数的裂缝，越是试图封闭，可能越是有着缝隙之门。

因此，此变小而消失的方式，必然与“门”的空间形式相关，而且与本雅明自己的写作隐秘相关。在大致写于1935年的《柏林童年》早期自传手稿中，在起初排在第一篇的《姆姆类仁》（*Mummerehlen*）中，本雅明彻底暴露了自己整个想象力的来源：

> 不过，在所有东西中，我最爱画的是中国瓷器。虽然那些花瓶、瓦罐、瓷盘和瓷桶都只是一些廉价的东方出口物，但它们的外观五彩缤纷。这些东西深深地吸引着我，好像我在那时已经懂得了故事的要义是什么。这故事源自中国，在这么多年后的今天它又一次引领我去开启姆姆类仁之谜。故事讲述的是一位老画家向友人展示他的新作。画作中有一个花园，一条狭窄的小径从池塘边穿过下垂的树枝通向一扇小门（vor einer kleinen Türe），小门后面有一间小屋。就在朋友们四处寻找这位老画家时，他却消失无踪。他在画中，沿着那条狭窄的小径慢悠悠地走向那扇门，在门前静静地停住脚步，微笑着侧过身，在门缝里消失了（verschwand in ihrem Spalt）。我也曾像这样进入到画中，那是一次我在用毛笔描画碗盆的时候，我随着一片色彩进入到了瓷盆中，感觉自己与那瓷盆如此相似（Ich ähnelte dem Porzellan）[1]。

这个消失于自己作品的那道“门”之中的想象，被本雅明虚构为他自己整个想象力的来源——这来自中国！但这是什么样的想象力？这是拟似性，是孩子们最初对一切事物的模仿，是一种更具动物性的原始本能行为，是相似性的游戏，是一种与空间合一的愿望，而这可能受法国思想家凯卢瓦的启发：动

1 ［德］本雅明：《柏林童年》，王涌译，南京：南京大学出版社，2010年，6页。此外，本雅明也认为卡夫卡的《论譬喻》的写作来自中国文化的灵感（Walter Benjamin: *Gesammelte Schriften II*. 1991. S. 1261）。

物在拟似中，不是拟似某一物而已，而是拟似整个空间，是一种近乎弗洛伊德的死本能或神经瘫痪的拟似性。这是更彻底的自然化还原，但此还原似乎更接近于中国人的想象。当然，这里要有所区分——自然拟似性的丰产性与自然拟似的死亡认同，消失于自己作品的图像之中，隐含一种自我的取消或者死本能，但也是自我的一种“余存”，甚至是另一种“复活”，一种图像集的记忆暗示记号（winken）。此“余存”的可能性在于发现了生命感通的中介或材质：那些变幻的图像，不仅仅是图像，还是自然自身的幻象，是自然的材质，变异的材质，整体性复原的材质，因为其拟似性而具有相互转化与游戏的可能性。

对于本雅明，面对现代性审美的危机或技术复制灵晕消逝的时代，在与大众“散心”（Zerstreuung）消遣的对比中，此画家消失于自己杰作中的方式，特别以中国艺术家深入自己作品的“专心”（Sammlung）方式为例，强调了这个灵魂注意力的培养或自然的相似性（Schein）唤醒。（不也是一种诗意的艺术宗教？）如果此相似性游戏，还能接纳大众的游戏（Spiel），也许就可以带来事件的“成位”（take place），形成自由游走与休息随时可能发生的虚托邦？但身处1930年代的本雅明，却有些过于相信大众的革命性与复制技术的感知革命了，还没有更多思考注意力的培养（作为灵魂的天然祈祷：Aufmerksamkeit ist das natürliche Gebet der Seele）。“专心”是另一种“减熵化”心灵活动，祈祷着的灵魂就如同廓纳（khora）作为一般的接收器（hypodokhe），对于神性的接纳。如同斯蒂格勒对于注意力与无产阶级在虚拟技术时代的反思，恰好是注意力的丧失，导致了当前灵魂的贫困。或者如韩炳哲对于网络“数字全景监狱”的反思，现代人已经处于“心灵政治学”的被奴役状态，此量化的自我幻象繁殖导致了当代人自我叙事能力的丧失。

这第七道门充满了孩子们的好奇。其实，早在1926年的《儿童书面面观》一文中，本雅明就指向了那个所谓的道家故事：

> 在安徒生的一则童话中，有一本图画书，其价值可值“半个王国的财富”。在书里面，一切都是活生生的。“鸟儿们在歌唱，人们从书中走出来并且说话。”但是当公主翻过这一页时，“他们又跳回书中，这样就不会有混乱了。”这个童话可爱但又模糊，如同安徒生所写的很多童话一样，因此这个小小的捏造，以毫发之差错过了关键之处。这些事物并没有从书页中出来——与画画的孩子相遇，相反，这个聚精会神的孩子走进了这些书页，沉浸其中，就像一朵披上图画世界的灿烂色彩的云朵。坐在画册前，他让道家的艺术成了完美的真实：他克服了书本表面的虚幻障碍（Trugward），穿越了五彩缤纷的织体和五颜六色的杂物，而进入了童话所生活的舞台。[1]

1　Walter Benjamin: *Gesammelte Schriften IV*. 1991. S. 609.

在这里，本雅明再次提到了道家的想象方式，就是如同孩子们的想象，道家的天真与孩子们的童话世界观和感知方式一致，或者说没有被遗忘——这是生命整体感知修复的胚胎化记忆。阅读乃是进入图像世界，图像世界是可以进进出出的，当然这不是图像的事物进进出出，而是孩子们进入了图像之中，如同云朵。如此云状的相似性与变形想象一直引导着本雅明的变形记，由此可以克服虚幻之墙的障碍。但孩子们如何就可以穿越幻象呢？随后本雅明思考了孩子们的图画书，之为“图”与“画”（hoa）。本雅明特意写出了汉字，而且还比较了道家想象与孩子们阅读和观察的方式。对于孩子们，或者对于保持了孩子气或天使般想象力的画家克利而言，图画是文字，文字是图像，图像也是活的姿态，就如同最初的象形文字或者画谜，而且都变成颜色，在颜色中包裹自身，直到把图画书的世界转变为一个化装舞会。对本雅明而言，孩子们的图画书不同于成年人的文字书籍（文字与图像的分离，只有固定的语义与知识）。而且本雅明在这里特别指明了中国道家的艺术家实现了真实，就在于儿童们还保留着原初的质料共通感：文字（character）如同图画（image），图画如同姿态（gesture），三者都处于变化的事态（event/disposition）之中，不断变形转化着，因此，内与外的间隔就可以打通。

无论是“颜色”，还是“小门”，如同孩子们总是喜欢变幻不定的彩虹与泡沫，其实它们都是一种“感通的材质”，一种“转化的材质”，作为整体修复的元素。中国文人进入自己的作品而可以消失，还是因为此绘画的材质来源于自然，比如水与墨，以及颜料与气息，都是自然自身转化的材质！人类的自我消失乃是更好地进入自然的方式，当然此自然已经经过了人类造物的中介，乃是艺术化的自然。因此，随后的工作只是让此艺术化的自然再次在自然中实现人类的梦想，这就是中国庭院与花园的出现。

进入图像而消失的幻化，乃是进入梦幻色彩的材质，此材质的转化，才是器官与机体。对于孩子们，可以转化为舞蹈的文字与图像，其实就是梦幻的材质。对于中国文化，象形文字与蝴蝶，都是保留了与宇宙原初感通的材质，作为生命整体性修复与感知幻化的材质，可以让生灵们进入其间，如同“真人”，可以与之一道“感化”，一道“转化”，如同蝴蝶从蛹中蜕变而出。中国文人进入自己的绘画作品，其实是另一种生命存在的蜕变。对于本雅明这类犹太人而言，弥赛亚在自然之中的原初剩余物或者原初器皿中的芬芳，也是变通的材质，这也是本雅明在《拱廊街》写作中试图要发现的转化材质。

这也是为何本雅明要深入“拱廊街”的建筑结构，发现与解构资本主义拜物教幻象世界的集体迷梦及其残留踪迹。他并非从直接可见之物开始，而是通过大量隐秘的图片画谜，尤其集中于迷宫的意象，或集中于“门槛”的意象——拱廊街道、城市大众、地下河床与墓穴的入口，而进入现代性，一切都已经成为碎片，只有游手好闲者、拾垃圾者与考古学家，还有波德莱尔这样的诗人，可以发现走出迷宫的出口，并解破这些象形文字式的“面相学”。

如果我们现代人已经处于资本主义幻象的迷宫之中，如果资本拜物教的虚假灵晕无处不在，我们如何可能辨别弥赛亚来临的记号？又如何与弥赛亚相遇？弥赛亚如果也进入了这样的迷宫之中，如何拯救我们？对于本雅明，那就要求我们进入历史的废墟，进入物的垃圾堆，去发现必然存在的小物粒；或者去发现现实生活之装饰的表面，发现其声音的面相学，面对现代生活空间的象形文字化，我们需要一种新的解梦术；或者用克拉考尔侦探式的目光，去发现唯一的“现场”——现代性之为“地狱的永恒性与虐待狂乃是对于新奇享受的建构”[1]；也就是说，在发现废墟与地狱之处，解读其象形文字般的字谜图案，并将其还原到感通转化的材质上，哪怕只有非常细小的空间与非常细微的机会，也可以打开地狱之门，弥赛亚由此进入。

因此，这道小门，确实异常诡异。它并不那么容易被发现，借助于中国艺术家的某种想象叙事，可以打开另一个维度。但如此变小并且消失于图像的想象方式，其所需要的“器官”是什么呢？对于本雅明，在理论上，“相似性”乃是经验

1 Walter Benjamin: *Gesammelte Schriften V*. 1991. S. 1011.

的器官，这就要不断打开此相似性的游戏空间，发现相似性的感通材质与整体修复的元素，这就要求“神经支配”感受性的转化，从集体的身体图像空间到多孔性的开放，在地狱中煎熬时，还可以保持对一切无用化的悬置，并且进入与自然生命的游戏，如同孩子们的游戏之物，如同卡夫卡的“奥德拉德克”或者本雅明的“驼背小人”，如同那个可以不断通过相似性变幻的中国瓷器上的图案，因为这些图案一旦唤醒了自然材质的默化，就一直可以保持感知的深层转化。

也许，这种中国瓷器上的图案，如同云烟，依然还是感通材质与梦幻材质，即整体性复原的元素——转化机体的启示与启示化的感知。拱廊街式史前新生代时期的原始梦想世界，或者拜物教的风景组合（有机世界的女性群体与无机世界的各种纪念品），博物馆和全景图，都与梦的迷宫交织。它们可以被中国式的庙宇或者中国文人美学庭院式的风景取代吗？或者如同费奥多罗夫对于复活博物馆的梦想？如此可以打开另一个入口，并消失于其间？或者说，中国式的庭院难道没有必要进入现代性的展示空间并且获得扩展？——古典的庭院（无机的假山石与有机的花园池塘）如何与现代玻璃建筑的透明性结合，如何与现代艺术的流动展示空间，以及现代人需要休息梦想的空间乃至于个体禅修的场所（如同日本京都的枯山水）一道获得整体性的修复并贯通起来？除非这些空间与材质具有某种自然元素及其震荡的感通性，就如同柏拉图的廓纳（khora）——

好似一个簸箕一样震荡的场所，让大众在闲暇时重新聚集，从玻璃与钢铁的封闭材料进入“借景”自然的非封闭空间，这还是“虚托邦”在现代性有待于建构的空间。

如此变小且等待时机并且获得救赎的方式，就形成了新的时间感受，这是“第五维度”的时间之门，它的颠倒空间则是现代资本主义导致的永恒复返的“地狱”。而网络虚拟的全球化空间，每一个用户的端口——不也提供了一道道小门？但这既需要打开“防火墙”，也需要找到从虚拟第四维空间进入现实的通道或入口，否则也只是尼采与布朗基所说的相同者的永恒复返（当下化的地狱状态）！

那个瞬间的小门，那个当下的瞬间，如何可能不落入自然历史的线性时间、不落入资本计算的全球化循环时间？不只是成为虚拟空间的泡沫？甚至也不是倒计时的未来临在时间？

弥赛亚如果来临，乃是在无用的、并不存在的第五维度来临，打开“虚托邦”之门；或者已经悄悄地借助于中国艺术故事的这道小门？这可能改写《论历史的概念》中弥赛亚来临的方式？是弥赛亚与自然性的相互转化？是另一种沉默的转化？

这道小门，也许已经中国化或道家化了。对于中国文化，如此变小的消失与转化的过程——借助于带有梦幻气息的机体——乃是默化，如此变小的细微方式，需要持久的转化，一次次变小，微妙，甚至缓慢，此乃渐进修养的韧性。除了借助于自然的相似性与想象，它也非常接近于朱利安所触及的《默化》之思：

> 中国思想并不“信仰”断裂，它从不停止固定发展的过程，而是把希望寄托在发展的过程上，从细微生发，发展至无限。[1]

朱利安在《默化》一书中比较了西方与中国在转化上的差别。一方面，西方的革命哲学乃是事件化的思想：

> 事件不仅霸占眼球、攫取关注，它还组织起叙事的结构，使其呈现戏剧般的强大张力。在这个意义上，可以说它完全是“神话”(muthos)的构成元素之一。欧洲文化可以被定义为一种“事件”文化，因为它的基本形式乃是通过宏大叙事，以神话-逻辑的模式进行表现的。“事件”之所以在欧洲文化里享有特殊地位，是因为它制造断裂、开启未知、产生聚焦，也因此凸显张力、渲染气氛，这是欧洲文化自始至终都在传承的东西。它根本不可能放弃这些东西，因为它（从情感上）疯狂地着迷于此，着迷于事件所具有的慑服力和启发性。欧洲人的信仰，不就由绝对的事件构成吗？永恒与现世在此交织，便有了彻彻底底的解放：创造世界，道成肉身，死而复生，等等。基督教就是这样一门奇特的宗教，上帝以肉身的形象来到地上，成为先知，于是，基督的降生就成为斩断一切历史，重新计算时间的大事件。[2]

---

1　François Jullien: *Les transformations silencieuses.* 2009. p.128.

2　François Jullien: *Les transformations silencieuses.* 2009. pp.121–122.

另一方面，与之相反，中国的智慧则是默化式的：

> 中国思想，说得更宽泛一些，与“哲学”对立的“智慧”——我们给了它一个这么没有力度的称谓，其特性不正在于消解事件吗？我认为它们（中国思想或“智慧”）的一致性和吸引力就从这里来。这个吸引力，既指去焦性，又指去戏剧性（或者我斗胆用一个词：缓解张力）：事件霸道地强取关注，刺激人们的感官情绪。中国思想或“智慧”的头等功劳，不就是把我们从这种情绪中解放出来吗？默化思想循着逻辑走到了这里，像是个自然而然的结果：在这种思维模式下，事件不再仅仅作为一种持续性的降临，也不再有挣脱的意味，而是突现；不能再把它理解为突然冒出另一种可能之意，而是指事物发展成熟后的结果，这个成熟的过程是那么幽深微妙、难以捉摸，通常情况下我们根本不可能追踪到它，对它有所体察。[1]。

但朱利安并没有发现此默化的材质，这里还是一种观念上的比较。除非进入自然感通的材质，甚至让技术与自然相互感通，否则这样的默化如何可以忍受前卫革命左派的极端性与优美相似性的哀悼二者之间的张力？对于我们，也许中国式的默化也不再足够了？既然中国传统的默化方式并未彻底改变古代一治一乱之循环，也许此默化需要再次革命起来？也必须借助

1 François Jullien: *Les transformations silencieuses*. 2009. pp.125–126.

于弥赛亚的助力？需要自然性与技术性的结盟，但此技术性又不能被帝国秩序再次征用，虚拟网络空间或数字媒体不应该成为重建帝国秩序的防火墙与全景控制的监狱。同时，西方的革命需要进入默化？此二者的同时反向而行，乃是对多种转化材质的发现，如此才可以让世界进程得以改变？

为何现代性的革命主体与转化主体，要变小并消失于自己的作品或图像世界之中？曾经的革命行动已经转变为个体化的日常行为，而且成为维利里奥所说的“公共情绪的共产主义”？甚至列宁所说的“革命，就是共产主义加电气化”——只需把“电气”一词以“电子”来替代就可。[1]无疑这再次推进了海德格尔在30年代末期的思考。

或者如同福柯在《何谓启蒙》中所说的“花花公子的苦行主义者”，他们不同于本雅明对现代大众主体闲散的肯定，而是回到波德莱尔的内在困难，不仅如同艺术家在白天闲逛游荡后做出自己的作品，而且还必须更彻底地把自己的生命或生活本身转变为艺术品，在自我塑造与自我创造中，把自己的生命本身转化为艺术作品，即通过持久的练习与自我改造，生成某种个体化的审美生存风格。本雅明这种自身消失的方式就是福柯的这种自我转化吗？

不仅如此，自身消失的方式还与自然的相似性游戏相关，

---

1 ［法］保罗・维利里奥：《无边的艺术》，张新木、李露露译，南京：南京大学出版社，2014年，65页。

是主体对于周围世界的相似性，如同孩子们在游戏中对周围世界之物进行模仿，甚至与周围世界融为一体，一个艺术家在创造作品时，最终也与自己的作品合二为一。这种自然的相似性游戏，正是为了平衡技术复制的游戏空间与世界的媒介化。那么，对于另一个肯定自然相似性的本雅明而言，就不同于波德莱尔对于浪荡子的发现，不同于电影媒体对于游戏空间的打开，也不同于福柯对于本雅明和波德莱尔浪荡子震惊美学的否定而走向个体生命的审美化，而是把个体生命的审美向着更广阔的生活空间扩展，尤其是进入自然化的审美生存空间。如同中国传统文人美学的“造园”——在园林中聚集与游玩，不只是个体的审美生存风格，而且是要在一种更广大的自然道场中，生成一种更自然化的审美生活方式，就如海德格尔所说的在大地上诗意居住的原初伦理。

六

# 本雅明的追忆：做一个庄子式的蝴蝶梦？

昔者庄周梦为胡蝶，栩栩然胡蝶也，自喻适志与！不知周也。

俄然觉，则蘧蘧然周也。不知周之梦为胡蝶与，胡蝶之梦为周与？

周与胡蝶，则必有分矣。此之谓物化。

——庄子《齐物论》

庄周梦蝶，可能是人类最早的哲学梦，也是一个最初的哲学事件。准确地说，这是一次哲学“默化”的事件。也许中国哲学一直处于梦想的默化之中，还没有解析，哲学还无法进入此梦中。

庄周梦蝶，既是庄周梦为蝴蝶，也是蝴蝶梦为庄周；一方面，二者必有区分；另一方面，二者中更神秘的反倒是——蝴蝶梦为庄周。

蝴蝶如何可能梦为庄周？这几乎是人类不可能回答的问题，这几乎不是一个问题，这只能默化，因为彼此还一直处于梦中。这是梦中之梦，如果所有人都处于“梦中之梦”当中，谁可能是觉者？如果没有觉者，如何可能由此区分？区分与物化的同时性——这是一个诡谲的问题。

这并非人类的梦想所能解决。也许人类要重新进入自然之梦。

何谓自然之梦？自然如何做梦？蝴蝶因为梦的力量而可以从蛹突破蜕化出来，或者蝴蝶因为彼此梦见，其翅膀才变得如此灿烂幻美？甚至，石头因为要去做梦，才会收留周围世界废弃之物的形态，而呈现神秘的迹象，此迹象甚至超过了任何人的艺术作品。

也许，庄周就是第一个博物学家，或者就是第一个昆虫学家、第一个人种学家，以其慧眼第一次发现了很多昆虫的奇特习性，尤其是蝴蝶，它们“喜欢”或者“迷醉于”对周围世界其他事物的模仿或拟似。蝴蝶翅膀如此丰富多样，如此美丽繁复，如此灿烂的“无用”又富有“创造性”，就是来自对周围世界变化的模仿。既然蝴蝶似乎如此“善于”模仿，似乎如此“喜好”拟似性（Ähnlichkeit），此拟似性或相似性的自然能力，此“无目的”的欢愉与多样性，难道蝴蝶不可能有一天去模仿人类吗？既然人类也只是周围世界中众多生命存在中的一种，这并非不可能！未来的仿生学也许会提供某种新技艺。

没有对于自然拟似性的观察与玄思，就不可能有着蝴蝶之梦的书写。区分与物化，来源于自然自身变幻的启示。而最为困难的一直都是理解此“蝴蝶梦为庄周”的拟似性事件。弗洛伊德对于梦的还原，可以分析人类回到动物本能的无意识欲望，却没有分析自然生物之间彼此的模仿与拟似性，更没有分析自然生物对于人类的拟似性。但在自然生物界，相互之间的拟似性却是普遍的行为，而且这也摆脱了“适者生存”的进化论，因为自然生物的模仿很多时候并没有什么目的，蝴蝶翅膀之多样性与美丽，竹节虫拟似树叶的叶子，几乎无法区分。很多时候，昆虫们并不是为了自我保存，只是为了无用的“炫耀”，只是对于周围世界的拟似“着迷”，却又富于创造性的活力。或者如同中国人着迷的顽石，石头上的痕迹与某种人为的风景极为相似，但其实这是自然自身的技术，是自然的自身生产，而且是毫无目的性的生产。这是康德所说的无目的的合目的性吗？但这合乎什么样的目的性？一种梦想的目的性？

石头是无世界的？海德格尔在20世纪20年代末思考世界时（GA29/30），提出三重区分：人类的世界构象（weltbildend）、动物的世界贫困（weltarm）与石头的无世界（weltlos）。[1]海德格尔的区分依然还是以有机与无机，以人类为中心的建构思考

1 ［德］海德格尔《形而上学的基本概念》（GA29/30），赵卫国译，北京：商务印书馆，2017年，263页。

模式，但面对自然自身的生产，面对石头自身的书写，即自然在石头上留下的“神迹”一般的痕迹，此自然的书写如何得以思考？“无世界”的石头所形成的“自然化书写世界”也许比动物世界所打开的深渊还要深广！

西方哲学与神学，尽管区分开“能生的自然”（natura naturans）与“被造的自然”（natura naturata），但因为有希腊的人类生产活动（poiesis）与唯一神论的上帝创世的唯一活动，就一直缺乏对此自然自身生产的思考，没有对自然生物自身的拟似性研究。只是随着现代人类学与人种学，还有生物学的出现，尤其是法国超现实主义的出现，西方哲学才发现这个自然自身生产的维度。如本雅明要回到的人类学唯物主义，其实带有某种“生物神话学”与“客观性诗意”的梦想（如同凯卢瓦的研究）。

当然，这个自然自身生产的维度，随着人类主体无意识的梦想被推到极致后才变得明确起来。这就是为何巴黎被称为梦想的神话之都，为何本雅明要花费几乎十年时间去研究巴黎，甚至不愿意离开巴黎，而且在韦伯的现代性去除巫魅之后，还执意要思考19世纪的拱廊街。因为拱廊街保存着19世纪早期资本主义的集体无意识之梦，还有着神话的残余，而在此神话残余中，既有着资本主义的享受与幸福意志，也有着波德莱尔诗歌试图保存的灵晕。

本雅明所面临的困难是：面对资本主义越来越走向商品拜

物教的倾向，现代性陷入地狱般不可救药状态，资本主义成为虚假的宗教，神话的原始性与幸福的允诺都消失了，所谓快感与欲望的享受其实都被商业广告支配；只能再次进入集体无意识，又要避免阿多诺所批判的原始神话巫术以及可能的种族神话。本雅明的回应方式则是进入对“现在”的唤醒，形成“唤醒的辩证法”：梦幻的无意识与唤醒的意识之综合。记忆的唤醒即辩证法，去唤醒过去已经遗忘的梦想，去实现几代人之间隐秘的梦想契约，把尚未实现的过去理解为梦想的无意识，但梦想的实现并非回到过去，而是使之成为“可识别的当下”，这就是记忆的哥白尼转向。[1]对于本雅明，电影技术实现了此集体无意识的梦想空间，而且带来了新的灵晕。但问题也在这里，电影的唤醒只是大众被动的游戏，在黑屋子里的集体观看，也没有什么观众的积极参与。即便当代艺术走向数字多媒体的现场浸透式体验，依然并没有激发观众的积极参与，还是在被设计好的场景中虚幻地游戏。其中有着无意记忆的唤醒吗？数字虚拟技术拟似自然的处境呢？是否也唤醒了某种宇宙感？对于本雅明而言，电影院的内在性与拱廊街的内在性如何相关？新的图像空间与身体空间又如何具有宇宙的共通感？这是本雅明一直尚未实现的梦想？

因此，本雅明所要唤醒的集体无意识，不是个体的无意识

1　Susan Buck-Morss: *The Dialectics of Seeing, Walter Benjamin and the Arcades*. 1989.

自动书写，也非技术复制的蒙太奇组合之梦，而是必须进入更大的“梦想的文本”——集体无意识不只是人类的艺术，不仅仅是人类的自然历史化或者历史的自然化，而且必须转向自然的自然性这个更大、更原始的文本，它甚至就是真正的“元文本”。面对一个越来越虚拟、越来越破碎的世界，进入自然的“第三记忆”或者“第三技术”，乃是对人类与世界整体共融感的寻求。

人类必须试图去做动物或者昆虫的梦，比如庄周梦为蝴蝶，甚至蝴蝶梦为庄周。不同于超现实主义、弗洛伊德与荣格的无意识梦想，这是自然的梦想。让人工的游戏进入自然的游戏，幸福的允诺才可能实现？

## 6.1 凯卢瓦的“石头梦”：自然自身的书写

石头是无世界的？石头上的痕迹是谁在书写？那是自然的“无意识”杰作？

20世纪20年代开始的法国超现实主义，受到弗洛伊德无意识与梦想分析的影响，开始面对“无意识”这个活动区域，当然不可能以任何有意行为来做艺术，既然任何意图或者理智的避雷针都导致无意识的消失，无意识只能以无意识的方式去呈现。这也是为何本雅明在1929年只能从普鲁斯特的“无意记忆”的写作方式进入，比超现实主义者更彻底面对了无意识如何表达自身的悖论。就如同最初的超现实主义者一直认为超现实主义绘画几乎不可能，因为任何绘画总是要有所描绘与构图，除非进入自动书写。

其实弗洛伊德的书写装置已经指出了痕迹书写的可能性。德里达在《书写与差异》对此书写场景的解构中，指出了此无意识底层之为蜡纸的可再写性：不断被涂抹，不断可以再写，也可以再次映现，但总是保持为不清晰的迹象，只能在能指的游戏中留下再次涂抹的痕迹（re-trait）。德里达展开此踪迹的可涂抹性，不可能像弗洛伊德那样进行清醒的分析，而总是有着不可还原的剩余，即梦之中还有着梦，生命一直活在梦想的残余中，不可能彻底醒来。离开了幻象，生命就没有存活的欲望，所有的现代性思想都试图穿越此幻象，无论是拉康的“小对体”，还是齐泽克的“污秽”。

如果无意识保持为无意识，如何可能言说自身？即便有着超现实主义的自动书写与绘画，这只是庄周梦蝶的一面，那蝴蝶梦为庄周的另一面呢？如何可能显现？这需要另一种理论思考，需要进入自然的自身之思。这几乎是不可能之思，也是哲学从未有过之思。思之未思在于：自然如何思想自身？自然如何梦见人类？

石头如何做梦？石头会梦见什么？整个中国古典文化似乎都是在做一个奇怪的石头梦：从女娲炼石补天的神话，到描摹石头的山水画，到孙悟空从石头里出生的意象，直到小说《红楼梦》(本名《石头记》)的诞生。石，石头，其实乃是中国文化之具有“补救性”或“救赎性”的根本基元与胚胎，如同西方的哲人石。

超现实主义回应梦想无意识的基本手法，就是要摆脱一切现存的句法与逻辑，摆脱主体的意识行为，任凭偶然性的联想与触发，甚至几个人同时书写，打破个体意志的控制与同一化条件。尤其是20年代末期，达利与唐吉（Tanguy）自觉地利用梦幻的变形语言来表达无意识，让梦幻绘画的图像化变得可能。

20世纪20年代末期，当本雅明再次来到巴黎，作为超现实主义的崇拜者，作为社会学院的旁听者，作为普鲁斯特的译者与认同者，他如何面对此无意识自动书写的优点与困难？在本雅明的关注中，超现实主义与梦想之唤醒的关系在于：1. 面对资本主义拱廊街的迷梦。2. 回到个体无意识的自动书写，为了革命从迷醉中吸取力量。3. 如何彻底还原到无意记忆？普鲁斯特的相似性书写提供了转化的契机。通过思考此无意记忆与相似性的感通关联，本雅明走向了自然的相似性，这就走向了1933年论模仿与相似性的教义短论。如何具体展开自然的相似性这个方向，本雅明还需要一些相关的准备，这是凯卢瓦也同时开始的思考方向——打开自然自身的生产方式。

尽管有着对弗洛伊德式无意识的自动书写式转化，但人们还要面对更内在的麻烦，那就是精神病人，比如神经衰弱患者，带有一种生物所有的自我毁灭冲动，回到无机物死寂状态，与周围环境的彻底相似导致与空间的彻底合一，从而陷入自我麻痹。而在无意识的自动书写中，还是有着主体欲望的表达和身体向着梦想的还原。但是，那个无意识的模糊性与抹消一切印记的蜡纸呢？它到底是什么？这是自然性自身生成的“蜡纸”，此蜡纸之所以可以不断生成，乃是因为这是一层自然自身生产着的材质，一种奇特的质料，如同柏拉图的廓纳（khora），具有可塑性与可再生性。尽管德里达后来意识到此廓纳（khora）的重要性，但他并不愿意走向自然生产的思考，而是更推崇技术的重要性，因此还是处于法国超现实主义的内在困境之中。

与超现实主义同时，还有以巴塔耶与凯卢瓦为代表的社会学院，二者有着交叉关系，但也有所不同。这个不同在于，巴塔耶肯定礼物的巨大浪费与消耗，来超越交换的逻辑与资本主义拜物教，并走向“卑污的唯物主义”，以“大脚趾”形象来超越布勒东的内在无意识活动；凯卢瓦与之一道，走向了“客观化的抒情”（自然自身的客观性与命定性），而非主观化的欲望表达。

但是，蝴蝶梦为庄周呢？这是更吊诡的转化。因为它是不可能的，我们是人类，我们怎么可能知道蝴蝶梦为庄周？除非庄周在梦为蝴蝶时——再一次处于更大的梦中——这个已经成为庄周的蝴蝶——再次梦想成为庄周？这是一个连贯的梦想的逻辑？“蝴蝶”，在这里成为梦想的中介与材质，蝴蝶之为变幻的蝴蝶躯体，乃是一种梦想的材料。尽管人类躯体与蝴蝶躯体有着“区分”，但因为蝴蝶躯体乃是一种梦想的材质、自然的共通材质，这就提供了“物化”的条件。蝴蝶之梦，乃是梦幻的转化“器官”或“机体”！也许中国文化比其他所有文化都更早发觉了此自然躯体，发现了此自然化的感通材料与生命整体修复的元素，而一直保持着人类与自然的原初感通，就如同犹太人一直保留着与弥赛亚救赎记忆的未来关联。

也就是说，对于本雅明而言，超现实主义只打开了一半的维度：庄周梦为蝴蝶，进入了无意识的地带。但是，那另一半，蝴蝶梦为庄周呢？这却是超现实主义无法思考的变形，而不再仅仅是无意识中如何有着无意识书写的悖论。让蝴蝶梦为庄周才是真正的转化，是更具普遍性的转化。这是自然的再生性，而人类已经不再是自然的了，只有发现一种感通的材质、梦想的材质、生命整体复原的材质，才可能思考深度物化与梦想契约的可能性。

进入自然化的书写，进入石头的梦想，让自然来为，乃是更彻底地还原到自然的相似性或拟似性，进入自然的相似性，因为其“拟态”的广泛性，我们也称之为“拟似性”（semblance of mimicry），但不同于鲍德里亚所思考的虚拟技术的拟似性（simulation 与 simulacres）。比如，兰花拟似为蝴蝶，螳螂拟似为兰花，其中有着超现实主义者对于祈祷螳螂的迷恋与阉割恐惧。但是在凯卢瓦那里，对于自然生物，尤其是“祈祷螳螂”的形态学思考有着巨大的启发性。本雅明与阿多诺也讨论过相关文本。[1]如阿多诺所言，凯卢瓦对于生命本能的生物学还原，不是像弗洛伊德那样使之消融在内在意识中，不是如荣格等人那样通过象征而抹平之，而是从其现实性（Wirklichkeit）而来；精神分析的新倾向不是来自个体自动化的意识生活，而是被导向并还原到肉身的事实。尽管凯卢瓦的思想中隐含着某种危险的隐秘法西斯主义自然信念，但阿多诺明确指出了，凯卢瓦的生物学还原并非弗洛伊德的爱欲或者死本能，而是比无意识内在意识更本源也更物质化的还原。自然拟似性的各种伪装游戏所揭示的真相在于，动物的原初恐惧直接烙印在了原始人类的集体无意识之中，其客观的命定性与人种形态学还原，与歌德的植物形态学一道，乃是生命的自然化还原，比超现实主义与精神分析更彻底。

不同于西方古典时代的艺术家与超现实主义者——他们试图通过创造作品来传达无意识的欲望——对于凯卢瓦而言，在

---

1 Roger Caillois: “La mante religieuse. De la biologie à la psychanalyse,” in *Minotaure* 5(1934), Roger Caillois, “Mimétisme et psychasthénie légendaire,” in *Minotaure* 7(1935)，这两个文本已结集，见《神话与人》(Roger Caillois: *Le Mythe et l’homme*. 1938.)。凯卢瓦把几个方面结合起来：peinture-arts plastiques—poésie—musique—architecture—ethnographie et mythologie—spectacles—études et observations psychanalytiques。尽管受到社会学院 Michel Leiris 的影响，但凯卢瓦给出了自己的转换，走向昆虫的人形学，客观的抒情性与自然自身的书写。在凯卢瓦看来，自然美——自然自身的生产与痕迹，而非艺术美，才是了解自然化生命的本源。

面对艺术家创作的艺术作品与自然自身的自然生成时，不再是让自然物相似于艺术品，而是要施行一个奇特的逆转：

> 将此一并置揭示出来是必要的，至少它带来了一些奇怪的逆转。我们看到，现代画家们第一次尝试放弃精确地再现他们的理型，完全抛弃理型并竭力避免任何形式的表现。而石头上的标识则被认为是那并不代表任何东西的事物中最有趣的一种。然而与此同时，那些似乎描绘着某种东西的罕见石头又重新受到了青睐。奇怪的是，“自然”本身并不像艺术那样绘画任何相似，却有时制造出这样做了的错觉。而一贯擅长描绘相似性，以至于无可避免地将之附会为一种天然的职业的“艺术”，却放弃了它的传统，转向模仿自然的形式创造。他们孜孜以求的这些形式，大自然比比皆是，没有预谋，没有理式，一切浑然天成。[1]

此逆转在于回到自然自身的生产，比如蝴蝶翅膀的拟似性游戏。凯卢瓦比较了蝴蝶翅膀到底是有用还是无用的观点之后，指出了自然生产的无用性：

> 这就是一个关乎全然无用之特征的问题，在逻辑上，如果有人将这一推理作为穆式拟态论证的基础，这将会不留余地地成为一个破坏性现象。（因为）实际上，它同样也会导致对捕食者的训练，捕食者可以以这样的方式更快地习得如何辨认好吃的蝴蝶。在它的

1 Roger Caillois: *La Lecture des Pierres, L'Écriture des pierres*. 2015. p. 249.

> 欲望之下，根本没必要在不同的、令人困惑的图案之间犹豫不决：事实上，所有好吃的猎物都体面地穿戴着一模一样的制服。如果这一机制在一种情况下是有用的，那么在其他情况下就一定是颇具破坏性的。我们最好假定，在这两种情况下，它都是无用的，并且放弃任何有关穆式拟态之有用性的观点。[1]

在动物的模仿与变形中，在蝴蝶翅膀的美丽形态中，某种“如画”的形态中，根本就没有什么实用性！就是一种游戏，一种嬉戏，一种无用的生产，自然无目的性的慷慨炫耀，甚至是一种危险的奢侈与浪费。但此游戏是自然相似性的游戏，不是本雅明所说的复制技术的游戏。蝴蝶翅膀无限繁多的颜色与形状，因模仿周围的自然物而变得丰盈，这并没有什么目的，不是适者生存的自然法则，而是自然自身的丰富性与能产性，即自然自身的无意义生产游戏。后来凯卢瓦去研究石头的自然书写，那些痕迹与迹象其实并没有什么指向性，所有的图像识别都是人类后来的投射。这是无目的与无意义的自然化工作，是自然之为艺术家，是宇宙时间持久的剩余物。就如同康德的无目的的合目的性？康德说花朵之为自由的自然美，确实是自由的，但也是没有目的和概念的，却有着丰富的显现，这只有在自然的自身生产与大美中才体现出来。凯卢瓦所认识到的人类行动与昆虫行为的相似性，是一种模仿的魔术（magie

1　Roger Caillois: *Méduse et Cie*. 1960. pp.88–89.

mimétique），如同本雅明所强调的源语言的魔术性。如此才发现与打开了自然模仿自身的艺术，唤醒了自然的魔术或者自然的技术。而本雅明思考第一自然与第二自然，第一技术与第二技术的差异时，已经触及此问题，但没有如此明确。

凯卢瓦已经发现了此可能性，即自然的拟似性与变形记（metamorphosis）。正是从自然的拟似性与变形出发，人类的拟似性表现为双重行动。一方面，人类模仿一切，人类可以模仿自然，也模仿人类自身。亚里士多德以来的西方模仿理论，主要思考人类的模仿行动与戏剧化表演，或者肯定模仿或者反对模仿，主要集中于人类之间模仿的竞争性（如吉拉尔在现代的思考）。另一方面，人类如何让自然模仿自身？让自然模仿自然的同时，还模仿人类？自然模仿自身，这是自然自身的模仿，人类如何学习这个第一自然的自然生产性？这是一种什么样的艺术？不同于第二自然的人类社会——人类对人类行动的模仿，也不同于第二技术——人类的复制游戏，而是要让第二技术的复制游戏与自然相似性的自身生产相互游戏，与自然自身复多化且无用的相似性模仿结合，让两种模仿重新结合，即让模仿的两个要素——相似与游戏——重新结合起来，形成“第三技术”。这是本雅明试图去做但一直尚未明确的工作。当然本雅明给出了一些暗示，面对第二技术与自然的关系时，他在手稿的一些片断中指出：“艺术是对自然的改善，是模仿，对隐藏最深的内在自然是一个示范。艺术，换一句话说，是完成的自然。”这里的完成并非已经做完，而是一个无尽的过程，尤其是针对已经死亡的、废墟般的自然，其中有着弥赛亚性救赎的诉求，就如同游戏与相似的历史辩证法展开过程。[1]

这是双重的模仿：一方面，人类要模仿自然，不是模仿人类；另一方面，让自然模仿人类，这个“让”乃是“让自然来为”。这样的双重书写与模仿游戏如何可能？那就要发现自然的质料、自然的共通感，比如蝴蝶的翅膀，并向着两个方向展开：一方面，人类进入自身的自然性，这是身体进入自然性的感受，如同波德莱尔所说的感通；另一方面，人类进入自然的自然性，进入更彻底的自然性，再度激发自然的潜能，不是人类模仿自然，而是让自然模仿人类，如同蝴蝶之梦为庄周。

石头是无世界的吗？石头的梦想会如何？

后来，凯卢瓦还发现了“石头的书写”——石头上的风景痕迹——似乎是模仿人类的景观，但其实根本无意，而人类又可以反复投射某种拟似物，这是自然本身的自身生产与开放性。

但在凯卢瓦看来，这里有着危险，因为拟似性会导致这个生物完全相似性于空间本身，只是为了单纯的相似性，超

---

1 Walter Benjamin: *Walter Benjamin-Handbuch, Leben-Werk-Wirkung*. 2011. S.248.

过自身，与空间合一，可能导致解除人格化，如同弗洛伊德所指出的死本能。如同把人的存在转换为一朵花或一株植物，如同电影中，一个杀人犯幻想自己成了蝴蝶或者动物。当然，也可以反过来，一个动物成为人。

不只是蝴蝶梦，对于凯卢瓦，甚至，石头也做梦，而石头也许最能体现本雅明所说的自然的消逝性与永恒性：一方面，石头乃是自然灾变后的剩余物，体现自然对“任一物”的作用；另一方面，石头上的纹理痕迹是自然亿万年留下的无名作品，甚至是杰作，超过了人类的所有艺术品，体现出永恒性。因此，石头开花，或者石头做梦，乃是自然的弥赛亚生成，向着不死性的生成。当一块玉石如同优美的精灵显现，这似乎就是自然不死性的显现。

石头上的云烟图像带来的相似性想象，有着奇迹般的梦幻，但这并非上帝的奇迹，而是自然自身的杰作。每一个形象都是不朽的见证，只是记录了时间的永久性，但又无法记忆。

而且，石头之成为作品，之为做梦的石头，还可以化解现代艺术的危机：成为无用的艺术。杜尚“现成品”（ready-mades）的出现，既肯定了任一物的尊严与价值，也导致了“无作品性”或作品的拒绝；既触发了一种非生产性的艺术，也导致了艺术本身的危机，即任一物都可以成为作品，导致作品的取消，因为现成品只能做一次。

但如果自然物成了现成品呢？是否可以化解人造物现成品

带来的危机？凯卢瓦通过中国文人美学揭示了不起的发现：

> 其次，这些石头都没有被标记：它们是自然的奇迹（miracle de la nature）。令人感兴趣的正是这种形式的相似性，而不是作品的美学价值。没有艺术家拥有这一（必然有争议的）想法：只通过亲自挑选这些物品——就像后代的马塞尔·杜尚挑选人工制品——来将这些物品提升到个人艺术作品的等级。仅凭艺术家邀请观众从一套新法则的视角喜爱和欣赏最琐碎的显现这一点，这种提升改变了被发现物品的本质和命运。杜尚的胆量本质就在于，他承担了在任何物品上签名的责任，尽管这些物品可能不是他做的。但是，杜尚揭示出它是一个可以唤起艺术情感的作品，如同技艺精湛的大师的绘画那样。通过这一行为，杜尚就把这件物品据为已有了。
>
> 马塞尔·杜尚并不是第一个介入这一道路的人。在19世纪中期的中国，一位艺术家可能会挑一块吸引他的带有标记或纹理的大理石板，修剪并加框，给它一个标题，然后盖上自己的印章。通过这样做，他占有了这块石头，好像它是真的绘画一样，把它变成了一件他拥有的艺术品。我已经发表了一份这样的研究和相关样品，中国人称这些石头为梦石。[1]

——是的，这是石头的梦，似乎石头渴望被诗人标记与签名，成为这个文人的化身，中国的文人也崇拜石头，拜石头

1 Roger Caillois: *Méduse et Cie*. 1960. p.63.

为兄弟（凯卢瓦当然也注意到了这些传说）。中国文人的这种标记方式，在凯卢瓦卡那里，不同于西方艺术家从已知图像中寻找相似性，并改造石头的痕迹，使之成为某种象征化的图像。中国艺术家仅仅给予一个标记而已，这是一种与西方相反的相似性，让自然来显现自身，并不激发我们已有的记忆，而是超越我们的记忆，走向永恒的记忆或宇宙的记忆。

在凯卢瓦看来，作为现成品的石头，甚至超过了杜尚的现成品。尽管现成品也是任一物（主要是人造物）被打上名称或签名标记而成为非艺术的艺术品，但却只能做一次，而且基本上被抛弃，不应该成为作品。但对于中国文人，自然物，比如任一石头，都可以被盖上印章后成为艺术品，或者就摆置在几案上，成为“云屏”，成为装置类作品，成为日常诗意之物——在卧榻之边，这些石头进入诗歌的咏叹，这些沉默的石头会陪伴诗人的梦，这同时也是石头的梦想，但却具有自然的丰富性与无用性。

凯卢瓦敏感地指出石头也激发幻象，并可以作为救赎的法器，让必死者抵达不朽的神圣境界，其中也有着一种神秘的“入迷”——似乎要成为石头，成为石头的梦想：

> 在一些东方传统中，人可以从古树根、山岩、脉状或孔状石头的奇形怪纹中得到开悟。此物可似山脉，可比峡谷，可类洞穴。它们化长空于一隅，纳万古于一瞬。它们是长久冥思遐想和自我催

眠的对象，是抵达狂喜的门径，也是与现实世界促膝而谈的法门。圣人以冥思遁入其中并陷于迷途。传说圣人再也不会重返人类的世界：他已入不朽之神境，自己也成了一个不朽的存在。[1]

通过石头而进入不朽，如同中国文人通过自己的所造物——绘画[2]——就可以消失于此图像之中，就可以在现实世界穿越现实，或者冥思，或者自我催眠，进入了不朽的存在之境。

凯卢瓦认为："就像天才之作都是独一无二而不可替代的一样，每一块石头都是一种无用而无价的所在，经济规律对其来说，只不过是一种徒劳。"凯卢瓦并不认同现代科学的假设，即自然总是以最大的经济原则导向最实用的目的。其实大自然并非吝啬鬼，而是浪费的矿井与奢靡的盛宴，大自然似乎为了看到自身，而激发出无尽幻象的元素。这是自然自身的无意识之梦，就如巴什拉在《梦想的权利》中发现，睡莲借助于水的眼睛与反射而更美，世界由此获得对自己美丽的原初意识。或者如波尔特曼（Adolf Portmann）所发现的，自然中存在着一种不具功能性的合目的性，有一种无观众的自行显现，有一种无所对也无观众的显现，成为一种无接收目标的自身显现。而人

1　Roger Caillois: *Méduse et Cie.* 1960. S.63.

2　绘画不再仅仅是人工产物，因为其相似于自然，利用了自然材质——水与石头都是蝴蝶一般的梦想材质共通体。

类从自身创作的作品出发所形成的艺术作品的美学感知，可能只是众多表现形式中的一种而已。

## 6.2 本雅明的“蝴蝶梦”：感性的相似性与非感性相似性的感通

石头会做梦，当然蝴蝶也会做梦。这是庄周的蝴蝶梦，庄子之梦从来不仅仅是他一个人的梦想，这是哲学自身的梦想，是思想的事情。

庄周梦蝶，既要庄周梦蝶，又要蝶梦庄周。这样的双重书写如何可能再次实现？本雅明在《柏林童年》的自传书写中，借助于普鲁斯特的无意记忆与中国道家的即刻幻化，进行了变异转化。

要实现这样的双重书写，本雅明不得不借助于异域的想象方式，中国艺术由此出场。因为中国艺术一直在面对二者的关联：一方面是模仿自然，进入一种梦幻的书写中，如同超现实主义的自动书写，一个中国书法家持续进行几十年的书写活动后，进入肌肉记忆，进入无意记忆，放弃习惯的程式化，才有晚年的衰年变法，进入自身身体中的自然，让自身身体的自然性或无意识动作相互作用，且不断激活，才可能不断激发新的变化；另一方面则是让自然来为，对于中国水墨艺术家而言，就是让材质的自然性，无论是宣纸的空白、水性墨性的流动性，还是自然的混沌，都走向一种律动的节奏，在一种烟云变化又有着节奏的书写中，让自然具有某种意境。此意境，就是自然向着人类的生成，尽管并非一种具体的生成，而是一种可能的生成。由此，自然向着人类生成，自然也包裹人类，自然环境与人类身体合而为一。

中国文化“似与不似之间的感通”原理，之为云－烟式的书写，也是本雅明1938年观看中国绘画展览时直接感受到的“思想图像”[1]：

> 中国书法——或称“墨戏”（也是游戏？——笔者注，下同），这里我们借用一个杜保斯克先生用来描述绘画的字眼——的呈现，因此具有卓越的动态性。虽然这些记号有其固定的联系和形式，但它们所包含的多种“相似性”（ressemblances）却能给予它们动态。这些虚在的相似性（Ces ressemblances virtuelles）在每一笔之中都得到表现，形成一面镜子，使得思想可以在这种相似或共鸣的气氛中得到反射（相似性的气氛与回响，不就是中国文化的气韵生动？不就是与自然的灵晕相通？这是有待于再次展开的主题）。事实上，这些相似性之间彼此并不互相排斥；它们交织缠绕，并且构成一个诱发思想的聚集体，正如微风吹过凝视的面纱（相似性既包括感性

1 ［德］本雅明：《迎向灵光消逝的年代》，许绮玲、林志明译，桂林：广西师范大学出版社，2004年，148–151页。文字有改动，括号中的语句为笔者所加。

的相似性也包括非感性的相似性，而面纱的隐喻再次出现，回应了歌德论文中的面纱之相似性之美）。

中国人称这种描写为“写意”(peinture d'idée：理型的绘画，此理型并非柏拉图的不变的理型，而是自然的变化)，正是特具意义。形象就其本质，即包含某种永恒（éternité）。这永恒表达于笔画的固定性和稳定性之中，但它也可以用更微妙的方式来表现——将流动和变化融入形象之中（fluide et changeant，这里的永恒性，流动与变化，也与《神学-政治学残篇》论文中所讨论的自然的时间空间相关，其中也有着运动与稳定的辩证法）。书法的完整饱满便实现于此融合之中。它以“思想—形象”的追求为其出发点。沙尔先生说:“在中国，绘画艺术首先是一门思想艺术（这里有着本雅明的深刻发现，中国绘画如何成为一种思想的艺术？这还是中国传统从未有过的，西方也是从现代性以来，在塞尚那里才把绘画变成一种与自然相关的思想）。”而且，对中国画家而言，思想，意味着以相似性来思（penser par ressemblance，本雅明特意指明了这个相似性对于中国画家与中国思想的重要性，可以联系之前感性的与非感性的相似性）。正如在另一方面，对我们来说，相似性只在闪电般的片刻中出现（这就与“辩证图像”的瞬间闪烁相通），而且相似性的观察正是最稍纵即逝的事物，这些绘画的稍纵即逝性格和深沉变化性质，以及它们对真实的深入（pénétration du réel），两者间变得难分难解。它们所固定的，只是流云的固定性（la fixité des nuages）。它们真正的和谜样的材质便是变化，正如生命本身（这里的实体就是自然化的材质共通体，而且一直处于变化中，但又与生命相通，这个充满了谜一样的关系还有待展开）。

山水画家为何长寿？一位富于哲思的画家提了这个问题。“以烟云供养故。”（本雅明以其无比的敏感——当然也来自一些汉学家或者艺术史家，比如阿瑟·韦利（Arthur Waley）与喜龙仁（Osvald Sirén），还有瓦雷里与林语堂等人的启发——发现了中国艺术的秘密，这是生命的养化，因为自然与人类共有感通的材质：呼吸或气息。）[1]

这里，石头也会做梦；这里，石头的固定与烟云的流动相关，形成中国文化“石如云动”的世界构象。这也是另一种石头梦？本雅明无疑已经体会到了！

在这篇一直没有被西方学者关注的短文中，本雅明已经指明了中国思想与相似性语言理论之间的内在关联，通过相似性或拟似性来思考的思想：一方面是感性的相似性，另一方面则是非感性的相似性；非感性的相似性乃是以人类的记号语言向着自然性还原；而感性的相似性，则是与自然的相似性，一直保持着鲜活的变化。如同我们的出生时刻为天空的星象所决定，本雅明认为对相似的感知在任何情况下都与星体的闪烁相关，像星座里的星星那般稍纵即逝，因此对相似性的感知与瞬间紧密相连，中国艺术中的“烟云变灭”也是另一种相似性的

1　Walter Benjamin: *Gesammelte Schriften IV*. 1991. S.602–604.

思想图像（l' image-pensée）[1]。参考占星术就足以使非感官性的相似的概念变得更加清晰，这是个体与星座的一般性直接发生感应关系，如同波德莱尔试图思考的感通或通感。但随着人类的进步，我们渐渐不再能够直接感知星座的普遍性或者理型，不再能直接感知宇宙的相似性了，不再具有整体修复的能力，而更多通过语言这个媒介的非感官的相似性来进行感知活动。

但中国文化，无论是象形文字还是绘画艺术，都保留了感性的相似性与非感性的相似性，即似与不似之间的关联，就如同“龙”这种并不现实存在的中国式思想形象：一方面，“烟”

---

1　Werner Hamacher: *The Word Wolke—If It Is One*. Studies in 20th Century Literature（STCL.）: Vol. 11. No. 1（Fall. 1986）. 德文版见 Werner Hamacher: *Keinmaleins, Texte zu Celan*. 2019. S.54。哈马歇分析了本雅明文本中关于“烟云”的变形以及非感性的相似性，在此新版著作中，哈马歇也用卡夫卡与本雅明的“认认真真做某事同时又空无所成”的诡异逻辑，来分析策兰的诗歌写作，已经发现了诡异的转换力量，给出了“无用的文学”的另一个绝对例证。参看 Heinz Brüggemann: *Walter Benjamin über Spiel, Farbe und Phantasie*. 2007.。此外，需要指出的是，本雅明对于烟云与灵晕的思考无疑来自克拉格斯的直接启发，克拉格斯的著作（Ludwig Klages: *Der Geist als Widersacher der Seele*. 1981. S. 845），直接讨论了 Nimbus（光轮与云雨，或云彩的闪耀）与 Aura 的关系，作为原始图像，它们是对宇宙空间的象征，在去远与接近之间拉开张力，而且形成了一道闪耀的面纱（leuchtenden Schleier），让事物进入显现时，保留了浪漫主义充满预感的无限性。而且因为此灵晕的转化（Wandlung），其有限的形式与颜色和明亮并不稳定，其图像也一直处于可转化之中。该书也讨论荷尔德林的以太的大气与灵晕的关系，还有人的性格与气氛的关系。克拉格斯这本1920年代出版的著作深深刺激了本雅明，让他在1930年代直接面对灵晕。值得强调的是，克拉格斯对本雅明的影响可能超越了所有其他人，本雅明与施米特的关系是一种危险的亲密性，因为反犹主义与法西斯主义，而克拉格斯的危险可能要小很多，但克拉格斯与本雅明的关系还有待展开。按照妥拉的每一个语段都有着49层含义的说法，在本雅明那里，如果自然与生命也有着49层意义，其中大都与克拉格斯相关，直到后期《拱廊街计划》的写作，看似参照荣格，其实是来自克拉格斯。巴霍芬的母系社会与卡夫卡的前世界，宇宙的相似性与感通性，其实也是来自克拉格斯。

是不确定变灭的——神龙见首不见尾——“龙”藏于烟云之中，乃是不相似（成为纯粹形式化的云纹），而“云”则具有感性的相似性联想（甚至成为“龙云”的固定化等级制符号体系），就充分体现了“好似”与“好像”的宇宙原初通感性，如牟宗三所说的“精灵的感通论”。

对于本雅明，中国画家最后要走入画中，中国的烟云要成为神仙，要获得节律，或者如同烟云的云层成为瓷器，成为姆姆类仁；二者的感通在于材质机体的可塑性与可再生性。在本雅明发明的孩童形象中，“姆姆类仁”就如同卡夫卡的“奥德拉德克”，乃是多重变异与感化的书写形象：一方面，是非感性的相似性，“姆姆”作为声音拟声词有着感性的相似性，但成为“类仁”，成为“里面”，成为铜版画的“印刻”，就是非感性的相似性了；另一方面，则是“姆姆类仁”之为云彩，使“我”与周围之物相似，让“我”自己卷入其中，这就是凯卢瓦所分析的生物的相似性，最后彻底委身于空间，与空间合二为一，而消除了自我意志。“我”自己卷入画中，一片色彩让“我”卷入到瓷盘中，自己与瓷盘无异，这是相似性的游戏，是相似性与游戏的内在合一，其中可感通的材质才是梦想的机体与转化的中介。

最明确的一段还出现在《柏林童年》中的《捕蝴蝶》一节，这既是本雅明源于自身的书写，也是本雅明对卡夫卡的改写（“数一数卡夫卡文本中的蝴蝶吧”，这是1934年本雅明论卡夫卡文本中的句子），可能也是对庄子的改写，“蝴蝶梦”一直在那里，等待着重写。

在大约同一个时期，1931年的初稿与1938年简约化的定稿中，《捕蝴蝶》这一节几乎没有什么改变，本雅明给犹太友人肖勒姆的书信中写到了卡夫卡写作的命运：卡夫卡和布伯一脉相承，这就像在网里捕蝴蝶，其实翩翩飞舞的蝴蝶在网里投下的只是影子。而卡夫卡无疑是知道庄周梦蝶这个故事的。那么，本雅明在两个处境中切换：一个是卡夫卡的写作，被《城堡》的不可能空间诱惑，成为动物是最好的生存姿态，比如蝴蝶；一个是庄周梦蝶，这个拟似性的极大诱惑，触发了自然的幻象。如何同时转化二者？

本雅明自己写作的蝴蝶梦与幻化，是与中国文化“即刻幻化”无限接近的书写想象方式。

> 那个古老的猎手格言开始在我们之间起作用：当我肌肉的每一根纤维都调动起来去贴紧那个小动物，当我自己即将幻化为一只飞舞的蝴蝶的时候，那蝴蝶的一起一落就越来越近似人类的一举一动，最后擒获这只蝴蝶就好像是我可以重新成为人的必须代价。[1]

这段捕蝴蝶的具体事件，难道不就是庄周梦蝶与蝶梦庄周的改写：第一个句子是我自己幻化为一只蝴蝶；第二个句子则是蝴蝶近似于人类。下面的叙述则是弥赛亚式书写的变异转

---

1 ［德］本雅明：《柏林童年》，王涌译，南京：南京大学出版社，2010年，20–21页。

化了：

> 那片蝴蝶飞舞其中的空气今天被一个名字浸透了。几十年来我没有再听任何人提起过这个名字，我自己也从未说起。这个名字中蕴藏着成年人对于孩提时代一些名称的无法探究，多年来对这些名字的沉默使它们变得神圣。飘满蝴蝶的空气中颤颤巍巍地响起这个名字：布劳郝斯山。在布劳郝斯山上有我家的夏季别墅。但是这个名字失去了重量，和"酿酒厂"已经毫不相干了，顶多就是一座蓝色烟雾缭绕的山丘。一到夏天，这座山就从地面耸出，成为我和父母的住所。因此，我童年时代的波茨坦的空气是那般地蓝，就像利摩日城的珐琅碟，蓝色雾气中的悲衣蝶，将军蝶，孔雀蝶以及晨光蝶仿佛散布在珐琅碟上，通常这种碟子都在深蓝的底色上衬托着耶路撒冷的屋顶和城墙。[1]

在这些语词之间，本雅明的书写建立了感性的与非感性的相似性的内在关联：蓝色（Blau），酿酒厂（Braeu），布劳郝斯山（Brauhausberg），墙（Mauern），蓝色空气（blauer Luft），深蓝色底色（dunkelblauen Grunde），这些语词之间在发音与字形上有着感性相似性的回响，但其不同的、不相干的语义却是非感性相似性的转化。在梦想的机体感受中，空气中充满了蝴蝶，并且与蓝色相感，因此整个空气充满了蓝色的颤栗，此颤栗的蓝色空气与一个名字相关：布劳郝斯山（山石之为石头，

1 ［德］本雅明：《柏林童年》，王涌译，南京：南京大学出版社，2010年，20–21页。

也是另一种石头梦），其中有着蓝色相似的发音，名字与蓝色空气，与蝴蝶的蓝色，烟雾缭绕的蓝色空气相互感通，直到成为一个瓷器上各种蓝色化的蝴蝶，而此蓝色蝴蝶又映照出耶路撒冷的城墙。这是名字相似性的变形记（Metamorphose），也是相似性的爱意。相似性的救赎性是在世界上去唤醒无尽的爱意，经验之为经验（Erfahrung）也是去活在相似性之中，活在质料共通体的感知转化之中。如同普鲁斯特式的写作，整个相似性的通感展现的并非某一个对象事物的美感，而是一个游动的场域，一个虚托邦式的场域。相似性的延展，似乎隐含着某种宇宙记忆的救赎性？蓝色空气回响着一种无意记忆的自然书写，如同植物之间、父子之间，发现宇宙最遥远事物的相似性关系，不就是宇宙学的至高原则？

对于本雅明，蝴蝶飞舞中的空气，还被一个名字浸透与改变了，它指向烟雾，但此烟云的空气中的颤动与蓝色相关，而此蓝色乃是法国中部城市生产的景泰蓝或瓷器——也可以与中国瓷器联想起来——如同《姆姆类仁》中的中国花瓶或者瓷器，而这碟子会在深蓝色底色映衬下展现出耶路撒冷的城墙。这就是自然的弥赛亚化。蝴蝶在蓝色空气的颤动中——感性的相似性，在名字的联想中——非感性相似性，蝴蝶就幻化为耶路撒冷墙的名字，转换为救赎的象征，这是蝴蝶的弥赛亚化。自然在不断的变形转化中，生出救赎的渴望！

本雅明个人的蝴蝶梦是孩子气的蝴蝶梦，这个“孩子性”

在历史的经验之外，也是未来与拯救的种子，因为这是生命感通与整体复原的“胚胎”机体。如阿多诺论卡夫卡时所言，现代性的孩子形象乃是希望之所在，乃是对于历史的无知，但希望已经馈赠给他们，他们已经是希望，以至于并不寻求救赎。或者如本雅明思考收藏家的行为时所相信的，对于孩子们，有无数种不会失败的办法，让存在实现其更新。孩子们的模仿方式在知觉与行动之间建立了更为本源的联系，这是中国文化所说的“胚胎”与“胎息”的感通材质，对此原初的模仿能力之唤醒与培育，作为渐进修养的韧性之练习，乃是另一种默化。而且，这也是犹太教救赎的道家化，是弥赛亚的自然化，但同时，也让自然弥赛亚化了，更奇妙的是，这又是一个什么样的中国哲学之梦呢？

石头做梦，蝶梦庄周，这样的双重转化，乃是吊诡的想象。此“吊诡”乃是“纯粹的矛盾”（Reiner Widerspruch/pure contradiction），不同于唯物主义辩证法对于矛盾的“扬弃”，不同于“逻辑的矛盾”与表达的错误，不同于康德的“二律背反”，不同于德里达与德勒兹的“双重约束”，而是来自庄子与里尔克式的梦想：尤其是蝴蝶梦为庄周的反向运动，这是自然对于人类的梦想，几乎不可能的经验，但也许正是世界的可能性本身——在混沌世界中，自然向着万物生成的无尽可能性或偶然性。这是对康德没有解决的“二律背反”的重新理解，从自然本身而来的“吊诡的自然主义”（pure contradiction naturalism）或“弥赛亚化的自然主义”（messianic naturalism），即弥赛亚的自然化与自然的弥赛亚化，是吊诡的关系，这与当前流行的各种思辨实在论（speculative realism）和思辨唯物主义（speculative materialism）不同。

在犹太人对于中国文化的着迷中，还有一些相关的故事，确实，是故事，是一些奇妙且无用的故事。这些故事一直没有被西方哲学界与中国文学界关注。这是自从布洛赫以来就令犹太人好奇的故事，就是一个中国画家，因为持久着迷于自己的绘画故事，最后的告别方式则是走进了自己的绘画之中。[1]——这也是走过去了，走进了自己的作品之中。

布洛赫试图克服现实世界与梦想世界的二元对立，如此梦幻一般的想象，似乎就是佛教所说的涅槃世界与烦恼世界的对立互相转化的重演。对于中国艺术家，并不一定要如同佛教徒那样走到世界的彼岸，而是在两个世界之间，找到一道门，这道“门”并不在现实世界，而是在艺术家自己的作品上。如果绘画作品都是挂在墙壁上，如此穿越也是打开了墙——中国万里长城作为城墙也可能如此被打开。这也是打开一个被规则堵住的世界之墙，一个“间世界”，一个感通转化的中介机体，就在艺术家自己创造的作品上，是自己进入自己的这个作品。

来自中国的想象与动机，不仅启发了布洛赫，也启发了本

1 Ernst Bloch: *Spuren*. 1969. S. 151.

雅明。后者在30年代模仿普鲁斯特《追忆逝水年华》的写作方式（寻找生命由衰老走向青春的魔法）中，书写《柏林童年》的救赎机制，在较早稿件的第一章《姆姆类仁》的结尾泄露了自己整个写作的秘密，重复了画家走进自己的画作中的姿势或动作——而且这是本雅明自己整个相似性或拟似性想象方式的来源——中国故事与景泰蓝瓶子上的图案，这是拟似性或模仿魔力的来源。那就是说，感通材质的拟似性唤醒，庄周梦蝶的转化方式，才是打开世界之门的钥匙，才是故事与跟随的秘密。

不仅仅是本雅明这些犹太人，还有黑塞在小说《悉达多》中，后来汉德克在小说《返乡》[1]中，都将此消失于图像的方式做了更隐秘的扩展。这样的写作甚至成为一种与救赎相关的“准–神学”书写。[2]

## 6.3“中国哲学之梦”的思想实验:“第五维度”之为“虚托邦”

石头做梦，蝶梦庄周，这样的梦想，人类的梦想，已经是神性的症候。

---

1　在圣维克多山的教义中，叙事者看到了塞尚作品上的“万象之象”，也是一种原初感通相似性机体的唤醒，且带有象形文字的舞蹈幻象，是图像–文字–姿势的共感。

2　Peter Braun/Bernd Stiegler: *Literatur als Lebensgeschichte, Biographisches Erzählen von der Moderne bis zur Gegenwart.* 2012. S. 183.

梦想的世界，也许是第五维的显现，第五维如何生成？

我们以“多维度”（multi-dimensions）来简洁地区分开生命的基本形态：自然是“无维度”（Non-Dimension）的，无论是混沌的自然，还是有着循环与灾变的自然界，都没有维度；人类基本上生活在由自己的造物，尤其以建筑建构起来的“三维空间”之中，但农耕时代的人们主要生活在二维空间之中，并以劳作的自然对象作为生存依赖的第三维度背景，而宫廷与宗教庙宇才是古代社会历史事件之决定性的“三维空间”；天使与神仙是“第四维”的虚象生命体，而上帝则是第五维的至高存在。

进入现代性，“虚拟实在”与虚拟技术的出现，让第四维空间得以被直接经验，第四维去除了巫魅神话，当然也出现了各种技术的奇幻想象，但第四维需要的材质，比如芯片硅质，已经是技术化的材质，或者是克隆生命与合成生命——这些已经技术化的虚拟生命。四维空间也只是五维空间的投影，第五维的高维空间不可能显现，但却可以改变第四维，使之一直保持变化；使之在显现时，不仅仅是虚拟的，同时具有现实性；尽管此“现实性”，如同上帝王国的实现，依然只是梦想。需要新的质料，需要另一种新的自然材质！这是最高的实在，弥赛亚或上帝就是这样的最高存在，就如同人类不死的梦想。但它如何具体实现出来呢？第四维的显现只是第五维的一层“膜”（如同高维“弦理论”的想象）而已，这层“膜”具有通透性与多孔性。

无论是第三维的改变与解构，还是第四维的穿越幻象，或是第五维的梦想实现，都需要“自然材质”，只是此“自然”的材质已经不同。“自然”的概念及其所指，每一次都不同，它已经不是那自然的自然界，不是自然的元素，不是自然的各种规定，而是被变异的自然，这就是廓纳（khora）。因此，廓纳与自然性相关，但并非某种自然物。

在此，我们试图以多维度的空间差异，并且联系廓纳，来讨论本雅明对于空间的转化：

从第三维的基本生存空间出发，本雅明面对的问题是：作为现代大都市象征的玻璃建筑已经吸尽了灵晕，如何打破这个彻底技术化与人为化的三维刚性空间？本雅明看到了“拱廊街”的重要性及其隐含的现代神话，拱廊街是透明的玻璃房，但打通了内外空间，有着资本主义拜物教的迷梦。因此，在拱廊街的三维空间中已经有着第五维的神秘了，诗人波德莱尔试图保留的灵晕就是此症候！只是拱廊街与巴黎的神话，还是被资本拜物教迷惑，或者陷入第四维的幻象，或者只是第三维的假象，而不可能让第五维的梦想真正发生。

“梦想”之为梦想：一直是第五维发生的事件，其“非时间性”进入时空——但又一直保持为“无时间”。这是梦的吊诡，如同庄子所思考的“大圣梦”，这也是本雅明后期思想的核心问题。

一、首要的事情是必须打破“第三维”的迷惑，而要打破三维空间，必须首先让第三维空间向着自然性还原（同时，进入第四维的技术虚拟空间，比如电影院），即向着其潜在的质料还原。因此，本雅明对于“自然”做了多方面的还原：其一，向着“前历史”的自然还原，这个自然并非自然的自然界，而是混沌化的“前世界”（Vor-Welt），所谓卡夫卡小说中的混沌世界；其二，巴霍芬的母系社会，是在历史之前的自然，而之前对于巴洛克悲悼剧的研究，其中历史的自然化还原——回到废墟与骷髅头上也是如此；其三，克拉格斯的宇宙爱欲化的自然，一种具有人类与宇宙共感的自然，如同最初出生之个体与星座理念在莱布尼兹单子论上的直接感应，当然也受到瓦尔堡（Warburg）图像集（Atlas）或“宇宙图像转向”（Die kosmische bildhafte Orientierung）的影响；其四，原初人类与自然一道，具有拟似性的自然，如凯卢瓦所强调的；其五，神话原型，如同歌德的源现象，这也是为何本雅明要借用荣格的神话原型理论，而并不担心来自阿多诺的批判。

最后，此“无维度的自然”——那是沉默的自然，是剩余的材质，并且与“第五维”相关——是弥赛亚的救赎种子。这就回到本雅明最初发现的问题：无维度的沉默自然之为共通体的质料如何具有救赎的价值？即“无维度的自然”如何与“第五维的弥赛亚”救赎相关？这是弥赛亚的自然化与自然的弥赛亚化的原初问题。

二、同时，必须让第三维进入“第四维”——现代性已经打开的第四维虚拟技术空间。对于本雅明，第四维是技术复制带来的图像-空间，比如电影院等。法国超现实主义的艺术运动其实已经打开了各种虚拟空间，无论是自动书写的梦想空间，还是图像拼贴，以及技术摄影所打开的超现实物化空间，或者说巴黎这座城市之为现代神话空间已经具体化了。而其质料呢？即本雅明思考的“集体无意识”或者“神经支配”的身体-图式空间，神经支配之为质料，一直处于变化与可塑性之中。第四维度的身体质料已经是技术化的质料，身体感知已经被复制技术改造了，这是本雅明提倡的现代性身体感知的革命，《艺术作品论文》的第三稿尤为明确。

但第五维的作用在哪里呢？这是本雅明不满意的地方：灵晕，作为“被遗忘的人性”（vergessenes Menschliches）在哪里体现呢？这也是本雅明要超越超现实主义的梦想神话与电影复制技术乃至于当代数码技术的地方：这需要集体神经支配的网络感知空间发生什么样的改变呢？对于本雅明，这需要再度唤醒新的自然，但这是被虚拟技术化的自然质料，当然这也不同于前面那个神话化的自然质料，也非沉默的剩余自然了。本雅明必须再度发现新的自然，这是游戏与相似二者共同游戏而成的自然，是第二技术的再度自然化或者自然元素的再度技术化。这个新的自然性在本雅明那里却并不明确，《艺术作品论文》第二稿是这个设想的关键，但并没有明确论述，而本雅明在第三稿删掉了这些部分。

因为不明确，就需要重新补充，所以我们以“廓纳”(khora)来接续思考。柏拉图的 khora 既可以作为前历史的自然（德里达意识到了混沌，但过快地走向了技术，而萨里斯与女权主义思想家们则有所不同），以混沌（chaos）化的自然来思考，又不可能对象化，但它却是世界诞生的条件，而且此混沌一直对于世界的建构——无论是世界灵魂还是人类身体——都有着影响。不仅如此，khora 之为虚位，还是第四维的材质，khora 之为涂抹一切痕迹的可塑性材质，有着元素的运动，但并非某种具体的元素。技术化的自然乃是元素的变化，但并非某一种元素，如同基因的复制乃是自然自身的运作，但基因的技术复制或者基因编辑、合成生命的出现，以及干细胞技术，则是自然的技术化与技术的自然化。它们利用了自然自身的生产技术（相关伦理问题我们暂且不考虑），但又虚拟化了。

本雅明意识到了“烟云”的可变性与梦想化，烟云具有不相似性，但又可以具有某种可变的相似性，不是自然物的相似性模仿，而更具有不相似或者非感性的相似性。因此烟云并非某种具体的元素，而是元素的可变性。这也是为何中国艺术“烟云的拟似性”对于本雅明具有启示性的价值。在网络虚拟空间尚未形成的时代，本雅明以其图像思想的想象力已经意识到了技术的自然化与自然的技术化，这是一种新的材质与感知转化。这个第四维的转化方式，在本雅明那里并不明确。在

《拱廊街计划》的手稿中，这个转化方式就是所谓静止的“辩证图像”的想象，但无法付诸具体的想象与建构，后来的情境国际主义也没有展开这个维度，当然这也与网络虚拟技术还未出现有关。

三、第五维度如何具体显现呢？第五维的实现将利用三重不同的自然性：其一是无维度的混沌自然（以转化三维空间的固化），其二是第四维的虚拟技术的自然化与自然的虚拟技术化（又不只是第四维的虚拟空间而无法实现），其三是让第五维在显现时不陷入具体化。如此运作无疑异常诡秘，犹太教喀巴拉神秘主义提供了某种想象空间，尤其是“新天使”的想象，尽管这是为了面对现代性的地狱与废墟升高的末世论状态而有所改变。

这就是弥赛亚的显现，既是自然的弥赛亚化，也是弥赛亚的自然化。对于本雅明，这主要体现为他《柏林童年》自传式的梦想书写，而其关键则是梦想的变形记，尤其是烟云的再度变化，以及来自中国的拟似性想象，如同庄周梦蝶与蝶梦庄周的想象。正是在这个意义上，中国文化提供了更为明确的想象力机缘。

对于本雅明，这可能是弥赛亚在创世之前退出或者回缩的余地空间，被再次重构出来，使此余让的原初空间，在每一个可能的世界中体现出来，就形成一个余让无尽的世界。

当然，这样的思想维度，就如同某种“思想实验”[1]。

如果本雅明那里的维度思想还不明确，我们可以从中国山水画如何体现与实现第五维，获得某种指引式的参照。这也是中国艺术所具有的某种先发性与启发性价值：

1. 三维空间的浑化。山水画的基本语汇是皴法，皴法之为山石树木的触感式笔墨提取，看似有着第三维的块面，但体现的则是自然的无维度：皴法的山水与树木形态，其实被整体蒸发（如米芾与米友仁父子的“落茄皴”），这是整体的气化与浑化，此整体的浑化回到了自然的无维度。这也是“米氏云烟”之为皴法但也超越了所有皴法而如此重要之故，因为这让图像与笔法都进入了自然的无维度。此“气化”的画法，米氏云烟的生动性，展现了整体的生动化与韵律化（所谓气韵生动）。

而且，第五维已经在这里出现，即是空白——整个空白基底之为第五维，米氏落茄皴中的飞白，在书法性飞白的笔法中，让间隙的空白更为活泼鲜活。因此，中国文化不可能出现西方文艺复兴的焦点透视与三维错觉空间。如庄子“心斋”所谓“气也者，虚而待物者也”。

---

1 本雅明也不是没有注意到现代物理学早期有关“时间显微镜”或“光学图像”的神学思想实验，其中涉及克拉格斯的爱欲的宇宙以及灵晕。参看：Tyrus Miller Ed., *Given World and Time: Temporalities in Context*. 2008，其中 Karl Clausberg 的文章：*A Microscope for Time: What Benjamin and Klages, Einstein and the Movies Owe to Distant Stars*。当然，思想实验之为实验，必然悬置了一些外在条件，比如生命技术与医学的伦理学问题，这也是需要弥赛亚的正义性来调节的。

2. 四维空间的空无化。中国山水画打开第四维的丘壑空间，从而避开了神仙与天使的神话想象方式。丘壑的空无化暗示了虚怀若谷的伦理，暗示了玄牝的生命化生，暗示了技术的自然化。

打开空无的第四维，纯粹的空无，在绘画上就是“丘壑的空谷”。这第四维也有着质料，这个质料不是直接的，而是空无丘壑的气化，但这并非之前米氏云烟的皴法气化，而是与空无结合的气化，就转变为“虚化”，并非之前的气化了。有何不同？在技术上，这是不去画丘壑，而是纯粹的留白与空白化，丘壑是空无的，就以空白的留出，以不去画来暗示丘壑的空出。同时，丘壑并非空洞而是与烟云的变化相关，但这是空无的运动，有着烟云的暗示，但并非烟云，因为并没有直接画出烟云的具体形态，施以之前画山石树木的皴法时，与丘壑相切的边缘部分是余留出来的，不是画出来的。即是说，丘壑与烟云二者融合，让空无有着生机，但此丘壑的烟云吞吐不是画出来的，否则会过于装饰化、过于写实，而是以山石草木的边缘——针对“气化”的变化——画出其参差不齐，但针对丘壑的空无——从空无来看——则是不去画，仅仅余留出来。此空无的参差不齐就非常生动，这是虚化。这种双重的不去画或者无为，暗示出丘壑的空白是不画的，是纯粹的留白，丘壑的生动烟云——丘壑的空无也是要运动起来的。材质的具体化实现（某种“纯粹语言”的发生），也不是去画的，而是借助于不画的边缘暗示出来的。

无论是丘壑的空无还是其空白的运动的不画，看似烟云，其实不是烟云，而是空无的变化不定，即空无的虚拟——留白，边缘的参差不齐也是余留——不去做。让混沌的自然发生改变，不是从自然的气化或者浑化出发，而是反过来，从空无的丘壑出发，即从第四维出发，来与无维度的自然发生关系。但这已经不是皴法，而是“云烟”样态的不确定变化（也非气化的云烟，而是虚化），因为皴法的形态还是有所指向的（某种自然的山形，但也并非三维），而空无与烟云结合形成的图像，二者都是余留出来的，不是画出来的，这是第五维的作用。第五维不让第四维成为有用的，而是保持“不为”与“无用”，对于中国艺术，则是留白的手法，这个阶段就如同庄子“心斋”中的“唯道集虚”。

在这里，第四维的空无或者虚拟技术的敞开，其结合的质料乃是余留出来的“云烟”（并非具体形态的烟云，而是虚化的化身）。这是无维度自然中被技术提取出来的胚胎——基本的元素——“气化”成为更不确定的变化，因此已经是“虚化”（而非“气化”了，如同廓纳［khora］并非某一种元素，而是元素更为本源的变化）。“虚化”是更自由的变化，山石不再是山石，元素不再是元素，这不同于前面皴法的提取——比如米氏云烟的变形，还是对于第三维的转化。现在不同了，第四维的质料乃是被“虚化了”的质料——不是具体的元素而是虚化了的元素或者元素的虚化，如同廓纳的变化，不是每一个具体的元素，而是可以抹去其形态的更为生动的变化。与丘壑一道的烟云变化是一种“拟态”，并非只是烟云，而是“非感性的相似性”一直保持不确定的变异。虚化与气化不同，第三维是气化的廓纳或者自然的混沌，第四维的质料却是虚化的廓纳，已经是技术虚拟化的非元素的元素。如同丘壑的烟云虚化，如同心脏的律动形态的共感，或灵芝的生长形态（所谓“风水”的艺术与图像化），虚化的廓纳是某种感通转化的“机体”或“器官”，可以让生命消失于其间。

3. 第五维的活化。第五维并不显现，但第五维却让第四维的虚拟在具体实现时保持更为生动的变化，甚至不仅仅是“虚化”，而且是无尽的转化。第五维的显现就是纯粹的“通道”，是空无化与虚化的“空白”——成为通道的无尽敞开。丘壑的空白与虚化，与整个画面的空白平面——这是整个基底的廓纳之为第五维的形式指引——再次整体地鲜活起来。

第四维还是局部的，即丘壑空白的虚化与拟似烟云的鲜活，而第五维是整个作品本身的虚白化，是庄子“心斋”所说的“虚室生白”。以此虚化的空白重构整个画面或整个世界，是一种“逆向”重构：丘壑的空白与整体基底的空白，融合起来，“反向重构”一个个可能的世界，这就不再只是第四维的实现了。

此整体的虚白，让空白变形，保持变化，空白的整体转化，等等，也是一直保持空白，是虚化的再次变化——因为这是第五维的作用，同时也让整个世界保持可能的变化。但第五维自身只是以空白的虚化——整个基底的空白平面——重构整个绘画或世界。这也是第五维的世界——一个不断“转化”或“物化”的世界，而且第五维本身并没有显现，第五维只是在空白的通道中不断活化自身。这是无时间的时空显现，是时空游戏或余地的敞开。

因此，也许中国水墨山水画已经最好地实现了柏拉图与德里达所梦想的那个可以在个体行为中实现出来的 khora 或 khora-graphy，如同中国书写性具有的节奏韵律与舞蹈性（choreography），就是因为丘壑的空白虚化以及整体的重构世界乃是一个虚托邦（khoral-topia）式的空间打开，如果廓纳一直在一个梦中被领会，那就是一个尚未实现的“中国梦”。

对于海德格尔而言，存在之为存在已经被传统形而上学的三维时空对象化了，尽管发现第三维度依赖的自然也可能成为纳粹意识形态化的自然神话背景，而非虚化的自然，当海德格尔要发现一个虚化而非自然神话的自然时，他不得不走向自然的遗忘或者东方道家的自然，因为中国道家是最肯定“道”的非对象化与实体化的。随后，海德格尔打开了第四维，尽管这是因反思技术集置而形成的一个诗意虚拟空间，这个“时间－游戏－空间”(Zeit-Spiel-Raum)的新地带，是天地神人“四云体”的聚集，此聚集的世界并非第三维的，而是第四维的等待空间。这是一个虚位以待的虚所，一个有待于命运给予的时空，但此存在的命运可能给予，也可能不给予，除非这个给予本身可以自身让出与退出。

这个第四维的存在命运，就是海德格尔后期所说的——给予之为给予性——可以给出存在本身而无需存在者，即，不进入第三维，因为天地神人只是第四维的聚集（如同庄子的“唯道集虚”），只是一个虚设的场域。但这个场域如何实现出来，且保持为第四维的可能性？它既与第三维相关，又不成为某一种具体的可能性？如何实现出来时还是开放性的？海德格尔等待一个上帝的拯救（来自第五维）。只是在海德格尔那里，此“第五维”并不明确，因为如果没有给予，如何可能有天地神人的聚集？如同海德格尔思考荷尔德林诗歌中的和平节日，那个天地婚宴的场景乃是第五维的显现？对于海德格尔的思想，这是有待于展开的维度，需要再次回到无用与让予的关系，让“第五维”重新发生。

楔子

# 天空、大地与海洋的战争

历史进入2020年，世界政治危机迫使我们想象一种新的世界政治，一种“第五维度的政治”，因为之前的世界政治模式无力面对当下世界的根本危机。

一、第一次世界大战预示了自由主义的失效，即早期工业阶段的大英帝国的模式已经失效。后来欧盟与美国的自由经济，其实是在冷战背景下的局部实现，根本无力抵挡当下的“移民”或“难民”问题，而自由资本主义的全球化一直离不开对落后地区或殖民地的剥削与利用，日益加剧的贫富分化还没有解决方案。

二、第二次世界大战标志着法西斯主义与种族主义的失败。无论是欧洲德国的纳粹还是东方日本的军国主义，都诉诸总体动员及其技术统治暴力，均告失败。如若种族主义或者狭隘的民族主义再度兴起，也一定会重蹈覆辙，导致更大的灾难。

三、随着冷战之结束，苏联解体，东欧剧变，相关国家被迫改变。国际上的左派思想家在网络虚拟全球化时代一直试图发现新的革命主体，却只找到头脑被复制的、感受加剧贫困化的“新无产阶级”。

四、9·11以来，“地方普遍主义”或地缘政治开始失效，已经出现的几种“第四维度的政治”都因为病毒传播而走向终结：一旦彼此隔离封国，就彻底回到了地方性，但这并非主动选择，而是一种迫不得已的被动状态，而且不再具有普遍性，全球化与地方化的结合方式似乎即将失效。

五、从2020年开始，我们需要思考一种全新的“第五维度”的政治。普遍性之为普遍性并非现存的某种宗教原则，而是有待于在未来技术的发明中实现的状态，是处于到来之中的民主；特殊性是已经存在且最保守的力量，全球化要去除特殊性，越是去除特殊性，越是体现特殊性的魅力；个体性则是要在微观的微知觉及其深度生态的感知中不断激活的，尤其面对技术代具时代的渗透。如此一来，普遍性－特殊性－个体性的三重模式，需要在第五维度中重新生成。

第五维度的政治，不同于俄罗斯思想家杜根（Alexander Dugin）提出的“第四维政治”或“新欧亚主义”，后者试图结合陆地与海洋，重新调整本土与世界的关系。

杜根所谓“第四维政治”乃是以本土为主体，以民族文化复兴为回向，重新连接地缘政治，重构全球化的普遍性。“新欧亚主义”试图解决20世纪的政治危机：一、试图避开自由主义的全球化；二、反对集权暴力的法西斯主义；三、走向全民选举的宪政；四、恢复斯拉夫民族主义精神及其宗教性，实现具有本土根基的普遍化。这其实就是海德格尔在20世纪30年代的理想。杜根确实抓住了要害：不拒绝民族与本土，而重构世界秩序。

在理论上，“第四维政治”意味着，俄罗斯的第四维地缘空间与海德格尔30年代对于大地性的思考紧密相关，而且俄罗斯精神就是大地性最好的体现，以至于德意志的世界敞开精神无法克服并战胜它。此民族性的精神化与民族大地性的还原，并不一定导致希特勒式种族主义与法西斯暴力。在这里，杜根肯定了俄罗斯的大地性自身退隐的精神胜过德意志的世界敞开性。

那么，在这“第四维政治”之后呢？有着“第五维政治”的可能性吗？我们可以沿着“边界线”—“海洋”—“天空”展开思考：

传统是对“大陆的边界线”之争夺与划分；现代是大陆的边界线与“海洋”的海峡二者之间的冲突，并且主导的力量是海洋式的现代帝国，从大英帝国到第三帝国，再到美式全球化帝国都是如此。

欧洲当前思想家只是局限于欧洲大陆。英国脱欧就是想再回海洋，重构自己的世界性，显然这是不可能的事情。

海德格尔后期建构起来的“天地神人”，如果以更后期的《荷尔德林的天空与大地》来展开，是否可以提供某种思考第五维的可能性？

一、四重体“天地神人”的聚集过于封闭，必须被再次打开。如果聚集整合会导致新的暴力，当然就不能以此聚集来等待那个上帝。上帝乃是自身敞开的可能性，保持敞开的条件！大海以及大海向着天空的敞开，既可能导致战争的危机，也可能开启世界走向未来的开端。

二、重构四个元素：“天空”是与数字信息相关的网络卫星；大地则是“海洋”，不是大地的陆地及其封闭界限，而是海洋的敞开；“人”不是必死者而是生命的复灵者——有着灵根的种子；“神”不是上帝而是某种弥赛亚性，弥赛亚性乃是对灵根的种子之唤醒的保持。如同章太炎的《齐物论释》把庄子的灵台与佛教的阿赖耶识联系起来。又如荷尔德林所说的，天空与大地中带着灵性的无限的生命，而新的生命来自更深渊的人性，以此回应《安提戈涅》第一合唱曲中的恐怖人性。

三、正义的可能性。每一个文化的生命种子或者灵根不一样，但此灵根的元素性力量需要新的聚集，并且通过网络卫星的公开化，共享人类的“知识海洋”；同时公海的和平需要新的国际条约，人类需要思考未来海洋法与太空法的重新确立，不要轻易打扰海洋女神。

四、海德格尔思考的荷尔德林式的天空与大地打开一个无限的关系。如何顺应外来者？欧洲作为傍晚的土地，自行转变如何可能？渺小之物与贫乏之物是否有着伟大的开端？

五、恐怖人性的克制或者限制。回到海德格尔所面对的世界的荒芜，当人性再次变得恐怖起来，如何思考未来的政治？"第五维政治"如何可能发生？

"第五维度"的政治神学，还可以通过新的"五行观"或五个元素来重新思考。面对当前世界政治的危局，这是现代性的另一种"大势"观照法：

1. 以"土"元素为中心的传统帝国模式，是向心性的中央集权方式。自我封闭式的古老帝国难以面对现代性海洋思维的冲击。

2. 进入现代性，则从大陆走向海洋，即以"水"元素及其大海的航行为主导。英伦三岛就是如此开启现代性的世界帝国；日本可以在近代东亚获得主导地位，也离不开海洋思维与海军扩张。这是施米特所指明的大陆与海洋之争，即土与水的元素之争。中国现代性的开端以甲午海战为标志就不是偶然的了。

3. 进入冷战时期，则是对太空权的争夺。这点燃了"火"

元素所需要的巨大能量，比如原子弹、导弹，都需要燃烧巨大能量，苏联的解体可能就与太空争夺中的巨大开支有关。

4．进入21世纪，则是“金”元素主导。无论是全球化的经济，还是芯片的制造，或所谓贸易战，都是主导权之争。

5．越来越严峻的人类纪全球气候危机，是“气”元素与增熵的问题，更是人类自身与地球本身的总体危机。

与此相应，各种恐慌就出现了：人为的，事实的，模拟的，预言的，来临的，调高的，渲染的，等等，都是“五行元素”总体失衡的表现，或者也源于“五行”无法循环导致的失序。但人类又通过更大的搅扰来加剧失序，甚至试图以主观意志的恐怖平衡来化解，却又再度加剧了恐慌，其实都反而在加剧“五行”的分化。

面对当前世界的危局与诡异的处境，政治神学的理论思考有多少现实性的力量？哲学的精神从来离不开时代节点上的痛苦感知，也许惊恐是一种，和平是另一种？我们尝试以五行元素的“形式显示”来重新观照，那么，“第五维的政治”可以化解这些危机吗？

1．大陆在“边缘”（par-ergon）上危机四伏，充满了变数与战争的诱因。

2．如何处理海洋与岛国的关系？如何改变帝国思维？这需要新的政治智慧。

3. 有多少种“不战而屈人之兵”的策略呢？制空权及其威慑，古老文明遗产的传承与保护，等等。和平的节庆甚至需要神助？

4. 1939年的全球经济危机与大萧条催生了希特勒纳粹的上台，导致第三帝国开启“二战”的灾难，那么，2020年以来的全球疫情危机是否会激发历史灾难的重演？

5. 气候危机整体上难以解决，能源短缺又导致日常生活危机，“危机”的气氛无处不在，却又无法化解。

七

# 弥赛亚式的判教论：弥赛亚自然化的节奏

乌拉说：让他（弥赛亚）来，但让我不要看到他。

拉比同样说：让他来吧，但不要让我看到他。

约瑟夫说：让他来，但我只值得坐在他驴子坐鞍下的阴影里吧。[1]

——《弥赛亚的文本》，列维纳斯引用

弥赛亚与自然性，这是不可能的关联。但这是最为紧迫的关联与相互转化。

弥赛亚与自然性，这是无用的关联，只能通过无用而关联起来，这是吊诡的转化。

在犹太教中，如列维纳斯的研究，弥赛亚的来临有着内在

1 Emmanuel Lévinas: *Difficile liberté*. 1976. p.122.

的悖论（les contradictions du messianisme）：一方面，弥赛亚来临，总是伴随着灾变，因此，弥赛亚的来临带来毁灭的事件，似乎越是灾难上升，世间越是败坏，弥赛亚越是可能来临；另一方面，“救赎并不代表历史的终结——它的结论，在每一个时刻都保持为可能的”。[1]就如本雅明在《论历史的概念》中所指明的。

进入现代性，无论是神学还是哲学，其自身的绝对合法性不再自明，必须在自身的批判觉悟中转化，进入无用状态：

一方面，对于神学，是上帝或者弥赛亚救赎的无用性，承认与肯定自身的无用性，即便来过，即便会来，也是无用的，此虚无主义的自身无用化，乃是让无来为，因为此自身的退出与无用，打开了余地，不再陷入唯一神论或者绝对价值的激烈暴力冲突，而当下的西方还没有从此冲突中摆脱出来；

另一方面，对于哲学，则是哲学世界观或者原则的无用性，任何人类理性及其根据都已经丧失，世界处于无处不在的混沌涌现之中，这是对于人性的自然化还原，但此自然并非自身饱满自足的自然界，而是处于灾变与变异之中的自然潜能，此潜能的唤醒，需要技术，需要弥赛亚式的工作。

同时，对于神学与哲学的关联，在世界哲学减弱自身，自身解构之中，向着自然还原，激活自然的潜能，这是自然的

1 Emmanuel Lévinas: *Difficile liberté*. 1976. p.131.

弥赛亚化；而神学的弥赛亚性即便自身退出，却更召唤一种退让的普遍性姿态，但此姿态的实现并非人类的伦理行为，而是弥赛亚的自然化，因为自然的生产具有无用性。

这需要双重的发现：发现又一个弥赛亚，发现另一种自然，形成生命不断出生的政治。

弥赛亚如何进入世界？这不是犹太教处于流放状态的退却或回缩方式，也非基督教的化身中介与教会主权方式，也非现代以来的世俗历史的各种革命模式。如果弥赛亚并没有直接进入世界的通道，那弥赛亚只能通过自然来迂回。这是一种新的迂回与进入的道路或者过道。

海德格尔在20世纪30年代思考过这个问题，他试图通过荷尔德林的自然化诗歌来回到从未发生的希腊，重建欧洲的祖国或明天。但此弥赛亚的自然化却导致了巨大的灾难，因为这导向对希特勒的认同，也即认同施米特的认知。那么，本雅明与之差别何在？

对于本雅明，此“弥赛亚”并非海德格尔与施米特式的强大精神。对于后者，无论是天主教的神权政治，还是诗人诗歌中的自然元素性力量，都是强大与伟大的英雄形态；但对于前者，弥赛亚是如此微弱的精神，甚至都已经彻底无力了，尤为需要自然的帮助，自然构成一种帮助，弥赛亚需要在自然中获得新的活力。

首先需要的是弥赛亚自然化，此弥赛亚的形象，既要自身得到修补，也让自然得到了修补。这是一种有待于自身修补的弥赛亚精神。这也是为何《残篇》的第二段要提及“整体的复归”与修复的必要性。

弥赛亚的自然化及其完成，需要我们有渐进修养之韧性的培育，在时间的感知转化中实现。

## 7.1 以无用为条件

弥赛亚性与自然性的综合，以“无用”为核心。

如同卡夫卡关于弥赛亚无用的吊诡书写：

> 到弥赛亚成为不必要（/ 无用）时，他会到来的，他将在到达此地一天后才来，他将不是在最后一天到来，而是末日那天（/ 后天）。

这个将来的弥赛亚异常奇特：他并非犹太教的弥赛亚——因为犹太教的弥赛亚一直没有来；他也并非基督教的弥赛亚——作为耶稣基督已经来临并且会再来但还没有来；而现在，这个弥赛亚确实已经来了，尽管用的是将来时态，但卡夫卡明确指出他已经抵达此地，这就不是德里达延异式的弥赛亚。

悖谬的是，为何说他到达此地一天后才来？他不是已经来了吗？但他还会第二次来。不仅如此，不仅仅是第二次，而且是第三重的来。在这里，似乎不是一次、两次与三次，而是三重性，叠加在一个特殊的日子里，即这个到来的日子，不是最后一天，不是犹太教与基督教的末世论。因为这个到来的弥赛亚已经是无用的了，此无用的救世主只是在末日那天到来，此末日并非最后一日，而是超越了所有最后一日，超越了终末论，因此有一个“但”的转折，一个细微的差异。

这是三重的弥赛亚性，即弥赛亚性的三重样子：首先，弥赛亚会来，已经抵达了，但只是佯装；其次，他还会再来，“似乎”是真的来了；最后，他超越每一个最后一天，以“不来”的姿势来。这是一个让出自身的样子，让自己变得全然无用的姿势。即便来了，也是无用的，这也是让“来”变得无用了？因此，这是来之不来——全然不是唯一神论的不来之来：并非现在没有来但总会来的，而是已经来了但又并没有来；即便来了，也是对于自身迟到的哀悼。但这样的三重样子都让弥赛亚无用了，此无用的弥赛亚，此弥赛亚提前的哀悼，恰好是弥赛亚有用与到来的条件，因此这是弥赛亚的来之不来，无用之用。这无疑是一个微妙的譬喻。

> 如果弥赛亚就在罗马大门口，在乞丐和麻风病者中间，那么，我们可能认为，他的不可认识妨碍了他的到来，但恰恰因为如此，他就被认出来了；某些人头脑里回荡着这样的问题，徘徊不肯离去，问他说：“你什么时候来？”他就在这里，不在未来。与在这里

的弥赛亚一起，呼唤声经久不息，永远回荡："来，来。"他的在场却不是担保。未来与过去（至少来过一次，据说他已经来了），他的到来与在场根本就不一致……如果弥赛亚对"你的到来什么时候发生?"这个问题的回答是："就在今天"，那么，答复确实是令人难忘的：是的，就在今天！现在，永远是现在。虽然等待是一种义务，但没有等待。什么时候是现在？不仅不属于日常时间……不维持日常时间而是动摇日常时间的现在，它是什么时候呢？[1]

这是布朗肖式的改写，指向现在这个时刻，已经受到列维纳斯"塔木德"讲座中对弥赛亚解读的影响：我，每一个人，都是弥赛亚。对于卡夫卡，此弥赛亚的无用性在于，弥赛亚之为弥赛亚，弥赛亚性乃是对每一个个体之"不可摧毁"的信念的唤醒与见证：

信仰就意味着：解放自己心中的不可摧毁之物；或说得更正确些：解放自己；或说得更正确些：存在即不可摧毁；或说得更正确些：存在。

而且，此不可摧毁之物还是属于每一个人的，弥赛亚的无用乃是把此不可摧毁之物的信念还给每一个人：

不可摧毁性（Das Unzerstörbare）是一体的；每一个人都是它，同时它又为全体所共有，因此人际存在着无与伦比的、密不可分的

1 ［法］布朗肖：《灾异的书写》，魏舒译，南京：南京大学出版社，2016年，178页。

联系。[1]

弥赛亚的来临，无用的来临，来临的无用，就在于见证此每一个人的不可摧毁之物，而弥赛亚实际上是对“第五维度”信念的见证。

因此，余下的思想就是去发现，如何让此“不可摧毁之物”，这个弥赛亚之物得以生长。对于卡夫卡，这既不在人类社会的泥沼之中也非在某个乌托邦（如同《城堡》中的村子与城堡两个空间），而是在某个道家化的“邻村”。这也必然要去学习中国道家的无用，而道家的无用在于——回到自然，让自然来为，自然自身的生产并非如同人类的生产那样有着目的与功用，而是自身丰盈的无尽生产。

弥赛亚的时间，弥赛亚来临的时间，一直充满着诡异的差异性：

其一，日常生活的时间。这就是我们日常所生活的庸常时间状态，我们只有一个世界，只有这个世界的日常时间。此日常时间已经为日历时间、工作时间，以及各种日常关系的时间所控制和占据。这些时间并没有转向弥赛亚的来临，并没有保罗所要求的——不去用这些时间，停顿下来。海德格尔会说我们的日常时间乃是“庸常”的非本真时间状态。

1 ［奥］卡夫卡：《卡夫卡全集》（第5卷），46–53页。1917年，处于转折之年的卡夫卡书写了大量关于“不可摧毁之物”的语段，或许除了布朗肖有所触及之外，几乎没有什么研究者围绕此“不可摧毁之物”与“无用的弥赛亚”展开新的思考。

其二，节日或节庆的自身循环时间。在日历线性历史时间之外，节庆的时间建构了一个可以独立循环的时间刻度。世界上有各种节庆的时间，回忆个体的出生与死亡，国家的奠基与纪念，西方最重要的则是基督出生与复活的节日，尽管进入世俗化时代，这些节日已经被庸俗化了，即节庆本身的联合力量被减弱了。哪怕每一次革命都试图唤醒一次普世性的总体节庆，但都没有形成唯一的等待弥赛亚来临的节庆。这也是为什么现代性的革命精神总是试图建立一种弥赛亚性的历史时间。海德格尔曾经梦想过存在真理的历史性民族决断所形成的节庆，无疑他也错误地把希特勒统治所形成的节庆当作内在真理的伟大运动了。

其三，弥赛亚性共聚的星座时间。如果整个世界转向同一个节庆，所谓的普天同庆，整个大地与世界都进入荷尔德林所说的和平节庆，并且把这个节庆转向弥赛亚的来临，仅仅转向那个到来的弥赛亚，这就出现了爆破的转折点。即，所有人都成了弥赛亚，其实不是等待弥赛亚，而是在节庆的自由欢庆中，在对弥赛亚的认同与感通中，所有人都已经“成为”弥赛亚。在这个意义上，弥赛亚已经无用化了。

如此诡异的时间，也是三重的时间标记与整合：

其一，弥赛亚来了，已经抵达了此地，已经抵达了卡夫卡所说的前世界——那个村子。他已经抵达此地有一天了，他抵达一天后才显现，这就导致更没有人认出他了，我们都处于日常的庸常生活之中，即便弥赛亚显现，甚至为了我们死亡，我们也不可能认出他来，弥赛亚的时间与我们的时间不合拍。

其二，弥赛亚是在末日那天来，我们都这么期待着，弥赛亚的到来就是末日，就是终结，世界处于倒计时的终结状态。如果使之幸福化，理想化，这其实就是世界节庆的意义，就是最终的节日，是节日的节日，是一切节日的归结。但这样的弥赛亚，仅仅是他自己，我们完全依靠他的到来，才可能成全节庆。这样的节庆时间就被延异了。

其三，弥赛亚仅仅在后天，在末日之后来临，但其实并没有什么末日之后的时间，看似有一个虚拟的时间，好像历史终结之后的剩余，但其实并没有这样的节日。一切的时间还是处于日常生活之中，我们必须在日常生活中穿越节日，聚集所有的瞬间，就是每一个日常的瞬间。所有人的时间在关心的注意力中一旦聚集，就形成瞬间的星群化，形成一个聚集的爆破瞬间，那么，我们每个人其实都是弥赛亚，或者说，整个瞬间聚集的星座就是弥赛亚本身。弥赛亚的时间乃是所有这些不可摧毁的生命瞬间的绝对聚集。

卡夫卡对于无用的思考，是保罗神学所说的“不去用”吗？显然并非如此。我们认识到与此相关的本雅明的思考不仅仅来自基督教保罗神学，也不只是后来阿甘本试图从犹太教喀巴拉神秘主义激活的“不去用”（安息日主义），“无目的的手段”与暴力的批判，甚至身体的“不去用”。[1]关键的差异还是：阿甘本主要集中于“身体”，道家（以及“第二次转向”后的海德格尔）则是集中于“自然”，而且道家还要把身体还原为自然，激活身体中的自然化潜能。道家的无用化展开，乃是要把自然、弥赛亚与道家的无用思想等环节内在联系起来，才可能发现“另一个本雅明”。

弥赛亚不来，此不来之来，异常吊诡：一方面是弥赛亚不再来，而是自身的退出，弥赛亚彻底地“退出”了对世界的主宰，但保留了弥赛亚的未来记忆；另一方面，弥赛亚会来，弥赛亚的到来是化身为自然而来，这不同于基督教的唯一性的“道成肉身”（incarnation），而是“弥赛亚的自然化”（当然就不再只是一个男性躯体，而是多样化的躯体，也可以是伊利格瑞所说的神的女性化）。弥赛亚的力量在于让自然来为，只有当弥赛亚自然化，弥赛亚才可能重新到来。

无用之为无用，乃是以无为用，是自然性与空无性的结合，在本雅明那里，这个工作还没有完成，有待于中国思想的增补。这要求空无性走向空余，主体的残余化走向自然的剩余——自然的灾变与破坏。如何把已经被破坏的自然中隐含的弥赛亚解救出来，这正是阿多诺后来要展开的方向。这也再次

1 参看阿甘本的相关文本：Giorgio Agamben: *The Highest Poverty: Monastic Rules and Form-of-Life*. 2013. Giorgio Agamben: *The Use of Bodies*. Trans. by Adam Kotsko. 2016，以及阿甘本《无目的的手段：政治学笔记》，赵文译，郑州：河南大学出版社，2015年。

回到了喀巴拉神秘主义的补救，在自然的残余种子中寻求补救的可能性。

吊诡之思在于：如果弥赛亚独自完成救赎，与任何世俗历史并不相干，上帝就是上帝，那么，这个上帝如何与世俗相关？我们面对的是这样的悖论：

一方面，这个弥赛亚曾经与历史相关过，但唯一神论中弥赛亚相关的历史事件都没有实现正义，反而导致唯一神论之间不断的冲突。当前世界已经再度回到一种新的混杂现代性状态：前现代的宗教冲突、现代主义资本扩张导致的急剧贫富分化与后现代的虚拟网络敞视监控同时出现，而且三者都被某种不可控制的暴力渗透。如果没有一个化解这些冲突的弥赛亚性，而陷入某一种弥赛亚主义，可能会导致更大的暴力。显然，弥赛亚也是自我取消的——因为缺乏绝对的主义，在这个意义上，就如德里达所言——正义不可解构，但弥赛亚主义必须解构。

另一方面，进入现代性，面对尼采所说的上帝死亡，莫尔特曼的十字架的神学，海德格尔的上帝退隐，布伯所说的上帝销蚀，等等，就不再可能有着一个现存且被普遍接受又不言自明的弥赛亚。弥赛亚本身必须被重新思考，尤其是必须把弥赛亚思考为一个自身退出的弥赛亚性，而非固定的弥赛亚主义。

这是双重的取消：一方面，不陷入弥赛亚主义，乃是自身退出的自我取消，这是弥赛亚性现代化的前提条件；同时另一方面，这是弥赛亚的无用性，这是弥赛亚的无用精神，而无用的弥赛亚性却可以带来大用。

对此，本雅明1920年的《世界与时间》中有着明确的表达，即第四条：

> 在现在的情形中，社会乃是幽灵与恶魔力量的显现，这些力量在与上帝最高的张力中，在它们超越自身的努力中，时常得以显现。上帝只是在革命的强力中，在当下中显现自身。只有在共通体中，在“社会情势”的无地（nirgends）中，神才要么用强力要么不用强力来显现自身。（在这个世界，神的力量高于神的无力。在要来的世界，神的无力要高于神力。）同样，显现（Manifestation）不应在社会的领域中寻求，而应该在导向启示的知觉（offenbarenden Wahrnehmung），首要也是最终的，乃是在神圣的语言中，去寻求。……第五条：5a. 这里成问题的不是神力的“实现”。一方面，这个过程是至高的现实；另一方面，神力在自身中包含着它自己的现实。（糟糕的术语！）b.“显现”问题是核心。[1]

吊诡之处在于：一方面，神的“无力”反而更强大；另一方面，还要此无力得以显现实现出来。神圣的力量如何显现？神的无力不就是神圣的无用？这是一种什么样的“启示性知

1 Walter Benjamin: *Gesammelte Schriften VI: Fragmente vermischten Inhalts*. 1991. S. 99.

觉”？若不是在社会领域，那应该在哪个领域？既然不是神力的实现问题，又要求神力去显现自身，而且还是显现“神的无力”！这是在哪个领域？是“自然”吗？或者换句话说，只有对于无用有所知觉，只有以此无用性为前提条件，才可能思考本雅明弥赛亚性实现的重要性？

如此无用化之后的弥赛亚性，如何介入世俗历史？如何救赎历史？如何变得有用？如果认为弥赛亚精神已经通过各种方式进入历史的救赎，那么，弥赛亚精神即本雅明自己所说的世俗启迪，在世俗历史中有着救赎发生的可能性。但是这个位置是哪里呢？无用如何变成大用？而且不是有用，而是保持其无用性？如同庄子所面对过的问题。难点在于：既要保持无用性，又要有着大用，同时又不陷入到有用性，否则还是变得实用而被消耗，因此，没有辩证法，不是无用与有用的辩证法，而是另一种否定辩证法，是悖论的连接，或者说吊诡。

这个吊诡在于：一方面，弥赛亚保持自身的无用性——退出或者不来，但又有着世俗历史救赎的有用性——见证每一个个体的不可摧毁之物；另一方面，此有用性依然还是无用的，而此无用性却有着大用，以无用之为大用，才使减熵成为可能，这也是去唤醒人类潜藏自然的整体修复潜能。弥赛亚乃是让自然来为，此自然乃是无用的材料。

本雅明回到自然的无用性，乃是为了面对自然自身无用性的悖论：一方面，自然已经被人类技术代替，一切都是技术化的假器，自然已经无用了，或者因为过于有用，仅仅作为质料，自然的自然性被遗忘了，自然之为主体已经被彻底物化与异化了；另一方面，自然的自然性一旦回到自身的无用性，尤其是自然自身的丰盈与浪费、自然之大美的无用性显现，以及自然自身的无用性自身表达，就没有什么适者生存的生物学原则，而就是自然自身的相似性游戏。

无用—有用—无用，有多少个可能的连接点？启示的知觉有着多少方式？以此我们可以评价已有的各种本雅明式弥赛亚主义思路：

第一种，仅仅保持外在的连接点，保持启示的虚无性或无用性。这是双重的虚无：一方面，启示本身是"从无创造"与不可理解的；另一方面，世俗历史本身就是弥赛亚式无政府主义（Messianic anarchism）。因此无政府主义的救赎觉悟是唯一的选择，这是肖勒姆犹太教与本雅明犹太性的关联点。如果只是认为弥赛亚精神与犹太教神秘主义有关系——保持外在批判或者救赎批判（如同肖勒姆所为），那么就没有看到自然性（这也是肖勒姆的盲点），或者如陶伯斯似乎看到了自然性但又没有展开。这一直是过于犹太性思路的盲点。即，犹太教弥赛亚主义一直没有找到有用的连接点：要么为了保持弥赛亚的绝对超越，要么因为历史并没有提供这样的连接点，或者恐惧任何连接点的危险。

第二种，保罗的神学与新左派的革命。如同陶伯斯与阿甘本等人的进路，主要是制造“例外状态”，在这从无用变得有用的关键时刻，打开弥赛亚来临的小门。阿甘本发现了很多这样的方式：无目的的纯粹手段，孩子们的游戏，安息日的神学，等等。这是最为接近本雅明的思考，“不去做”，保持不去做的能力，此“非能力”的能力。这也是阿甘本与施米特的根本差异，尽管其区分一直是困难的，可能对于某一个阶段的本雅明，我们也有同样的困惑。这个安息日的神学确实保持了无用性，但是问题在于，革命的例外时刻与受安息日如何可能并存？革命的主体不是需要激发与戏剧化吗？因此，需要思考革命与默化的关系，以及默化与无用的关系。如此渐进修养的韧性或可塑性，还是阿甘本与西方左派所缺乏的。

第三种，布莱希特的马克思主义与资本主义拜物教批判。它涉及弥赛亚神学与历史唯物主义的关系，主要是生产方式的批判，这一点被法兰克福学派继承，进而走向语言交往的理论，批判单维度的工具理性。虽然这与复制技术相关，但弥赛亚的救赎在哪里？灵魂的自然祈祷？如何在现代性的“散心”与“关心”之间形成转化？语言交往理性必须转化为一种感通理性？这是启示知觉的练习？这一思路更彻底走向身体性与自然性。

第四种，世俗启迪（profane illumination）。这来自超现实主义的无意识梦想，即前卫艺术的批判与介入。这是梦想的唤醒，也是本雅明自己可能最看好的方式。但无意识的梦想如何有着弥赛亚救赎的力量？对于本雅明，要通过辩证图像——瞬间的图像连接？但后来的虚拟技术不就是如此了？这又回到更高技术的复制，那么具有启示知觉的灵晕又在哪里？技术的虚拟已经获得了力量，看似无用，其实有着巨大的虚拟幻象价值，无法保持其无用性。

第五种，德里达解构的发展，保持无用与有用二者之间的分裂。一方面是绝对正义的不可能性，理念（弥赛亚性之为到来）看似无用，但此绝对的正义理念必须保持；但另一方面是世俗历史的计算与可能性，以及可用性的考量。必须保持二者之间的张力。但决断来自哪里？幽灵的余存吗？显然还是陷入技术虚拟。或者是通过身体的感受性来决断？但身体的欲望又是一个恶性循环。通过生命技术？但生命技术已经被自然化的生物技术取代。自然的再生性更具有活力，全然不同于假器的外在性与器官移植的损伤，而是通过技术激活自然本身的再生性（这是一种启示的知觉？），当然这需要弥赛亚的公平性与调节性。

本雅明的“教义”有着两个维度的还原与转化。教义的两个还原在于：一方面，弥赛亚的还原与犹太教喀巴拉神秘教义；另一方面，自然化的还原或中国道家式的自然化无用艺术。而且，“教义”还有着二者之间的相互转化：一方面，自然需要被弥赛亚化，自然美的面纱需要弥赛亚的保护，“没有希望的希望”只能在美的面纱中被接受，个体命运的哀悼需要向着历史的自然性还原，这在歌德的自然美与巴洛克悲悼剧的研究中得以展开；另一方面，弥赛亚需要自然化，这既体现在卡夫卡式犹太写作的道家化之中，也体现在本雅明《柏林童年》传记写作中那道家式的蝴蝶梦，以及自然拟似性的想象，但又与记忆的救赎相关。就二者的相关性而言，则要面对更为复杂的技术时代，不仅仅是身体的再自然化，技术的再自然化，还是自然的再自然化，三者都还要进一步弥赛亚化，这是《拱廊街》的总体思考。

本雅明试图区分开两种自然与技术：一方面，第一自然——自然的自然性，第二自然——技术化的身体或社会化的自然；另一方面，第一技术——对自然的宰制与控制，第二技术——自然的技术化与复制的游戏。对于本雅明与我们，这些术语都有待于重新调整，一切还处于初步思考中。在我们看来，所谓第一自然与第二自然，在相互的调节与转化中，形成一个压缩的节奏，可再生性的节奏、可塑性的节奏，通过第二技术回到第一自然，但此第一自然已经被压缩或者重塑，获得了新的节奏。此节奏的获得，不断可调节的节奏的获得，是塞尚所说的艺术乃是平行于自然的和谐的获得，这是人类技术与自然化生的和谐，也是类似亲合力式的转化与化合。一种物质可以很容易、很迅速地与某种物质发生反应，而与另一种物质反应则较难，对第三种物质甚至完全不发生反应。因此，有必要提出某种物理量来度量不同物质彼此反应的能力，这个能力叫作化学亲合力。有些物质是可以反应的，但是反应有强有弱，就有了亲合力的说法。而梦想乃是此二者节奏合成的方式。为什么要梦想？这是亲合力的再次转化。亲合力不就是生命之间的感通关联？而且是来源于自然的、具有魔灵性的，因此也是生命灵根性的感通性？只是对于处于负罪感状态的生命，这是一种极端被动的感受状态，因而也是一种受难（passion）状态。

为了解决早期思想中弥赛亚王国与现实历史王国的不相干，弥赛亚如何进入现实世界的问题，早期思想是通过歌德式的自然，这里是通过自然的弥赛亚化。但此自然还是自然美或者自然的模糊启示，或者是身体还原到自然状态，比如巴洛克式的骷髅与废墟，但如何进一步具体化？那就要进入后期无意识的革命能量唤醒，而提倡“世俗启迪”。但此世俗启迪之世俗，经过了自然化的中介，还必须经过自然相似性的还原，那就不仅仅是弥赛亚的还原，还有自然化的还原。

自然化的还原包括多个方面：身体的自然化，技术的自然化，人性的自然化，自然的自然化，同时还要求弥赛亚的自然化。对此，本雅明后来有所展开：

与超现实主义的梦想相关：身体的自然化，更为积极的自然化。与之前被动的还原不同，这是身体的自然化与“神经支配”的图像化运动，也是“世俗启迪”的开始。这也是宇宙感通的还原，由此弥赛亚进入自然的质料共通体的感通之中。

《艺术作品在其技术可复制的时代》(第二稿)：区分第一技术与第二技术，提出第二技术的游戏与自然的相似性之重新组合的可能性。此游戏与相似性的重新结合，我们称之为“第三技术”，其中有着弥赛亚化的潜能。

《柏林童年》写作的个体追忆中有着自然的相似性，而且，《面对普鲁斯特的形象》中对于“无意记忆”与相似性的关联，直到《拱廊街》计划中波德莱尔对于无意记忆的通感书写，其中都有着弥赛亚自然化的唤醒方式。[1]

但还要自然的弥赛亚化，需要再一次的弥赛亚还原！本雅明《拱廊街》计划的写作，也许最为集中思考了“自然的总体弥赛亚化”节奏：1）技术的自然化——玻璃房子的自然化，荣格的原型理论；2）身体的自然化——几代人之间的秘密契约与历史的辩证图像；3）自然的弥赛亚化——历史新天使的救赎。如果有着弥赛亚的再次来临与实现自身，那就有着随后的“转化节奏”：技术的再自然化—身体的再自然化—自然的再自然化。这是三者不断转化的步骤，或者同时性的自觉行动。

弥赛亚与自然化的双重转化，乃是回到自然的自然性，让技术化的身体、人类的身体都回到自然的自然性，甚至超越的神性也回到自然性。技术的自身解放乃是技术的再自然化，把

1　[德]本雅明:《波德莱尔：发达资本主义时代的抒情诗人》，151页，第11节。

第二技术的游戏与自然的相似性重新结合，形成第三技术。

自然的弥赛亚化，乃是人类渴望的外在救赎——超出自然与技术。比自然更为自然，比技术更为技术的乃是弥赛亚性。弥赛亚性在自然与技术之外，弥赛亚更为靠近西方的技术化拯救机制。如果有着泛化的弥赛亚性，东方的弥赛亚性更为靠近自然化，这是二者的差异。但进入现代性，二者需要相互转化，互为助力。

弥赛亚进入自然，也是进入历史化的自然，是历史的自然化还原。对于本雅明而言，这还包括历史的剩余者，从创世之际的剩余自然，到自然的源现象，再到巴洛克时代的废墟，直到发达资本主义时代的闲逛者与“拾垃圾者”(chiffonnier)——他们在进行双重的无用化工作：以被遗弃的多余者身份去捡拾多余之物，甚至与新天使一道去清理那些堆积起来的历史性废墟。如同艺术收藏家，如同诗人，他们以自身的无用性（Statt des Gebrauchswerts），反对资本主义的实用价值与交换价值。[1] 这样，就把《德意志悲苦剧的起源》中柏拉图理型的个体化原理，以及自然沉默的拯救，与卡夫卡写作中“奥德拉德克”这样的多余物，还有《拱廊街》中的生产剩余物，甚至与历史的残梦一道整合起来。在这个意义上，马克思所说的无产阶级在本雅明那里可以用“无用者”与“弥赛亚的余数者”这两个新

---

1　Walter Benjamin: *Gesammelte Schriften V*. 1991. S.53. 也许，我们应该将本雅明的资本价值无用性与海德格尔存在的无用性联系起来，展开更彻底的思考。

规定性来加以重新理解。

## 7.2 弥赛亚式的判教论

从弥赛亚式的自然出发，进入沉默的自然，再次创造出宇宙的相似性，唤醒集体的无意识。这样的本雅明式转化，是弥赛亚性与自然性的相互转化，不同于其他进路，这几乎是一种新的现代性判教理论（与牟宗三在《圆善论》中从儒教与中国式佛教出发所形成的判教标准不同）：

1. 它不同于回到犹太教神秘主义的肖勒姆。肖勒姆认为只有犹太教才有着神权政治与现实性的关联，而基督教只有内在化与个体化进路。显然，本雅明并不同意这个态度，如陶伯斯所言。至于以虚无主义为方法的问题，尽管肖勒姆也有此历史虚无主义，但肖勒姆还是回到神秘主义的“从无创造”，相信启示的显现力量，本雅明却并不如此，而是以幸福为中介，要在尘世获得幸福，而这是肖勒姆几乎没有展开的维度。

2. 它不同于阿多诺的进路。尽管阿多诺在奥斯维辛之后，更为悲观，更为否定一切的神权与救赎，也走向自然美，但阿多诺更相信整个世界的彻底荒芜与败坏，几乎没有什么救赎的力量，除了“好像”，这个“好像”的审美维度，在陶伯斯看来不是本雅明的。在我们看来，这一点还可以进一步展开，但不是在西方已有的逻辑之中。

3. 它不同于陶伯斯的进路。陶伯斯最好地分析了这个文本，而且指明了不同方向的区分点，也涉及了自然问题，但他否定了自然美，而且他把本雅明与保罗神学联系得过于紧密了。

4. 这也是阿甘本的问题。他接续陶伯斯，甚至认为本雅明就是保罗主义者，此过于革命化的解释，也遗忘了自然问题，没有触及弥赛亚自然的节奏化。它也不同于巴迪欧的保罗式普遍主义——确实忽视了差异与多样性，尤其是自然的多样性；也不同于齐泽克的剩余化普遍性——无法转变为盈余；而阿甘本的“弥赛亚剩余”（messianischen Rest）作为绝对差异本身，尽管打开了人性与动物性之关联的深渊区域，但并没有充分展开弥赛亚与自然的丰富关联。

5. 它不同于布洛赫的乌托邦精神。这是过于马克安式的解释，因为本雅明其实更接近喀巴拉神秘主义的卢立安主义，“整体性复原”这个短语乃是犹太教的方向，而非马克安过于基督教与保罗神学的方向。

6. 它与保守的革命派，与云格尔（E. Jünger）和施米特等人的差异。差别在于本雅明的犹太教教义方面，尽管本雅明也追求主权的决断权与时间的期限，但弥赛亚的来临却是微弱的，并且是走向自然化的弥赛亚，可能并非保罗神学的颠倒：从脆弱处变得坚强！没有这样的反转辩证法，只有阿多诺的否定辩证法，因此无论是陶伯斯的强硬，还是本雅明的剩余的救赎，都还是过于保罗化的基督教法则，而本雅明走向了自然化（另一种法则的柔软）。

7. 它与海德格尔的差异。海德格尔的返回步伐与本雅明对历史过去的救赎相通，尽管海德格尔并不相信神学与信仰，而是更为诗意化，但都是回到自然，都面对了自然的沉默。但是本雅明更强调自然的忧伤，而海德格尔则没有，虽然他也肯定语言原初发生的痛苦与孤寂。本雅明试图恢复的“纯粹语言”更加面临现实的废墟与荒芜，并且肯定此废墟状态，但海德格尔的自然美则过于诗意化。

8. 回到“一个等待与无用的民族”这个主题：本雅明当然会对弥赛亚来临的方式——无论是例外状态还是小门的缝隙——有所发现，而对于无用，本雅明则是通过老庄，以虚无主义为方法，也以空无之道为道路，通过卡夫卡姿势的事件之诗学，通过自然化的纯粹语言之发生。只是对于本雅明，此到来的民族或共通体，乃是一个现代化的浪荡子或者城市的漫游者，在海德格尔那里，则是特拉克尔诗歌中隐含的一个从败坏中告别走出来的西方民族（傍晚的土地上尚未出生的民族）。

9. 这个关键的差别，在德里达《绘画中的真理》中讨论凡·高的鞋子到底是农民穿在田野上的鞋子还是凡·高在城市流浪所穿的鞋子时，再次显现出来。也许在海德格尔与本雅明这里，可以重新书写现代性的空间诗学：如何从自然到城市，或者从城市到自然，这是一个虚托邦的建构，从本雅明《拱廊街》重新开始塑造一个新的共通体。

10. 不同于牟宗三的儒家方式。牟宗三回到儒家《圆善论》与“智的直觉”，却回避了人性的根本恶以及虚无主义的无根性，也无法面对技术带来的进步与问题。“良知坎陷”也只是某种过时的错觉？“一心开二门”——此有执与无执的存有论，应该转化为西方设置与制造的技术生产与让予无用的自然化生产——有用与无用的本体论差异，是弥赛亚的自然化与自然的弥赛亚化。这绝非贬低西方的弥赛亚精神，而是要发现东西方文化内在结合的条件，并且尊重彼此的差异。

弥赛亚的肉身化，在基督教的道成肉身中还是有着太多人的欲望与人的爱意，如同尼采所言。而弥赛亚的自然化，不同于肉身化，摆脱了人为的意图，更为超然，更具有普遍性？如此一来，这就是新的创世记，是再福音化，如同尼采试图写出的第五福音书《查拉图斯特拉如是说》寻求的道路。当然，这也需要自然的弥赛亚化，如同基督徒对复活的渴望，但这是自然的再生性，以及面对灾变时的奇迹变异。

## 7.3 时间的世界政治

弥赛亚式的判教理论，不同于牟宗三过于宗教化与中国传统式的判分，真正的判教乃是从当下的时间性出发，以时间经验的丰富性为标准。

因为本雅明的时间救赎模式不是亚里士多德的线性在场化时间；不是历史事实的记录编年时间；不是现象学三维的内在时间意识建构；不是海德格尔早期本己性之向死而在的决断时间，以及中期历史民族的命运决断与新的开端（死亡之为救世主的外在性物质含义，以及种族主义血腥暴力的诗意化）；也不是德里达延异的时间，而是必须当下化；也不是阿甘本的剩余时间与例外状态——缺乏自然的时间维度。

从“现在”的各种“当下化”情境出发，尤其面对当下的地狱化，永恒复返的地狱化或不可补救性，尤为需要弥赛亚的救赎！本雅明后期“辩证图像”的时间蒙太奇经验，有着弥赛亚实现自身的“张力”与“节奏”——此节奏处于“变调”与“转调”之中（modification/modulation），也处于来回的震荡与撕裂中，神圣整体的时间在现代性已经如同一块已经被震碎的“马赛克画”：

1. 现在的“可识别性”。

现代性的认识者之为“多余人”，乃是从现在的情境出发，现代性开始于对于当下时尚饱满的在场感知，这也是“瞬间”的火花。同时，“当下”之所以可以识别出来，也是因为它处于“灾变”的时刻。现在的可识别性，乃是时尚与灾难的并存，是衰败与上升的同时性，如同《神学－政治学残篇》所说的幸福导致的沉落及其逆转的可能性。

——当下的瞬间爆发。这也是有着情景的感知，有着氛围的朦胧感知。面对当下，在现代性就是时尚，就是消费，就是幸福的欲望，但人类一旦沉迷于此时尚，就会陷入拜物教的深渊。这就是幸福的不可能性。幸福与灾变的孪生，暗示现代性也是灾变的现代性。对于二者同时的观照，就是面对现在在场的瞬间，不得不采取一种蒙太奇的剪辑方式，不得不一直处于例外状态。

2. 现在的“停顿”。

其例外性还体现为现在的“终止”与“停顿”(cæsura)，成为当下的灾异状态。历史一直处于此灾异状态，时间的增多，资本的消耗，只是在填补着虚无的深渊，只是虚无的欲望与欲望的虚无，只是熵的增加，即处于地狱时刻。因此，必须以无为与无用为生存的条件，需要找到新的革命主体——这历史时刻的诗意拾垃圾者，以此可以连接“无用性”与“剩余性”。

——在此例外状态，现代人对于幸福的渴望陷入恶性循环，越是渴望幸福越是陷入虚空，越是虚空越是渴望快乐，快乐越是不可得越是渴望更大的快乐，越是渴望更大的快乐越是陷入不可得的虚空，“现在”就成为“地狱”一般的时刻。但现代人会陷入麻木！除非进入“停顿”的时刻，但这可能是更大的灾变，甚至是灾异。或者是因为更大的悲剧，在古希腊是人与神的分离，如同荷尔德林对于古希腊悲剧《俄狄浦斯王》与《安提戈涅》的评注。西方一直处于神与人分离的悲剧时间，处于人性与神性双重不忠的分裂时刻，历史已经陷入巨大的停顿与灾难（catastrophe）中，尽管有过基督教的化身时刻，但这并没有彻底缝合此分裂。或者进入现代性，此神与人的分裂时刻，被奥斯维辛集中营的灾异（disaster）放大，成为更恐怖的停顿状态，打开了空无与裂隙。后来策兰的诗歌与拉库-拉巴特的哲学都对此展开了深入的思考。本雅明已经预感到此灾难时刻的扩大。如何走出此地狱的当下状态？除非神与人都进入无用状态。

3. 现在的“哀悼”。

一旦感知现在，认识现在，此现在就即刻消失了，此现在还处于死亡的灾难时刻，现代性也因此开始于此漫长“告别”与“哀悼”的时间感受。因此，此当下化的情境，无论多么时尚饱满，都是即刻就要消失的，如同波德莱尔所说的现代性之为长长的葬礼仪式，如同海德格尔所说的个体有限的必死性，如同德里达所说的“我哀悼故我在”。这是个体在现代性中所必须接受的无可逃避的短暂与无常过渡的状态，但此哀悼也具有一种历史的自然化还原，如同本雅明对于巴洛克悲悼剧的研究。

——当下的整体消逝。当下的这种瞬间充实与即刻消失的悖论，不可能化解，除非通过“即刻幻化”？或者把此当下的消逝还原到本雅明所说的自然之为整体的消逝，永恒的消逝，自然可以提供此“即刻幻化”的想象力？现代性的个体承担着双重的重负——神与人的双重死亡，现代性的人性之为哀悼的余在，乃是因为个体一旦觉醒，我之为我已经是“余在”：我的时间一开始就在减少，我已经是“剩余者”；而我的余在要进入永生感却又只能处于“无余”状态，“我”已经不在，我只能通过哀悼他者——自我哀悼——被哀悼，如此多重的感发（自身感发与它异感发），来重构一个虚象的“余存”。

4. 现在的“唤醒”。

现在对于过去的“唤醒”关系表明现在与过去的历史传统也有着关联，但此关联不是已有荣耀胜利者书写的历史，而是如遗稿《论历史的概念》所言，这是失败者要复活的历史，是要在当下去“唤醒”的过去记忆。此过去乃是潜流，需要进入地狱般的体验时刻，在当下被唤醒。这就需要系谱学与考古学的挖掘，如同福柯的历史哲学思考。但对于本雅明，不同的是，历史不仅仅是科学，而且是一种深入的记忆（Eingedenken），只有这样的记忆可以修补过去，使不完整的幸福得以修复，因为已经过去的不幸尚未了结，这其中隐含着幸福的神学意志。

——过去被当下唤醒，也是源于自我对于余存的觉醒。生命对于余存的渴望，乃是一种对于不死性的渴望，此渴望形成记忆。过去之为过去的复活，乃是以“无意记忆”的方式被唤醒，而并非历史记录的方式。此有着文学性的重新唤醒，是深度感知的唤醒，它进入有着氛围或气息的虚托邦，即灵晕式的唤醒，灵晕带着自然的神性，才可能触发比历史记忆更深远的意义，并且向着现在返回，这是新灵晕产生的时刻。

5. 现在的“混沌”。

进入无意记忆，也是进入前世界的混沌当下，此当下必须还原到历史与自然的分离点或者分联时刻，既是自然的历史化，也是第二技术的再自然化（因此我们应该梦想一种“第三技术”？）。只有在自然与历史、自然与技术的来回转化中，才可能唤醒“源图像”，形成新的记忆图集。如歌德所言，源图像也更为隐秘，因为它还与自然相关，在人类意识与历史之前，发端于本雅明分析卡夫卡小说时所说的“前世界”的混沌状态，这些是需要再次书写与想象的可能要素，是可能再次发生的“母体”或潜在物质（就如同子宫一般的接收器与给予补养的khora)，从中可以发现感通转化与整体复原的材质或机体，即“灵媒”。

——此被唤醒的过去还是具有无意识原型的过去：当下与过去有着关联，但此过去不仅仅是被历史压抑的过去，也是无意识被遗忘的过去，还需要在当下的无意识创造行动中才可能被重新唤醒。这些“原型”或“图像”潜藏在无意识的历史遗忘状态中，其作为原型的图像启示还未发生，如荷尔德林所说的灾变“停顿”的时刻，一切还有待于再次发生，但这并非发生在历史事实中，而是在历史的自然性还原中，如同本雅明的巴洛克研究，把历史向着自然化还原。尽管本雅明的思考受到荣格和弗洛伊德的精神分析影响，但不同在于，这是并未发生的图像，有待于通过自然而再次发生。精神创伤和哀悼要与当下发生辩证的关联，这就是本雅明在《拱廊街》中所说的“静止的辩证图像”。

6. 现在的“幸福”。

此现在的当下化还离不开未来的时间维度，但此未来乃是未来的末世，是时间的终结，而且，此终结不是历史的目的与实现，不是历史的终结，而是时间本身的终结。在时间终结处，需要召唤弥赛亚回忆的目光，因此之前的各种“现在”瞬间，只有在弥赛亚式的回忆目光中，才成为幸福的瞬间，这是被弥赛亚回忆聚集起来的幸福时刻与闪耀。进入末世回忆的当下乃是进入弥赛亚式的时间检验。弥赛亚来临的时间在“第五维度”，它并不在历史化与自然化时间的维度中发生，因此这是回忆的时间，如同音乐处于“第五维度”而被唤醒，幸福的回忆在音乐的祈祷中，所有过去的时光停顿下来，并且被复原。

——这是“幸福的辩证法”（eine Dialektik des Glücks），其中有赞美（Eine hymnische），但也有哀悼的挽歌（eine elegische Glücksgestalt），如同本雅明在《面对普鲁斯特的形象》中的思考。这也是犹太教的弥赛亚力量，尽管是微弱的力量，仅仅处于一种救赎的回忆之中。或者如同瓦尔堡记忆图集的余存，但对于本雅明，此文化历史的现代记忆图集还不明确，在《拱廊街》计划中此历史的诗意叙事有待重写，如何可能把前历史的自然、历史化的自然和现代技术的自然，以自然的记忆救赎为方向重建，也是未来思想与当代艺术的任务。

7. 现在的“延宕”。

但此幸福的享受时刻，还是不断被延宕着，这是微弱的弥赛亚的虚无性与无尽的延宕性所导致的。因为弥赛亚的微弱，因为世俗历史并不倾向于救赎，世俗历史不可避免地走向败坏，但人性又有着对于幸福的不断追求、对于进步与发展的执念，这就导致了弥赛亚的延宕。此救赎的外在性、启示的虚无性与灾难的扩大化，导致弥赛亚无限的延缓。对于本雅明，只有进入无意识自动书写的当下，才能摆脱困境。本雅明相信超现实主义从迷醉中获取了革命的能量，当下自动书写时的无意识状态与作品的梦想时空折叠之际，如同每一代人都梦想着下一代，此“梦的契约”，此唤醒的辩证机制中有着弥赛亚来临的征兆。

——因为现实之物之不可补救的不完美性，绝对具体的东西不可能达到完满，如肖勒姆所言，弥赛亚启示的虚无化不可避免。但本雅明又不同于此，如阿多诺后来所同样认可的，需要“弥赛亚救赎的目光”来关照历史现实。现实已经处于彻底的非真理状态，但思想需要弥赛亚的目光，因此本雅明在卡夫卡式的文学叙述中——也出于对现代日常生活大众艺术的信任——发现了世俗启迪的可能性。

8. 现在的“弥赛亚化”。

现在时刻的弥赛亚化，也是弥赛亚的当下自然化。回忆具有救赎性，但弥赛亚的来临却缺乏进入世界的通道，弥赛亚无法当下化，尽管思想的心灵有此需要，弥赛亚需要一道小门，但此小门来自何处？不是来自历史的过去，不是来自无意识的革命，而是来自无意识之中潜藏的自然性。弥赛亚不可能直接进入历史，历史中并没有进入的小门与窄桥，弥赛亚只有进入自然，这是《残篇》中所说的“弥赛亚式自然的节奏”。

——弥赛亚进入当下世界的力量在于弥赛亚是否能够让自身充分自然化，这就需要再次进入混沌，需要自然的“神性”被再次唤醒——需要进入廓纳（khora）之中，需要弥赛亚进入一种宇宙的通感关联之中。这其实也与喀巴拉神秘主义的诉求相关——上帝退出了，剩余的种子被发现了。此弥赛亚的剩余种子，将与历史的剩余者一道，如同驼背小人的神学形象或桑丘式的无用主义者，发明卡夫卡式的“奥德拉德克”之类并不存在的无用之物，打扫剩余的垃圾，即便弥赛亚也要进行此无用的工作，但却可以为历史的未来扫清道路。

——此弥赛亚自然化的当下，也与中国文化的想象相关，这是自从布洛赫以来，让本雅明深深着迷的中国艺术家的神秘故事：中国艺术家在持久的工作后，会进入自己绘画作品中并消失于图像之中的“小门”，会永久地生活在自己所创造的那个世界中。这不同于动物神经瘫痪或者死本能的回归认同，而是有着创造性的相似性，这是既在这个世界又不在这个世界，这是一个间性的“虚托邦”，如同本雅明在《柏林童年》初稿第一篇《姆姆类仁》的结尾所泄露的书写秘密。

9. 现在的“余地”。

弥赛亚的自然化也要求自然的弥赛亚化。弥赛亚的自然化乃是更为深入唤醒前世界或混沌中的潜能。那“永恒与总体上消逝的”自然如何被拯救？或者是喀巴拉神秘主义的创世行动的自身退出，打开余让的原初伦理姿势，但此余让的姿势如何被模仿与扩展？因此，自然需要被弥赛亚化。同时，技术的进步不是要毁灭人类，如核武器，而是成为生命技术，尤其是让技术自然化，即通过自然自身的第三记忆被技术转化。

——当下完满的弥赛亚化：所谓“超人”或“新人类”，不过是让个体的自生性（不是自身性的传统哲学）有机会得以全面地再生，所有的源现象或者胚胎的本根性得以复苏。就如同让万物都向着天使的图像转化，这是辩证图像的未来，这也是本雅明在《艺术作品论文》手稿中所要处理的自然与技术的关系，即自然通过技术不断地获得再生，但也要让游戏的技术有着自然的相似性。在物化的吊诡中，不仅仅庄周梦为蝴蝶，而且蝴蝶也要梦为庄周。同样地，发现感通材质的无限可塑性与可再生性，发现生命整体性复原的弥赛亚之物或修复的元素，重新恢复为真人，就是万物的虚化与天使化，是生命永恒出生的梦想。

——如同本雅明在唤醒上回到原型图像或生命的源现象，技术的弥赛亚化也是回到生命的胚胎或脐带上。此材质感通具体化的“脐带”，就是生命的自然化与呼吸化，生命图像的具体化就是本雅明作品中的星群或星座，或者是“云”（如哈马歇的解读）。通过自然的“再生性”，不断激活此潜能，让人类有更多存活的“余地”（Spiel-raum，也是游戏空间），让唯一神论关于复活的神圣事件被重新理解——让每一个个体生命的自生性获得重生的平等性，此生命的再生性与自然质料的共有性，可以形成一种共有的未来民主吗？这就需要让已经弥赛亚化的自然再次弥赛亚化，让整体修复的隐秘自然再度被复活，使之成为一种具有普遍性与平等性的补救，让所有生命都有获得补救的公平机会，而不只是被给予少数特权。

楔子

# 上升与下降的同时性

“现在”这个时刻，因为如此多重的时间感知的来回震荡与撕扯，要么被撕裂成无数的碎片，要么交织为迷宫，要么仅仅是幻象的叠加，要么就是地狱的沉落。

如果有着某种走出地狱般“现在”的可能性，如果有着打开了弥赛亚来临小门的“当下”，那可能是弥赛亚性、自然性与技术虚拟性，找到整体性修复的胚胎基元，在梦想的第五维度或另一个可能的世界中，在生命宇宙技术中，不是以其强力或暴力，而是聚集“无用性”，共通发生。

在这样的时刻，所谓自然界的“病毒”通过中介宿主进入人类，“自然”——自然的灾变，沉默的自然，无辜的自然，自然的神圣性，自然的可再生性——导致了整个世界的危机。那么，自然的神圣性是否也可能构成一个逆转的中介？如果人类的幸福离不开自然，那么无论是有限生命渴望的无限性，还是物质财富的丰富性，都有待于人类与自然的和解。

这是本雅明思想试图形成的自然化哲学与自然化的神学：从沉默与剩余的自然出发，带有原初灾变的剩余残片，弥赛亚必须连接到此剩余化的沉默自然，思考自然化生命如何摆脱神话暴力，如何让历史还原到自然的废墟与寄寓，如何走向“无意记忆”的救赎与集体无意识的梦幻唤醒，以及从游戏与相似性的关系上化解现代性技术复制带来的困境，让灵晕再次显现。按照詹姆逊在《马克思主义与形式》中所说的“四重解经”来重新描述本雅明的四重自然概念：自然的字面意义就是自然的沉默状态或自然的相似性；自然的寓意就是历史自然的尸体骷髅状态或神话状态；自然的道德层则是摆脱了道德伦理的自然化生命；自然的神秘层则是自然的弥赛亚化与弥赛亚的自然化。由此形成了弥赛亚式自然不断展开的节奏或步伐，这是弥赛亚与自然连接的节奏，这个节奏才是救赎历史的音乐性或者步伐。

本雅明“寄寓性的历史认识论”的独特性，就在于其与“自然性”内在关联。这可能是阿多诺明确继承的精神遗产与思想道路（在其早期论文1932年的 *Die Idee der Naturgeschichte* 之中），甚至超过了本雅明本人（考虑到后来本雅明受到布莱希特的马克思主义技术生产论的影响），而且还可以批判早期海德格尔的历史生存论，这体现在如下几个方面：

1. 对衰败之物的认知，只有在衰败之物那里，才可能发现历史转换的契机。比如建筑废墟——历史之物已经被自然还原，经受了自然时间的冲刷。

2. 从撒旦的角度观看世界的强势，但并不认可它，而是看到其最终“骷髅般”的面孔，或者其必然的地狱状态。此骷髅的生命也是肉体向着自然生物状态的还原，这是从最后之物看世界的必然消逝，以及由消逝所构成的破碎面纱中的对象之美。

3. 发现或面对那些沉默之物，对于本雅明，这尤其是指那沉默的自然，哪怕是堕落的自然，这是“自然的自然化”还原。后期海德格尔才面对此自然的自然性。

4. 去阅读神圣的文字，或象形文字或画谜。这是自然与历史的相互作用和特殊交织所形成的寓意画或梦境。

5. 从衰败之物或无用之物那里，看到逆转的可能性与救赎的机会，这是从弥赛亚救赎与终末的观看来看待世界。而自然可能隐含救赎的密码，如后期阿多诺在《美学理论》中所言。因此，历史是一门记忆的科学，并非仅仅是事实的记录，因为回忆中可能隐含救赎的条件。

以往对于生命的思考，或者局限于动物生命与存在的关系；或者是生命的冲力与欲望的生产，比如阿甘本、尼采与德勒兹等人；或者是生命的救治与修养，比如弗洛伊德与福柯等人，但都没有思考“灵体”（来自亚里士多德的 pneuma/

πνεῦμα）与不死的魂魄。[1]

当海德格尔在1942年的《巴门尼德》讲座中思考柏拉图《理想国》中厄尔（Er）神话与lethe（隐藏）的关系，存在历史的生存者或者存在本身的命运分享者，已经先在地有着对于死亡的分享，即已经是“魂魄”。一旦人性进入了冥府，已经分享了遗忘的特性(lethe)[2]，有着所谓的前世记忆，有着不可能的可能选择了——即生前就反思了自己死后的灵魂存在的价值，这就是“魄力”，就是“心魄”成为当下的经验。

如果真理的去蔽乃是aletheia /ἀλήθεια，其显现乃是“心魂”，而真理的自身隐藏（lethe /λήθη）则是“心魄”。这样的双重力量改变了海德格尔对于人性的思考：一方面，存在的筹划之敞开，乃是显现的心魂，是去蔽与敞开的敞开性，是神秘的敞开；另一方面，则是心魄，这不可见的隐藏，是自然的潜在力量，是物的泰然让之。以心魂与心魄来思考海德格尔的第二次转向，这是西方一直没有展开的思考。

这也是为何后来海德格尔把人性规定为“必死者”。“必死者”其实就是“已死者”，存在显现的主体，如果有着命运

---

1 Erwin Rohde：*The Cult of Souls and Belief in Immortality Among the Greeks*. London: K. Paul, Trench, Trubner. 1925. A. P. Bos: *The Soul and Its Instrumental Body, A Reinterpretation of Aristotle's Philosophy of Living Nature*. Leiden: Brill Academic Pub. 2003.

2 ［德］海德格尔：《巴门尼德》，朱清华译，北京：商务印书馆，2018年，特别参看174–176页，185–187页，其中还有着对于lethe与旷野的思考，这导致GA77卷中关于寂寥或广漠之野的扩展，也与合适的尺度（饮遗忘之水的多少）相关。

的接受者或者可用者（chreon），那么他已经是“死者”，是魂魄中的心魄。人性已经是作为心魄的存在，也就是德里达所思考的幽灵，已经成了幽灵与鬼魂，已经是哀悼者。

心魂，作为语言本身或者存在本身的表达者与行为者，是神性的行为，不是人类。即天地神人中的诸神——乃是不死的心魂力量，是生命的生长力，是 pneuma，是心魂上升的力量。如同无用之树，向着天空生长。

心魄，则需要让予。心魄是不可见的，是潜在的下降之力，是大地之力，是生命中的自然性，通过无用，让自然自身显现出来。如同无用之树，向着大地生长。

海德格尔后期思想思考的双重生长，即无用之树同时向着天空与大地双重生长。如同中国文化的魂魄，同时上升与下降，但这既是上升精爽之力的增强聚集，也是下降消散力量的减缓余留，这是同时性的作用。也许海德格尔比荣格（在《金花的秘密》中受到卫礼贤翻译与中国道家的影响），更彻底发展了中国文化魂魄的思想！进入魂魄之思，进入心魂与心魄之思，也是新的注意力之培养，是心力、心意的关心、心灵注意力的工夫论。

魂魄的关心：来自生命的自然力，上升聚集为魂，下降消散为魄。而来到人类生命，才有心魂与心魄（或者力魂与力魄，但有着心灵感通，因此还是心魂与心魄）：一方面，心魂乃是运用技术，如同道教外丹的修真技术，聚集力量，加速聚集，压缩节奏，如同“干细胞再生”技术乃是激活自然的潜能，心魂也是聚集生命力的精爽之气；另一方面，心魄乃是让予，是自然自身活力潜能的唤醒，如同道教内丹的修炼工夫，在现代性则体现为哀悼的力量，也体现为虚无主义的诗学。

也许德里达的心灵（psyche/ψυχή）之为它者的发现[1]：一方面是技术的心魂，是技术“代具”的外在生产，而代具的不断活化，试图代替人性就是所谓的超人类；另一方面，则是自然的心魂，这是哀悼的人心，只是德里达没有走向自然的魄力与自然的无用。德里达的廓纳（khora）与弥赛亚性，也没有很好地结合，他有关心灵的思想有待于中国魂魄思想的补充。

因此，庸用的差异论就有着两个维度：一方面，是有用与无用的差异，以无用解构有用；另一方面，则是心魂的技术与心魄的技术，是二者的二元综合。德里达的弥赛亚性已经与技术相关，而他的廓纳本来应该与自然的让予相关，只有走向让予与无用，弥赛亚性与廓纳才可能形成公义，民主的未来才可能具有当下的力量。

在全球化的灾变中，道家无用化的自然性是否带来了某种启发？世界的停顿也回到了“归根曰静”的修复状态？自然是无用的，但自然也可以大用。这是自然化的普遍经济学或者生态学，自然的生产不是价值与价格，自然的技术是自然潜能的

1 Jacques Derrida: *Psyché, Inventions de l'autre1*. Galilée, 1987; Jacques Derrida: *Psyché, Inventions de l'autre2*. Galilée, 2003.

可再生性。通过自然来迂回，带来神性与人性之间的一个连接中介与通道，这是无用之为无用，无用之为大用的连接点。

无用的弥赛亚进入世俗历史，或者弥赛亚救赎发生的那个历史触点，是沉默的自然或无用的自然性——其中潜藏的神圣性种子；而弥赛亚既要唤醒人性中沉默的自然，也要唤醒自然的自然性，并且把自然的生产性带入技术的再自然化与自然的再技术化——另一种双重转化，弥赛亚的自然化也是自然的神性化或自然的弥赛亚化。只有此四重的自然式转化，才是弥赛亚式自然的转化节奏。

而中国人的文化生命，就是回到玄牝之根，才可能有着整体性复原。

但处于混杂现代性状态的中国，却一直无法施行真正的创造性提纯与力量的转化，因为在吊诡中上升与下降的同时性，导致了更大的混乱状态。提纯的力量来自哪里？来自魂魄之力的关心，来自心魂与心魄两重力量的相互作用，其中有着生命灵根的复生。

中国文化的魂魄之思，乃是一种双向的思维，是阴阳互动的思维。一方面，是阳性与生长的力量；另一方面，则是阴性与衰败的力量。从《易经》的“大传”开始，中国智慧就认识到“一阴一阳之谓道”，同时也深刻体会到“阴阳不测之谓神”。因此，阴阳乃是两重力量，或者说上升与下降的不同力量，其相互作用中的变化，不可预测，有着多重可能性。而且，更为神秘的还有“显诸仁，藏诸用”，看起来阴阳运作时，明显的好作用体现出了仁义，但更具有大用的力量却保持为隐藏着的不可预测，甚至不可感知。如果《易经》有着本体论或者“元－变易”层面上的思考，乃是对于上升与下降或出生与死亡之同时性的思考。

这在庄子的思想中，则是“方生方死”与“方死方生”的同时性。后来的伟大诗人杜甫，面对盛唐的不再，写出了“无边落木萧萧下，不尽长江滚滚来”的不朽名句，就是同时认识到了双重力量的戏剧性改变。恍若昨日的长安盛唐景象与战争破坏之后不可遏止的衰败，同时呈现在诗人面前，让他无法释怀，他只能同时肯定二者，无论他是多么不愿意。

而且，一旦对此阴阳互动的思考与主体行为相关，就走向心魂心魄的中国智慧与心灵哲学，阳魂为神，阴魄为鬼，鬼神之良能，“精气为物，游魂为变，是故知鬼神之情状”，而“一阖一辟谓之变，往来不穷谓之通”。

钱穆先生在其《灵魂与心》中引用了孔颖达《正义》的解释：

> 人之生也，始变化为形，形之灵者，名之曰魄也。既生魄矣，魄内自有阳气。气之神者，名之曰魂也。魂魄，神灵之名，本从形气而有。形气既殊，魂魄亦异。附形之灵为魄，附气之神为魂也。附形之灵者，谓初生之时，耳目心识，手足运动，啼呼为声，此则魄之灵也。附气之神者，谓精神性识，渐有所知，此则附气

之神也。是魄在于前，而魂在于后，故曰既生魄，阳曰魂。魂魄虽俱是性灵，但魄识少而魂识多。[1]

中国文化“一心开二门”的双重性，或者心魂与心魄所具有的二重性力量，其活力就应该体现为生的力量不断出生，死的衰败被不断逆转。而现代人，从启蒙之后的现代个体，必然同时面对觉醒的双重性：让出生一直保持为出生，让死亡一直保持为先行，出生到在场——先行到死，此二者的同时性，让每一个现代人同时成为出生的不断唤醒者，并成为死亡的不止息哀悼者，哲学就成为“生死同时性”的思想。

这是现代性哲学最为核心的思考：每一个个体的生命，只能自己个我地经验，此即生与死的同时性。生死的同时性表现为：一方面，乃是出生的不断出生——如同阿伦特所说的自由行动乃是生命的出生性，或者海德格尔所说的自由的敞开，保持敞开的敞开性与未来的先行；另一方面，是死的不断死亡却又来临——如同德里达所思考的哀悼，自我哀悼与哀悼他者，当然也有着被哀悼的再次出生，也是二者的同时性与相互转化。

回到中国心灵——心魂心魄双重感知的中国智慧，对上升与下降的同时性经验，以及阴阳相互作用的触感，加以彻底的

1 钱穆：《灵魂与心》，桂林：广西师范大学出版社，2004年，42页。以子产关于魂魄的规定为出发点：“人生始化曰魄，既生魄，阳曰魂。用物精多，则魂魄强。是以有精爽，至于神明。匹夫匹妇强死，其魂魄犹能凭依于人，以为淫厉。”

反思之后，我们发现同时性也是复杂与混杂着的，有着如下几种可能性（这是德里达式“或许”的不可能性的逻辑）：

其一，生长的力量继续生长，这是上升的上升化，同时，衰败的力量继续衰败，彻底死亡。这是更新的时机，生的再次出生，死亡的彻底告别。同时出生与告别，更具有更新的力量。——这是一个更新的时代。

其二，或者，本来应该生长的力量却没有得到上升，反而被挤压得下降了，与衰败的力量一道下降，这是彻底的衰败。——双重的衰败，这是彻底没落的时代。

其三，或者，本来应该上升的力量没有得到上升，本来已经衰败的力量却反而得到了上升，恰好相反，这导致了世界的错乱。——这是一个错乱的时代。

其四，或者，本来上升的力量继续生长，本来下降的力量也逆转在上升，这就是所谓盛世，当然其中也隐含着危机，因为下降的力量中有着危险——反者道之动但也需要借力，就导致魔鬼的力量被利用，就如同上升的力量也不是没有危险——物极必反——盛极必衰。——所谓盛世也是转换的契机，并不一定是良机。

其五，或者就是一种同时性，上升与下降的双方力量处于“平衡”状态，处于“张力”之中。这其实是一个过渡阶段。——这是过渡年代，有着各种可能性，可能上升的会上升，下降的会下降，但也可能错杂。

其六，或者是一种同时性，但陷入了“僵持”，上升的无法上升，下降的无法下降，处于可怕的“僵持”之中。——这是僵持的时代，痛苦挣扎的时代。

其七，或者出现一种更大的困境：既没有上升也没有下降，只有悲剧性的“停顿”，上升不再可能，下降似乎也不明显，敌对的力量都在极力地坚持。上升的试图继续上升——但不太可能，并没有机会，寻找不到可能的力量；下降的也试图保持不下降沉沦，因此恶的力量反而得到了提升，但也没有实质提升，因为出现了灾变，出现了意想不到的灾难。当然，灾难也离不开上升与下降力量的错乱与急迫，一旦各种力量出于恐惧而加速，更为急迫，反而催生出灾难，此灾变又让双方处于悲剧性的停顿之中。一切都陷入一种可怕的停顿状态。比如悲剧时刻，比如灾变时刻，比如病毒时刻。——这是停顿的时代或者灾变的时代。

所谓的混杂现代性，其实可能同时具有这几种状态。看似各种力量都具备，其实却看不清明确的方向。当前就是无法区分开诸种力量。上升的力量无法集结与聚集，下降的反而可以自动组合形成反动的力量——似乎还可以逆反而上升。[1]

---

1　非常有趣的是，海德格尔GA77卷的第二个对话《老师在钟楼楼梯口碰到敲钟人》中，围绕赫拉克利特式“楼梯”展开的对话，就施行了转化：上升与下降作为同一条路，并且与道家的无用之树相关——同时向着天空与大地双重生长！仿佛是赫拉克利特与老子的一次巧遇，带来了哲学的稀奇。或者，就如同本雅明与海德格尔，这两位一战期间的弗莱堡同学，似乎对于世界历史的上升与下降的同时性思考有着深度共鸣。

我们需要在这几种混杂力量中，认清方向，发现真正转化的力量，让生长的力量可以茁壮地生长，让衰败的力量可以美好地优雅告别。

经过双重无用化悬置之后，心魂与心魄从生命的灵根处重获生长的力量，只有经过自然的弥赛亚化与弥赛亚自然化之后的灵魂生命，才有着逆转的力量。

八

# 海德格尔的“第二次转向”：发现无用与集让的民族

我们需要无用，就像我们需要空气。

——诺丘·欧丁《无用之用》[1]

让我们从荷尔德林一首诗《帕特莫斯》(*Patmos*)的开头开始：

是近了
而困难的是抓住这神，
但危险所在之处，那拯救的
也生长。

【Nah ist

1 [意]诺丘·欧丁:《无用之用》，郭亮廷译，台北：漫游者文化事业股份有限公司，2015年，10页。

Und schwer zu fassen der Gott.
Wo aber Gefahr ist, wächst
Das Rettende auch.】

随着海德格尔《黑笔记》或《黑皮本》(Schwarze Hefte GA94–100）2014年以来的陆续出版，整个现代哲学再次面对一场危机——海德格尔的存在哲学与纳粹意识形态的魔鬼式共在的危险，将“污染”所有受其影响的现代性思想，使得进入21世纪的思想再次陷入越来越扩大的回旋（Widening Gyre）之中。如同战国时期，庄子面对“道术将为天下裂”，没有任何一种思想可以面对世界秩序的丧失，除非承认思想自身的无用。但（aber）危险（Gefahr）与拯救（Rettende），此二者之不可回避与不可分离的同时性（“也”：auch），迫使思想不得不走向一条新的道路，让思想可以重新生长（wächst）。

思想认识到自身的无用：无论是科学技术或者人工智能取代了思维活动的反思，还是生物技术取代了生命存活的条件，人性的境况与思想的条件都处于无用之中，但正是此无用让思想第一次面对自身的无能——从无用开始思考无用的思想。

从无用开始思考无用，这是思想的事情——思想回到自身的自律，回到自身的悖论存在：无用的思想不得不面对思想的无用，此无用的无用化，无用的可能大用，就是无用的吊诡之处。

无用的思想不得不面对思想的无用，此无用之思，却有人性本身存在的最后合理性与最为卑微与渺小的存在理由：人性自身从其诞生时刻，看起来因为寻求有用而存活（生物进化论适者生存的目的论），但其实乃是因为人类认识到自身的无力与无能（所谓必死性与有限性），认识到人自身就是无用的，而得以绝对地觉醒，这是生命之绝对觉醒。正是因为人类认识到自身的无用——人类才成为人类，人类才要在世界上寻找存在的根据和理由。而哲学之为哲学，就是彻底认识到并没有这样的根据，人类必须保持自身的无用性，但又要让世界接受人类的存在，让世界保持自身的无尽敞开，让世界可以在无用中一直保持生成。只有无用的哲学态度，不是占有世界，而是让世界保持自身的敞开，让世界一直保持为世界化，才有着人类存在的真理性。

这是哲学所处的危机与拯救时刻：无用的思想不得不面对思想的无用。此反转的镜像，乃是哲学重新开始的条件。

即便神在临近，但也无法被世界领会与容纳，除非这神也是无用的了；更何况神已经远离，仅仅留下离去的背影，或者仅仅留下无法解读的记号，除非寻找那相似的形象（Zu bilden ein Bild und Ähnlich）？对于荷尔德林，那再来的神或再次化身的神，或者是海德格尔试图召唤的“最后之神”，都需要在自然中，再次寻找一个暗号的征兆（Lösungszeichen）。

无用的思想开始于思想的无用。这是哲学自身的绝对反思，也是哲学自身的彻底批判。中国道家思想在各个文明的开端中有着绝对的异质性，就在于一直保持着此原初记忆：哲学或思想，乃是对于此人性之无用的绝对记忆，乃是一直保持此无用的必然性！就如同犹太人保持着对于弥赛亚救赎的绝对记忆。

此无用之思，通过“无用之用”的悖论或者吊诡，如果已经打开了思想的新可能，甚至可能带来一个新的思考框架，那么对其检验的标志就在于哲学面对自身危险的处境——海德格尔与纳粹的深度纠缠，让哲学再次进入危险的深渊。尽管这危险一直都在，但我们敢于诚实面对，唤醒良知，却异常困难，而《黑皮本》的出版，还是给我们提供了一个检验的机会：

无用之思，是否对于已有论域重新有所打开？虽然海德格尔的思想被区分为几个展开阶段，但我们区分开两次转向（1932—1942年与1943—1953年），而且指出“第二次转向”与庄子的无用思想有着密切的关联，即使不是唯一的关联。在整个西方思想处于危险之际，庄子的无用之思启发了拯救的另一个方向，这打开了跨文化批判的新视野。[1]

这也取决于回应新材料和新问题的力度，《黑皮本》发表

1 详细讨论海德格尔思想中的第二次转向，请参看夏可君《一个等待与无用的民族——庄子与海德格尔思想的第二次转向》，北京：北京大学出版社，2017年。也请参看何乏笔（Fabian Heubel）的德文著作，Fabian Heubel: *Gewundene Wege nach China Heidegger-Daoismus-Adorno*. 2020。围绕庄子的无用之思在阿多诺与海德格尔之间富有吊诡张力的讨论，也把庄子带到法兰克福学派与弗莱堡学派的德意志思想史的冲突之中！

后，无用的思想可以为思考海德格尔的纳粹问题提供新的反思视角，打开思考的新方向吗？面对海德格尔与纳粹复杂的纠缠关系，我们既承认海德格尔确实陷入了纳粹意识形态的诱惑，但同时也发现，海德格尔试图走出此魔鬼的诱惑。与魔鬼打交道的思想如何可能轻松地走出自身？如何可能从魔鬼生成为新天使？如此逆转如何可能？这不可能来自西方思想自身，而只能来自异质性的资源，这是中国道家思想切入西方的时刻，在一个深切痛苦的时刻。

无用之思是否与我们自己当下所面对的问题深切相关？进入21世纪，后发的现代性中国处于急速发展中，海德格尔的两次批判——“对现代性的批判”与“哲学自身的批判”，有助于我们反思当下的问题。无论是海德格尔与纳粹的深度纠缠——不断自我反省却越陷越深（如《黑皮本》[GA94-95-96]所展示的第一次转向同时进行的自我反思），还是其试图走出纳粹——通过接纳东方道家的努力（如《黑皮本》GA97-100、GA73及GA12所施行的第二次转向），都与从有用走向无用的“庸用的差异论”（存在[Sein]或者存有[Seyn]已经被“用”取代）内在相关。这是跨文化的深度转化。

无用之思是否可以面对历史深处的难点与痛点——犹太人问题以及对于奥斯维辛集中营的重新回应。这是无用的受难？是上帝的彻底缺席？是人性的死亡与重新觉醒？有一种无用的神学吗？这些是在卡夫卡、阿多诺与本雅明对于灾难的反思中，在列维纳斯、德里达与南希的解构神学中，在阿甘本、内格里与齐泽克等人的新保罗革命神学中已经有所面对的问题，因为无用的神学，就成为一种“虚化的神学”（infra-theology），是否会有新的改变？

无用之思是否可以形成一种新的思想道路或者打开更广阔的思考领域？这就需要一系列围绕“无用”而展开的思考维度：无用的文学——卡夫卡与中国，无用的神学——本雅明的弥赛亚自然化，无用的哲学——庄子的世界化，无用的艺术——杜尚与虚薄，等等。当然，看似对立的各派之间——无论是海德格尔的保守革命、阿多诺的启蒙辩证法和本雅明的弥赛亚救赎，还是克拉格斯的世界灵魂化和凯卢瓦的自然拟似性——不同思想的要素，因为无用之思、无用的神学，而得以重新整合。

海德格尔也不是没有直接透露自己思想的核心秘密，1969年10月25日，海德格尔给当时的联邦德国总统海涅曼（Heineman）写信道[1]：

> 联邦总统先生！
>
> 您为我八十寿辰写来的信，对我的余生和事业始终是一份宝贵

1 ［德］海德格尔：《海德格尔文集：讲话与生平证词》，孙周兴等译，北京：商务印书馆，2018年，857页。此信中文译文，笔者依据德文有所改动，参见 Martin Heidegger: *Reden und andere Zeugnisse eines Lebensweges*（1910–1976）（GA16）.2000。此外，依照时序，该文集还有大量关于无用之思的语段，中文见《海德格尔文集：讲话与生平证词》，381页，668–669页（1959年生日之际），704页，813页，等等。即，无用之思其实是一直贯穿着海德格尔后期的最重要而隐秘的思想。

> 的财富。我为此要衷心地感谢您。
>
> 我尝试着酝酿的思想，在不可避免的技术时代，将越来越难以唤起沉思者和共思者，并且将越来越难以一直牢记对于直接的无用之物的引导性力量的感受，因为一切有用之物都是可服务的，没有有用的支配作用，什么也没有。
>
> 总统先生，请允许我除了感谢再奉上我的愿望，愿您的思想和行动的直感（就像歌德所言），能有力地促进单纯有用之物那一面，但同时，能让无用之物的神秘毫不显眼地显现。

这个时刻，是冷战的高峰，是1968年法国巴黎的“五月风暴”之后，在自己八十寿辰之时，在德国总统这样的政治公众人物给自己庆祝生日之际，海德格尔如何回应一个重要政治人物的致敬，借以宣扬自己的核心思想？这是一次机会，就如同柏拉图面对叙拉古的僭主们时的迫切性。

海德格尔的回应，就是他后期思想隐秘愿望的半公开化表达（在1966年秘密进行的《明镜》访谈之后），面对技术的宰制——一切都是“集－置”（Gestell/Ge-Stell），面对时代的困境——一切都走向了有用的技术化，面对哲学自身的危机——没有人去思考哲学自身的无用性，海德格尔自认为如此孤独，以至于相信他的余生之余留（bleibt mir für den Rest meines Lebens）的任务（就如使徒保罗在《哥林多前书》第七章中所言：“所剩余的时间不多了。”），就只是去思考一个绝对的信念。

这是什么信念呢？那无用之物的神秘。尽管海德格尔并不全然贬低有用之物及其直感（海德格尔反复重申他并不反对技术），但他认为现在更需要无用之物的神秘直感或直觉，还要使之显现，而且是毫不显眼地显现。

这是海德格尔的心愿，这一次，其最为隐秘的心事或心思，最直接地暴露了，而且以极为“显眼”的方式，传达给一个极为重要的政治公共人物。他只是想传达一个消息，一个好消息（Gospel）？这就是——“让无用之物的神秘毫不显眼地显现。”

这是思想的任务与思想的事情——“让无用之物的神秘毫不显眼地显现（das Geheimnis des Nutzlosen unauffällig erscheinen lassen）。”在走向公共政治时，这是思想所试图发出的呼吁。但这里有着多重的困难。其一，这是吊诡的任务——如何可能让“无用之物”成为有用的？其二，海德格尔在这里并未否认有用之物的功用性，但无用之物及其神秘如何可能为政治所用？其三，政治如何接受无用之物的“引导性”力量？其四，如果无用之物还是“神秘的”，如何可能显现出来？而且还保持其“毫不显眼地”显现？既要显现，又要不显眼地显现，这不是悖论吗？这是其五。而且，“让”其显现，如何“让”？这是其六。如此内在相关的这六个问题，乃是海德格尔一直在思考，还未给出答案的未思之思。

而这个无用之物的神秘——来自谁的启发呢？庄子！

这是海德格尔余生所要召唤的思想。在海德格尔之后，这是思想所剩余的任务？思想还剩下什么可以去追问的事情？那就是海德格尔在这里所召唤的无用之思。

哲学将开始于自身的悖论：无用的思想开始于思想的无用。

## 8.1 迟到的中国思想

哲学开始于自身的悖论：无用的思想开始于思想的无用。

> 但危险所在之处，那拯救的
> 也生长。

思想的危险所在与拯救的机会，在于面对自身的吊诡。

什么是吊诡？这是面对极度的困难或绝境（aporia），处于极度痛苦的经验中又无法化解的痛苦的双重约束（double bind），但又必须发明与想象出可能的化解之法，或让拯救生长出来，尽管历史并不喜欢此不合时宜的生长（如荷尔德林的诗歌所言）。此危险与拯救的悖论乃是一种无法之法，无解之解，一种悬垂，一种倒挂，一种诡谲，一种不可思议，面对此危险或者诡计的操作也异常艰难。如何可以化解这样复杂的悖论，也许根本就不可能化解悖论，因此才需要信念，需要信仰，需要拯救！拯救，如同宗教的救赎，乃是一种对于幸福与安慰的祈祷。

从此悖论与纯粹悖论，即“吊诡”的思想出发，当我们面对海德格尔与庄子时，是否可以重新打开思想的新维度呢？

无用的思想开始于思想的无用。

中国现代哲学，是一个迟到者，一直晚到，而一旦晚到，就来得太晚了。

中国现代哲学，作为迟到者，只能回答已经过时的问题，或者回应仅仅剩下的问题。

这些剩下的问题，或者已经过时，比如中国传统有哲学吗？但进入后现代，还需要哲学吗？或者，剩下的问题也是极少主义的问题，中国需要补充某种自身缺乏的哲学系统，但能做的已经很少了，几乎没有了。或者，这些剩下的问题，乃是性命攸关的问题，这是哲学本身还剩下什么的疑难。

还有什么是已经迟到又性命攸关的问题呢？这就是哲学还剩下什么的问题！即这个剩余本身的问题。

还剩下什么呢？在黑格尔的哲学体系之后，在现代科学技术占有了一切领域之后，还有什么是留给哲学的呢？如同德里达在《丧钟》（*Glas*）一开始的追问，但对于现在的我们，也许，哲学已经没有什么用处了。

哲学已经无用了，迟来的中国现代哲学，面对的是哲学已经根本上无用的处境了。

相对于技术与科学而言，哲学已经没有什么用处了，但由此反而给哲学提供了某种自我反思的机会，这是哲学从来没有面对过的难题与主题：如果哲学已经没有什么用处了，这不就是哲学自身唯一的机会——去思考这无用？并且把此“无用”作为哲学的根本主题甚至是唯一主题？

哲学已然无用，但无用的哲学却可以更好地思考此无用。从此，哲学从无用重新开始。

无用的思想开始于思想的无用。从无用开始，这是哲学的新开端，是思想唯一的事情。

哲学，从无用开始，哲学第一次回应自身的极端无用的处境，乃是一次异常奇特的开端。

因为，早在战国时代，在庄子那里，中国思想就已经面对了此无用的处境，而开启了某种被遮蔽的开端，因为随后秦帝国的建立又遮蔽了无用的智慧。

这个无用之思，一直在文本中，但没有被后世充分阅读，比如这段惠子对庄子的指控——“子言无用”：

> 惠子谓庄子曰：“子言无用。”庄子曰：“知无用而始可与言用矣。天地非不广且大也，人之所用容足耳，然则侧足而垫之致黄泉，人尚有用乎？”惠子曰：“无用。”庄子曰：“然则无用之为用也亦明矣。”（《庄子·外物》）

在危险的时刻，西方哲学家开始回应这个语段，这就是海德格尔，这个处于1945年极端境况中的德国哲学家，在其全集GA77卷《乡间路上的谈话》中的第三个虚拟对话《在俄罗斯战俘营中一个老年人与一个年轻人的对话》(以下简称《晚间交谈》)的结尾，引用了上面的对话[1]，却隐去了东方哲人庄子（Dschuang Dsi）与惠子（Hui Dsi）的名字，无论这是有意还是无意，都暗示了其隐秘思想的来源。[2]

在德国战败的1945年5月8日，海德格尔写下了这个虚拟对话，并以上文惠子与庄子的对话作为结尾，这是欧洲思想"第一次"隐秘地回应了哲学自身无用的处境（《晚间交谈》生前并未发表，而关于"泰然让之/让然"的第一个对话却发表在GA13卷中，海德格尔为何要隐而不发？），开始思考无用之为大用的必然性（die Notwendigkeit des Unnötigen）与可能性，并发出隐秘而匪夷所思的召唤：让德意志民族成为一个等待、无用与到来的民族（das wartende Volk, ganz unbrauchbare Volk）！

不仅如此，后来在1962年的演讲《传统的语言与技术的语言》中，海德格尔继续引用了另一段庄子的对话，也关涉无用，海德格尔明确地把无用与有用对立起来思考，再次强调无

1 Martin Heidegger: *Feldweg-Gespräche（1944/45）（GA77）*. 1995. S.239. Richard Wilhelm: *Dschuang Dsi, Das Wahre Buch vom südlichen Blütenland*（《庄子南华真经》), 1912. S.203-204.

2 Fabian Heubel: *Gewundene Wege nach China Heidegger-Daoismus-Adorno*. 2020. S.92-94.

用之物的绝对必要性：“无用（Das Nutzlose）因其无用，有其本己的伟大与明确的力量，这就是通过自身，让来自自身的任何事物不被制造（machen）出来。在这种无用的方式中有着事物的意义（In dieser Weise nutzlos ist der Sinn der Dinge）。”这是海德格尔对庄子《逍遥游》结尾那一棵无用之树的哲学解读：

> 惠子谓庄子曰：“吾有大树，人谓之樗。其大本臃肿而不中绳墨，其小枝卷曲而不中规矩。立之途，匠者不顾。今子之言，大而无用，众所同去也。”庄子曰：“子独不见狸狌乎？卑身而伏，以候敖者，东西跳梁，不辟高下，中于机辟，死于网罟。今夫斄牛，其大若垂天之云，此能为大矣，而不能执鼠。今子有大树，患其无用，何不树之于无何有之乡，广漠之野，彷徨乎无为其侧，逍遥乎寝卧其下。不夭斤斧，物无害者。无所可用，安所困苦哉！”[1]

惠子可能最好地代表了某种有用的哲学，而庄子的回答则指向无何有之乡，指向广漠之野，此“广漠之野”不就是海德格尔第二次转向所要思考的寥廓地带（Gegend）？甚至他在生命走向终点的1975年之际，所思考的也是如何针对有用（Das Argument gegen den Brauch）来思考存在的发生。

在海德格尔1943年认为“整个西方终结了”（Alles Westliche ist das Ende）的处境下，此无用之思的开端出现于1945年的危

1 杨柳桥撰：《庄子译注》，上海：上海古籍出版社，2006年，14页。

难时刻，不是偶然的。此时海德格尔更加相信世界整体的荒芜化（Verwüstung），只能从中国思想家庄子关于无用之用的对话中得到启发，召唤德意志民族成为一个等待与无用的民族，从而获救。《晚间交谈》的对话者可能也在模仿庄子与惠子的对话——这是欧洲思想一次彻底变异的书写[1]：

年长者："单纯期待的嗜好和攫取的贪婪始终只依附于所谓的有用的东西"。

年轻人："它们使我们的生物的眼睛看不见无用之物。"

年长者："而且看不见，无用之物在任何时候都始终是所有东西中最有用的东西。"

年轻人："只有能够知道无用之物的必然性的人，才能至少是大致地估量由于禁止人进行思维而产生的痛苦。"

年长者："因此思维就是无用之物，尽管如此，你仍然赋予思维以人之本质中的高度尊严。"

年轻人："就好像西方不能等待，直到思维在其原初的本质（Wesen）中找到自己，而这种原初的本质或许就在于纯粹的等待和能够等待。"[2]

---

1 《晚间交谈》中老年人与年轻人的对话，与庄子文本中的老子与孔子之间、庄子与惠子之间的对话异常相似，是一次大胆的模仿，也是自身的变异。可以与之比拟的则是1930年代布莱希特在与本雅明的对话中，模仿卡夫卡与老子的对话，那是对犹太法西斯主义的反省与批判。参看二者，可以看到整个西方文化的危机，以及道家思想的现代性价值。

2 ［德］海德格尔：《乡间路上的谈话》（M. Heidegger: *Feldweg-Gespräche（1944/45）（GA77）*. 1995. S. 220.），孙周兴译，北京：商务印书馆，2018年，218页。

这是海德格尔对于整个西方思想最彻底的改变，要让思维本身面对自身的无用！从有用之物转向无用之物，但整个西方还没有能力施行此转换，这需要纯粹的等待。面对无用，西方还必须去学习一种新的等待方式，这就是面对思维自身的悖论：思维就是无用之物，但思想却正要去思考此无用，这是思想的脆弱之处，但也是其最高的尊严。

一切对象化的思维阻塞了开放地带的自由敞开空间，也掩埋了聚集的注意力（Achtsamkeit der Sammlung），只有经过痛苦的转变，进入痛苦的地带（miserable terrain），乃至于痛苦地燃烧，才可能让整个民族成为一个完全无用的民族（dieses ganz unbrauchbare Volk）：

> 年轻人：对于其他人来说，等待的民族甚至必定就是完全无用的，因为说到底，永远只会等待，而且始终还等待着到来的这个民族，是不会产生任何切实的东西，不会提供任何可能对于进步、对于成绩曲线的上升以及对于生意的兴隆大有用场的东西。
>
> 年长者：还有，这个完全无用的民族必定会成为最老的民族，因为没有人会关心它，没有人会动用它的奇怪的无为行为（让予之为：Tun, das ein Lassen ist），从而将它利用并提前把它消耗殆尽。[1]

正是因为海德格尔彻底面对了哲学自身的失败，面对“力

---

1 ［德］海德格尔：《乡间路上的谈话》（M. Heidegger: *Feldweg-Gespräche*（*1944/45*）（*GA77*）. 1995. S. 234.），孙周兴译，232页。

造性”的无处不在，哪怕另一个开端或者第一次转向的成己之事（Ereignis），都是一种有用与占有或居有（er-eignen）的权能，哲学只能彻底逆转此方向，走向去己之事（ent-eignen），这就走向了无用之思。

“一个完全无用的民族”，第一次在世界历史转折之际，成为政治哲学与政治神学思考的新方向。

如何成为一个“有用的民族”(幻想去拯救西方)与一个“无用的民族”(还尚未发生)？对于海德格尔，其思想分为二个阶段（所谓两次转向），通过面对三个维度的“敌人”(或对手)，海德格尔最终放弃斗争思维，走向“让然”(Gelassenheit)，而此“让予”的原初伦理姿态与无用有着内在的相关性。但海德格尔后来的发展与讨论，却一直没有把让予与无用关联，而是通过让予走向了命运的发送与“礼物”的给予（Gabe/gegen，Geschenk /Schicksal/schicken），这在法国现象学与现象学神学中得以充分展开，但我们的方向却是回到1945年的危机时刻，把让然向着无用的转换还原，通过无用重新理解让予。而作为一个有着礼物给予与禅让传统的民族，我们是否可以通过海德格尔的现代性总体批判与哲学的自身批判，来思考中国文化当下的处境？

也许，成为一个无用的民族，是一种“逆向”自我塑造的独特智慧，是我们一直在做的梦（一个隐秘的无用之梦），却也是一直没有被唤醒的梦（有待于毫不显眼地显现出来），或者就是庄子所说的无比吊诡的“大圣梦”。[1]

一个无用的民族，这是西方从未有过的规定，这也势必让哲学成为无用的哲学。异常悖谬的则是，为何是海德格尔，不是别人，对哲学的无用如此敏感，尽管在1936年左右海德格尔已经写出了：“哲学乃是无用的、但又主宰性的知识。”[2]为何在1945年历史的危难时刻，才彻底转向无用之思？成为无用的民族之后，还有着最后之神来临的主权吗？随着最近《黑皮本》的出版，这个令人无比困扰的悖论越来越明确：这些笔记再一次有力地证明了——海德格尔不就是毫不悔改且在思想上彻底纳粹化了吗？无论这是精英化的国家社会主义还是本真的历史存在论半神，海德格尔的思想确实被纳粹意识形态污染了，那么，他怎么可能再来一次转身？怎么可能走向无用之思？这几乎是不可能的，即便可能，也是不可能的可能，或者说也是无用之用？

无用之思怎么可能在海德格尔那里发生？即便发生了，又有何价值？不是为其根深蒂固的纳粹思想提供了更巧妙的保护

---

1 庄子《齐物论》所说的大圣梦：“予恶乎知夫死者不悔其始之蕲生乎？梦饮酒者，旦而哭泣，梦哭泣者，旦而田猎。方其梦也，不知其梦也。梦之中又占其梦焉，觉而后知其梦也，且有大觉而后知此其大梦也。而愚者自以为觉，窃窃然知之。君乎牧乎？固哉！丘也与汝皆梦也，予谓汝梦亦梦也。是其言也，其名为吊诡。万世之后，而一遇大圣，知其解者，是旦暮遇之也。”——既然我们都处于梦中之梦中，如何可能有着觉？除非如庄周梦蝶般“物化”？这才是吊诡的原初场景，是最吊诡的事情，是吊诡之思必须面对的核心问题。

2 Martin Heidegger: *Beiträge zur Philosophie*（*Vom Ereignis*）（*1936—1938*）（*GA65*）. 1989. S. 36.

吗？让他找到一种主动后撤避开历史灾难反思的借口？很多欧洲研究者都是这么认为的，一个没有经过彻底自我批判和深度忏悔的德国思想家，怎么可能借助于某种东方思想就轻易地摆脱了一切重负？也许东方思想不过是为其纳粹思想提供了一层隐秘的面纱？而且，有关海德格尔与东方思想尤其与中国道家思想的关系，不就是一个老调重弹的故事吗？不是一个公开的秘密吗？之前不是有过大量对此的研究吗？但这些研究仅仅局限于学术上的讨论，并没有面对历史的“痛点”与思想的“难点”。

因此，随着《黑皮本》的出版，问题变得严峻起来，是否有着一种可能：海德格尔越是深陷纳粹思想的泥沼，他越是试图走出此危险，而庄子的无用之思，可能提供了某种契机。这正是思想的难点与痛点：越是在看似不可能的绝境之中，越是试图去寻求拯救的力量。整个西方世界沉沦与荒芜化之后，对于海德格尔，只有异域的中国道家思想，而且是一个最困难与危险的思想——无用之思，才可能构成某种拯救的机会。这是思想的悖论之处，但思想的力量就在于承受此悖论；这样的无用之思也要求思想自身的无用，海德格尔之前的自我辩护（比如在 GA94–96 的《黑皮本》中随处可见）也就不足够了。

面对思想的无用与危险，反而诉诸一个彻底异质化的无用之思，这是西方后来的思想家们几乎不愿意接受的。而此无用的思想当然也要求思想自身的无用，此“双重的无用”反而构成拯救的条件，这就是思想的吊诡之处！

## 8.2 从“另一个开端”走向“第二次转向”

> 但危险所在之处，那拯救的
>
> 也生长。

面对危险的时代处境，海德格尔起码给出了两种不同的回应。随着无用思想的出现，我们将把海德格尔的转向区分为两个阶段，并非一直以来认为的1938年左右的“另一个转向”，而是在1943年左右发生了“再一次”或者“第二次转向”。

在第一个阶段，所谓“第一次转向”中（1932—1942），海德格尔认为形而上学已经走向终结，因为形而上学遗忘了存在本身及其真理性，哲学与历史都需要重新开始。

这在三个层面上同时展开（在1936年左右的《艺术作品的起源》中异常明确【GA5】[1]）：

其一，哲学本身需要思考存在本身及“存在的真理性”，而不是存在者的存在，这是存在本身的显现与隐藏，以及“显隐二者”之间的元争执（Ur-streit）。

其二，与之相应，“存在的历史性”则是通过“世界性与

---

1　比较海德格尔与本雅明1935年开始的艺术作品分析无疑是富有挑战性的，我们这里只需指出，在那个特殊的年代，技术与自然的关系异常复杂。如果从灵晕的可能性，游戏与相似的关系等问题切入，也许可以打开新的思路。

大地性”二者的“斗争”来实现的，这体现在历史阶段某些开创者所创造的“艺术作品”上，比如某个艺术作品或伟大的诗歌作品（希腊悲剧、荷尔德林诗歌，或者凡·高的作品）。

其三，历史性的当下化，存在的命运之实现需要某个民族之历史性的决断，通过荷尔德林“河流诗”中所召唤的德意志民族，让“我们”这些德意志人回到那个诗意的、从未发生的希腊，结合德意志“表达的清晰”与希腊“神圣的迷狂”，让德意志人回家，在无家的恐怖时代让人性成为归家的存在（Heimischwerden im Unheimischsein）。

在这个阶段，要实现此祖国的回转与人性的归家，对于海德格尔的德意志精神而言，就需要寻找敌人或者对手（与施米特的政治神学异常相似），海德格尔就把整个现代性的各种力量都当作历史“沉沦”的标志（如《存在与时间》中把“此在”与“常人”对比）。其一，以英美为代表的自由民主制度以及资本主义生产模式，其敞开方式只是存在者的存在，只是通过巨大的资本计算而导致的存在开显，而遗忘了存在的隐藏与大地性。其二，苏联的“苏维埃政权加电气化”，是共产主义的乌托邦精神加上现代技术，尽管有着普遍性（koinon）的共通体或权利的集中制（GA69），尽管俄罗斯的大地性与传统东正教精神也异常强大，这是与美国不同之处，但俄罗斯依然依赖现代性的技术生产与力造性，在斗争中走向了显现，而遗忘了自身的大地性力量（但悖谬的是，苏联红军就是利用此大地性力量最终在"二战"中打败了希特勒的德军)。其三，现代的虚无主义，这是尼采生物学的权力意志与云格尔的技术形相或者工人劳动形相的结合(GA90)，是权力意志与技术生产的彻底结合，尤其体现为巨大的"谋制"或"力造性"(Machenschaft)。

海德格尔认为，无论是资本主义的商品生产还是共产主义的集体生产，与现代性总体巨大的计算不谋而合，都是"力造性"的显现方式。从"力造性"的总体诊断出发，海德格尔认为这三派：自由主义——革命左派——保守主义(或德意志特有的革命的保守主义：云格尔与施米特，而海德格尔本人其实与之相通)，都导致了历史的沉沦，导致了现代性的总体虚无主义。在第二次转向时，海德格尔则认为现代性的力量不仅仅导致了虚无主义，还导致了世界总体的有用化和彻底荒芜化，也导致存有的灾变与终末论，这是彻底的沉沦。

只有海德格尔自己提出的荷尔德林式诗意道路，让现代性之无家可归的幽灵人性存在(Un-heimliche)回家，通过德意志的河流(莱茵河与伊斯特尔河等)，返回到希腊的诗意祖国，在不断自身"陌异化"的经验中，在诗意的追忆中，以河流之水元素的清明融合天空火焰元素的迷狂，重新获得本己，让德意志成己或本己化(aneignen)，再次成为自身，以此来拯救没落的西方文化。

但是，海德格尔如此发现的这"另一个开端"或者所谓新开端，却并没有获得现实上的成功，甚至可能成了历史灾难的合谋者（既自觉又不自觉？）。纳粹的兴起也是一种德意志民族的成己，也是对于尼采与荷尔德林精神的征用，但导致的却是巨大的灾难与失败。二者导致的后果并没有根本差别，其动机也是相似的，只是方式不同，海德格尔精英化或者精神化的国家社会主义，与希特勒庸俗与种族化的国家社会主义，实质上并没有根本的不同，或者说已经彼此浸染、相互渗透了，无论海德格尔如何为自己申辩，他曾经的实质参与（成为弗莱堡大学校长），还有他理论的话语模式，都与纳粹当时的意识形态有着同谋关系。

那么，需要检验的就是一个异常悖谬的思想困境，这也是最近几年《黑皮本》发表后整个思想界遇到的巨大挑战。一方面，海德格尔对于现代性的三种主流思想的诊断与批判，集中于“力造性”或“谋制”的批判，是否准确与正确？如果有着极大的合理性，那么，另一方面，他为何又陷入了与纳粹意识形态的合谋？如此一来，他的现代性批判还有价值吗？[1]接着必然会追问，如果他的批判是有合理性的，那么如何与纳粹区分开来？

就第一个方面而言，海德格尔从西方传统广义的“争”

---

1 如果我们比较海德格尔的现代性批判与法兰克福学派的现代性批判，就会发现他们在文化工业、启蒙理性、技术与自然等等的反思上有着相通之处，随着《黑皮本》的出版，海德格尔的反犹主义或者反思的反犹主义也与法兰克福学派的反思相关了。以至于斯洛特戴克会说，其实并没有法兰克福学派的现代性批判，而只有弗莱堡哲学家的批判。

(polemos)的元政治出发，以其理论化的“对峙”(Aus-ein-ander-setzen)思维方式，思考了存在自身显现与隐藏的“元-争执”(Ur-Streit)，展现为世界与大地的“争执”(Streit)，具体落实在民族性的时空争斗的决断与“战争”(Kampf)上。而真正的现实化与具体历史化，则是第三帝国开始的世界大战。海德格尔以此来批判其他三重思潮。其批判的基础与前提，则是集中于“大地性”的显现方式，这是最明确也是最神秘的标准，“大地性”在海德格尔那里有着如下几重意义：

这是民族生存的根基与区域，这是大地性“显现”出来的一面，比如德意志民族生存的黑森林大地、俄罗斯广袤寒冷的大地，但在海德格尔看来，各个民族的历史性只是体现为其行动所体现的公共活动与建国行动，而遗忘了此大地性的自然化根基。而希特勒的种族主义也正是“大地与血”的空间争夺，如同施米特的大空间政治神学理论，也是对于其他民族国家的大地与民族血缘的消灭。海德格尔的大地性如何与之区分开来？荷尔德林的诗意化自然可以吗？

大地性乃是在一种与世界性的“争执”关系中显现自身的，尽管大地性显现为具体的地貌与地域的风土，但“大地性本身”根本上其实并不可见，因此需要世界性去与之“斗争”，使之在斗争的“裂隙”中显现出来。如果只是世界性，就只有存在者的存在性，只是某个英雄或者建国者的制度，比如美国式自由民主，比如苏联领袖列宁这些建国者，当然还有希特勒——无疑海德格尔1933年后并不认同希特勒这个人及其英雄主义崇拜。比如尼采式的英雄与超人，乃至于“半神”。但在海德格尔看来，这些只是存在命运在斗争中的显现，而非大地性。世界性与大地性争执出来的某种历史命运的决断者，所显现出来的裂隙或形态（Fuge），对于海德格尔，只有存在于荷尔德林的“诗歌”中，并不是某一个人，而是“人性本身”或“存在自身”的归家。

因此，体现大地性的乃是人性的“归家存在”，因为人类总是要居住与安息在大地上，“大地”及其自然性乃是人类出生与死亡的“位置”。海德格尔通过大地性，转向对于人性本身居住在大地上的诗意沉思，因此海德格尔认为现代人性最基本的状态，就是其“无家可归性”（Un-heimlichkeit）。哲学乃是召唤无家存在的归家化，是在陌异化自身的过程中，再次让民族成己。比如，体现大地性的安提戈涅这样的生命存在，及其炉灶，才是存在自身的大地性。

海德格尔从大地性及其隐藏的显现出发，批判现代性的各种方式，认为这些现代性的方式只是集中于历史争斗的敞开与显现上，而遗忘了人类本身的必死性与无家可归性。尽管有着自由民主制度或者福利国家，有着革命乌托邦精神或者集体生活，有着科学技术或者太空开发，但作为必死的唯一个体性的人性或人类本身，在大地上，依然无家可归。因此，对于海德格尔，这是三重的危机：自由民主的个体虚无主义欲望膨胀，乌托邦传统的新宗教精神，科学技术导致的巨大计算思维。任何新思想都必须面对此三重危险。而对于海德格尔，这三重危险都体现为人性的无家可归存在状态。

在现代性之人性本身无家可归的存在思考与规定上，无疑，海德格尔的批判是合理的。那么，重要的反倒是去检验，为何这种追求人类历史性存在归家的思想，还是无法摆脱与纳粹的纠缠？还是会陷入种族主义的指控呢？这只能通过他自己的标准——无家存在中的归家，从陌异与本己的关系中重新成己，从这个维度来加以讨论。

我们现在要追问的反倒是：随着《黑皮本》的出版，为什么是海德格尔明确指向了无用之思？这与他第一次转向的“危险”密切相关。在1932—1942年的第一次转向中，海德格尔试图回到荷尔德林诗歌中那从未发生的“希腊祖国”，反对后来的希腊化与基督教的历史进程，就必须把本己的德意志理性的“表达的清晰”，与它异的古希腊神圣迷狂的“天空的火焰”重新融合。把德意志精神与古希腊精神以新的方式重新结合，以此来拯救沉沦的西方，这是荷尔德林所说的“自由地运用本己”之困难，以此来抵抗现代性的各种虚无主义精神。比如，与更具有大地性与神秘性的俄罗斯精神战斗，抵抗美国的自由资本主义精神，也反对尼采的虚无主义与技术主义的结合，等等，以对存在历史命运的决断，开启另一个新的开端。

但是，如此彻底反对现代性所形成的“元政治”，尤其把所有这些现代性的不同方面都集中在技术的巨大谋制或“力造性”的设置上，看似彻底与明确，却与希特勒的纳粹主义“合谋”了。尽管一个是大众平庸粗俗的国家社会主义，一个是精英或者精神性的伟大运动，看似差别很大，但其关键在于海德格尔自己的思维方式还是“元政治”的斗争思维，还是一种“争执”的哲学，这与云格尔和施米特等人其实根本一致。这样的争执，无论是世界与大地的争执，还是真理与非真理的元争执，都离不开暴力，离不开总体灭绝的思维。

尽管海德格尔这个时候的思想试图通过荷尔德林的诗歌来转化哲学，形成思想与诗性的对话，但还是无法避免此“有用的”思维。所谓有用，就是对于斗争的必要，在反对技术的力造性时依然有着对他者的暴力排斥，这还是本己的征用，对陌生的居有，并没有获得真正的自由之用。因为自由乃是解放，历史与自然双重的解放，尤其是自然的解放。尽管海德格尔试图思考荷尔德林的“自由使用本己”的必要性，但并没有实现出来。因为这是暴力的占有，却并没有思考自然的暴力性：这就是“血与土”中所隐含的神话因素，海德格尔的“第一次转向”还是无法避开“自然的神话”。

尽管海德格尔在20世纪20年代末期就发现了自然的重要性，从亚里士多德的“自然”概念，回到前苏格拉底的自然思想，来解构形而上学的“存在”概念，走向自然的隐藏维度，但此“自然的神话”有着混杂性，要区分异常困难，如果不是不可能的话：

1. 首先，荷尔德林诗歌中诗性的元素力量，是水与火的和解与和谐。如何解决希腊精神中神与人的分离与悲剧停顿？海德格尔以德意志的“河流”（莱茵河、多瑙河与伊斯特尔河）来连接，细致地解读荷尔德林的河流诗，通过位置的漫游与漫游的位置让无家可归的现代人回家。但其解释还是过于德意志化了，比如德意志妇女的形象，而缺乏对于他异性的尊重。

2. 纳粹种族神话的血与土的宣传理念，在30年代成为主导的意识形态并非偶然。德国浪漫派以来对于“共通之神”的寻求，已经把酒神与基督，把民族精神与神秘的文学想象都重叠起来了，如同格奥尔格圈子对于“秘密祖国”的诗意想象，形成了“纳粹神话的无意识”（如同拉库－拉巴特与南希的解构），而海德格尔并没有对此作出严格的区分。

3. 尼采的权力意志与自然化精神也密切相关。在那个年代，对于混沌的力量与超人统治者的渴望与希特勒的领袖思想、荷尔德林的复兴，都缠绕在一起，根本无法区分开来。尽管海德格尔有所区分，在尼采－克尔凯郭尔－荷尔德林之间有所决断，但并不如他自己认为的那么彻底。哪怕是“最后之神”的逃逸与到来，尽管看起来有着对唯一神论传统的解构，有着诗性的未来寓意，但还是处于德意志新神话的模仿悖论之中。

4. 海德格尔对于自然“隐藏性”(lethe)的发现[1]，在这个阶段还是过于联系“显现”的力量，而此显现的力量尤为需要斗争与暴力的撕裂，此阴森惊人的力量与力造性必然有着纠缠，海德格尔当时还根本无法加以区分。如同德里达对精神、力量、争执等概念进行的解构分析，海德格尔的概念已经被纳粹意识形态浸染与污染。

这就是海德格尔“第一次转向”的悖论之处：正是因为他彻底发现了自然的重要性，所以他认为自己历史命运的自然化诗性之思，不同于希特勒的血与土的种族主义，反而是他自己第一次发现了自然隐秘的力量；但奇怪的矛盾也在这里出现了，他越是发现自然的重要性，就越是与希特勒的“种族神话”无法区分。他确实进入了某种深渊(Ungrund)，此深渊如同自然的隐藏性、自然的混沌，可能是他当时都无法想到的，那是至深的深渊，是他从谢林那里感受到的比“根本恶”更根本的深渊。想要面对此深渊而不被深渊吞噬，却需要额外的信念，这会来自哪里呢？哪里有危险，哪里就有拯救？荷尔德林的诗句再次召唤思想的未来[2]，但此救治力来自哪里？来自中国道家的无用之思！

哪里有危险——哪里就有着拯救！但悖谬的却是，这样的关联不应该得出：哪里有着拯救——哪里有着危险！否则只能

1 Martin Heidegger: *Parmenides* (*Wintersemester 1942/43*)(*GA54*). 1992.

2 Peter Trawny: *Heidegger und Hölderlin oder Der Europäische Morgen*. 2004.

导致恶的增加，这是不允许出现的辩证颠倒！这也是海德格尔早期并未认识到的危险：纳粹帝国激发了巨大的危险，却是以所谓拯救西方的名义进行的，甚至通过荷尔德林的诗性经验施行救赎，也只是导致了更大的危险！

## 8.3 本己与陌异的悖论关系

> 但危险所在之处，那拯救的
>
> 也生长。

正是在对荷尔德林诗歌的解读中，在自由地运用本己的困难中，在本己与陌异的悖论关系中，海德格尔批判性的第二个方面，尤其是他对于荷尔德林的解释出现了困境。这也是危险与拯救的辩证法所可能隐含的危险。

海德格尔通过荷尔德林的诗歌，而非尼采的“半神”与强力意志的超人（1935年的GA39卷中还有此残余论调），原因在于：这些“河流诗”（Stromdichtung，尤其是莱茵河与伊斯特尔河的歌咏），其诗意的本质，一方面指向德意志的河流，这些河流在天空与大地之间流动，尤其流经德意志的整个大地，莱茵河、多瑙河，最后是与希腊相接的伊斯特尔河；另一方面，则是诗意的自然性元素，是代表德意志民族性格与精神的——大地上“水性”的清明，与代表希腊民族性格与精神的——天空中“火焰”的迷狂，是二者的争执与融合，尤其是在对《莱茵河》这首诗歌的解读中（GA53，1942年的解读），两种元素的融合异常明显。

这些河流诗最终要把无家可归的人性带回家，带往何处呢？这尤为体现在海德格尔对“伊斯特尔河”这条希腊河流的解释中（GA53），通过对于索福克勒斯悲剧《安提戈涅》第一合唱曲的解读：“恐怖之物中最恐怖的是人”（umheimliche, 人本身已经是“诡秘”的存在），海德格尔发现人性本身——人性的技术化与力造性——才是导致人类无家可归的根源，因此，需要把技术的力造性向着自然的大地性还原。此大地性的自然历史显现，就是人类的居住，在家中的居住，而家的核心则是炉灶。因此，海德格尔认为人类的归家乃是向着炉灶返回。

通过河流的诗性双重漫游，漫游的位置与位置的漫游（Der Strom als Ortschaft der Wanderschaft und Wanderschaft der Ortschaft）[1]，德意志的河流进入漫游，而漫游中也让历史的命运再次发生——把无根的人性带回到家的位置，形成新的节庆，而被拔根了的人性在此陌生化的过程中，经过海洋，经过漂泊，经过黑夜，甚至是无神的漫长黑夜的过渡，回到希腊的家园，也是回到神圣的自然。海德格尔对于存在历史命运的解读，就转变为“存在的位置论”，或者存在的“家政论”（oikos-nomos）。

但是，在这样的回家历程中，海德格尔是否让德意志民族

---

1 Martin Heidegger: *Hölderlins Hymne "Der Ister"*（*GA53*）.1984.

过于限制在希腊的本土上了？而并没有充分打开异域？这里有着几重区分：

第一，在荷尔德林那里，如此还乡与归家，在河流诗及其各种漫游中，有回到希腊的可能性——回到苏格拉底的雅典，回到已经基督教化的希腊；也有另一种境况，即便归家，回到希腊，但必须面对希腊本身已经不再存在的困境，或者希腊只是一个不断被后世再次重构的理想图景，乃至于幻觉投射的后果。那么，这样的归家如何可能？海德格尔却要回到“家的炉灶”，这是海德格尔自己的解读——那里有着诸神在场——而非荷尔德林的解读。海德格尔的解释过于把德意志与希腊关联起来，回到历史的开端而开启新的可能性，这与希特勒的国家社会主义或民族精神对于希腊的征用，比如利用尼采的酒神精神，并没有根本差别。

第二，荷尔德林的诗意归家，不仅回到希腊有着困难，而且在漂泊之中，会走向海洋，会走向亚细亚的东方，这是更彻底的“陌异化”，还会根本上“迷失”自身，甚至是走向“疯狂”而彻底“失去”自身。就如同荷尔德林对于希腊悲剧与诗歌的翻译，并非只是把希腊语翻译为德语，而且是要更彻底地把德语翻译为希腊语，让德语自身陌异化，乃至于疯狂化，如同荷尔德林自身的命运所启示的，这是海德格尔没有面对的彻底性。而法国思想家对于荷尔德林与尼采等人疯狂的思考，就是彻底面对了“去己”不可避免的要求，比如巴塔耶与布朗肖等人。

第三，如此陌异化与彻底外化，有着两重后果，一个是海德格尔已经注意到的，在 GA53 卷的结尾[1]，通过荷尔德林的诗歌："一个记号是我们，无意义 / 我们是无痛苦的并且几乎已经 / 在陌异中丧失了语言。"（Ein Zeichen sind wir, deutungslos/ Schmerzlos sind wir und haben fast/ Die Sprache in der Fremde verloren.）那么处于如此境况的民族，如果是德意志的话如何回家？如同处于俄罗斯战俘营中的德国士兵如何回家？他们很多已经死亡，这也是海德格尔后来的痛苦，其中还有自己的两个儿子被盟军俘虏而生死未明。另一个后果是，其他民族呢？比如犹太民族？处于大屠杀的集中营中的犹太人如何回家？如果犹太人一直在面对自身的无家可归的"散居"状态，乃是因为任何回家一直是无家可归状态中的归家，任何在家也已经是某种流浪状态的在家，这是悖论的处境。

本己与陌异，二者之间的关系异常复杂与吊诡，或者与无家可归（Unheimlichkeit）相关（如果我们把弗洛伊德对此的思考联系起来），也是一种更深广的关联：在回家——恐怖——诡秘——吊诡之间。

一、在德国文化中，这一直是一个"模仿"的悖论，自从歌德 - 席勒与浪漫派以来，面对意大利文艺复兴的压力，只

1 Martin Heidegger: *Hölderlins Hymne "Der Ister" (GA53)*.1984. S.189.

有回到更早的希腊才能超越它们的罗马式古典。但越是模仿希腊，越是要超越希腊，而要超越希腊，只有回到一个从未发生的希腊，一个必须重新虚构的希腊，建构出一种“新神话”。[1] 荷尔德林与海德格尔所谓“回到希腊”无疑也是在这个思想脉络中，如同拉库-拉巴特与南希在《纳粹神话》中深入的分析。[2]

二、两者的不同在于，海德格尔认为德国人有清晰的表达而无神圣的疯狂，而后者本是希腊本有的，却没有被希腊人自身居有！为什么？因为越是本己的品质，反而越是容易失去。或者，本己之为本己，要在未来去成为——是生成出来的，并无某种固定单一的本源。因此，海德格尔认为，荷尔德林诗中的那个希腊是希腊人已有但后来丢失了的精神，只是被保留在索福克勒斯的悲剧尤其是《安提戈涅》之中，但需要诗意地找回，德意志人也许可以承担此使命，但这是德语的希腊语化，荷尔德林翻译《俄狄浦斯》与《安提戈涅》是为了让德语转变为希腊语，既是德语的异化，也是希腊语在德语中的重新生成。因此，对于海德格尔，德意志人本有清晰的表达，但也需要与陌异结合，才可能保持住，德意志就必须回到那个诗中的希腊，这是回到开端——尚未发生的开端——是西方人性之历史的回家，这是新的开端。但对于荷尔德林，这是疯狂的冒

---

1 ［美］弗兰克：《浪漫派的将来之神：新神话学讲稿》，李双志译，上海：华东师范大学出版社，2011年。

2 Philippe Lacoue-Labarthe et Jean-Luc Nancy: *Le mythe nazi.* 2016.

险，是不可能在自己的时代实现出来的，个体的诗意想象与时代普遍的理性之间没有中介：政治革命不可能，卢梭的共和与和平的君王只是不可能的幻想。而海德格尔并没有涉及这个共和主义方面与冒险的疯狂，也没有思考这个“中介”。这是某种阶级还是尼采的半神？再一次，希特勒这个“领袖”成了“中介”？历史就是如此，彻底的惨败即将来临，这也是为何GA53既是1942年思考的重大成果，但也是“第一次转向”的终结（1932—1942年，从海德格尔成为弗莱堡大学校长，到他回归思想的彻底完成）。如此回归，看似已经完成，但在现实上却即将彻底失败，日常可怕的反差与厄运，让海德格尔开始怀疑整个“第一次转向”？对于荷尔德林，这个中介是空缺的，从希腊悲剧开始，人与神之双重的不忠就导致了中介的中空，而且必须保持此灾变的中空，任何填充都会导致灾难，如同拉库－拉巴特（灾变的停顿）与布朗肖（中空的空无化）的反省[1]，而海德格尔似乎在30年代并没有认识到此“中空”的绝对必然性。

三、对于荷尔德林，此回家经过，一是在去法国的漫游中发现的，这是在1801—1802年他给朋友伯伦朵夫的两封伟大的书信中明确表明的[2]；二是返回希腊的过程，在漫游中回

1 Maurice Blanchot: *L'espace littéraire*.1955. Philippe Lacoue-Labarthe: *L'imitation des Modernes, Typographies2*, 1986. Lacoue-Labarthe: *La Fiction du politique: Heidegger, l'art et la politique*. 1988.

2 ［德］荷尔德林：《荷尔德林文集》，戴晖译，北京：商务印书馆，1999年，440-444页。

家，即便回到那个希腊，已经没有了主人，只能再次告别，甚至迷失于东方亚细亚的流浪之中（漫游之为漫游也可能游离、离散）。但海德格尔认为一定可以回到希腊的家，而且是本来的家、本己之家。通过安提戈涅的形象与第一合唱曲unheimlich[1]，海德格尔以un-heimliche来思考现代人性的无家存在的基本状态，针对人的幽灵化与尼采的虚无主义，因此需要"回家"。这也是返回大地上家庭"炉灶"的诉求，炉灶是大地上诗意居住的核心，也是希腊神话的秘密。这其实并非完全是荷尔德林的方式。

总之，海德格尔过于从回家与归根来解释荷尔德林的诗歌。但如此回家，就启发了后来的思想——语言是存在的家。其恐怖性呢？纳粹不也激活了古希腊与神话？集中营的大屠杀不也更为恐怖？这就是其"诡秘"之处：越是恐怖，越是要回家！但越是回家，却越是恐怖！

面对纳粹帝国的恐怖，荷尔德林诗意心感的善良与位置，如何可能承担此灾祸？也许海德格尔对于荷尔德林的"艺术宗教"（Kunstreligion）没有那么大的信心，以至于认同纳粹？或者他对荷尔德林太有信心，以为这样的思想可以去教化庸俗的

1　这里的讨论看似迅速、简约，但并不回避一些关键的学术细节，关于Unheimlichkeit这个词及其翻译，在海德格尔与荷尔德林错综复杂的关系中，海德格尔特意把希腊deinon（恐怖）翻译为Unheimlichkeit就是因为这个词兼有"惊恐"与"无家可归"的双重含义，这与海德格尔的现代性整体批判、回家的精神化存在论、大地的根基或本土论，以及针对漂泊的反犹主义的论述，都密切相关。这个词在弗洛伊德那里还有诡秘等含义，而诡秘必然与吊诡的逻辑相关了。

纳粹？无论如何，海德格尔式的艺术宗教并不足以抵抗时代的灾祸，此诗意的艺术宗教还需要补充什么样的力量才可以不陷入危险的陷阱之中？

这里有两个方面的追问。一是本己要去陌异化自身，但海德格尔的归家方式足够陌生化了吗？其实不够。二是成己或本己化自身是否可能呢？当然也不可能，因为无家的恐怖与回家的诉求不可能平衡，要一直面对语言的丧失，没有了痛苦，无意义，那如何回家？这是实行不了的。这才有了随后更彻底的转向：一是东方化，比如犹太教与东方才是更陌异的，对于后来的德里达与列维纳斯则是面对体现他者性的犹太性；一是沉默与语言的区分之痛苦，灵魂是大地上的陌异者，痛苦石化了门槛（GA12卷的转化）。这就是海德格尔“第二次转向”的必要性契机。

西方学者对海德格尔式的荷尔德林解释有多种反思与批判，主要集中于模仿的悖论上：本己“本就”没有（本源之缺失），本己“从未”居有（希腊人并未保留），本己只有“丧失”时才感受到（如《希腊悲剧》中俄狄浦斯刺瞎双眼），本己需要与陌异的“对峙”（针对犹太人？），本己需要“再学习”（一个悖论：已有就不必习得，没有又如何获得？），本己只是在“痛苦”之为“之间”的“区分”中（成己与去己［er-eignen］或失己［ent-eignen］之间），越是痛苦地分离，越是感受到亲密性，这是“切心性”（Innigkeit）的感受。最终凝练为现代性的基本悖论关系：X with-out X 的 with-out 之间的吊诡逻辑或诡秘书写。[1]

## 8.4 为何海德格尔的第二次转向被遮蔽了？

> 但危险所在之处，那拯救的
>
> 也生长。

即便海德格尔让现代人性返回到存在的炉灶之家，但德意志人还是无法归家。这是因为：

一方面，需要足够的陌异化——但陌异化到什么程度呢？也只有在外在的流浪中，归家才有着意义，但如何达到足够的陌异化呢？回到希腊，其实并不足够，而且还处于模仿的悖论中，如同纳粹神话其实是在模仿希腊、超越希腊，也是为了消灭被模仿者——针对犹太人这个他者的模仿就是如此（如吉拉尔对于模仿的政治神学分析）。

另一方面，如果本己的民族之为民族，处于现代性的虚无

---

1　这个来自海德格尔、布朗肖、德里达与南希的吊诡逻辑被表达为：X without X，首先来自海德格尔的“不可能的可能性”。但是法语有更明确的悖论式表达：X sans X。比如 pas sans pas，而 pas 在法语中的双关歧义（step/stop）导致了悖论的错乱，甚至导致了“吊诡”的表达：sans sans sans。这样的句法与逻辑，难道不是对无用的神学最好的说明，甚至是歌咏？因为围绕 sans 的无意义所构成的句法也是无意义的，但此无意义与无用性，其语音与语义的播散（sens/sang/cent），导致了现代性彻底的虚无逻辑与超越虚无的无用式吊诡之思。

主义状态，已经没有了语言，没有了痛苦，陷入麻木与无聊之中，陷入虚无的狂欢之中，如何有着归家的可能性？

甚至，还有第三个方面：在自己民族的归家中，如何让其他民族也可以归家呢？都是在大地上居住，如何可能和平相处呢（如同康德以来有关世界和平与绝对友善的思考）？德意志人、俄罗斯人、犹太人，还有中国人，如何在大地上归家，既是本己民族的归家，也是人性本身的存在归家？

因此，这三个问题构成海德格尔“第二次转向”的契机。

其一，现实历史的境况是，第二次世界大战接近尾声，德意志即将完败，德国可能被彻底瓦解，实际上不久之后德国就被肢解，这就是为何海德格尔称德国的土地也成了死亡集中营。俄罗斯精神似乎获得了胜利，似乎更体现了大地性的力量，反而印证了海德格尔自己的思想逻辑，比如，德意志的年轻人在战争中处于极大的危险中。这也是为何GA77卷的《晚间交谈》被置于俄罗斯战俘营与森林场景中，这是“陌生的”而不是在家的大地性。海德格尔必须把自己置于更危险与陌异的大地性中，即世界的彻底荒芜之中，去发现这些大地性与自然性隐藏更深的一面。如果是犹太人呢？被屠杀的犹太人，那些亡灵如何回家？海德格尔后来思考的——灵魂是大地上的陌异者（GA12）——那些燃烧的火焰带来的灰烬，带有恶之暴力的火焰，精神燃烧的痛苦火焰也需要转化，从而变得柔软，从而滋养生命？如何让灰烬回到存在之家园的炉灶？如同德里达后来的解读。[1]

其二，海德格尔之前针对存在自身显现与隐藏的争执和对峙，只是思考了争执中那显现的一面，即只有通过斗争才可能让大地性显现。尽管如此争斗让大地性显现在世界争执即“裂隙”（Riss）上，但此裂隙乃是世界本身的创伤或者裂隙，而非大地本身的自身隐藏与自身显现。如果回到大地本身，那么，大地性如何既要争执又要隐藏，而且还要一直保持为隐藏呢？这需要——让秘密毫不显眼地显现？即，悖论是：越是大地与世界争执，越是显现（如同技术导致的集－置）的同时，大地性反而越是要隐藏（verbergen/lethe），而不是之前的显现与裂隙的暴力。那么，此自身隐藏如何得以思考？如何让隐藏一直保持为隐藏，而且还能有所显现呢？这是思想之全新的任务。如何思考此德意志大地性的自身隐藏——是不是已经迷失了呢？面对“自然爱隐藏”，需要更彻底思考存在自身之“隐藏的隐藏性”！西方思考过此隐藏吗？前苏格拉底的思想家们触及过（尤其是赫拉克利特），但是否其他文化有着更彻底的思考？比如东方的中国道家？

其三，如果已经没有了语言，没有了痛苦，如何再次获得这种生命的感知？此无感之感如何可能获得？只有让德意志彻底成为无用的民族？因为只有承认自己彻底丧失了“本己”

1　Jacques Derrida: *De l'esprit.* 1987.

的本质，不再有本己的本己性，如此“去己”，才是民族得救的可能性条件。此彻底性导致的就是GA77卷中《晚间交谈》的召唤——让德意志成为无用的民族！这个召唤的出现，单靠西方已经不再可能，尽管海德格尔对于整个西方陷入使用的总体末世论有所反思，但要提出“无用的民族”这个新规定，真正的启发来自庄子。如此一来，这才是德意志民族在失己或去己之后——更彻底陌异化之后——再次的成己。当然这是异常困难的思考（尽管海德格尔后来在《明镜》的对话中还是认为西方的问题只能通过西方来解决，但经过陌异化的东方道家式转向之后，欧洲已经不再是之前的欧洲了）。

这三个问题的结合，形成了海德格尔的第二次转向：德意志民族的自身瓦解（需要重新等待自身）——德意志大地性的隐藏与迷失（需要重新到来）——德意志民族的无用化（需要把自身无用化之后同时又有所大用）。这就是海德格尔在《晚间交谈》所说的，让德意志成为一个等待——到来——无用的民族！

海德格尔《黑皮本》的出版导致的历史难点是，一方面，海德格尔似乎是一个纳粹，这样的情形反复出现，首先是20世纪四五十年代的战后德国，其次是80年代的法国思想界，现在进入21世纪而再次出现，似乎没有什么令人惊讶之处。但《黑皮本》显露出的反犹主义还是令人震惊！另一方面，正因为海德格尔如此深入历史的深渊，或者说，甚至与思想的恶魔为伴，他就必须寻找出可能或者而几乎不可能的出路。

我们要提出海德格尔的“两次转向”，试图再一次给出区分：

第一次转向，是1932—1942年，海德格尔借助于荷尔德林的诗歌，与庸俗的纳粹意识形态区分开来，形成了自己“另一个转向”的思想，回到一个诗意的希腊式祖国，让欧洲与德意志获救，让无家可归的人性回家。

第二次转向，则是1943—1953年或1943—1955年，海德格尔不得不从异域寻找资源，面对“另一个开端”的失败，面对纳粹帝国的战败，他不能不去寻找拯救：危险之所在，拯救也生长出来。此拯救却来自中国道家或者庄子的思想——无用的思想。

这两次转化，或者说从“第一次转向”到“第二次转向”，是一次真正的呼吸转化（Atemwende），一次困难的“换气”，如同保罗·策兰诗歌所要施行的艰难方式，这是西方从未有过，因此也最为艰难的换气。当然，这是因为西方文化的灵魂（pneuma/spirit/geist /ruah/aura）都不再能够呼吸，在世界战争与种族大屠杀中，已经无法再次呼吸，需要换气。

如此艰难的换气，乃是由斗争的血气和精神的火焰吸收水性，但并不足够，必须再次气化。如伊利格瑞所批判的，海德格尔的林间隙地（Lichtung）遗忘了气或气的元素，大地性必须与以太和气息联系，更广泛地气化，甚至与无气之气关联起来。面对历史的重大灾难，“心平气和”如何可能？而“气”对于庄子，乃是“虚而待物”，只是一种“虚待”。

无用，也是一种艰难的换气术，但是可以让无气的西方文化与民族开始换气。只有停顿下来，忍耐悲剧性的停顿（Caesura），如同荷尔德林的思考，才能在停顿中开始换气。停顿与无用，乃是新的关联。

让德意志成为一个无用与等待的民族，这是一个异常吊诡的拯救策略——如果允许我们用“策略”这个词的话。只有变得无用，彻底改变哲学与人性的双重本质，德意志人或者欧洲才可能获救！无用与虚待的关联由此可能。

因此，对于海德格尔，进入1943年，就不再是存在论差异，而是“有用的存在论”或者末世论与“无用的无用论”的差异，一个更为根本的差异。当然，这是一个新的本体论差异。在对荷尔德林诗歌的重新解释中，在对阿那克希曼德之箴言的阐释中，在重新面对存在的争执（世界与大地的隐藏性，存在本身的不显现与自身隐藏）中，在语言的差异与沉默中，这个新的差异已经隐含其间。

无用的主题，在海德格尔那里具有广泛性和各种深度关联：无用与集置，无用与荒芜，无用与自然，无用与让然或无用与集让，无用与地带或广漠，无用与语言的沉默，等等。因此，无用与有用的差异论，可以渗透到后来的语言区分论。

海德格尔在GA97–98卷大量使用“庸用”，但在生前出版的《在通向语言的途中》却很少使用 Brauch/Brauchen(庸用)、Unnötigen(不必要或无用)等词，不得不说，海德格尔在有意避开中国道家的无用论。

那么，为何海德格尔1945年《晚间交谈》的对话写作，直接引用了庄子有关无用的对话(GA77在1995年已经出版)，却没有引起西方思想界足够的注意呢？甚至连海德格尔都可能自我遮蔽了第二次转向的重要性？一个枢纽的作用，一个命运的提示音，竟然就被完全遗忘了？

如此一来，就有如下几种可能性：

其一，庄子的无用之思，确实在一个彻底失败的德意志文化的自我拯救方面，可以起到某种提升自尊的作用。即，这也许是自我贬抑之中的自我高扬，是一种先抑后扬的策略？这不过是一种暂时的应急措施而已，一旦危险过去，就不必再提了，只是一次性的个案。或者，庄子的无用之思确实是某种灵丹妙药，像某种临时性的救心丸，缓解了疼痛，但立刻就遗忘了。而且，海德格尔与萧师毅的《道德经》翻译合作并没有继续下去，因此，严肃的海德格尔没有继续使用自己并不熟悉的文本，只能让它们作为残端，作为剩余物，搁浅在思想海洋的沙滩上。但显然，海德格尔自己认为，其痛苦乃是燃烧的痛苦，其中有着深度的侮辱，既是有用导致的侮辱，也是无法无用化而存活的痛苦。

其二，因为海德格尔一直在反思西方现代性走向力造性与技术化的整体有用化的道路，需要“逆转”，尽管“第一次转向”的批判针对力造性，已经认识到技术的问题，但并没有指向“有用”的整体思想，只有进入1943年左右，才写出了“有用的终末论”与“转向的灾变”，“无用”的思想呼之欲出了。这只有到了“第二次转向”，借助于庄子的无用之思，才可能更为明确。在这个自我明确的意义上，海德格尔的思想从对技术整体有用的批判也可以走向无用的思想，这是顺理成章的逻辑，而庄子的思想只是起了点醒或者自我明确的作用。随着他对于“集置”更明确的批判，他自己走向空无的给予，在物之物化的思考中，不必引用庄子就可以走向自己的无用之思。当然，海德格尔后期有关“无用”、“自然的自然性”与“让然”之间的关系并不明确，随着礼物给予思想被法国哲学现象学神学充分展开，无用的思想也只是作为隐含的背景而被搁置了。

其三，庄子的无用之思，其实已经渗透到了海德格尔后来思想的核心之处，召唤德意志成为一个无用的民族，尽管此命题后来并没有出现，但在海德格尔随后的思考中，在对“物”的思考中，那个倒空的给予，给予空无，不就是道家化的礼物？海德格尔《通向语言途中》对于语言的事件之为道路的思考，不也是道家化的？因此，老庄的无用之思并没有减弱，只是已经转化为海德格尔后期的思想“行话”了。但读者并没有深入研究这些独特思想的根本来源——老庄思想。如果只是汉学家们的好奇，没有对于1945年思想总体危机的痛点与难点的经验，就只是学术上的知识，而无法成为哲学思想的事情。

其四，随着《黑皮本》的出版，海德格尔与纳粹的关联更为明确，纠缠如此之深，如此之顽固，超过了之前的所有想象，于是，一个奇怪的吊诡出现了：如此纳粹化的海德格尔，如何可能运用中国庄子的无用之思，就可以让自己从历史深重的灾难中轻盈地脱身而出？这是否过于轻省了？西方学者不仅不会相信，而且还会认为，中国的老庄思想反而成了海德格尔贯彻其隐秘纳粹思想的遮羞布，海德格尔并没有什么转变与悔改，他只是假借更狡猾与奇妙的东方思想，既可以让自己从纳粹的历史责任重负下解脱出来，又可以继续隐秘地扩展自己纳粹化的自然神话，只不过以东方的神秘主义更巧妙地掩饰，显得具有陌生性与新颖性罢了。

其五，当人们把海德格尔的东方化与日本京都学派的东方军国主义关联起来思考，如齐泽克在《视差之见》中所尖锐指出的，海德格尔与东方的各种关系，哪怕是道家的非暴力，就更不可信了，反而需要彻底批判。如此一来，我们中国人也要自问：既然中国也有道家的无用思想，为何历史上几乎没有实现出来？为何进入现代性，也没有丝毫展现，反而陷入了自我遗忘？

通过反思海德格尔的思想历程，我们可以发现其正反面的价值：

一、1933—1936年，以成为大学校长为标志，海德格尔基本上信任纳粹意识形态振兴欧洲文化的所谓“内在的伟大运动”——很多其他晚生现代性的民族在面对全球化压力时也会兴起类似的文化运动。

二、随后于1936—1939年的“另一个新开端”或“第一次转向”（1932—1942），通过回到荷尔德林“河流诗”中那个从未发生的希腊，海德格尔试图纠正纳粹与自己的迷误，但依然坚信自己精神化的国家社会主义，只是不同于纳粹的庸俗模式罢了。这在1932—1942年的《黑皮本》（GA94–96卷）上体现得尤为明显，就是不断地反思自己就任弗莱堡大学校长的短暂迷失，同时也批判纳粹的种族主义，还有美国式自由主义与苏联的共产主义模式，形成自己广义的现代性总体批判。——我们也看到不少知识分子会出于各种原因（无论是以古典政治的名义，还是以文化民族主义的名义）试图构建一种虚假的文化历史大叙事。

三、从1943年开始，海德格尔对于之前的整个思想工作以及德意志现实的战争彻底失望，1945年5月8日只是这个绝望的现实历史的“签名”：海德格尔对自己与纳粹的短暂合作、个人化的精神写作，以及整个西方从唯一神论到形而上学传统，都彻底失望。他认为自我纠错不再可能，这是存在本身的终末论和“转向的灾变”，即认为前面的“第一次转向”已经失败，必须施行“第二次转向”（1943—1953）。德意志的灾难并没有终结，反而随着全球化的总体实用主义化，会在别处再次上演，因此海德格尔对于存在总体动员与技术化的批判具有现实意义。

四、1943—1950年左右，可能是海德格尔思想与内在最痛苦的阶段，他在绝望中思考思想本身的未来，思考德意志民族的未来，思考西方之为傍晚的土地（Abendland）如何走向明天。历史进入了漫长黑夜般的过渡年代，在下降与上升之间，有什么思想可以构成希望的地平线？此时老庄道家的无用之思给予了启发！这也是我们试图发现的危机的转机时刻。——但这并不意味着中国文化不进行自我批判，为何具有无用思想的中华民族自身没有充分展开此无用的政治学以走出帝制统治？

五、1953年后，随着冷战格局的基本形成，德国自身分裂，海德格尔面对技术的“集置”而走向“天地神人”的四重体，似乎建构了一个新的思想“城堡”，其实只是他个人的一厢情愿，并没有现实历史的价值，几乎是一个个体的神话。——尽管其中并不缺乏积极的要素，比如对于技术的批判、对于自然的诗意想象，等等，但其思想失去了面对时代困境的转化张力。

六、处于当下全球化变局中的我们，可以想象回到1943—1950年那个危机时期，而重新开始，也许其中还有其他的可能性？这是我们回到那个艰难转折时期而提出“第二次转向”与“道家转向”的动机。这也是提出一种“第五维度政治”与全球化批判的时刻。

因此，问题就变得更严峻了：如果老庄的无用之思确实有着转化之用，是否对于海德格尔的作用是真实的？既不是为了掩饰他自己的纳粹思想，也不是继续扩展自然神话，而是推动了他思想的转变？这需要再次深入海德格尔的“第二次转向”，它可能来自多方的危险与刺激：

其一，在哲学本身，继续深入“深渊”——自然的遗忘性，存在自身的隐藏或自然的隐藏（lethe）。海德格尔发现，西方从根本上缺乏语言来思考此遗忘与隐藏性，因为这是不可能被征用的维度，必须进一步思考此惊人的恐惧，与时代拉开距离。面对自然存在的自身隐藏如何得以思考的难题，既要从之前的暴力争夺与世界开显中脱离出来，也要进入自身隐藏，又显现时也必须保持为自身隐藏的。这就不再是暴力与争夺的方式，之前的所有思考方式均已失效，整个西方传统无法提供相关的思考方式，除了前苏格拉底的几位思想家的箴言片断，但又必须加以全新的解释，这就是把“存在”问题转换为“用”或“庸用”（chreon/brauchen），而这显然来自中国老庄的影响与启发。

其二，现实中德国发动的暴力战争导致了巨大的荒芜，世界走向荒芜化，尤其是即将来临的彻底战败，让海德格尔反省回到希腊的迷狂与神圣也不可能导致欧洲的胜利，整个“第一次转向”已经丧失了现实性。尤其是他自己的两个儿子在战争中失踪，让他更有切身之痛。

其三，深入接触到中国智慧，老庄思想可能带来的冲击力，尤其是“无用之思”，可以帮助海德格尔彻底摆脱“力造性”的斗争思维。GA77卷的三场对话，尤其是《晚间交谈》中呼吁“让德意志成为一个等待、到来与无用的民族”，结尾引用庄子与惠子“无用之用”的对话，就是明证。

其四，对于自然的进一步思考（自然的隐藏、自然启发的无用性，自然展现的让然），以及生存的余地、思想的空无和让予的姿态这三者的结合，让海德格尔可以走向“第二次转向”，彻底改造自己的哲学语言，也彻底改造西方思想本身。

因此，我们在这里不得不提出一个“冒险的假定”：按照一种海德格尔自己并未自我阅读过的方式去再次阅读他，或有必要以一种海德格尔自己并未运用过的解释学——无用的解释学或者有用与无用的新本体论区分（庸用的差异论）——去思考海德格尔的道家化，去思考另一个被遗忘的海德格尔思想。这也是阅读从未写出之物，它可能有助于我们再次理解海德格尔与纳粹的深度纠缠，并让思想寻找到可以走出纳粹泥沼的道路。

更吊诡的是，如果海德格尔无力思考大屠杀而保持沉默，乃是一种语言本身的缺乏与思想本身的无能，这种无能也是无用，但这样的无能或无用又如何可能借助于庄子的无用之思，而走出纳粹思想的黑暗阴影？无用之思是另一种忏悔姿态或者解毒剂？或者存在的自身隐藏与遮蔽的力量（verhüllenden Macht）也是一层面纱（Verhüllung）的保护，让海德格尔可以从存在之沉默的深渊出发，来为自己面对根本恶时的沉默辩护？思想者进入无用的状态是痛苦的，在痛苦中肯定自身的无用更为痛苦，也许痛苦与无用的关联是一道区分的界限？如此一来，我们就更有必要在海德格尔浩如烟海的文本中摘录与编辑一本从未存在之书、一本未来之书——《无用的吊诡——海德格尔的庄子书》？

此无用之思如此潜在与隐秘，基本上并没有得到西方学者与后续思想的主题化关注，只有一些汉学家偶尔的好奇，但构不成思想的事件。直到最近海德格尔《黑皮本》的出版，尤其是第 GA97 卷与 GA73 卷，与之前出版的 GA77 卷与 GA79 卷等联系起来，或者说，围绕“用”的差异论转换，一旦我们把 1943—1953 年出版的所有文本从整体上关联起来，我们就发现了“第二次转向”。这也是某种“亚洲转向”或者“道家转向”，尤其是庄子的无用之思提供了这个转化的契机。因为关涉到历史的阵痛，关涉到思想自身的悖论，“第二次转向”才显得更有意义，不再是比较哲学的兴趣和知识学的发现，而是进入思想自身的“痛点”。

概而言之，因为此“道家式转向”，一个新的马丁·海德格尔，一个面对时代困难与民族败亡的海德格尔，一个进入无用之思的海德格尔，将变得明确起来。

## 8.5 从存有的终末论到庸用的差异论

> 但危险所在之处，那拯救的
>
> 也生长。

如何在身处危险中，让拯救的力量生长出来，而又并非增加危险？如果危险增加，拯救才可能增加，这不就假定了恶的合法性？如同生命技术中万能细胞的制作过程与生命剥夺者癌细胞之间有着密切的联系，如何解开这个相关性的“死结”？

海德格尔的“第一次转向”并没有导致思想的拯救，反而在现实历史中，无论是德国还是世界，都陷入更大的危险与灾难之中。如何继续去寻求拯救或者救治性（das Heilsame）的力量？而这正是《晚间交谈》一开始就要寻求的某种宗教性。

非常奇怪的是，为何是海德格尔可以开启无用之思，一个与纳粹意识形态纠缠的思想家，如何可能从中摆脱出来，走向无用之思？进入现代性以来，为什么反倒在1943—1945年左右的海德格尔那里才出现真正的转折——通过庄子的无用之思开始第二次转向？并且，要与第一次转折（1932—1942）区分开来。这是如何发生的？有着这样的第二次转向吗？[1]

---

1 详细讨论海德格尔思想中是否有“第二次转向”的发生，请参看拙著《一个等待与无用的民族——庄子与海德格尔思想的第二次转向》，北京大学出版社，2017年。笔者在该书中就“第二次转向”给出了更复杂的文本考证与思想逻辑的细节考察。也请参看何乏笔待出的相关著作，围绕这个问题在阿多诺与海德格尔富有吊诡的关系中所展开的讨论。

这就需要回溯海德格尔1943—1945年转折时期的一系列思想动作，深入海德格尔吊诡的处境。也许正是因为海德格尔与纳粹思想有着如此内在的纠缠，深入了危险、跃入了深渊，海德格尔才可能体会到其根本性的“危险”之所在。正是因为海德格尔认识到自身所陷入的危险与误入“歧途”的道路本身（Holzweg本就有林中歧途的意思），不断地自我反思（如同特拉夫尼［Peter Trawny］针对Irrnisfuge的反思批判），一旦走向无路的“绝境”，“真理的本质是非真理”，但此“非真理”如何可能通向“真理”？他会转身思考此道路的不可能性或“绝境”，转而寻求“救治性的力量”。也就是说，正是因为海德格尔反思了自己的错误道路，反而更迫切需要走出此歧途、走出此绝境，但又苦于西方已经无法提供任何拯救力量（埃克哈特大师也只有太弱的力量，如同本雅明“微弱的弥赛亚力量”），整个世界已经彻底荒芜化了，只有通过中国道家，通过某种迂回道路而且是无用的道路，才有拯救的可能。而此无用之思又最好地回应了他对于有用的反思，真理的本质是非真理，无用之无用——不就是一种最好的转化？！因为，此无用之思正好反转到哲学自身的无用上，让之前强势的、权力意志化的斗争哲学可以被逆转。

这些思想明确体现在海德格尔《黑皮本》97卷（1942—1948）中，而这些笔记主要写于1943年之后，但很少有学者关注《黑皮本》这一卷，也很少有人注意到GA73中围绕荷尔德林思想中对于“贫穷”(Armut)与不必要或“不必用”(das Unnötige)之间的转换，面对急难(Not)与必然性(Not-wendigkeit)的关联，使之逆转，而走向“自由”与“让予”(lassen)。海德格尔已经试图从西方思想内部，把不必用(das Nicht-Nötigende)与无用(das Un-Nötige)联系起来[1]，其实已经受到庄子无用之思的影响(通过卫礼贤对庄子的翻译)，开始“转译”西方思想了。

因此，西方学者无法提出“第二次转向”，也没有看到海德格尔借用庄子的无用之思所实行的根本转变，或者把后期海德格尔(1952年后)与这个阶段的思想混淆起来，或者根本就没有看到这个阶段的重要性。这也是为何后期海德格尔“让然”的思想更多与礼物给予的思想关联，而不是与无用关联，这既有海德格尔自己的误导，也有海德格尔主动的隐藏。而更重要的是，海德格尔在1943年后(主要是1943—1955年)，对“第一次转向”中存在之庸用的灾变与终末论有彻底反思：

1. “财富的成己的本己在庸用的纯一性中，成为遗忘之转向的反省。”(Das eigentliche Ereignis des Eigentums ist die Einkehr der Kehr der Vergessenheit in die Einfalt des Brauchs)[2]——首先，海德格尔指出，把存在作为本己的财富，把存在经济化，如同

1 Martin Heidegger (GA73): Zum Ereignis-Denken. 2013. S. 871-881. 参看笔者在前书第二章第二节(2.2)对此转化过程的仔细讨论，这是西方学术界并未关注的联系与转化，而GA73卷与GA97卷都写于1945年这个转折之年的关键时期。

2 Martin Heidegger (GA97): *Anmerkungen I-V ("Schwarze Hefte" 1942-1948)*. 2015. S. 284.

“第一次转向”的希腊式“回家的家政”(oikos-nomos)，但现在，却有所不同，要回归到庸用（Brauch）的纯一性，并且开始反省之前本已居有的整个转向模式。这里的“纯一性”与老子《道德经》的转译密切相关。1943年，在重新解释荷尔德林诗意的品质时，海德格尔就以老子《道德经》第11章“有之以为利，无之以为用”的思想，以及老子对于无名之朴（Namenlose Einfalt）的要求，来重新理解什么是“诗人的纯一性”。[1]如《道德经》第28章所言：“复归于朴。朴散则为器，圣人用之则为官长。故大制不割。”(und er kehrt zurück zur Einfalt. Ist die Einfalt zerstreut, so gibt es “brauchbare” Menschen)，在卫礼贤的翻译中，不仅“朴”与“用”在德语中发生了关联，而且转向纯一性，是否直接启发了海德格尔？随后他开始从“庸用的纯一性”来反思之前存在的成己与暴力方式。

2.“存有的灾变是它的末世论，在此终末中，成己节省地突发，从这种突发中，转向在庸用中才可能发生。”(Die Katastrophe des Seyns ist seine Eschatologie, in der das Ereignis die Jähe spart, aus der sich die Kehre in den Brauch ereignet)[2]——其次，认识到存有进入了灾变，承认第一次转向的灾变，即海德格尔认识到自己之前整个“第一次转向”的危险性，认识到纳粹帝国的危险性。但从哪里实现突然的转变，而且是“节省地”

1 Martin Heidegger（GA75）: *Zu Hölderlin / Griechenlandreisen*. 2000. S.43.

2 Martin Heidegger（GA97）: *Anmerkungen I–V（“Schwarze Hefte” 1942–1948）*. 2015. S. 331.

突发？此"节省"无疑来自对于老子《道德经》的理解（比如"啬"，而非资本主义的"奢侈"），都指向"庸用"之用，真正的用必然需要节省。

3."存有被打叉的终末论：在遗忘的转向的成己中，作为差异的区分之事件，在告别中，也就是在庸用的告别（in den Abschied）或终末中（die Letzte［Esx.］），聚集自身。"（Die Eschatologie des Seyn：ereignet in der Kehr der Vergessenheit, versammelt als das Ereignis des Unterschieds die Differenz in den Abschied, d. h. die Letzte（Esx.）des Brauchs）[1]——进一步，接续庸用的差异与存在成己的关系，海德格尔更明确地指出了一个新的"差异论"：存在的成己庸用——告别了打叉存在的差异论。这是一个新的差异，是一次彻底的告别，都已经并非存在论了，因为存在或存有要被彻底抹去，这也是最终的终末论。但围绕着"庸用"而形成了新的差异论。这是一个新的区分（即存在已经被打叉涂抹且被"用"取代）！海德格尔这里有意在利用德语的die Letzte所具有的"告别"(Abschied)与"终末"（希腊语的Eschatos）的双重意义，打开一个新的神学终末论思考与转向的可能性。严格地说，这是一个关于存有之庸用的区分，一个新的"庸用的差异论"——但这是围绕存有之庸用才产生的差异，也不同于后期的命运之给予论（es gibt）。

---

1　Martin Heidegger（GA97）: *Anmerkungen I–V*（*"Schwarze Hefte" 1942–1948*）. 2015. S. 284.

"被打叉的存有，在告别的差异之区分，在其终末论的要求中，在最后之告别的聚－集中，在走向庸用的去己之开端中，在面对遗忘的追忆方式中，要求着思想的献祭。"( Das Seyn , die in den Unter–Schied abgeschiedene Differenz, ver– langt in seiner Eschatologie, in der Versammlung des Abschieds [ der Letze ] in den An–fang der Enteignis zum Brauch, das Opfer des Denkens in der Weise des Andenkens an die Vergessenheit) [1]海德格尔进一步阐明这样的终末论乃是进入遗忘而追忆，并且聚集已有的最后之物（如同"集置"），同时，要走向新的开端，但这是一个去己（Enteignis）的新开端。此新的开端，就是我们命名为"第二次开端"的条件。海德格尔甚至认为，开始此新的开端，要求思想的献祭，要求新的追忆方式。

海德格尔充分认识到了第一次转向的危险——"存有的灾变从危险中成事，作为庸用之危险在告别中成己"( Die Katastrophe des Seyns ereignet sich aus der Gefahr, als welche der Brauch sich in den Abschied ereignet ) [2]，也充分认识到"转向的灾变"( die Katastrophe der Kehre )，但此转向需要面对"庸用"而再次转向，如此彻底思考"转向"，也正是"第二次转向"的深刻与彻底之处，因为他试图走出整个唯一神论传统。针对自然的神话，海德格尔甚至也思考了"自然去权化"( Die

1 Martin Heidegger ( GA97 ) : *Anmerkungen I–V ( "Schwarze Hefte" 1942–1948 )* . 2015. S. 284.

2 Martin Heidegger ( GA97 ) : *Anmerkungen I–V ( "Schwarze Hefte" 1942–1948 )* . 2015. S. 335.

Entmachtung der Φύσις）的必要性。[1]

此“存有被打叉的终末论”（Die Eschatologie des Seyns），以及庸用的终末论（die Letzte［Eschatologie］des Brauchs），还有“转向的灾变”，无疑表明，海德格尔自觉地在“有用”与“无用”的对比中展开着新的思考，他对技术的谋制或力造性，尤其是随后对于技术“集置”（Gestell）更彻底的规定思考，认识到西方文化已经走向了全然整体有用化的命运，全球化不过是其一切的技术化、资本主义拜物教以及媒体转换器这三者所形成的整体存在的有用化。在《黑皮本》GA97卷中，海德格尔大量思考“用”（Brauch）及相关的词根，无用（Unbrauchen）才会经常出现[2]，而且不断尝试着的语句也许就是对于庄子与老子语句的某种“意译”？他不断转化着德语写作本身，转化着西方思想本身，甚至改造了希腊原初思想家，把阿那克西曼德

---

1 Martin Heidegger（GA73.1）: *Zum Ereignis-Denken*. 2013. S. 122-152.

2 *Heidegger Anmerkungen I-V（Schwarze Hefte 1942-1948）*: An Index / By Daniel Fidel Ferrer ©Daniel Fidel Ferrer, 2017. 其中 Brauch 这个词出现的页码相当多，随着《黑皮本》陆续出版，在 GA98-100 中也有大量相关语句，此外还有相关的 Brauchbaren、Brauches、braucht 等词。也许我们需要编辑一本子虚乌有的但又绝对必要的《海德格尔的“庄子书”》，它绝对不同于早期的《康德书》，也不同于后来的各种手稿。在德语中，Der Bauch 有习俗、习惯与应用、利用等含义，而海德格尔把它与阿那克西曼德开端之思的希腊词 Chreon（το χρεων）联系，与奥古斯丁神学相关，可重新解释为：让每一存在的“适格”在场栖留。这是否隐含一种新的正义（dike）？如同德里达在《马克思的幽灵》中的发挥，一切有待于重新展开。但与中国思想相关，可以翻译为“庸用”：在庄子思想与汉语语义中，“庸用”既是道之用，也是平常之习用，按照中国道器不离或道用合一的思想，并没有西方的存在论差异，但一旦进入现代性，随着技术的广泛使用，有用与无用，无用之无所用——无用之为大用，相关的“庸用的差异论”就有待于进一步展开。

的 chreon（το χρεων/ 必然性）翻译为“用”。[1]

我们以“用”来翻译 το χρεων，并非基于一种词源学—词汇学方面的考虑。“用”一词的选择起于一种先行的对思想的转渡（Übersetzen），这种思想试图进入存在之被遗忘状态的命运性开端

1 德语的 brauchen 与希腊语的 chreon，有着如下相关的复杂交织。1. 在德语中 Brauch 主要指风俗习惯，其中隐含了习性伦常、庸常之用。2. 德语的 brauchen 有着需要与使用的意涵。这两个词的词源相通，就是伦常日用，广泛的习俗德性。3. 在希腊哲学的使用中，chreon 与 ergon 相关，chreon 主要指身体的需要，尤其是身体的吃喝满足，乃至于贪食，因为感到高兴才可以享受，才去用它。因此不同于 ergon 的实现（energeia），这就启发了“不去用”，阿甘本就是走向了身体不去用的非潜能（adunamis），即让 chreon 不走向潜能的实现，而是保持为身体的不可能或不去用，打开了另一个正义的神学维度。4. 在希腊，chreon 还有“必然性”与“命运”的意思，这是阿那克西曼德那段箴言所具有的形而上含义，也被传统如此翻译，它涉及正义的分配，神明的旨意之运用。5. 启示性使用，就在拉丁语中，海德格尔在早期《宗教生命的现象学》中思考了奥古斯丁神学中的 Uti und Frui（使用和享受），上帝的享用，不同于人类诱惑的使用，并且与关心或关切（curare）密切联系起来，这是尚未展开的讨论。6. 到了海德格尔自己的重新理解中，接续 frui，还有“基体”与“在场”的意义，是无蔽领域中摆在眼前的东西，始终逗留着的在场者。7. 随着中国道家的介入，无用才变得明确起来，才把 chreon 之为用、不去用、无用的含义，与不需要或不必要，与急难的自由解放联系起来。但如何保持其无用？如同隐藏要保持其隐藏？在显现上，则是不去消费，不滥用？ 8. 海德格尔在《阿那克西曼德之箴言》（420 页）中进一步把它与让予联系起来：“让某个在场者作为在场者而在场，frui, brauchen, brauchen 和 Brauch 就意味着：把某物交给其本己的本质，并且把作为这样一个在场者的某物保持在具有保护作用的手中。”此保护作用导致人性仅仅是存在之无用的庇护者，“存在的牧人”和“无的看护人”乃是同一回事（397 页）。9.《阿那克西曼德之箴言》中对于给出或允让之分配份额的转译，dike 与 adikia 乃是庸用之本己交付的分配，取决于无用的份额，不是有用的分配，不再是《艺术作品本源》中对于 Fuge 之为裂隙的争执显现方式。而且，手，手艺，手的思想手艺，成为思想的新开始（在《什么召唤思》中思考巴门尼德的箴言，还联系了荷尔德林的诗歌），这也启发了后来礼物给予的思想（es gibt Gabe）。10. 按照中国道家，不是有用之物的利用与分配，而是对于空无的分享，对于敞开通道之庸通的分享，如此分享也是对于神显的分享——“神”并非对象化的神人，“神显”乃是存在的“敞开”，是敞开之为“通道”的伸展，一直保持为敞开。如同酒壶的给予倒空。——如此才有着庸用的区分与关心：庸常之用与以无为用的差异区分。

之中来思在存在之本质中的差异。在对存在之被遗忘状态的经验中，“用”(der Brauch)一词被强加给思想。关于在“用”一词中真正还有待思的东西，也许 το χρεων 指示出一条踪迹；而此踪迹很快就在存在之命运——它世界历史地展开为西方形而上学——中消匿了。[1]

似乎从来没有得到西方哲学“重用”过的“用”这个词，通过翻译被传递，现在则通过汉语思想的翻译，被再次还原或者转渡，这来回的摆渡——不仅仅是西方也是东方——才是真正的古今中西来回摆渡的比较哲学范例。这是解释学的历史性回溯，是对于遗忘的唤醒，并且进入本质的差异中，这是存在与庸用的差异。而且，“用”或“庸用”要被命令口授（或强加）给思想，这是一个强加的新命令，给予思想一个新的指令或口令。即，在庸用中保留着思想真正有待于去思想的事情(eigentlich zu denken bleibt)。甚至，其中还指示出一道踪迹，尽管此踪迹在存在历史的命运中消失了，整个形而上学遗忘了去思考这个“用”。

海德格尔稍微克制地认为，上述箴言可能是流传下来的最古老的一个箴言，但我们并不知道它是否西方思想中“按其本性而言”最早的箴言；至于“庸用”，“不论我们如何思考 το χρεων，这词语乃是表示我们前面已经思考过的 εοντα 的 εον

1 ［德］海德格尔：《林中路》(Heidegger: *Holzwege*. S.369.)，孙周兴译，北京：商务印书馆，2018年，421页。

的最早的名称；το χρεων 乃是思想借以把存在者之存在表达出来的一个最古老的名称”。[1]

只有在这个艰难的转折时期，“用”（庸用与无用）这个词及相关词语才被大量使用，显然，这是来自海德格尔对于有用与无用本体论差异关系的全新思考，而把“有用”与“无用”对举，把“存在”向着“庸用”转化，则是庄子思想所施加的深刻影响。这主要在《林中路》（GA5）的“阿拉克西曼德的箴言”和针对巴门尼德的《什么叫思想》（GA8）中有所体现，其中隐藏了有用与无用转化的中间环节，只是回到了希腊语的“用”（chreon）上，西方随后的研究者却无法从“存在问题”走向“庸用问题”，反而大量相关的思考语句都出现在《黑皮本》GA97与GA73之中。这也激发了阿甘本在《身体之用》中思考身体的用与“不去用”，但阿甘本的思考并不深入，因为对于海德格尔，这不仅仅是西方的“身体”之用，而且是东方化或道家化的“自然”之无用。

与之相关的人性本身，并非存在的牧人，而是成了“存在的庇护者”，进入庸用的争执之中[2]：

> 18. 存有的庇护者（18. Der Hirt des Seyns）
>
> 本质之人———

1 ［德］海德格尔：《林中路》（Heidegger: *Holzwege*. S.363），414页。

2 Martin Heidegger: *Zu eigenen Veröffentlichungen（GA82）*. Hrsg. Friedrich-Wilhelm v. Herrmann. 2018. SS. 571–572.

在本质中的罕有之人：

被打叉存有的庇护者。

于庸用（Brauch）中争执着的存有（Das Seyn der Streit im Brauch）。

不再是“存在的问题”：既非早期的存在论差异（这是围绕《存在与时间》以及存在之为成己的《哲学论文集》中的思想方式），也非后期的存在命运的给予或拒予放弃的差异（这是被后来法国思想继承的《时间与存在》中的方向）。

而是“庸用的问题”：我们要从“用”出发，重新思考海德格尔思想中的有用之物与无用之物的区分，与之一道，思考整个西方哲学如何从“用”重构新的谱系，并且与中国的无用之思比较。

随之展开“庸用的差异论”：一方面思考海德格尔如何通过自身的解构（荒芜化与废物化，哪怕是死亡献祭的祭品化），走向自然化的生产与让予的无用之为大用；另一方面，在有用之用与无用之大用之间，打开一个新的区分，这是海德格尔思想已经隐含但从未展开的思想。

对于海德格尔“第二次转向”的思考，有两个相关的讨论。一个是“内在转向”，即海德格尔自己思想已经遇到了转折点与难点，这就是lethe的自身隐藏及其如何显现的问题，

1942—1943年围绕巴门尼德与赫拉克利特主题的未完成的讲座就是面对此困难。但海德格尔认识到，关于如何思考lethe，西方传统却没有可以提供的资源，连如何翻译这些希腊语片断都是问题。另一个则是“外在转化”，即海德格尔认识到西方整个哲学传统根本无力思考存在自身的隐藏（lethe），虽然柏拉图的《理想国》结尾处的Er神话或《蒂迈欧》中的第三异类廓纳（khora），和前苏格拉底思想家的片断，以及基督教中世纪神秘思想家或否定神学等等有所触及，但依然不足够，反倒是中国的老子与庄子一直在面对这个难题，也提供了某种思想的道路，比如无用、让出与自然的自身生长（天空与地下），因此可以启发与挪用。

这就导致海德格尔对于前苏格拉底哲学的解释也打上了老庄的印记，尤为体现在1943—1953年第二次转向的相关著作上：《林中路》（GA5）中对于阿那克西曼德之箴言的重新翻译；《什么叫思想》（GA8）中对于巴门尼德存在问题的重新解读；这两者都试图把希腊语的chreon（το χρεων）翻译理解为“庸用”（brauchen），如此翻译与解读在西方传统根本没有先例，是不可想象的，是海德格尔的双重转换与改造；《演讲与论文集》（GA7）中对于“物”的现象学解释（酒壶之为物也是对于《道德经》橐籥虚用的发挥）；最重要的则是《乡间路上的交谈》（GA77）中围绕“泰然让之”与“接近”的对话，尤其对于一个“无用民族”的召唤；《黑皮本》系列中隐含的“道家句法"，都充分体现出中国道家思想对于海德格尔希腊解读之深刻影响。有用与无用的"庸用差异论"也成为这个阶段的基本思考。

这还导致了思想道路的歧异：其一，只是随着后来 es gibt 句法的出现，海德格尔才更多地联系 es gibt 之为礼物的给予来思考让予，导致后来的整个西方思想界主要从 es gibt 的礼物现象学维度展开海德格尔思想；其二，哪怕是回到前苏格拉底哲人也忽视了道家（也因为这些西方思想家基本上不能阅读中文）；其三，仅仅结合前苏格拉底与中国道家也不足够，尽管这还是跨文化比较哲学有待于去展开的工作；其四，无用之思的发现，将超越海德格尔的思考，走向无用的文学、无用的神学、无用的哲学与无用的艺术，势必打开更广阔的思想前景。

在1946年《论阿那克西曼德之箴言》中，海德格尔大胆说出：το χρεων 乃是思想借以把存在者之存在表达出来的一个最古老的名称。这个时候，海德格尔的思想一定悄然发生了重大的改变。后来的研究者很少关注这一次转向，尽管阿甘本在《身体之用》中触及了"存在之用"的问题，但他对庸用的思考主要局限于身体的不去用，而海德格尔全然不是如此，庸用代替存在，不仅仅是身体的存在论，还是器物的、整个世界的，甚至神学的上帝之无用化。

"庸用"是表达存在的最古老的语词。倾听海德格尔的这句话，也是重新倾听“庸用”这个词在整个西方被忽视之后，现在如何从早期希腊返回。但同时，一旦这个词被重新听到，就隐含一个更根本的要求——“存在”或打叉的存有（Seyn）应该被放弃，这看似与海德格尔在1930年代末期开始思考的“存在离弃”相关，但这一次代替，不仅仅是离弃，而且是更彻底的“第二次转向”。

在海德格尔那里发生了思想的“第二次转向”（1943—1953）：一旦我们以庸用（chreon）重新开始思考哲学，就会重启一个新的开端，这不同于以《哲学论稿》（1936—1938年的GA65）为主导的另一次开端或者“第一次开端”（1932—1942）。

为什么海德格尔要以“庸用”（chreon）代替“存在”（ousia）？

因为存在论差异的失效，存在问题已经被追问到了尽头，并非《存在与时间》中以此在来追问存在——形成此在的意义之为先行到死的时间性，也非《哲学论稿》中存在真理的历史显现——世界与大地的争执所显露出来的裂隙。这仅仅是世界的敞开，大地的大地性之自身隐藏如何显现？存在一旦显现就成为存在者，用此在的生存情调来显现最终还是此在的时间性，存在历史的命运决断导致的还是德意志民族的自取灭亡，希特勒撕裂了欧洲文明，并没有带来存在的黎明。“存在”一词在另一个开端中改写为古代的Seyn也失效，甚至，面对大地的自身隐藏，面对存在的自身回撤，“存在”一词本身也应该被打叉或者抹去，一旦存在也被抹去，存在一词就无效了，存在与存在者的差异也失效了。

如果哲学不再从存在论差异开始，又要思考“存在”自身显现时的自身隐藏，而且一直保持在自身隐藏之中，存在不就无用化了？因此，从存在自身的无用开始，思考“无用的必然性”（这个语句来自卫礼贤对于庄子的翻译），不就构成哲学的另一个开端？这就是我们所提出的“第二次转向”的可能性——从无用之思重新开始。

如果不再以“存在论差异”来思考存在，那应该如何重新开始？

这就是另一方面的问题：当存在进入了“存在的终末论”，世界的非世界化在“用之最后”中显现出来，整个现代性的“力造性”、资本利益的运用、技术的滥用、人性本质的误用和权力意志的过度使用，导致了世界的荒芜，走向了用之最后。这是存在终末论的另一种描述。

如果从庸用的角度重新思考整个西方与现代性的命运，庸用就开始代替存在。既然存在已经彻底地使用化了，既然存在的历史显现已经彻底被误用了，那重要的就是去思考此误用是如何发生的，或者说，到底应该如何去用——无论是运用具体事物，比如《存在与时间》中的上手之物锤子，还是存在得到真理性的运用，如同早期宗教现象学中区分奥古斯丁的享乐之用与上帝之用。从庸用开始，哲学既对自身重新解构，也获得了一次重新开始的机会。

对于海德格尔，新的差异论在于庸用自身的区分，如何去用？保持无用的同时还有着大用？这是庸用与让予的关联，但又并非仅仅走向后期的纯粹让予——这是法国现象学哲学与神学后来的单一方向。我们则要把“集让”与“无用”关联起来，这本来就是海德格尔第二次转向中最为内在的关联，却被后期思想遮蔽了。

《晚间交谈》中关于庄子无用之思的对话，尽管早就出版（1995年），但此庸用的差异论并没有发生实质影响。很多学者认为那只是临时性的虚构，是个别现象，而且在“无用的民族”的召唤与让然的思想中，反而是“让然”更多被接受，因为它与 es gibt 的存在给予的馈赠相关，海德格尔自己也反复提及了其相关性。随后的法国思想，无论是德里达的解构之思转向礼物的不可能性，还是宗教现象学，在马里翁（J-L.Marion）与亨利（M.Henry）那里，都走向了生命给予之不可能的可能性，回到现象学内部，回到唯一神论的自身解构上，从而得到了充分展开，而来自中国的“无用之思”却被彻底遗忘了，或者边缘化了。

这也是因为在海德格尔的思想中，有着多重的存在论差异，也可能被混淆与遮蔽了：

1. 海德格尔的“存在论差异”（ontologische Differenz）——早期的存在与存在者的差异；

2. 海德格尔第二次转向中蕴含着“庸用的差异论”——有用与无用的差异论；

3. 后期海德格尔的存在自身的差异——存在之给予或不给予的差异；

4. 后期海德格尔有着一个细微的存在命运给予的差异，即，存在给予与否的区分论，也是面对技术之“集置”与“集让”的差异，其中也隐含着“有用”与“无用”的差异。

因此，一旦我们从无用与集让关联的角度进入，就会看到另一个海德格尔，不同于后来德里达与马里翁的存在给予或不给予的差异论，以此打开另一种思考的方向——“庸用的差异论”。

哲学界转向礼物之思，转向礼物给予的神性事件，影响了革命左派对于事件的新思考（巴迪欧与齐泽克等人）。这让西方哲学有了进一步发展的机会，但问题也随之出现了。为何如此强调生命给予、事件发生或者成己（er-eignen）的思想道路，反而是海德格尔要回避的？对于海德格尔，西方的大事件，革命性事件，以及事件神学的现代发扬，依然不过是革命与技术的进一步结合，是全球化的进一步完成，既没有导致资本主义的终结，也没有导致世界的正义，世界的非世界化反而更严峻了。

思想应该彻底转向去己或者“去己”的自然化转化（ent-eignen），不再是成己之事，而是“去己”（Ent-eignis）的默化。

只是如何联结去己与默化、去己与无用的关系，还有痛苦的化解（与罪责相关的痛苦），乃是思想未来的任务。

因此，无用之思就变得迫切起来？无用之为大用，就变得尤为急迫，这是因为，我们所处的这个时代，再次回到了海德格尔所担心的那个陷阱与危险之中。

## 8.6 从争夺走向让予

无用的思想开始于思想的无用。

无用的拯救开始于拯救的无用。

但危险所在之处，那拯救的

也生长。

海德格尔的后期思想影响了西方的两种解释：一种是存在的给予论，存在自身如何“给予”（geben /es gibt）的现象学，走向德里达与马里翁的“礼物给予的现象学”之可能与不可能性；一种则是走向“让予”或者“让然”（gelassen），但此让然又回到西方内部，比如回到埃克哈特大师所隐含的方向[1]，而丧失了问题的张力。而且，海德格尔有时候还是把 es gibt 与 Gelassenheit 联系起来讨论，就无法让读者看到集让乃是更彻

1 Reiner Schürmann: *Wandering Joy: Meister Eckhart's Mystical Philosophy*. 2001.

底的思考方向，这关涉到人性已然改变（wandelnde Wesen）后的将来之本质（künftige Wesen）。这也是思想自身的转变，关涉哲学之未来。面对劳动的总体化与技术化，既然人性以劳动为其本质，从劳动到让予，就是人性本身的彻底改变，而只有让出与让予，才有人性的重新生成。或者如阿伦特在《集权主义起源》中所思考的，存在本身的纯然给予（merely given），仅仅是神秘的纯然给予，此非质量差异的纯然给予，恰好是唯一的，不可代替的。[1]如此给予已经是权力的纯然让予，让每一个个体纯然是其自身。

此“集－让”（ge-lassen）召唤多重的聚集与转化，是一系列的步伐转换与节奏转化：

第一步，首先要“离弃”（ablassen）西方已有的科学形而上学思维。

第二步，则是“进入”（einlassen）未来思想的本质。

第三步，在积极与主动的行动之外，针对任何意志化行动本身的另一种姿态，是意志自身的放弃（verlassen）。

第四步，行动的不可能性，是行动本身或者存在本身的转让（überlassen），但并非埃克哈特大师的内心向着上帝的转让，而是与本雅明所说的内心之人在痛苦中的逆觉，形成心感的张力。

---

1　Werner Hamacher: *Sprachgerechtigkeit*. 2018. S.352–353.

第五步，此逆觉有着内在的痛苦，从意志的自我打断到让予的转变，此痛苦乃是放弃了所有的有用行动，是无用的必然性。身心的痛苦向着存在自身的痛苦转化[1]，语言重新发生的区分打开剩余地带的敞开（bleiben-lassen）。

第六步，这需要未来的思想对让予（gelassen）保持觉醒（Wachbleiben），此保持，乃是允许（zulassen）“让予”成为未来生长的种子。如同汉语的“让”与土壤的“息壤”有着词源学上的内在关联，有着自然的重新苏醒，有着技术的更新与嵌入或镶嵌（eingelassen）。

第七步，神的临近（或赫拉克利特式的“临近”），如果有着弥赛亚的来临，乃是来到那个有着余地的位置（Gegend），即那广漠之野或无何有之乡，这是位置的重新发生，在彼此让开的余地中（Eingelassen–Überlassenbleiben），才有着彼此的接近。

无论是德里达式“到来的民主”还是德勒兹“到来的民族”（people–yet–to–come），都还是西方意义上的等待，还没有与

1 在最新发表的海德格尔手稿中，海德格尔的笔记《论痛苦》出现了把痛苦和无用与思想自身的痛苦和转向联系起来的思考，这正好印证了海德格尔在1942年后所承受的内在裂变，其必然与无用带来的契机相关，并引导了1950年代对于语言以痛苦的区分发生的总体思考。对于海德格尔，痛苦有着三重含义：第一，与具体的个体身心痛苦相关；第二，与德国战败或者欧洲文化彻底的衰败相关；第三，则是意志的彻底放弃，走向庸用的终末论，彻底走向无用，没有比这个放弃更痛苦的了，这也体现在海德格尔思考语言的痛苦发生与恶之精神火焰的燃烧转化之中。Martin Heidegger: *Über den Schmerz*, Herausgegeben von Dietmar Koch und Klaus Neugebauer im Auftrag der Martin–Heidegger–Gesellschaft, Die Jahresgabe 2017/2018. S. 53.

无用联系起来。一旦与无用联系起来，就不再是革命，而是默化？是革命的自然化还原？是保存与激发我们生命中的自然潜能，并以此作为批判的力量？

如果我们把让予拉回到第二次转向的危难时刻，就可能认识到，面对“集置”的彻底性以及技术的生产逻辑与设置逻辑，只有“集让”才是一种转化的方式。但后来的发展中，反而是礼物给予与命运发送（geben/Geschenken/Geschick）的关联。这些更具命运性与悲剧性的概念网络，逐渐成了主导，一直影响着当下各种现代性转化的思路。但“集让”的话语网络更靠近道家的语汇，这正是GA77卷和《黑皮本》发表的价值。

正如荷尔德林诗歌写道的：

这是播种人的挥洒，当他
用锹铲起麦子，
向青天抛去，麦粒飞扬在打谷场上。
空壳落在他的脚前，但是
最后才是种子。

有必要再次去发现海德格尔思想中的大地性及其隐藏的种子，思考存在自身的隐藏，不再从“斗争”出发，而是从大地自身的隐藏出发，以显现的方式去隐藏却还保持着隐藏，即以不显眼地方式去显现，比如天空中的云，比如荷尔德林诗歌中播散的麦子，可能还包括廓纳（khora）与庄子所说的无何有之乡，只有打开一个无何有之乡的位置，才可能有着拯救。

这需要我们再次回到海德格尔的文本中，既要进入，也要出来。出来的方式异常艰难，但借助于无用与大地的关系，无用与自然的关系，也许我们可以走出海德格尔，带着危险的警觉与拯救的渴望。

如何让大地显现自身？让自然显现自身？让无显现自身？还是保持为无用的？

"集让"，聚集更多让予的力量，也是多重让予的悖论，是"三让"的吊诡转化：让，乃是最终走向——让之让；或者让"让"来"争"，有着多重的颠倒与转化；"三让"，乃是无用之思所隐含的普遍性伦理，但这是我们必须重新开始学习的伦理；如果有着新的批判理论，就是从让予与集让出发的批判。[1]

无用的思想开始于思想的无用。"无用"如何与"集让"关联起来，从而不走向斗争的哲学？

首先是让"争"（polemos）的冲动与满足占有的欲望被悬置起来，如同现象学的悬置。悬置争斗的冲动，就必须让各种斗争手段无用化。

其次，则是发现自然的无用、礼物给予的无用。在巴塔

---

1 如斯洛特戴克所言，由"集让"奠基的批判原则，不同于整个法兰克福学派的批判理论，与云格尔的"总体动员"形成了一个尖锐的本体论差异，这并非与总动员对立的某种选择，而是把"正确地运动性从所有道路的幻象解放出来"。Peter Sloterdijk: *Eurotaoismus, Zur Kritik der Politischen Kinetik*. 1989. S.143–144.

耶、凯卢瓦那里，自然自身的生产，如同自然自身的丰产性，如同列维纳斯在《总体与无限》中所思考的（另一种自然与元素的转向[1]），如同庄周的蝴蝶。蝴蝶翅膀的美的丰富性与多样性，就是自然自身的无用生产，并非适者生存的需要，而是自然自身的盈余。

再次，则是神学状态的学习与模仿：上帝创世的回缩与退出，基督教的 kenotic（虚己），以及文化历史记忆的中国态度（儒家的禅让神学政治——让出王权的传递模式，道家的退让——自然的神圣化规避，佛教的祈让——通过乞讨的施予形成的让给）。尽管出现了多重的集－让，我们还要发现更多的让予方式，更广泛地聚集让予。

最后，则是技术或者集置的自然化，就是技术的自然化，比如干细胞移植的可再生性。如本雅明所言，第二技术再次走向自然化的技术，让技术去激活自然自身的生产，使之具有可塑性与可再生性。但这并非基因编辑的人为干预，而是去感受自然的感性力量，要切身感受到宇宙的力量与活力，让自然来为。

在教育学上，学习无用与等待，走向未来，而要成为一

1　列维纳斯在《总体与无限》（［法］列维纳斯：《总体与无限：论外在性》，朱刚译，北京：北京大学出版社，2016年）中思考了享受与幸福，孩子的生育，以及自然的元素性等问题，这个对于犹太教弥赛亚有着深入思考的现象学家，如何面对自然问题？他在反对海德格尔后期自然化转向的思考中如何处理弥赛亚与自然性的关系？还有，在现代性犹太思想家那里，有多少种思考二者关系的道路？

个等待与无用的民族，需要学习让予，让出。

以此，海德格尔可以进一步来批判现代性，如此批判，既是接续之前的批判，也是一次“自我批判”；批判自己之前与纳粹的合谋，尤其是“斗争”或者“争执”的元政治的意识形态。我们可以把《黑皮本》理解为一次自我批判的尝试，无论是否成功，但随着自我反思与自我批判的深入，随着历史现实的残酷性的展现，海德格尔无疑进入了深渊的深渊。当然，进入“第二次转向”也是哲学本身的自我批判，因为“第一次转向”中的成己之事（er-eignen）就异常危险，只有经过去己（ent-eignen），而且一直保持这个自身的去己化过程，才可能不陷入成己的暴力之中。

这才是吊诡之处：一方面，要让隐藏的一直保持为隐藏的；另一方面，要让隐藏的有所显现，但还是隐藏的。这就是海德格尔给德国总统的信中所提及的：让无用的神秘毫不显眼地显现出来。这也就意味着，大地性要显现出来还是需要争执的，但这是另一种争执：越是争执，越是要隐藏；越是争执，越是痛苦，但此痛苦已经被感知到，又不可能表达；因为还缺少语言，这就是让予与沉默的出现。

如何出现另一种“争执”——只要有人类就不可能不争执——但如何让争执不再执着？如果还是争执，即便有着痛苦，也是重复之前的悲剧与灾难。只有彻底改变此争斗的逻辑，召唤出“集－让”（Ge-lassen）或“让－然”（Gelassenheit）

的行为姿态，才能针对那个比力造性更彻底的“集－置”（Gestell）行为。只有“让予”（Gelassen-geben），不再是占有与居有，才是在争执中却又不陷入斗争的暴力逻辑，即让“争”来“让”，继而让“让”来“争”，最终让“让”来“让”，这就是让予的吊诡之处。

海德格尔复活了埃克哈特大师的基督教神学灵魂“自身让出”的思想，进一步扩展为模拟自然自身的让予。自然自身的让予更为慷慨，更为丰富，这也是继续从东方道家智慧中获取异质性的行动方式。

进入“沉默”，乃是因为痛苦的表达不是表达痛苦，而是要消化痛苦。不是要去凸显裂隙的伤口，而是要寻找救治的元素。此元素也来源于自然（有关 lethe 的自身隐藏在海德格尔那里的复杂思考以及相关研究这里不展开，集让乃是海德格尔思考 lethe 的不显现之显现，只是强调它在伦理行动上的姿态），比如黑贝尔诗歌中的月亮，特拉克尔诗歌中的花朵与石头。沉默的石头与蓝色花朵的面容，在月光下的映照，来传达大地性的自身开放与温柔，从而生成“法则的温柔化”与“温柔的法则化”，以此让人类获得安慰与安息。如此让自然显现自身，如海德格尔再次解释荷尔德林诗歌时所言，是让天空显现自身时还保持自身的隐藏，通过云层的调校[1]。这也是海德格尔后期

1 ［德］海德格尔：《海德格尔文集：荷尔德林诗的阐释》（GA4），孙周兴译，北京：商务印书馆，2014年，200页。

天地神人四云体的建构。

让德意志民族成为无用的民族，乃是回到“自然的自然性”(die natürliche Natur)，从大地的元素性中，从诗意化的生命想象中，从火焰的燃烧痛苦中，让语言重新生成；“让予”或“集让”的原初伦理，让德意志具有了自身让出空间(让出人性的欲望而让“让”来为)，空出自身(如同礼物馈赠——而非之前的争夺空间，这是对于自然自身给予的模拟)，达到自身之无用(以无为用或者让无来为)——形成新的三重让予：让让来为，让自然来为，让无来为。

以此三重的“集－让”(Ge-Lassen)逻辑，海德格尔可以彻底面对“集－置”(Ge-Stell)的总体设置(setzen)的逻辑，走向让出(lassen)的无用哲学。

“让”之吊诡，让无用的神秘毫不显眼地显现，在我们这里需要多重的推进与转化：

首先，是埃克哈特大师的基督教式神秘主义的灵魂出让——让基督将来，直至让上帝退出自身，祈祷上帝让上帝退出自身而自由。

其次，是海德格尔受到老庄思想启发，从自然的“旷野”或“广漠”(Gegend/Vergegnen)中，让自然显现自身，不是人类主体让时空显现，而是去纯粹感知空间本身的敞开性，用非对象化的思维，让自然显现自身的宽度与寥廓。后来在酒壶的四云体思考中，让空无显现自身的给予性。

其三，对于我们，此让予的广泛化，乃是一种让自身让出的“神圣”姿态。这是二十世纪由犹太教喀巴拉神秘主义所开启的 Zimzum 姿态：上帝创世之前的自身回缩与自身限制——这是一种神秘的吊诡行动，上帝创世不是去控制、主宰世界，而是自身的让出与退出。即上帝越是接近我们，反而越是远离我们。但这也是一种人类可以效仿的自身退出与退让的原初伦理，如此才让自由的空间得以敞开。卡夫卡式的变小（动物式老鼠的生命形态），肖勒姆的无之启示，哈西德主义正义之人的现代变形，本雅明的卡夫卡式“认认真真做某事同时又空无所成”，等等，都与之相关。

其四，走向让予自身的吊诡：让予之为让予，乃是一种争——不是不争——而是让“让”来争。这是解决诸神之争的现代性的一种方式？甚至，乃是让自身的让出，让“让”来让，让也是无用的，如果让予构成一种巧妙争夺的诡计与狡计——如同中国传统禅让的历史显现，就必须让让予本身成为无用的，去除一切让予的姿态（这是重新思考庄子《让王篇》的时机）。因为让予只是打开通道，让他者经过，保持大地上共有的通道的敞开与通畅，这才是人类在大地上居住的条件，就不同于海德格尔的存在回家的思考。

## 8.7 无用的民族：三重“集让”

无用的思想开始于思想的无用。

无用的救赎开始于救赎的无用。

> 但危险所在之处，那拯救的
>
> 也生长。

一旦思想进入海德格尔的第二次转向，借助于无用之思所施行的转折，其意义就更为重大了：

其一，无用之思绝非仅仅是临时性的机械降神，而成为一种内在的助力。从有用向着无用的转化，也是从力造性的设置以及技术的集置，转向另一种哲学——无用的哲学。无用的哲学成为重新理解后期海德格尔的关键，以此打开另一个海德格尔，一个可以化解海德格尔与纳粹牵连的机会。

其二，此无用之思如何再次展开与让予的关系、与自然的关系，一直还是西方思想后来并未展开的资源。而这正是中国思想可以给予的思想贡献，当然需要在现代性的困难下展开，并非直接的继承。

其三，也许，不仅仅是海德格尔，无用之思可能已经在西方现代性思想中产生了某种影响，但还没有被发扬出来，而有待于重新寻找出来，形成重写现代性的机会。尤其对于我们中国人反省自身，提供了难得的机会。

我们是否可以用此三重的批判条件，以及之前对力造性的批判，从“力造性”到“集置”所展开的现代性基本处境，来观照中国的现代性？海德格尔批判的双重价值是否可以启发我们反思批判自身？无论是海德格尔的现代性批判还是其哲学自身的反省批判，可能都对我们的当下处境有所启发。

海德格尔对于现代性的总体批判，对于当下的现代性进程也是有效的。就革命的左派而言，如果把达尔文的生物进化论转化为社会进化论的不断革命论，则陷入了技术的发展进步观。如自由主义的思考，依然相信启蒙理性，相信资本主义的计算逻辑，毫无反省地认可全球化，则会陷入巨大的贫富差别。至于新儒家的方向，无论是良知坎陷还是生生不息的自然感通，都没有面对现代性的个体生命的虚无主义（如果只能以虚无主义为方法）。这三种思潮，面对西方现代性的巨大压力与全球化不可抵制的技术化时，已经被海德格尔所批判的力造性生产模式彻底渗透。所谓三通论或“通三统”，如果不面对现代性的力造性，不面对这种暴力化与虚无化，不面对“不可通”，如何会有反思批判的价值？

我们不得不联系海德格尔的纳粹纠缠与道家的无用之思，把看似根本不可能关联的两个思想事件联系起来，可以给我们当下的时代以某种启发。非常奇怪的是，我们这个时代再次回到了海德格尔思想所面对的时代，就是1928年与1948年的重叠，就是第二次世界大战与冷战的重叠。这正好对应了海德格尔的批判与反思。

海德格尔针对第一个开端给出了自己对于整个西方形而上学及其现代性的总体判决：对于自然（phusis）之为存在的规定，在“什么是存在者”的追问中凝固下来，技艺（techne）就越是作为规定着方向的东西而发挥作用了（GA65: 191/199）；而从柏拉图“理型”（eidos）的外观表象，以及亚里士多德区分开质料与形式，让潜能得以实现开始，通过逻辑的设定（setzen）与设置（stellen），走向了器物的生产（Her-stellung），导致了表象（Vor-stellung）与表达（Dar-stellung）的基本思维，自然走向了法则（Ge-setzen）的规定；进入近代，则与自然科学中的数学计算结合，从笛卡尔的主体表象与几何学开始；随后又与尼采的权力意志结合，现代性之为现代性就是对权力更强力的追求，而与现代性的“总动员”一道，与云格尔所说的“工人”劳动型态（Gestalt）一道，生成现代性的巨大谋制或力造性（Machenschaft），并导致现代性的“无世界化”（Weltlosigkeit），也导致第一个开端的终结与总体性的自我灭绝。

可以把这整个现代性的运动，按照海德格尔可能的话语，说成是“存在之利用的经济学”，一切都可以征用，也导致一切的用尽！而任何导致如此巨大谋制的民族或文化共同体，都会进入存在历史性的终结之中，或者被灭绝，或者自我灭绝（Selbstvernichtung）。这在海德格尔反思云格尔的总体动员时异常明确：需要指明的是，云格尔对海德格尔30年代思想的影响，怎么强调都不过分，没有工人“型态”(Ge-stalt)或“类型”(Typus)的主体及其“总动员”，不会有巨大的谋制这一诊断的明确出现，也不会把尼采与技术关联起来，甚至也不会走向后期的“集－置”(Ge-Stell)，这是穿越虚无主义之“线”的不同方式。

这也是为何海德格尔不得不写出针对云格尔的笔记，贯穿整个30年代至40年代（GA90卷）。云格尔的四个基本概念：总动员（Die totale Mobilmachung）——工人型态（Der Arbeiter）——痛苦（Der Schmerz）——论线（Über die Linie），都深深影响了海德格尔的思考。从《存在与时间》的生存运动到现代性的总体谋制，直到如何克服技术带来的痛苦，走向第二次转向后语言区分的痛苦。研究海德格尔与云格尔在二十世纪上半叶如何面对现代性的危机，有助于我们思考现代化道路是否出现了如此悖谬模仿与被动重复的机制。

“存在的经济学”“生命的家政学或经济学”或生命政治的运作导致我们处于普遍性的深度痛苦却又不自知的“吊诡”之中：现代性总体动员中的全体劳作者都处于隐形痛苦却又奇怪的无所感之中；而一旦可以感受到，要么是巨大的灾变，要么是新的革命。如何可能会有默化发生？反思海德格尔与云格尔的关系，将有助于我们思考痛苦之中如何得以转化出来的可能性。

如何从这种现代性陷阱中走出来？任何晚生的现代性国家都有陷入海德格尔所批判的力造性模式的可能性，更为危险的事情还在于，面对外来危险与压力时，是否会进入“集置”的“总体实用主义化”趋势之中？这是力造性与集置的彻底化过程，经过传统神权、现代性党派与后现代大数据控制三重权力的整合，有可能走向总体集权的方向：

其一，由于欲望的普遍唤醒与无节制，生命经济就会处于极端消耗与生命享乐的虚无主义狂欢中，生态的败坏与人心的败坏一道，导致整体消耗的加速。越是经验到下降，反而越是沉迷于此下降，不是善意在聚集，反而是天地神人中恶性的力量得到聚集，导致心魂与心魄的双重溃散。

其二，一旦信奉普遍有效的社会进化论与技术全能论，全球化便成为技术利用主宰的全球化，就会走向彻底的“力造性”与“集－置”。这会导致对生命与自然的漠视，会出现某种总体控制与乌托邦的幻象，会对其他民族与弱势群体采取无人道的暴力手段。

其三，面对现代性压力，以及加速发展的需要，会出现全体总动员的新模式，或者革命或者保守。

在这样的力造性模式中，我们没有看到任何让予空间打开的可能性。而中国传统本来有着儒家的禅让、道家的退让、佛教的施让，中国文化的三教合一没有陷入西方唯一神论之间的激烈斗争，为何不可以成为中国人的现代性新伦理？

发明了无用智慧的民族，不能丧失本己自由运用的潜能，同样也要学习无用的新哲学，不以“虚假的理想”与“有用的经济”为指引，而是同样要学习成为“无用的民族”，与西方对话之后，重新学习自由运用本己之物的智慧，才可能走出现代性的陷阱。

如果有着神的临近，如果弥赛亚来临，那是他给出了让予的姿态。

“三让”原则是否可以成为中国文化的新伦理？这也是对传统“三教”的改造。要成为一个“无用的民族”需要面对三个方面：历史的条件、现代性的背景与困局，以及现实性的反向诉求。

1.“让自然来为”或“让天来为”（Die Natur zum Tun kommen lassen）——对道家“退让”的改造。尽管中国传统道家有着退隐的让予，进入自然，让自然成为主体；但进入现代性之后，一切已经技术化与生命技术化，哪里还有自然性？进入现代性的生命之疲惫与厌倦，恰好需要唤醒深度的生态学，以及深度的生物学，唤醒自然的相似性来反思现代性劳作与微观的生命政治控制；尤其是自然的可再生性，可以更好地让自然来为。这不是人类的劳作与使用，而是让自然自身来生产，模拟自然自身的生产，这是一种新的无为与无用。

2.“让无来为”（Das Ohne zum Tun kommen lassen）——对佛教“施让”或“乞让”的改造。日本京都学派已经展开了这个空无的现代性维度，面对技术时代的虚拟性，如何不陷入空幻之中；面对现代性的欲望与虚无主义，越是欲求越是虚无，越是虚无越是欲望，导致一切的生产与浪费，如何让这个现代性的虚无与佛教的空无和道家的虚化关联起来，那就要让自然的虚托邦进入无用的状态，打开更多无用的空间，让自然的无用生产启发人性的艺术想象。

3. “让让来为”（Das Lassen zum Tun kommen lassen）——对儒家禅让或“礼让”的改造。儒家政治神学的禅让传统，还有礼让的道德行为，本来是儒家的核心伦理；但进入现代性，我们却只有竞争与斗争，而丧失了让予的德行。如何从相互承认的竞争游戏走向让予的游戏，充分展开让予在当代的行动价值，乃是一个新的任务。

当然，其中有着无数的陷阱与诡计，历史上的禅让不也有诡计孕育的陷阱？何况历史的狡计也在玩弄人类，如何在诡秘的现代虚无主义境况中，进入吊诡之思，保持吊诡的觉醒，既不陷入虚无主义，又不陷入绝对主义，这是未来思想的任务。

海德格尔在《流传的语言与技术的语言》中指出，真正的思想乃是：“为了无用而唤醒意义。”（den Sinn wecken für das Nutzlose）如果只是从有用与需要出发，一切都只是空谈。

无用的思想开始于思想的无用。这意味着哲学的自身转向：哲学开始自身的转让，哲学不再是主宰性的知识，而是自身让予的伦理姿态！哲学越是召唤让予，哲学越是有着未来，这是无用之为大用的新表达，无用的哲学在哲学自身的让予中重新出场！

但所剩余的，诗人创建。（Was bleibet aber, stiften die Dichter.）

没有存在，没有上帝，没有自然，如果还有什么，如果还有世界，那仅仅是世界的剩余，存在的剩余，上帝的剩余，自然的剩余，但正是诗人对此剩余最为敏感。

荷尔德林《追忆》一诗中的语句，作为未完成的诗，也隐含着一个尚未被倾听到的召唤：进入那剩余之物，需要去发现的剩余物，重新开始建造。剩余物是哪些？比如，自然的剩余，不可还原的世界剩余物，谢林《世界时代》中世界终结之际的剩余物，无所剩余的无余物，等等，但最重要的则是“余让”。[1]通过剩余物打开余地，此剩余中有着“让予”，才可能打开新的“地带”（Gegend），这才是真正的建造，不再是暴力的建造与开端，才是未来的人性要进入的虚托邦。

如同海德格尔对此的评论：“剩余的余存之为要来之物，乃是无法追忆的开端之开端性。”[2]

1　海德格尔在与《黑皮本》相关的文本中写道：“剩余：剩余——保持生存——遗物——允许，余留，让予——让然。”（Beleiben-be-leiben-|relinquere-be-lassen, >bleiben<->lassen<-Gelassenheit.）Martin Heidegger: *Zum Ereignis-Denken*（*GA73*）. 2013. S.809.

2　Martin Heidegger: *Erläuterungen zu Hölderlins Dichtung*（*1936-1968*）（*GA4*）. 1996. S.75.

# 九

# 回缩与虚位：与德里达、肖勒姆和庄子一道走向“余让”

争夺，乃万物之父；

余让，乃万物之母。

——题记

请让一让！

如果有哲学的开端，如果哲学乃是面对开端，有这样的开端吗？请让一让？

让，如何成为哲学的开端？

作为一种礼仪的让予姿态，作为一种礼节，如何开启哲学？甚至成为哲学的前提条件？

如果某种哲学以让、让出、让予来开端，这种哲学是否就消解了开端的权能？是否哲学就变得彻底无用了？因为这样的开端乃是让出的，并不占有这个开端的位置。

西方哲学的开端是要占有这个位置的，archē（ἀρχή）既是开端，也是将军，还是开端的原则。如诗人艾略特在《四个四重奏》写道:“我的开始之日便是我的结束之时。”以及我的“结束之时便是我的开始之日”。西方哲学要面对这个开端与目的的主宰与连接，哲学就是试图让此开端与终结保持一致与圆融，尽管这并不可能，但这恰好是哲学的梦想，以及纯粹思辨的力量，也许黑格尔的绝对精神体系就是如此。

西方的宗教神学也不例外，尽管犹太教旧约的《创世记》是以“起初”的第二个字母开头，对于终结与未来也不允许犹太人擅自想象与揣度，但耶和华对摩西回答：“我是自有永有的！”这也是一种绝对的掌控。而到了基督教，耶稣基督所说的“我是开始我是终结!”也是更彻底地要掌控救赎的计划。

当然，在犹太教神秘主义那里，创世的开端有着上帝的退出或者回撤（zimzum）。在肖勒姆的研究中，上帝的创世并非对世界的直接主宰，而是对自身行动的限制，也就是审判的行动。对于喀巴拉主义信徒，创世意味着界限的安置和正确决定事情……上帝在第一次行动 zimzum 中决定因而也限制了自己，这就是审判的行动，这就显示了所有存在物中这一性质的根源；神圣审判的根源在混沌中继续存在着，与圣光的残余混合，这圣光的残余初次退却后留在上帝进行创造的原始空间之中。

喀巴拉主义者认为上帝的创世乃是自我的限制乃至于退出，以便留下余地。[1]此余地乃是无限者的本体退出之后仍然留在 Tsimuzum 的原始空洞中的，其中有着圣光的痕迹或剩余物残留。即上帝将自身退回自身时，他把这一空间留下作为闪跃的光明世界的空间，这种在所有流溢之前的“退却”被强调多次。

就西方总体文化而言，喀巴拉神秘主义的上帝创世之际的退却并留下余地的姿态，几乎是被遗忘与压抑了的，即便被重新唤醒，在二十世纪似乎也并没有得到发扬。

如果，在一开始就有着退让，有着退出，有着让予，有着这样的礼仪姿态，哲学如何开始？哲学不是变得无用了？而不再是主宰性的知识！

哲学如果在开端之际就需要礼节，就有着让予与让出，有着退出与退让，如此开端还是开端吗？不就在开端之际退出了一个空间、一个位置？

如果重新打开此位置，是否就意味着哲学不会走向终结？也不会有历史的终结与目的论，乃至于所谓末世论的焦虑与紧张？

因为有着开端的掌控，必然会指向对终结的回收，开端与目的，对于西方哲学是内在相关的，目的论与末世论都是此

---

1 ［德］肖勒姆：《犹太教神秘主义主流》，涂笑非译，成都：四川人民出版社，2000年，257–258页。

种思维的产物。西方现代性走向后历史的终结，当然也是因为有着开端的权柄以及开端的潜能得以充分实现。如果没有了开端，又哪里还有终结呢？

或者，虽然走向了不可避免的终结，比如个体的死亡、人类的毁灭、太阳系最终的爆炸，但是如果走向终结之际，并非走向“历史之后”或者“后历史”，而是在接近终结之际却还有着余地，那就并不走向终结，并不走向末世审判，而是要么被延异，要么还有着余地。

如果开端有着“退让”，终结之际还有着“余地”，那么，余让，就成为哲学真正的原初伦理姿态！

如果我们不进入开端的开端性——海德格尔一直深受此困扰（尤其是1932—1942年，还试图参与纳粹的“革命性”开端），当然也就不进入终结与目的论的期待之中——就一直有着余地的敞开，我们就开启了另一种叙事。

当然，这也并非中国文化的从“中间”开始——中国文化的开端，夏朝与神话的不可考与缺席，导致了起源神话的空缺，也许具有解构的意义，但中国文化总是从“中间”开始，从某一个朝代的更替开始，也就没有建立永恒的法度，这也是受到变化无常的深刻影响。如果从“中间”开始，如同所谓的天子“神龙”——既不见首也不见尾，只是一些不可把握的端倪，那就仅仅是“中间”的恶性循环或强制重复。

如何再次开始？在让予中，哲学已经无用。无用之为哲学的开端，已非传统的开端，而是对于开端的让出，不再争夺开端的权柄（如同唯一神论的三次重新叙事，已非西方哲学对于目的论的渴望），也不再有对于目的的遥想与遥感，而是保持未来的彻底开放，只要有着余地，只要不断扩大余地，就没有目的与终结的惊恐，如同中国文化潜移默化的转化方式，以及对于长生不老的渴望（尽管还有被解构的必要）。

如此无用化的开端，让哲学再度开始，乃是思考“余让”，哲学开始于自身之前的这个“让”，这让予的姿态才可能有着余地。这让予的礼节才是最初的原伦理！

如果此开端具有权柄，而且与主权相关，这就是主权的让与，主权的无用！

主权能够被让与吗？一旦主权也可以被让与，是否意味着世间万物都可以让予？但如此让与如何可能？难道不具有内在的困难，乃至于狡计？让与或更广泛的让予，不会被更具策略性的篡夺污染吗？有着纯粹的让予吗？

## 9.1 守护圣名的缺失：上帝的缺位

诗人荷尔德林比尼采更早认识到上帝的退却：“至高者也在天上 / 转过脸，以至于 / 无处空间不朽者的踪影在天空或 / 绿色的大地。”（《帕特默斯岛》）以及：“当天父自人类那里掉转面容，/ 而悲伤在大地上合乎法理地开始。”（《面饼与葡

萄酒》)

但荷尔德林肯定此“我们必须常常沉默；神圣的名字缺乏”(es fehlen heilige Namen,《返乡》)，甚至，“长久，直至神之缺失有所助”(so lange, bis Gottes Fehl hilft,《诗人的天职》)，为什么神圣及其名字的缺失或缺乏反而构成帮助呢？这个吊诡的逆转(paradoxe Umkehr)如何可能？

神学开始于对神圣名字的思想，信仰开始于对上帝之名的祈祷与召唤，但进入现代性或者后现代，一旦“圣名缺失”，虚无的深渊就被彻底打开，生存的无根基状态吞噬着世界。但或许，圣名的缺失或者神性的回撤(retrait)，反而会构成另一种帮助？神性的自行隐匿与先在地预留(Vorenthalt)，甚至构成一种几乎不可能的“伟大的允让”(Die große Gewährnis)——如同海德格尔接续诗人荷尔德林的思考。[1]

上帝的缺席(Deus absconditus)，而非上帝的显现(Deus revelatus)，构成了神学思考的前提。

上帝隐藏了，而不是死亡，尼采所言上帝的死亡只是更

---

1 Martin Heidegger: *Aus der Erfahrung des Denkens (GA13)*. 2002. S.232. 在海德格尔看来，诗人荷尔德林最彻底也最早认识到了神圣的缺席与退场，因此以哀歌与颂歌开始召唤神性，而且海德格尔继续肯定了这个缺席，认为虚无深渊的敞开在于此缺席已经是神性的事先行动，这个行动乃是神性的隐匿以及事先的扣留或者克制，Vorenthalten 这个词，有着扣留与预留的姿态，还有着包含与克制的姿态，后面我们会看到，此姿态与喀巴拉神秘主义的 Zimzum(上帝创世之前的自身回缩与回撤)隐秘相关。尽管在海德格尔中期思想中，此“克制”还是存在的命运或者存在英雄的情调，乃至于最后之神的行为，而并非人类的意志。但1945年后的海德格尔，一旦把克制与让予联系起来，就形成了另一种隐忍或忍让，以此来面对现代性虚无主义的困境。

多针对西方的形而上学与基督教会的传统，但更丰富的西方传统，尤其是犹太教与基督教神秘主义传统，早就认识到上帝的自身缺席或者自身回撤，要么以否定神学的方式，要么以密契主义的修行，肯定此回撤的必要性，或者说上帝之无用的必要性——反而构成微弱的助力。

只是进入现代性，此上帝的缺席才更加彰显。正是此上帝自身的缺失构成了隐秘的守护，而现代性本身的灾难也激发了传统上帝缺席的隐秘资源，缺失的否定如何逆转为“助力”，才是“无用的神学”在“神学的无用”后要开始的思考。

南希在经典的《神圣的位置》文本中，深入思考了“神圣”如何转变为“位置”：

> 在上帝有一个名字，诸神也有他们的名字，因此，他们的名字无疑也是神圣或神性的。还有一点悬而未决：“神圣名字的缺失”等同于一个纯然的缺席——确定或暂时的——神圣的缺席，或是否这个缺失一直属于神圣自身的。海德格尔写道：“缺失的源头可能隐藏在神圣的克制（Vorenthalt）中。”因此，神圣名字的缺失——祈祷或崇拜的悬搁——是神在存留自身、克制自身的方式，借此，他在存留中供给自身，作为它专有的留存，也作为自身专有的隐退。
>
> 悬搁了崇拜：再也不能像圣礼中的天主教赞美诗那样歌唱，因为不再有潜在的（latente）神圣，也就是说，一个隐藏于表面之下、在潜伏中出场的神性。没有什么是潜在的，唯有显现，那显现的就

> 是神圣名字的缺失，俯拾皆是、随处可见的缺失。没有哪个神的名字不能用亵渎或普通的方式说出来的。而且——补充一个相反的证据（proof a contrario）——我们不再亵渎神这个名字。神圣没有被缺失遮盖，也没有从一种形式的潜伏转移为另一种。缺失揭示了神圣本身的被悬搁。我们应该意识到这种留存和辨证的扬弃，那是为什么海德格尔会接受如下的语句：我认为，我们应该将这些词语作为意义来理解，是神圣本身在缺少，产生了缺乏，在失败，在隐退。神圣名字的缺失不是表面的，它隐藏并且显现了神性在存留中的深度。它阻挡了神性的道路，因此，神性不再来临，神圣从它自身隐退。[1]

从上帝缺席的前提或者某种微弱的助力出发，思想的艰难展开大致具有如下思考的步骤与转换的过程，不同的思想家与派别会有不同的侧重：

1. 世界根据的根本缺席（absence）。发现世界本身根据之后根本的缺席。存在之为存在就是自身隐藏的，留下的踪迹也是自身抹去的，仅仅剩下抹去了踪迹的踪迹。——这是海德格尔的思考与贡献。

2. 守护这彻底的缺席或守护上帝的回缩（retrait）。这是人类的任务，以无尽的耐心守护着缺席，此“耐心”构成了一种准宗教的态度。忍耐上帝的缺席，建构起新的伦理，哪怕是虚

---

1　Jean-Luc Nancy: *Des Lieux Divins*. Mauvezin: Trans-Europ-Press, 1997, p13.

无主义的方法与伦理态度。——这是犹太思想家，比如肖勒姆与本雅明等人的以虚无主义为方法，还有卡夫卡写作的前提。

3. 保持缺失的绝对性（absence of absence）。克制那总试图迫使缺席显现的欲望，依然保持缺席之为缺席的绝对性。——这是基督教的否定神学，上帝死亡的神学（朋霍费尔），及其受到解构影响的卡普托（J.Caputo）等人的思考。

4. 缺席之为无的生长性（creatio ex nihilo）。缺席并非彻底消失了，反而让缺席更丰富起来，缺席之为空无的敞开，开始隐秘地生长。——这是南希的基督教自我解构的思考，重新思考“从无创造”的积极性，无之为通道的生长性。

5. 缺席之为空无的生长与广袤（khora）。缺席的丰富，依然还是空无的，依然还是一无所有，但此空无却更为广袤。这是德里达对于廓纳（khora）的守护，保持其荒漠的荒漠性，但又有所敞开，有着让予，由此打开了更广大的寥廓。这也是海德格尔对于“泰然让之”的思考。

6. 缺席之为余地（Spiel-Raum）。缺席保持为无尽的缺席，却打开了空无的无尽张力：那余地。因为让予需要余地，余地也需要让予，让予与余地互为条件，才可能保持敞开通道的顺畅。即便神临近，也仅仅是来保持通道的通畅，而并不占据位置。

为什么上帝的缺席（absconditum），而非其显现，成为现代性神学的前提？

首先是哲学的思考，自从康德砍掉自然神论的头颅，哲学对于存在的存在论思考开始面对存在本身，而非存在者，尤其是海德格尔的思考——不是存在的显现，恰好是存在的不显现，这是海德格尔与其老师胡塞尔的根本差异，且构成了存在与存在者的存在论差异。如果存在不显现，那存在又应该如何显现，仅仅在此在决断或者向死而在的时刻，但死不是死亡，也并不显现，否则成为身体或者生理上的死亡，死只是一种不可能的可能性，并不显现出来。但这还只是此在的显现，存在本身如何显现呢？存在在原初显现之际就隐藏了，存在一直处于自身的隐藏与回撤之中，这就是海德格尔后期的转向，思考存在本身的隐藏（lethe），或者回撤。

如果上帝也存在，或者上帝甚至比存在的隐藏更彻底，那么显然上帝也隐藏了。尽管海德格尔后期还是试图通过"天地神人"来思考神的显现，在显现与隐藏之间有所摇摆，但是他彻底打开了对于上帝隐藏的思考。

海德格尔对现代性神学的影响，不仅仅在于存在的自身隐藏，还在于他再度唤醒了基督教神秘主义传统，尤其是埃克哈特大师的思想——祈求上帝让我免去上帝，即上帝的泰然让之，上帝更彻底地退出，打开一个寥廓的地带。当然，此原初的姿态可能受到东方思想，尤其是庄子的影响。

对上帝的缺失或缺席的思考，还源于现代性本身的危机，这是犹太人问题导致的，尤其是德国的犹太人。二十世纪初的德国犹太人面对转依（从犹太教转向基督教，这得彻底丧失自身的悠久传统），归化或同化（成为现代德国公民一分子，但又面对希特勒种族大屠杀的可怕命运），犹太复国主义或锡安主义（离开欧洲回到耶路撒冷，但也面临与阿拉伯世界的冲突，导致巴勒斯坦问题成为无法解开的死结），如果这三种选择都不可行，那么，能找到既确保犹太教文化的独立性又具有普遍性的新方向吗？

这是从布伯等人开始的回归东方及其统一性的诉求，试图回到喀巴拉神秘主义传统中，面对世界的分离与破碎，但又重新整合，那就要回到卢立安主义的创世观 Zimzum：上帝在创世之际，不是进入世界，而是自我限制、回缩，是自我的撤离或者回撤，这样打开了余地与自由的空间。

对此回撤有不同的解释：或者是上帝出于怜悯，预判到人类自由意志的不确定性，但给人类以自由的必然性与创造性；或者上帝出于愤怒，直到人类的堕落不可避免，如同创世之“碗”的破裂，仅仅剩下剩余的圣光，需要重新聚集；或者，在我们看来，上帝的自身限制与退出，给出了余让的原初姿态，随着余光的聚集，弥赛亚才可能来临，这才是现代性神学的隐秘背景。即，它一方面思考了现代性持续的灾变，如同原初之碗或者容器不可避免的破裂，导致恶的产生，甚至上帝自身的缺席，导致世界根本恶的横行；另一方面也暗示了，需要再度挤破种子的外壳，让剩余的圣光或神圣的种子再度萌发出来，这正是弥赛亚来临的时刻。这就决定了整个现代性哲学的神学性。

在思想的开始，受到布伯影响的本雅明就一直带有这个喀巴拉神秘主义的背景，如同早期的海德格尔带有保罗神学和奥古斯丁的影响，本雅明与好友肖勒姆一道，一直在思考一种新的哲学教义的可能性，不是哲学，而是教义，这是带有弥赛亚性的教义！

直到面对纳粹的暴力，本雅明思考微弱的弥赛亚力量，并且影响了意大利的整个哲学传统，尤其是阿甘本对“无目的的手段”的思考与安息日的神学，都接续了本雅明的思考。而法国现代性思想也融入了犹太性或者先知性，比如列维纳斯把犹太教的弥赛亚精神带入哲学，思考他者性而不是海德格尔的自身性，思考弥赛亚来临的可能性，肯定每个人都可能是弥赛亚。受此影响的布朗肖反复思考弥赛亚的来临，以乞丐与受难者的灾异形象，也影响了德里达思考弥赛亚的来临。尽管德里达从本雅明微弱的弥赛亚力量走向了没有弥赛亚主义的弥赛亚性，到来的民主也与弥赛亚的绝对正义相关；但弥赛亚的来临，却是在荒漠的荒漠中，其名字有待于拯救，这是德里达对于神圣名字的保护。而荒漠上来临的弥赛亚，无疑也是踪迹的踪迹，是一个退却之后留下的踪迹。要守护的乃是上帝退却的名字，上帝自身隐去了的名字。

因为神是在场的，以耶稣基督的化身，显现自身。神显现了自身，又在十字架上抹去了自身。尽管神再一次通过复活又恢复了自身的权柄，但如何理解复活又是一个赌注。

耶稣的再来，也是一个未知。神尽管缺席了，但教会成了权柄。

如何理解这个十字架的自身抹去是一个困难。或许是上帝自身的虚己，自身的倒空？或者耶稣基督的再来打开一个剩余时间：世界已非世界，世界进入一种新的关系中，处于等待弥赛亚来临的剩余时间之中。因此，上帝是缺席的，但此时间不断减少，时间的剩余所导致的紧迫感，让上帝以可能的良机而悬临着。

对于南希，只有一个问题有待思考：在尼采的虚无主义之后，还有一个什么样的无？一方面，就是什么都没有的虚无主义；另一方面，却还剩下一个无。这是悖论反转的开始，是吊诡的思考。

这是一个什么样的无？不是海德格尔批判尼采时所说的虚无主义之无，也非传统神学理解的上帝创世的那个无。对于南希，基督教必须自我解构，而自我解构正是基督教本身的特点，耶稣可能就是一个《旧约》自身解构的化身。

如何围绕缺席与虚无，开始基督教的自身解构呢？这是南希对于“从无创造”的新思考。

这里的无被南希理解为：一方面是空无，是敞开，是神退隐时留下的瞬间的记号或暗号，是要一直保持不确定与空无的指引的；另一方面，空无之为物，是极小的无，但此极小的物与无，是可以生长的。让空无生长，是南希从虚无主义中寻找的力量。

缺席之为空无，不仅可以生长，而且此生长还是保持着其空无，甚至是无名，在荒漠的荒漠上，守护上帝神圣名字的缺席，但又让空无具有极大的丰富性，这就要回到廓纳（khora）。

## 9.2 廓纳（khora）：到来的虚位

面对圣名的缺失，现代性的哲学家们或者否定神学的思想者们，不得不尝试其他名字的发现。德里达晚年就思考了两个"名称"，这也是他发现的两个文明或两个世界的"起源"，即在《信仰与知识》中打开的两口"井"，或者两只最为神秘原初的"双眼"[1]：

> 既然必须用两个词包括一切，让我们给这些根源的双重性两个名字。因为，再次，根源就是双重性本身，一个就是另一个。让我们为这两个源泉，这两口井或这两条在荒漠中尚不可见的踪迹命名。让我们仍然给予它们两个"历史性"的名字，在这样两个名

1 ［法］德里达：《解构与思想的未来》(Jacques Derrida: *Foi et savoir.* 1995.)，夏可君编校，长春：吉林人民出版社，2006年，298页。

> 字中，某种历史观念自己变成没有归属的。我们为此要一方面参照——暂时地，我坚持这点并且坚持教育或理论的目的——“弥赛亚性”(messianique)，另一方面参照 khôra[1]，就如我曾经企图更加细致、更加耐心所做的那样，我希望在别处能更加严格地做这件事。

这是德里达对于整个西方文明关于神学思想最为凝练的提取，是有待于去挖掘的两口井，但也许都已经枯竭或者被堵住了。这两个起源的名字代表了唯一神论与哲学的两个开端：一个是弥赛亚性，“没有弥赛亚主义的弥赛亚性”(messianicité sans messianisme)；一个是 khôra（chora）[2]，这是在第一名字之前或先于所有名字的那第一个名字，就是柏拉图在《蒂迈欧篇》中所指定的，德里达认为柏拉图还没有在可靠的自身－解

---

1 Χώρα（khora），原意为空间、位置、地点、接收器等。这个词几乎不可译，德里达的文章也几乎不做现代翻译。因此汉语中有不同的译法：或者不翻译，或者译为容受、宫籁、廓落。笔者倾向于译为：虚位，以便与汉语已有思想形成内在丰富的对话；如果保留声音读法，建议译为“廓若”或“廓纳”，有着寥廓的接纳，寥廓中的恍惚或仿佛变化。

2 ［古希腊］柏拉图：《柏拉图全集》(第三卷)，王晓朝译，北京：人民出版社，2003年。参看 Luc Brisson: *Le même et l'autre dans la structure ontologique du Timée de Platon*. 1994。柏拉图《蒂迈欧》(*Timaeus*, 48e–52b 中的段落）讨论了作为必然的“第三类”(Die χώρα ist die Notwendigkeit, ἀνάγκη, 48a.)，它作为接收器（虚受），如同子宫，接受印痕的可塑性无规定质料，这种可塑性质料（ekmageion）不显现自身（虚白），不可见也不可知，不是元素，而是如此这般变化着的元素指向（虚体），只有模糊如同梦中的影像（虚象），作为混杂的理性（玄虚），且保持不止息的震荡与播散（虚处）。我们试图汉译为“虚所”或广义泛指的“虚托邦”(Khoral–topia)，以与日本京都学派的“场所”(basho）做逻辑区分。对于 Khora 的专门研究，参见 Jacques Derrida: *Khôra*. 1993，该书中文翻译见夏可君编《解构与思想的未来》，长春：吉林人民出版社，2006年，以及《拯救 / 除了名字》(Jacques Derrida: *Sauf le nom*. 1993)。Jacques Derrida: *On the Name*. 1995. John Sallis: *Chorology, On Beginning in Plato's Timaeus*. 1999. John Sallis: *The Return of Nature: On the Beyond of Sense*. 2016. Henry Maldiney: *Ouvrir le rien, l'art nu*. 2010.

释中重新居有它的名字。德里达发现了这两个起源的异质性，即犹太与希腊的再次分化，但他自己的思考似乎也面临二者无法综合的疑难，也许他认为这个二元论必须被保持住，如同另一个可能性与不可能性的双重约束。尽管德里达在《无赖》中试图进入廓纳的位置，思考到来民主时的弥赛亚性绝对正义[1]，但是二者之间的关系有待于明确，一个指向过去的过去——永不在场的过去？一个指向未来——还一直在到来之中的未来？这是不可能关联起来的过去与未来，或者就如同中国文化心魂与心魄的阴阳二重性的鬼神关系。心魄之为鬼气乃是过往与静止的生命活力（在德里达乃是“我哀悼故我在”的哀悼多重性：哀悼他者 - 自我哀悼 - 被他者哀悼，这是幽灵与鬼魂的混杂），心魂之为精爽则是未来与提升的生命活力（在德里达乃是“每一他者都是绝对他者”的多重弥赛亚性：每一他者 - 到来他者 - 陌异他者，这是幽灵与精神的混杂），也许弗洛伊德的生死本能的二元性也可以得到新的理解，这也是本雅明与海德格

1 ［法］德里达：《无赖》（Jacques Derrida: *Voyous*, 2003），汪堂家、李之喆译，上海：上海译文出版社，2011年，6–7页，108–112页。德里达认为：“将临的民主类似于政治的 khora。”（108页），并且指出 khora 的非位置，是另一种发生，是一个荒漠中的荒漠之不可替代的场所与间距（7页），而且 khora 主要有着接受性，而非主动给予，在存在之前就已经予有（es gibt），但却并不存在，它并非存在的范畴，“有着 khora，但 khora 却并不存在（Il y a khôra mais la khôra n'existe pas）”。德里达指出，khora 的发生不由康德调节性原理所引导，不是世俗历史世界的秩序，也不是不可实现的乌托邦理想，而是在来临却又并不在场的记忆，它是对于未来的记忆，与弥赛亚相关，只能是“好像”（als ob）一般，但又有着当下的紧迫性。德里达试图在政治行动中连接 khora 与弥赛亚性，但缺乏连接的“主题”，在我们看来，这是生命可再生性的种子——尽管混杂着幽灵。德里达的思考与本雅明的相关差异，我们随后会指出。

尔所思考的上升与下降的同时性转换。

问题出在哪里？弥赛亚性与廓纳（虚位）两者“连接的位置”不够明确，或者犹太-希腊的历史连接点一直就充满了危机，而且西方历史对此关联的危险还有待于彻底反思：无论是基督教的连接（以耶稣基督为弥赛亚的在场化），还是新教导致的启蒙历史理性的审判法庭，或者是马克思主义的革命与技术结合的现实实现，所有这些，都导致弥赛亚性之弥赛亚主义化。现实的救赎并没有带来天国，从德里达的解构神学以及本雅明式弥赛亚主义，还有喀巴拉神秘主义看来，并没有这样的连接中介，这也是荷尔德林与尼采以来，从布朗肖到德里达所认为的中介的缺席或者中空。[1]因此，有必要重新回到“弥赛亚性”的问题，也有必要重新理解廓纳。在柏拉图那里这个“非概念”并没有充分展开，而从亚里士多德开始，已经把廓纳解释为空间（space/topia）与“位置”（place）了，但廓纳恰好不是空间与位置，而是“非位置”（non-lieu），与混沌相关又并非混沌。与德里达稍有不同，一旦我们进一步重新理解弥赛

1 这个问题异常复杂，当然基督教传统神学、当代否定神学，以及后现代神学，还有左派的基督教回归，如何面对这个危机，那是另一个问题。从神学的解构来看，如布朗肖在《文学空间》结尾所指出的，接续荷尔德林“灾变的停顿”与中介的空无化及其保持，就尤为需要发现另一种不是中介的中介——自然，来克服随后导致的各种虚无主义，无论是资本主义全球化（欲望生产的虚无主义狂欢），还是回到基督教或者某种宗教极端主义信仰（另一种以牺牲献祭填补上帝缺席的危险冲动），抑或是革命左派“比无还少”（less than nothing）的方式都是不足够的，需要从“自然”或广义的“生态学批评”转向重新开始，这也是汉语神学介入的切入点。

亚性与廓纳的其他可能的连接方式，就会形成一个新的思考空间，这是“虚所”（如果一定要翻译，就是 Khoral-topia）。

我们要追问的是，弥赛亚在哪里来临——或者他曾经显现在哪里？廓纳如何生成位置——那不是位置的位置（虚位）？一旦以汉语的“虚位以待”来加以言说，即在廓纳的虚位上，等待弥赛亚的来临，或者给来临的弥赛亚让出或空出一个位置。即，这个在来临又延异着的他者，只能是虚位的，不是人类主体的虚位以待，而是人类主体的自身让出、自身退出，让弥赛亚来临。如此理解的这个退出的位置与姿态，其实就是另一种对于弥赛亚的理解，即喀巴拉神秘主义卢立安的理解：Zimzum[1]。此上帝创世之前的“自身回缩”（Contraction）与“自我限制”，即一个神在自身中而自我限制，为了创造世界而“让出”自身的空间[2]，通过设置一个自身否定的要素，上帝解放了创造。这就启发了一种原初的伦理姿态：无论是某种等待主体的退让（上帝的自身回撤暗示了犹太人的一种原初放逐），还是弥赛亚的延异（德里达的延异得以重新理解），都是对上帝原初行为的模仿或者效法。而如此退出的原初空间（Ur-raum），这个重新被理解的“从无创造”（creatio ex nihilo）的空

1 Gershom Scholem：*Die jüdische Mystik in ihren Hauptströmungen.* 1957. S.285-290. 肖勒姆（索伦）：《犹太教神秘主义主流》，254-258页，第七讲集中于卢立安学派的讨论。

2 Gershom Scholem: *Über einige Grundbegriffe des Judentums.* 1970. S.85-86.

无化空间[1]，就是上帝自身的“返回步伐”（Schritt zurück）——海德格尔开始进入此模仿步伐——就是退让的空间。[2]因此，我们将不从上帝退出的无限自由与自我放逐来思考，而是从上帝的退出（Entzug）与让出的伦理姿态来思考。

通过海德格尔思想的中介[3]，我们就可以看到：人类越是模仿此退出的余让步伐，越是给出回旋的余地，弥赛亚的来临就

---

1 有关“从无创造”的基督教神学思考，与犹太教以及诺斯替教的复杂关系，不是本文处理的问题。只需指出，肖勒姆由“从无创造”走向 zimzum，是与基督教神学的虚己（kenosis）根本不同的思路，他更强调爱的礼物给予。让－吕克·南希的基督教解构也试图重新解释“从无创造”，走向空无之“敞开”的动作姿态，伴随神性的回撤，也是一种当代的转化。

2 ［德］海德格尔：《面向思的事情》，陈小文、孙周兴译，北京：商务印书馆，1999年，36页。海德格尔的“返回步伐”有着多重含义。其一，返回到更早的早先，摆脱曾经的存在论差异的束缚，深入存在自身的隐藏与存在的历史性遗忘，是更为本源的回归，他在《在通向语言的途中》中有具体论述。其二，思想之为道路而非方法，让思想成为一种上路的步伐，此步伐的反思或者重新起步，显然受到老庄道家的道路之思的影响，这在1910年代布伯对犹太教律法进行道家化解释时已经开始，因为犹太教的律法结集 Halacha 的希伯来语本义就是上路与行走的意思。其三，此返回步伐也是一种退让，与海德格尔后期思考“泰然让之”（Gelassenheit）一道，打开一个游戏空间（Zeit-Spiel-Raum），通过后退，回到隐秘的原初空间或林间隙地（Lichtung），或者打开一个天地神人共聚的余地空间（Spiel-Raum），以此等待神的来临。——其中是否有着对 Zimzum 的模仿？这是一个有待展开的问题。

3 海德格尔与犹太教文化的关系，无疑也是一个敏感而复杂的问题，随着《黑皮本》的出版，情况更为严峻。（1）或者认为海德格尔根本上遗忘了犹太的他者性遗产，从误解中走向了自身的反犹主义，比如 Marlene Zarader 的研究（*La Dette impensée*. 1990.）。（2）或者认为海德格尔其实已经征用了犹太教或者圣经资源，比如他自己的新教学习背景，以及早期对于路德和奥古斯丁的研究，但是这些资源被他自己遮蔽或者无意识屏蔽了，如同利奥塔《海德格尔与犹太人》一书的反思与批判。（3）或者认为海德格尔还是在利用犹太教资源的，只是不直接指明，或者根本上无法排除犹太教的渗透，如同德里达在《精神，海德格尔与问题》中对于“精神”一词的解构。(4) 在我们看来，海德格尔还有另外的可能性，即海德格尔确实在利用西方的神秘主义资源，比如埃克哈特大师与谢林的思想，其中与犹太教神秘主义有着某种关联，尤其是让然与深渊的思考，甚至还与老庄的东方思想相关，因为已经变异，海德格尔就没有指明其犹太教根源。

越是多余，如此一来，这样的回撤空间或者余地空间，既是弥赛亚式的，也是让弥赛亚多余无用的，这就回应了卡夫卡的思考。但另一方面，如此退出，如何又不被占据，且并非自我放逐的[1]，而是有着能产的丰富性，这就需要廓纳。廓纳也是一个原初的空位，连苏格拉底也无法占据这个位置，那是一个接收器，作为子宫一样的接收器，是一个接纳他者并且孕育生命种子的位置，也是一个友善的位置。在这个意义上，退出的位置，如果也是一个友善的接纳的位置，那就如同母性的子宫，如同女权主义神学的解释。这是一个给予生命种子的位置，只是德里达并没有指明这个虚位中蕴含生命种子给予的潜能。

那么，如此退出的空位也是一个“善待”——友善款待（hospitality）——的位置，这就是打开了一个“虚所”。一旦把“退出”（withdrawing-empty）与“退让”（recede-letting）结合，空出与接纳结合，并不具有明显伦理性的廓纳，就具有了友善的伦理原初姿态，而退出与退让的结合，也让退缩而自身隐退的上帝具有了召唤的力量：召唤人类“模仿”他的退出行动，主动地退出，给出余地，与海德格尔的“返回步伐”以及“泰然让之”（/让然：Gelassenheit）的姿态一道，就形成了“余让”（Bleiben-Lassen）的姿态。余让与善待：一个让出与退出，

---

1　肖勒姆对卢立安主义就 Zimzum 与西班牙大驱逐犹太人的时代背景相关的思考，当然有不同意见（比如 Moshe Idel 的历史性分析），只是这对于我们这里的研究并非关键之所在。

一个给予与奉献，就形成了相互回环的姿态，以避免德里达的不可决断。而且，如此思考也对应着并可能再次激活中国文化的原初姿态，形成汉语神学的新表达。

如果最后之神来临，如果弥赛亚来临，他要来到什么位置呢？

这是一个虚在而廓纳的位置。

有着一个虚在的位置吗？一个寥廓的、慷慨地接纳万物并使之保持生长的虚位（khora 在这个意义上就可以译为廓若与廓纳）？

如果有着弥赛亚，如果有着最后之神的再次来临，他会来到什么位置？这只能是一个虚在的位置？一个虚托邦？一个庄子式的无何有之乡？

随着来临的“位置”变得重要起来，现在的问题将不再是哪个“民族”被拣选来见证弥赛亚的来临，这会导致祭品的争宠和牺牲品的暴力模仿；也不再是追问“谁是”弥赛亚，因为如此追问会让神的显现必然以牺牲的姿态出场，会导致补偿的逻辑，人类会陷入无休止的债务重负。现在的问题将是：如果有着弥赛亚，如果弥赛亚来临，他会来到什么位置呢？

这个神圣的位置，这个位置的神圣化，乃是弥赛亚的“虚在”。

通过这个虚在的位置，这个尚未发生的位置，我们再次回到弥赛亚性的问题，重新理解现代性与弥赛亚性的关系。当弥赛亚的先知性在现代性被提倡，一方面是面对尼采从潘多拉盒子里放出的“虚无主义”——上帝死亡，“怎么做都可以”，因此犬儒主义成为后现代基本的生存伦理；另一方面，则是那个化身为他者的“犹太人问题”——犹太人作为被拣选的民族如何再次见证弥赛亚的救赎，既然弥赛亚与这个世界并没有关系，人类怎么做都丧失了意义与价值，“怎么做都不可以”。如本雅明在《残篇》中所言，这就是本雅明与肖勒姆的双重态度——世界政治只能“以虚无主义为方法”：一方面，这是世界历史的虚无化，无论是基督教的救赎历史，还是资本主义成为拜物教式的新宗教，都与上帝之国没有关系，只是世俗历史的废墟之不断升高；另一方面，弥赛亚的救赎也是无力的，要来的上帝是无力的，但语言是神圣的（这也是《世界与时间》片断的主旨），弥赛亚自己完成救赎，但此救赎又是卡夫卡所说的多余化与无用化，因为现代性的人类已经成人，但弥赛亚又并非人类的力量。

如何解决这个“吊诡”的问题：一方面，犹太性必须见证弥赛亚性；另一方面，此弥赛亚性进入现代性必须自身虚无化。有着这样的上帝吗？如同现代性对于他者的排斥——纳粹大屠杀时，上帝并没有显现，而是保持了自身的沉默，似乎上帝自身多余化了，自身撤离了，彻底退场了，或者上帝死亡了，等等。那么有一个这样的弥赛亚性吗？一方面，弥赛亚是如此必要——犹太人没有弥赛亚救世主，无法存活，即便存活也没有意义，因为犹太人是绝对的他者的见证者；另一方面，弥赛亚又是如此多余与无用——既然上帝在奥斯维辛集中营并没有来救赎，既然现代性让上帝成为多余的，人类自身就开始承担责任。但悖谬的是，现代人又无力自己解决此历史灾难，人类自我的主体主宰，无论是保守革命派的主权与独裁论，还是左派的革命主体，都会导致暴力。进入21世纪的世界政治越来越在加速那扩大着的暴力回旋场。因此，绝对需要弥赛亚，但此弥赛亚又是多余无用的，这就是德里达展开的“双重约束”：弥赛亚是可能的或绝对必要的，但弥赛亚又是不可能的或绝对不在场的，二者必须同时互为条件！

有着回应此“绝对悖论”或“绝境”的道路吗？本雅明与肖勒姆其实已经给出回应，即卢立安式的喀巴拉神秘主义（Lurianic Kabbalism）所大力发挥的Zimzum，上帝自身在创世之前，不是去主宰世界，而是退出或回缩，上帝一开始就限制自身。正是上帝之原初的回缩给出了一个并不存在的原初空间，给出了空无，给出了最初的“余地”，才可能“让”世界膨胀，让万物涌现。当然，这也导致世界的流溢，导致容器的“破裂”，恶与善大量涌现出来，因此需要找回碎屑中隐含的种子或者余留物（Residuum），使之重新在原初空间中聚集。这就如同以色列虽然被拣选了，但得救的仅仅是少数中的少数，只是“余数”（如罗森茨维格在《救赎之星》中对《以赛亚书》的激活与阿甘本在《剩余的时间》中对保罗神学的分析[1]），因为只有那有着余光的种子或者残剩余香的瓶子，才可能得救，作为剩余的余数！这是余数的补救。

如此回撤与退出的原初姿态，可以回应神义论的疑难，而这是基督教很难解决的困境。即人之自由意志与上帝之自由意志的冲突，也是主权的冲突。但喀巴拉卢立安主义给出了很好的回应：既然上帝是自身退出的，先在已经退出了，就给人留出了自由选择的机会，但也导致了恶的出现，其中有着上帝的愤怒与审判，也有着上帝给出的余地与回旋空间。此退出的姿态，在卢立安主义的理解中，隐含着上帝的愤怒与审判，或者上帝自身放逐的"无奈"与"被迫"？似乎上帝被迫给予了自身一个更大的难题或绝境，或一个没有姿态的姿态：自身必须先在地"退出"，必须"放弃"自身的至尊主权（Sovereign），必须先在地"退让"！这不仅仅是"主权是无"（如巴塔耶所言：Sovereign is Nothing），而且是主权的退让（Sovereign is Letting/Souveränität ist Lassen）。按照肖勒姆的理解，如此自身退出与自我放逐的弥赛亚姿态，乃是犹太人为了回应一次次的大驱逐，尤其是西班牙的大迫害。这对自身命运的反思，是另一种神义论，显然不同于基督教的神义论，它并非人类意志与上帝意志的传统，而是上帝的自身让出。那么，犹太人甚或全人类，是否应该学习此原初的姿态，并且效法之？以此忍受这个

1　［德］罗森茨维格：《救赎之星》，孙增霖、傅有德译，济南：山东大学出版社，2013年。［意］阿甘本：《剩余的时间：解读〈罗马书〉》，钱立卿译，北京：中央编译出版社，2016年。

世界的不义，以等待弥赛亚的来临？[1]

进入现代性，先知式的犹太思想家与作家们，如布伯、本雅明、肖勒姆与卡夫卡，可能预感到犹太人作为他者，再次面临被大屠杀的命运。因此，重新提出 Zimzum，乃是召唤这个世界主宰者的退出与退让，期待人世间的掌权者也模仿上帝的原初姿态，才可能给予彼此存活的余地。

但是，希特勒的纳粹德国模仿的却是希腊化或者基督教式的姿态：夺取、战争、争夺，如赫拉克利特的箴言——“争夺（polemos）乃万物之父”！这是德意志与希腊式的模仿悖论：越是模仿希腊，越是要去超越希腊，甚至最终取消希腊[2]；既然已经超越了对方，那就可以彻底取代希腊，在政治决断与斗争中，那就是消灭希腊。这就是模仿的暴力性（德里达、拉库－拉巴特与吉拉尔对此都有所分析）：模仿本来是学习与效法，以对方为老师，但却要取代对方，乃至于最终要消灭对方，以确保自身的唯一性。把这个“模仿的悖论”转移到面对犹太人这个被拣选的民族时，德意志人要去模仿欧洲命运的代言人姿态。自从斯宾格勒《西方的没落》出版以来，欧洲在没

---

1 这个自身限制与自身让出的原初姿态，在喀巴拉神秘主义中有争论，或者认为这是神性的怜悯与仁慈，或者认为这是出于神的愤怒，其中有着“神圣审判的根源”，并且与破裂后圣光的残余混合，是得救的种子或者剩余物，此剩余物正是犹太民族的“余民”特性，如此“神义论”显然不同于基督教神学的思考。参看肖勒姆（索伦）：《犹太教神秘主义主流》，257页。

2 Philppe Lacoue-Labarthe et Jean-Luc Nancy: *Le mythe nazi*. 2016. 该书仔细分析了纳粹德国与德意志文化的模仿悖论及其灾难后果，也可以参看吉拉尔对于模仿悖论的思考。

落，需要一个民族出来拯救，德意志人必须承担此责任，让德意志人成为救赎的化身与民族。如此模仿犹太人，就导致杀死被模仿的他者，而犹太人就是这样的他者，这也是另一种唯一神论式的争夺。那么，海德格尔式的最后之神与要来之神，如何与希特勒纳粹式的种族神话区分开来？

为了避开或者化解此模仿的悖论——模仿的争夺就必须去除他者，这就出现了海德格尔后期的反省——"去己"（enteignen）或自身的剥夺（inappropriate），乃至于通过"返回步伐"，以及"让然"的姿态，走向"让－予"（lassen-geben），"让－出"（lassen-gehen），而给出"余地"（bleiben lassen）。[1] 只有通过自身不断让出，才可能有敞开的（offenbaren）空间，此空间乃是可能的余地。海德格尔"返回步伐"与"泰然让之"的双重姿态，就是为了回应自己之前与纳粹的争夺意识形态，为了走出纳粹的占有意志（无论是尼采的意志，还是反抗的非意志）！此回缩与让予的姿势，是否另一种对于Zimzum的犹太式模仿？或者说，如此退让，不仅仅是暗中模仿喀巴拉神秘主义了，而且是经过了中国文化或者东方思想的中介？此回退与让出的姿势，其实受到了老庄的影响，其GA77卷就是潜在的证据。随着《黑皮本》的出版，尤其是GA97卷和GA73卷的出版，海德格尔给出了让德意志人走出大屠杀的一条道路，

---

1　夏可君：《一个等待与无用的民族：庄子与海德格尔的第二次转向》，178页。

而且此道路还是与 Zimzum 隐秘地相呼应的，尽管海德格尔并没有明确指出过。[1]

如果有着弥赛亚来临，乃是弥赛亚自身已经处于回撤或者回收之中，或者弥赛亚自身的退出与退让余留出了空间。我们还在此退出或者回缩的空间与原初姿态中，再加入“让予”的姿态，并且扩展此空间，即弥赛亚的自身回撤，其实也是自身的让出。如同埃克哈特大师已经思考的，让出位置给圣子，甚至上帝让出自身，让人类彻底自由。因此，上帝自身不断“回撤”，乃是不断“让出”，那么，一个看似“消极”的姿态——退缩，就成为一个“积极”的姿态——让出，而如此退让打开了更大的余地，“余让”的原初姿态就形成了。

此余让的原初伦理（ethos）姿态，也正是中国文化政治神学的基本姿态。一方面是儒家的“禅让”——尧舜禹三代的权力传递通过禅让进行，不是暴力夺取，也非血缘传递，而是退位与让予，是“天”之让，并非“人”之让。儒家政治的最高理想就是此贤德政治的不断让予，尽管历史上“禅让”政治

---

1 关于海德格尔与犹太教所谓被遗忘的遗产的关系，已经多有思考，但围绕海德格尔后期与 Zimzum 的关系，还有待于展开，也许策兰是一个巧妙的替补的回应。既是潜在地批判海德格尔，也是在替补海德格尔与犹太神秘主义之间的关系。因为策兰是如此自觉且彻底的海德格尔研究者，也自觉继承了本雅明、肖勒姆和布伯的犹太教神秘主义的思想。比如《赞美诗》中的“无人玫瑰”，既是旧约《创世记》的纯粹语言或者亚当语言的重新救赎，或一个新的灵晕（这个 Aura 如同犹太教的 tselem，来自肖勒姆对于本雅明的影响），也是海德格尔对于德国神秘主义者“玫瑰开放，不问为什么，只是开放”的转化，是自然感性的相似性与符号之非感性的相似性的结合，经过了多重转译的纯粹语言重写。

后来变得虚伪，充满了狡计，但此禅让的原初姿势却形成了后来日常生活中的基本核心礼仪——辞让之礼。另一方面，则是道家的“退隐”，从许由到屈原与渔夫的象征关系，中国文化形成了文人自救的隐士传统，即退隐的山林文化，尤其是文人士大夫的个体生存姿态，回到自然的怀抱，重建天人合一的关系，这是庄子文本中很多人物的生存姿态。也许这个姿态启发了海德格尔思考让予，结合埃克哈特大师，化解主体意志的决断，如同阿伦特所分析的那样。[1]

如此弥赛亚性就被多重理解了。从本雅明面对弥赛亚性与世俗历史的困难开始，最后仅仅剩下“微弱的弥赛亚力量”，如何面对历史唯物主义的进步发展诉求？弥赛亚的上帝之国其实并非历史的目标，而只是终结，弥赛亚的来临因此只有“小门”，如《论历史的概念》所言，只有在废墟的升高中、在人类的败坏与衰败中、在幸福的不可能性中，才可能显现。但此显现依然是不确定性的，甚至是无力的。这一点被德里达推到极端，绝对的正义与他者的正义，其实是不可能实现出来的，类似于柏拉图的绝对理型，从而导出“没有弥赛亚主义的弥赛亚性”，因为任何弥赛亚主义都会导致弥赛亚的在场化，弥赛亚成为主导与主权者，导致暴力与独裁。

但是，在我们展开 Zimzum 的相关思考后，“没有弥赛亚

1 ［德］阿伦特：《精神生活·意志》，姜志辉译，南京：江苏教育出版社，2006年。也许阿伦特是西方最早回应海德格尔这个非意志的让予姿态的，可惜得到的反响很少。

主义的弥赛亚性”得以重新理解，我们对此做了几个方面的“补余”。第一，回到肖勒姆所解释的卢立安主义的 Zimzum，更彻底地打开这个“退出”的原初空间，这是德里达尚未直接思考的，尽管在延异与沙漠化的思考中有所隐含。[1]第二，接续海德格尔后期的返回步伐与让然的姿态，把退缩理解为“让予”，开始向着积极的让予行动转化，并且保持二者之间的张力：回撤与让予。德里达对于让然的思考并不充分（在 *Sauf le nom* 一书中有所涉及但并未展开）。第三，带入了中国文化的伦理姿态，使之更普遍化，并且更具有跨文化的价值。

但是，在这里，这个退让的原初伦理姿态如何保持不断生成呢？在何处可以不断展现呢？这就需要再次打开原初空间，这是 Zimzum 与 khora 的重新对话。

## 9.3 余让：虚托邦的敞开

如果有着弥赛亚来临，他需要一个位置，一个场所，一个虚在的余地空间。

此虚在场所的打开，并非某个具有代表性的种族所为，

---

1 已有一些学者反思了德里达与喀巴拉神秘主义的关系，甚至与 Zimzum 的关系，参看 Sami R. Khatib: *A Non-Nullified Nothingness: Walter Benjamin and the Messianic.* 以及 Till R. Kuhnle: *Von Dante zu Derrida: Kabbala und Literaturtheorie.* Sanford L. Drob: *Tzimtzum and 'Differance' : Derrida and the Lurianic Kabbalah,* 尤其是专著研究：Christoph Schulte: *Zimzum: Gott und Weltursprung.* 2014。

也非某个明确的弥赛亚所为，而首先倒是要求二者同时的无用化：一方面，弥赛亚自己让出自身，只有弥赛亚变得无用，并且让出自身，即“无用”与“让出”二者同时相关，这个虚在的位置才可能敞开；另一方面，任何等待主体，无论哪个民族，都需要自身让出，不是去占有空间或者争夺空间，不是以任何诉求意志去占有可能的位置，而是彼此让出。越是争斗越是让出，在让出之际无所为，不去为。此双重的让出，才可能打开一个余地的虚在空间，弥赛亚才可能到来。

Zimzum 所打开的原初空间有多重的意义。首先，上帝的自身退出，打开一个原初的空无空间，“从无创造”得以重新理解，如同肖勒姆所为。其次，世界善恶的无尽多样性涌现，导致容器的破裂。再次，如何找到那些有着弥赛亚余光的残余物，重新聚集起来以修补破碎的容器或者世界，让世界重新世界化。但是，这个方式需要更富有活力的生成，不能仅仅是犹太人，必须是更广大的生成，使之更具有普遍性，这是海德格尔所说的成为一个等待与无用的民族。[1]

面对此困难，本雅明提出了另一种思考，所谓“弥赛亚式自然的节奏”，如《神学－政治学残篇》中所言，此弥赛亚性，

1 参看拙著《一个等待与无用的民族：庄子与海德格尔的第二次转向》。笔者指出海德格尔在与纳粹合谋的“第一次转向”（1932—1942）之后，施行了“第二次转向”（1943—1953），而这受到庄子无用之用的激发，也导致了后期一系列转变，GA77卷关于“让然”与“无用”的对话，尤其是让德意志成为一个等待与无用的民族，与西方尚未出生的族类（Geschlecht），如何加以思考，还有待进一步展开，而德里达则没有触及无用的民族。

此退缩的姿态，还必须更加自然化、广大化，这是对中国文化让予姿态的加强，尤其是庄子对于让予的思考——回到自然，让自然来为，让无来为。对于本雅明，这是让弥赛亚性面对历史人性的堕落，尤其是语言的堕落，回到纯粹语言或“源语言”。这是去唤醒那沉默的自然，让自然重新表达自身。弥赛亚的自然化，乃是弥赛亚的救赎唤醒人类身体的自然性——那些骷髅与尸体——德国巴洛克时代的悲悼剧所呈现的寓意，然后通过自然的相似性，回到自然的自然性，回到宇宙的原初相似性，再次通过书写，打开“非感性的相似性”，这样的回返过程，让弥赛亚性与自然性有着从未有过的结合。

去哪里发现此虚在的位置？这个结合还需唤醒沉睡更深的自然性，这就有必要再次回到德里达对于廓纳（khora）的思考：廓纳是带有自然性的，但既非感性的自然性质料，也非被理型化或者技术化的空间；而是不可命名的第三类，如同子宫一般的接收器或者容受，而且暗中带有保护与滋养的功能，让种子可以生长。“廓纳”也许就类似于道家的“玄牝”。这也是为何女权主义由此展开联想与思考[1]；这里隐含着慷慨与接纳的姿态，如同道家思想所指向的“天府”，或者“葆光”之地，或者“玄牝”之所。或者如同一个质料共通体与可感希望的位

1　克里斯蒂娃在《诗性语言的革命》中的思考，以及伊利格瑞（L.Irigaray）在《妇女，或另一种窥视镜》的展开，还有 J. Butler 在《身体之重》中对前两者思考的回应，这里不再展开。当然，还有待于在道家养生与道教修真的关系方面，与女权主义的廓纳思考，展开深度对话。

置，世界灵魂的可塑性，一种新的家乡。

在柏拉图的《蒂迈欧篇》中，廓纳是敞开之地，也是让出之地，接纳他者，如萨里斯（John Sallis）所说的一个虚化的空间或虚在场所（khoral space）[1]：廓纳之为位置，乃是接受印记，只是“虚位”；但并不留下印记，一直保持为空白，此乃“虚白”；可以不断抹去，因此只是虚受，这样给未来者留下余地；更重要的是，廓纳还有着元素性，但并非某一种固定的元素，而是在混沌中的变化，正是此变化不定，导致廓纳也是模糊的，如同梦中的影像，处于恍惚变化中，这是“虚象”；作为一种杂交的理性，保持“玄虚”，并不固守同一性的逻辑，似乎与本雅明思考的记忆和梦中的形象相关，既非可知觉也非不可知觉；此外，廓纳还如同簸箕扬起后散开的种子一般，有着舞蹈的姿态，是“虚处”的延展。[2]

廓纳乃是一种广义的“虚所”，此“虚在之所”隐含一种开放的伦理或伦理的开放，此打开的“虚托邦”（Khoral-topia），不同于已有的“乌托邦”（U-topia）与“异托邦”（Hetero-topia）。

---

1　John Sallis: *Chorology, On Beginning in Plato's Timaeus. 1999.* John Sallis: *The Return of Nature: On the Beyond of Sense*. 2016. In pp.2, 58,78,119. 萨里斯在相关著作中把 khora 翻译为英文的 enchorial space，我们接受他的翻译及其更接近于自然化的解释。

2　这样的姿态一旦与个体的书写相关，在中国文化中就形成了揖让的姿态，正是书写中的舞蹈，或者是书写时的来回揖让打开了呼吸的空间。在中国传统文化中，此余让姿态的展现，主要出现在艺术书写中，而非政治行动中，这也是需要在现代性中借助于基督教信仰与犹太教神义论而实现出来的，汉语神学的行动力还处于萌芽状态。

德里达不是没有认识到虚在之所对于到来民主的重要性：

> Khôra 什么都不是（不是任何在者或在场），但它并不是在“此在”（Dasein）的焦虑中向存在问题开放的“乌有”（Rien）。这个希腊名字在我们的记忆中说的是那些不可拥有的东西，即使是通过我们的记忆，甚至我们的“希腊”记忆。它说的是在荒漠中的一片荒漠的不可记忆，对于荒漠，这种不可记忆既不是门槛，也不是哀悼。问题始终是要由此知道，人们是否能够思考这片荒漠，并且在我们认识的荒漠（即启示和回溯、上帝的生和死的荒漠，所有放弃神性的倾空和超越的形象、宗教或历史“宗教”的各种形象的荒漠）“之前”让它表现出来；或者，如果“相反”，“自从”这最后的荒漠“之后”，我们理解在最初第一个之前的那一个荒漠，我称之为荒漠之中的荒漠。不确定的摇摆，即前面我们已经提出的（在启示和启示性、事件和事件的可能性或潜在性之间的）这种保留（epokhe 或克制：Verhaltenheit），难道不应该尊重它本身吗？在两种根源性、两种根源，就是说通过经济指示确定的“被启示”秩序和“可启示”秩序之间，存在着这种独一性的或日渐超拔的不确定，这种不确定难道不同时成为任何有责任的决断和另外的“反思信仰”和一个新的“宽容”（/ 信仰自由：tolérance）的决断——机会？[1]

在这里，德里达指出了神性的倾空与启示的保留，这与犹

1 ［法］德里达：《解构与思想的未来》，302–303 页。

太教卢立安主义相关。不过，喀巴拉的回缩（Zimzum）与基督教的倾空（kenotic）不同，前者乃是一直保持后退，越是遥远越是接近，这是弥赛亚性与世俗世界的“不相干性”，也是本雅明思考的光晕（/灵晕：Aura）的来源；基督教的倾空则是来到人世间并且产生积极作用。这也与海德格尔的思想相关，海德格尔思考克制或事先的扣留，反而要留出敞开的游戏空间。对于德里达，廓纳的空位乃是一个敞开的“虚位”，即一个“不是位置的位置”（虚在），连苏格拉底也不能占据这个位置，也没有一个民族可以占据这个位置。这个位置一直是空出的，如同俄狄浦斯在克洛诺斯的避难所，如同一个门槛上的位置。但此敞开的位置也可能有着危险，因为面对他者的敞开以及自身的不明确，处于晃动之中，让主体不可能成为决断的主体。

但是，对于德里达，这个位置似乎过于以犹太教发生的沙漠为背景了，总是以贫瘠而枯干的沙漠的沙漠化或者荒芜的荒芜化为暗示。正是在这里，廓纳有待于进一步理解与转变，或者如同后来卡普托（Caputo）的基督教解释，成为空无化的，无条件但也是无力的，这是一个无力的位置，但必须保持此荒漠化的荒漠空间的敞开。海德格尔其实也思考过这个khora（廓若或廓纳）之为Gegend的寥廓（GA77思考“邻近”与“集让”：打开一个“集让”的寥廓地带），或者就是庄子所说的“广漠之野”，其中生长着一棵“无用之树”——让生命梦想安息而又可再生的生命树。如果进一步联系庄子《逍遥游》中“无何有之乡”以及《应帝王》中“游心于淡、合气于漠”之主体“游化”姿态，此主体也是一种“浑化”的主体、一种“虚化”的主体，即庄子《人间世》中“心斋化”的主体，经过“唯道集虚”和“虚室生白”的转化。那么，此空无的主体，或者主权空无化的位置，成为一个“虚托邦”，一个虚室生白的“虚位”，不同于传统的“乌托邦”与现代的“异托邦”。

弥赛亚的来临，是一种虚在，来到一个“虚位”。在廓纳中苏醒的弥赛亚，乃是一个虚位；它与自然的混沌相关，但并非混沌，其中有着理性，只是一种混杂的理性，有着历史的记忆，但此记忆乃是自然自身的再生性。

此“虚位以待”的主体，乃是主体双重的转化。一方面，是主体自身的戒除，自我的斋戒化，这是卡夫卡《饥饿艺术家》的表演，其实是自我空无与倒空的咀嚼与练习，是模仿上帝的 Zimzum 式退缩，是东方式的静止与内化，即所谓“游心于淡”。另一方面，则是主体的让予、让出，保持主体的空无化，而且让空无不断扩大，给出更大的余地。主体越是让出，越是有着余地，不是竞争与争夺，而是让出与让予，是自身空无化的扩大，而且此空无还可以保持生长，这就是虚化。不仅仅是西方的空无空间的扩大，比如公共广场与走廊式空间，而且是可以与自然一道无尽生长、与天地交感的空间，这就是廓纳的宇宙性共感，即本雅明所发现的“相似性的宇宙”(Ein Kosmos der Ähnlichkeit)与自然的诗意“感通”(correspondence)。

它既是可以相互感通的质料共通体，也是生命整体修复的“胚胎”（中国式的 khora：母体子宫，接收器与提供营养的宫籁，一个玄牝）。

这样就避免了德里达对于廓纳与弥赛亚性的解释总是走向沙漠化的枯竭，把廓纳与荒漠的荒漠化连接，却没有走向自然的丰富性与能产性。随着我们回到廓纳与自然性的关系，回到自然的生产性，我们当然会面临灾变的可能性。中国传统的自然观过于倾向生生不息的丰产性，现在需要面对现代性的灾变，让自然弥赛亚化，连接西方生态学已经开始的弥赛亚自然化，二者的相干与相感，就形成了相互感发的节奏。

我们必须进行双重的觉醒与修炼：一方面，是身体的内缩与自我克制的练习，保持主体的不断让出，把人类身体还原到自然性；另一方面，则是技术与空间的活化关系，不是占据空间，而是技术与空间的自然化生成。如同中国的园林建筑，不是西方的占据空间或者敞开空间，而是与自然一道，向着自然敞开，与自然一道游走，让自然加入到建筑空间中，并且保持梦幻的游走感。“游观”乃是天地的空观，是一种宇宙的游走。

如果本雅明所要重新发现的“源语言”或“纯粹语言”（reine Sprache），乃是一种退让与余让的语言，一种对于退让的召唤，那就不仅仅是对于名字的召唤，而是彼此召唤退让，越是接近，越是退让，越是退让，反而越是接近。越是让出，越是打开敞开的空间，而如此敞开就形成通道，如果有着上帝，也是对这个敞开通道与让出的通道之守护。

现代性乃是对上帝或者弥赛亚自身的重新发现，也是对其到来位置的重新发现。这是一种神圣的位置，但此神圣的位置乃是空无敞开的通道。让－吕克·南希接续德里达，以“基督教解构”的名义重新思考基督教神学“从无创造”（creatio ex nihilo）时，也联系到犹太教的 Zimzum：

> 这就是为什么创造最为神秘的版本是，喀巴拉卢立安主义的 tsim-tsoum，他声称创造之“无”是在上帝之中的自身敞开（s'ouvre），即上帝在创世行动中乃是回撤在自身之中（并且是以他的整体性）。上帝作为“自身”而取消自身，或者在其行动中，为了回撤而区分开自身——以此而导致世界的打开（qui fait l'ouverture du Monde）。[1]

南希接着指明这个敞开之为空无：

> 如果有着回撤以及回撤自身到有着空无的地方，那也只是空无的敞开。仅仅只有敞开是神性的，但此神性也只不过是敞开（Seule l'ouverture est divine, mais le divin n'est rien de plus que l'ouverture）。

在南希对于神性来临的位置的思考中，弥赛亚来到的位置

---

1 Jean-Luc Nancy: *La création du monde ou la mondialisation*. 2002. p.93.

乃是敞开世界的可能性。让上帝经过，敞开世界的意义，上帝也并不占据这个通道。这就是神性的让予，让开道路，打开通道。如海德格尔所说的，要来之神的暗示（Wink）就只是此经过（Vorbeigang），是通道（passage）的敞开。[1]而保持道路通畅，也是上帝自身的虚化，如同庄子卮言打开的通道之“庸用”。

上帝如此敞开的原初姿势，要求人类既要去效仿上帝如此退缩的让予姿势，扩展那个原初空间，也要主动地让予，打开“余地”空间。这既是扩展原初空间，也是打开余地空间。如此回缩与退让，如此让予与给予，所打开的双重空间，我们称之为“虚所”。

虚所，不同于日本京都学派的“场所”（Ortlogik /bashoron）逻辑，那是空无化的敞开[2]，而中国文化则是更自然化的虚化，让空无与自然性同时生成与生长。虚所，不同于德里达与柏拉图的空位或者“位所”，乃是更积极地让予，并且让“让”来争，让“让”来让！这也是为何中国文化一直是一个“谦让”的文化，一个礼让的文明，一个退让的文明。面对西方唯一神论的争执与扩张的现代性，面对当前的世界危机，是否需要内在激活犹太教弥赛亚性的退让与希腊哲学的空位，生成更具有让予要求的余让姿态？

---

1 Jean-Luc Nancy: *La déclosion*（*Déconstruction du christianisme, 1*）. 2005. p.161.

2 John W. M. Krummel: *Nishida Kitarō's Chiasmatic Chorology: Place of Dialectic, Dialectic of Place*. 2015.

因为越是让予，越是有着余地，越是要求余地，越是要求让予。人类之为人类，乃是一个让予的主体，一个不断自身退出与让出的中间物或者过渡物。让自然来为——这是自然的灵晕，让空无来为——这是神性的闪耀。把一个争夺为主的现代性，转化为一个让予的现代性，不断打开余地，这样的空间，乃是一个虚化的空间，一个虚托邦！

从余让出发的汉语神学，以及从“无用”出发来建构汉语神学，就不同于西方现代性的上帝死亡与缺席的否定神学、日本京都学派通过佛教的“空无”与基督教虚己（kenosis）的宗教对话方式、保罗式的左派革命神学，以及阿甘本最近思考的“不去用”的弥赛亚主义[1]，等等。此“无用的神学”与“余让的神学”是一种“虚化的政治神学”，乃是对于儒家与道家核心思想的当代解释，尽管其内在的转化过程还有待于展开。

虚托邦的形成，乃是弥赛亚式自然的节奏的形成，此即“弥赛亚的自然化”与“自然的弥赛亚化”，是二者相互转化所形成的节奏，这是全新的犹太性与中国性的活化关系。按照卢立安的喀巴拉神秘主义传统，上帝创世时，不仅仅流溢出去，如同大爆炸，流溢十个层面或面孔，而且同时也自我限制、自我收缩，从而给世界与人类留出了空间或余地。但是急速的流溢导致了炸裂，或者容器的破裂。这个比喻很重要，

---

1 Giorgio Agamben: *The Highest Poverty: Monastic Rules and Form-of-Life. 2013.* Giorgio Agamben: *The Use of Bodies.* 2016.

既有圣光及其余象留在了破裂的碎片中，原始的罪也来到了世界上，也在碎片之中，形成了恶的力量。最初之人亚当的堕落与被造的失败，就是一个坏的面孔与形象。因此需要修复这个越来越破碎的世界，以无用与让予的方式。

与基督教神学相关，以基督教神学为起点，解构整个唯一神论传统，面对当下恐怖主义的危机，“让予”乃是更困难的姿势，比牺牲的逻辑更困难也更重要，我们需要从唯一神论的牺牲逻辑中走出来，走向“让予”。

第一步，基督的虚己（kenosis）与谦卑让出自己权柄的神圣姿势。基督教神学已经有所准备，保罗神学中有不同于牺牲献祭神学的另一面。

第二步，中世纪埃克哈特大师的“让出”，人为神让出，直到祈祷神自身的让出。

第三步，海德格尔在现代性中反思整个唯一神论传统，让神彻底让出自身，并且“无用化”，走向自然化的让然。

第四步，再次返回到唯一神论开端，却又是在近代的起点上，激活喀巴拉神秘主义的 Zimzum，创世之前的神圣“退让”或回缩姿势。

第五步，借用与转化中国传统文化儒释道中的“三让”：儒家政治神学的禅让、道家自然化神学的隐让与佛教的忍让。只有这五步的生命转化活动或者气质变化实现出来，才有信仰的新行动。

弥赛亚的“虚在”：弥赛亚的到来乃是退让，越是退让，越是打开更大的余地与自由空间，这是弥赛亚的倒转步伐，如此奇妙的步伐，不是弥赛亚接近历史，而是弥赛亚不断远离历史——这反而构成弥赛亚显现的灵晕，弥赛亚也需要以灵晕的方式再临！

弥赛亚自然化与自然弥赛亚化的结合在于：当人类进入人性中的沉默的自然（那是另一种弥赛亚性，如同道家的天道，或者弥赛亚创世时的种子，或者佛教的阿赖耶识，这是广义的弥赛亚性，可以接纳多方面的解释），也就进入了自然的弥赛亚化；同时，已有历史记忆中的正义的弥赛亚性——犹太教与基督教的受难的记忆，有待于自然化。所谓弥赛亚的自然化，是指弥赛亚来到自然之中，进入与自然的游戏，愤怒和审判被无意识的梦幻和自然的美感化解，弥赛亚的空无退出成为一种生长的活力，通过与自然的元素性或者永恒性的结合，面对消逝性的哀悼。

那么，为何弥赛亚来临不是借助于技术虚拟（如同黑客帝国）？或者不是外星人神秘的降临（借助于技术的力量，比如超体）。为何要迂回自然？当然，弥赛亚的自然化并非排斥技术，而是要借助于技术，进入那个自然活化的空间。对于人类，那是梦幻世界，一个做梦的身体，既有着人为的焦虑与历史的梦幻原型或者历史焦虑的情节；但也是自然化的，混杂了历史与自然，走入与自然相通的幻想世界；甚至，在梦幻的苏醒与人类的无意记忆之间建立连接，即一个充满梦幻的场所，在此唤醒清醒的人类之无意记忆就打开了新的想象空间。

随后的问题就是，什么样的场所可以充满这样的梦幻？中国传统是自然化的太虚幻境，与自然烟云的神仙想象所指向的虚所相关。但经过弥赛亚化的自然，又空无或者化掉了神仙的虚幻形态，这就是无意记忆与梦想场所的结合，我们称之为“心所”或新的“虚托邦”。

如果有着余让的发生，有着余地的敞开，那么，宗教冲突与文明冲突就可以化解。只有彼此先在地自我限制与自我让出，人类才有未来。越退让才越有余地，而非去争夺与占有，才可能面对当前全球化的危机。各个民族要成为“一个等待与无用的民族”——不断自我“余让化”的民族，才可能发现彼此存活的“之间”地带，让此“余地”保持间隔与无尽的敞开（这也是对“从无创造”的新理解）。这是东方智慧与犹太教神秘智慧的巧妙综合，弥赛亚的自然化与自然的弥赛亚化，无用与余让的汉语神学，可以重新展开基督教神学有关于礼物给予的丰富性，而形成一种新的神学形态。

## 9.4 中国式禅让：至高主权的让与

在中国文化的开端，就有主权的让与。这让与形成了中国文化独有的生命伦理姿态，而且在轴心时期的转化中形成了一个脉络：从三王主权的“禅让”（孔子的理想），到伦理的“辞让”行为（孟子），到政治经济学的“补余”（《道德经》第77章：“有余者损之，不足者补之。天之道，损有余而补不足。”），直到通过自然打开虚托邦的余让姿态（山水画中空白的活化）。

这对应于：天人感应的政治神学即至尊主权的“让与”——人与人之间共通感的礼物给予的“让予”——共通体彼此共在时的天钧平等之“互让”——让自然来为的无所感之感的“虚让”。从单一方面的让与，到相互主体行为的让予，再到遵循天道的互让，直到无所让予或者退让式的虚让，都打开了世界的余地！

由此形成了中国式的余让神学，只是一直没有得到命名。

我们将至尊主权或者帝位的让予称为“让与”，强调的是授予和转让；把一般化的“让”称为“让予”，即广义的让予行为，因为涉及日常的礼物馈赠或给予行为；把打开了余地，让神、人与自然都可以有存活余地的机会的行为，称为“余让”。如此扩展，已经改造并且泛化了战国时代的思想。因为毕竟古代中国思想中，一般不用让予与余让，主要用辞让或让与。

禅让在中国政治领域涉及最高的政治事务，乃是“至尊”或“至高主权”的交接以及转让，这与西方当代对至高主权的思考相关。[1]如何在超越法则的行为中可能有和平的交接？西方一直有着对力量或者暴力的推崇（或者是神话的暴力，或者是神圣的暴力），是否有另一种交接方式，或者说主权的和平传递方式？是“让”的方式吗？

至尊主权的让与所形成的礼仪或礼节，具有什么样的启示性意涵？这是中国经验所隐含的神学原理？

禅让，作为至尊主权位置或帝王权力交接的方式，不同于世袭制与革命的杀伐，是一种公天下或公心的古代德伦。所谓“天下乃天下之天下，非一人之天下”（《韩氏易传》）或“天下为公，不私一姓”，作为一种至高主权的让与模式，一种礼仪或礼节，禅让在古典时代似乎是只有面对权力之争与动乱无序时，才采取的独特方式。[2]在一个混杂现代性处境下，再次思考禅让，一方面看起来似乎过时了，另一方面又如此富有启示性。

因为，最引人思考“禅让”可能性的时代，在中国都是战乱年代，尤其是战国与魏晋。战国，这个中国本土的早发混杂现代性状态，值得借鉴，用以思考当今全球化的混杂现代性。

---

1 关于主权的讨论，是晚近西方政治哲学、政治神学的核心问题，我们这里主要关注的是从巴塔耶开始的对“主权是无”的解构。接续本雅明，施密特、德里达、南希与阿甘本等人对此有深入思考，这里不再展开，我们主要从至高主权自身的空出与让出展开思考。

2 中国历史上的禅让经过四个阶段，如杨永俊的总结：1. 氏族部落联盟社会的尧舜禹禅让；2. 春秋战国时代的禅让尝试与禅让思潮；3. 西汉中后期的禅让主张与王莽的禅汉；4. 魏晋南北朝为主，以及隋唐五代宋的禅让，尤其是魏晋南北朝时期，出现了大量禅让实例。见杨永俊《禅让政治研究》，北京：学苑出版社，2005年，8页。

何谓混杂现代性？在战国时代，三代与商周的传统还在（宗主国），尤其是亲亲尊尊的周代宗法家族制还在；同时，礼乐崩坏，群雄并起，缺乏公道的“天下观”；但人们又有着对大一统的普遍性诉求，并且相信此统一的绝对必要性（或虚构为“无何有之乡”）。如同我们这个时代，传统的各种价值观还在，前现代的传统、现代主义的都市化、后现代的虚拟技术，三者都混杂着，既有活力也充满了混乱。而整个世界，民族国家与宗教信仰的二元性及其合流开始发挥世界性的影响力；各个主要文化历史的区域，自身的统一性与共同体建构还不充分；全球化还期待以全新的理念加以统一，但国际法与联合国都没有给出充分的合理性，而且唯一神论传统、各个轴心文化之间的冲突如何化解，都还只是一个遥不可及的梦想。

如何面对传统？各个文化共同体如何和平共存？要走向世界的永久和平，如何可能？中国文化是否可以提供某种新的元伦理与话语建构？能否体现新的中国文化与中国历史的新原理？

“让”之为让，在语源学上，首先是一种礼仪动作，一种礼节：“让，谓举手平衡也。”（郑玄注《仪礼·聘礼》）《国语·周语》曰：“让，文之材也。”即，让是士大夫内在仁德的外化与体现。[1]

1 禅让的词源学解释，请参看杨永俊《禅让政治研究》，19–26页；许景昭：《禅让、世袭及革命：从春秋战国到西汉中期的君权传承思想研究》，上海：上海古籍出版社，2014年，第二章第一节。

还有“圣人贵让”，圣人之为圣人，乃是以让予为尊贵的德性。古典的中国德性推崇辞让而得胜。

《荀子·儒效》有言：

> 故曰：贵名不可以比周争也，不可以夸诞有也，不可以执重胁也，必将诚此然后就也。争之则失，让之则至；遵道则积，夸诞则虚。故君子务修其内，而让之于外；务积德于身，而处之以遵道。如是，则贵名起如日月，天下应之如雷霆。故曰：君子隐而显，微而明，辞让而胜。诗曰：“鹤鸣于九皋，声闻于天。”此之谓也。鄙夫反是。比周而誉俞少，鄙争而名俞辱，烦劳以求安利，其身俞危。诗曰：“民之无良，相怨一方，受爵不让，至于己斯亡。”此之谓也。

荀子明确指出了“争”与“让”的差异，以及君子之让的重要性。

让之本义为责备、责难，如辞书所云，“让，相责让也”（《说文》），“诘责以辞谓之让”（《小尔雅》），“让，责也”（《广雅》），假借义则有推让之意。作为礼仪姿态，“让”是指：“推也。推手使向前也。则指揖让之容。”所以“让”不仅仅是指责，也是一种责任，责问乃是责让。与“让”相关的责任，构成最初的责任。也就是说，最初的责任，端看是否施行了让予！

因此，汉语隐含“允让”这个并不存在的词，这来自最初的“允恭克让”(《尚书·尧典》)。“允”传统解释为信实（因为允诺能够保持）；“恭”乃是对自己所处身位的恭勤（对位置本身的恭敬，事先的恭请）；“克”乃是善能，也是对举：恭言信，让言克，言信实能为也。“让”呢？郑玄注：“不懈于位曰恭，推贤尚善曰让。”让，一方面是推让、谦让，与恭谦相关；另一方面，则是推贤尚善。

古人云：“让，廉也。”“让者，礼之主也。”(《左传·襄公十三年》)“让者，德之主也。”(《左传·昭公十年》)，因而“让”具有普遍性。“禅让”实际上是一种贤人政治，一种古典至高的德性政治，如《吕氏春秋·行论》所云：“尧以天下让舜。”因此，“让”与“禅”语义相通。

《尚书·尧典》还说道：“曰若稽古帝尧，曰放勋，钦、明、文、思、安安，允恭克让，光被四表，格于上下。”——“安安”与“文”“思”让上下天地都被允让充盈起来。“被”是指饶多盈溢，而“让”之为“讓”或者“穰”，已有丰饶之意，因此，“让”与“被(披戴)”在古老的字义上隐秘相关。它也与“允-让”相关：从“允”到“让”，应该是贯彻起来的，都是要恭勤、有实能，并且施行出来，因此“允让”就是最根本的姿态。

“让”要针对的是“争”，它们与治乱相关。所谓一治一乱之循环，是中国人对世界秩序的思考，也是对治乱本身相互依赖、相互毁损的反省。中国思想面对治乱，一直在思考如何由“乱”到“治”，达到所谓长治久安。儒家通过提倡辞让来解决，辞让的政治姿态是礼仪的伦理政治或德性政治，也是一种道德化的政治理想，主要体现了儒家仁政精神和礼制原则。中国历史的朝代更替，要么是农民起义，要么是外来民族的征伐，儒家不得不提出禅让这种非暴力的更替模式。

因为禅让是最能体现“文之以礼”的文明行为，如同《礼记·礼运》所期待的大同社会。这是中国式的永久和平论？但是，争斗的混乱如此肆虐，又没有正义的绝对性诉求，而且传统的圣王政治，或者说帝王政治成为圣王政治，都无法解决暴力问题。暴力已经渗透到争斗之中，甚至所谓禅让或让予也潜在充斥着篡位的谋略。

无论是儒家的三代理想，还是各家各派在春秋战国之际对禅让或王道的推崇，都面临霸道的猖狂，政治和平更替的困难，至高主权并没有天命确保的合法性根源，而且无法消除禅让与禅代、辞让与推让所隐含的内在狡计。因此传统士人对政治态度暧昧，使政治批判面对无道无势的处境时，一直无法确立自己的责任。

“禅让”在历史的演变中，不断递降其位所，但也不断普遍化：

其一，祭天祭地的至高主权身位的授权让与——尧舜禹的传递几乎是政治神学的命题，天子之位与天命的流转相关。

其二，成为每一个个体辞让之心的伦理行为——孟子接续孔子提出的四德与四心，辞让之心乃是实行仁政的核心，让乃是德之基，辞让是最基本的德行。

其三，“让与”之为退隐与退让，是退出政治的世界，因为禅让的权位更替中还有另一个让予，即许由的退隐。如此彻底的让出，从让与走向了让出，乃是更彻底的让予，打开了自然来让予的可能性。

其四，让予之为让予，与礼物交往相关，成为一种礼物的经济学。但禅让成为让予，让予成为一种更高贵的德行，比礼物给予还要高的德行。

其五，让予之不可能，即“不让”，或者“当仁不让”，或者“抱法处势”，但也可能丧失余地。

其六，新的余让，越是让予，才越有着余地。从让予走向余地，以余地来思考让予的尺度，甚至走向一种“余让的经济学”。

从政治神学祭天祭地的至尊唯一独有之位，到每一个身体的心所之位，直到退出人类身体占有或争夺，而以自然为本位，再到以礼物作为工具交换与交往的社会地位，直到法律秩序确保的否定性抽象位置，最后走向身体与身体之间纯然间隔空隙的尊位。如此转换的过程，使得禅让逐步具有普遍性的意义与功效。

禅让不仅仅是一种权力交接的转换模式，由“禅”到“让”，还启发了更根本的“让与”或“让予”的行动模式。从禅让之至尊的权位替代或转交，到禅让之更具普遍性的日常让予行为，从儒家君权的交接到个体的辞让之心，尤其是庄子让“让予”成为一种打开余地的游戏姿态时，让予就可以成为一种普遍化的原初伦理行为。

在中国历史的朝代更替中，尤其是战乱年代，禅让、世袭与革命三种方式都会被提出，发生的多是禅让名义下的篡夺，或者革命，一旦进入帝国模式（秦汉帝国），就是绝对的世袭制，尽管王莽代汉时发生过禅让，但是后来儒生对此是极力贬低的。

进入现代的民主时代，尤其是所谓全球化的后历史时代，禅让还有什么意义？我们还需要“禅让”来实行民主转换的和平过渡方式吗？但从余地的敞开，反转过来，则是另一种上升，西方现代性所遇到的诸神之争，唯一神论之间的极端暴力冲突，也许需要让予的元伦理加以平衡与协调？

余让的原初伦理要求普遍性的正义。禅让也与公义相关，体现中国文化理想的《礼记·礼运》篇也间接指向了禅让：

> 大道之行也，天下为公，选贤与能，讲信修睦。故人不独亲其亲，不独子其子，使老有所终，壮有所用，幼有所长，矜寡孤独废疾者，皆有所养。男有分，女有归。货，恶其弃于地也，不必藏于己；力，恶其不出于身也，不必为己。是故，谋闭而不兴，盗窃乱贼而不作，故外户而不闭，是谓大同。

郑玄解释“天下为公”为：“公犹共也。禅位授圣，不家之。”因此“天下为公”就指禅让，孔颖达《正义》则进一步解释道：“为公，谓揖让而授圣德，不私传子孙，即废朱、均而用舜、禹是也。”禅让体现的是公心，孔子对“天下为公，选贤与能”的禅让学无疑是肯定的，故有：“巍巍乎！舜禹之有天下也而不与焉！”（《论语·泰伯》）禅让即不私与。

尚贤的墨子当然尊重禅让，《墨子·尚贤下》说“舜耕于历山，陶于河滨，渔于雷泽，灰于常阳”而被尧立为天子。《墨子》认为，贤德者应居上位，平民有德亦可为天子，主张“尚贤事能为政”，“尚贤者政之本也”（《尚贤上》）；主张“大人之务，将在于众贤”，“虽在农与工肆之人，有能则举之，高予之爵，重予之禄，任之以事，断予之令”（同上），其具体措施是：选其国之贤者立为政长，选天下之贤可者立为三公，直至“选天下之贤可者，立以为天子”（《尚同上》），因此连天子都可选、可立，唯看其是否“贤”。因此，“贤”与否，是《墨子》选贤任能的唯一标准。

禅让之为至尊主权位置的传递或转让，最终是公心的实现。禅让在中国文化中并非仅仅是一个观念，而且与位置的转移相关。

从词源学上看，“禅”字本作“墠”，本义为打扫、整治郊野土地以供祭祀，故“墠”又引申为祭名。因此，“禅”就与祭祀中的祭天仪式相关，秦汉以后封禅之说将禅定为祭地之仪，可能已经是后说了。起初有墠无坛，封土为坛乃晚起之做法，故早期文献言“墠”往往已兼有“坛”义，言禅则兼有祭祀天地之义。

禅让是通过祭天仪式，让部落联盟的首领们有资格举行大典，所谓“改墠曰禅，神之矣”。这是获得至高神圣主权合法性的仪式。禅让，作为一种礼仪，最早乃是至高权力移交的位所，如同后来的祝台封禅仪式。

但是进入战国时代，禅让的行为及其位置发生了变化：不再是争夺祭祀的位置（当然隐含着如此诉求），或者转移到制度的设立上，禅让成为一种明确的制度；或者落实在个体的身位行动上，或者落实在个体之心上，成为一种隐秘的礼节。也许在古琴上，在书法与山水画的创作中隐含着这种礼仪。所谓古琴的顺其自然（不去鼓琴），所谓书法与山水画的间白与留白空间，都是这种礼仪行为的势态扩展，只是对此我们并没有深入展开与解释。

就禅让而言，在战国时代，有着几重争论，这些争论有助于我们重新理解三代禅让制发生的各种动因。无论是出于对原始黄金时代典范德治政治的向往，还是面对君权天授的合法性，加以选贤与能的补充；无论是建立天人感应的机制，还是除了革命的方式之外，补充以和平过渡的模式；无论是古典的“以德代德”模式，还是后来的“有德代无德”的模式；无论是“内禅”还是“外禅”的方式，禅让制在战国时代的重新理解，都有着各家各派对于争夺与让予关系的丰富理解与内在挣扎。

与“汤武革命论”“君位可易论”“择贤立君论”“立君为民论”等一起，禅让制的“禅位让贤论”在战国勃兴，这是一种新型的政治转型模式，乃至于面对暴力统治，和平过渡的方式。

对于禅让的不同解释，似乎也是一种竞争：让“让与”来争！

我们思考的重点是混杂现代性处境中的战国时代，几位主要思想家对于禅让的态度。

这个争论，从至尊主权的禅让，走向日常的辞让行为，走向存心伦理学，并且与日常的礼物给予相通，与法制相关，最后，走向超越人类的余让。

## 9.5 庄子的余让：神学政治批判的尝试

哲学对开端的思考，一直处于开端的吊诡上。一方面，不去争夺与占有开端，就不可能有开端的权柄；但一旦争夺开端，就会为开端本身的强力所限制。另一方面，开端一旦让予，尽管让出了空间，但可能就根本无法获得开端的可能性了；或者开端一旦让予，就要一直保持这个让予，不可能让“让予”停顿下来。

因此，在战国时代，在早发的混杂现代性处境中，如何让让予发生，让让予进入竞争，还有另一种态度。那就是并不进入竞争，而是让让予让出，更彻底让出，进入默化之中，庄子道家思想由此而孕育。

在让予的自身要求中，批判的主体竟然是多余的。多余人的余让姿态，把“让”与“余”，以多余的方式联系起来，从而形成“余让”姿态在政治行动中还要把自己转变为多余人的奇特行动。

余让的出场让主体多余化，不再是一元与多元的逻辑，不再是一元中的多元，多元中的一元，甚至也非多元中的多元，而是多余之外的余外。如此余外的个体，作为多余人的个体，如何形成共通体？如何具有政治的效力？余让更具有退让的品德，但余让又必须重返世界？如何在世界之中打开余地？

“余让”也让我们重新理解“禅让”之“让”的另一侧面，即退隐与退让的行为，不是通过禅让获得权力或者位置，而是从余让走向彻底的退让或退出，如此退让者成为多余人形象的体现者。在中国古代，哲学概念性人物或者思想生命不是化身，而是一个个借用的“替身”，比如许由这个形象。而许由只是打开了一个多余人系列，如同庄子文本中那些虚拟的对话者：啮缺、王倪和被衣。

禅来源于自然的蝉蜕，如同嬗变的模拟，还有蝴蝶、蝉虫、蛇等的蜕变与更替，获得新生。就词源上，禅、蝉、嬗等经常互用。禅让体现了中国人对于自然的敬畏，是一种自然化的法则。

既然传统的禅让，是代替也是让出，是传递也是空出，试图为后来者或未来者打开余地，为何在中国政治治理上却一直没有成功？也许王莽的禅让开启了新的历史趋势？也许我们这个时代的民主政治已经在禅让或者余让的姿态中有所体现了？如何在余让中打开新势的可能性？这是思想要通过诊断和批判反省来思考的。

首先，要去除虚假之让，这是故意谦让的虚假姿态，因为已经施加了暴力，不得不让出，或者通过虚假的让出，再次夺取位置。这是身体的姿态，即便让出位置，自己的身体还是在控制，在背后控制位置。

然后是给出余地，彼此可以存活，通过让出，自己后退，让彼此都有余地，让自己成为多余的。虽然政治的权力与强力诉求最不可能成为多余的，但政治的存在本身，就在于最终要让自身成为多余的，成为一个机械的管理者，实现所谓的国家灭亡或者管理机械化、智能自动化。

最终，是“让”在要求“让”，是多余在要求着多余。人类本身就是多余的，自然自身并不需要人类，人类的出现导致了社会等级制，离开了社会等级秩序就不会有人类制度，但余让可以形成另一种非人的制度？从自然中可以学习余让？或者让人类退出自身，进入自然，让自然来为，可以让“让出”发生？而且，之所以要让出，还是因为这个让本身在让出、在空出自身，那是为自然的变化而让出位置。

此多余的舍弃姿态走向政治时，就形成了余让的政治姿态：去除人为，让人为的成为多余的，确实是多余！那就不要做。即便要做，也是剩余的一点点。让自己无用，成为多余的。

那么，庄子文本中所想象出来的神人呢？也是不可信的，神凝的重要性乃是提取宇宙气息之精华。要一直保持自身的无用！政治治理的奥秘就在于：成为无用之人，成为多余之人。皇帝只有成为多余人才可能余存（因此最早的帝王都屈尊称呼自己为“余一人”或“孤家寡人”）。只有成为死者，成为鬼魂，才可能存活。这是魂魄的政治？幽灵的政治学？

“让”之为推让——打开余地；“让”之为逃避或者避让——逃向异域，展现逃逸之线；无处可以逃，但是有着自然，有着人类的多余性的思考与想象。一方面，需要打开余地，有余地才有让与；另一方面，有着让的诉求或者请求，才有打开余地的动力。

庄子《应帝王》之“应”，回应的是什么呢？是应允——余让，对余让的应允。

混杂现代性中的文化批判如何可能？文化批判如何可能有一个立场？在没有绝对超越的维度下，这是余让的吁求，能否让“让予”发生，能否给出“余地”，能否彼此之间有着余让的机会，构成无用的神学当下思考的出发点。

是革命，还是世袭，抑或是禅让？还是梦想一种新的政治姿态？

如何让“让”有着余地，让“让”不陷入篡夺的诡计中？

庄子尝试着面对这些困难：禅让作为对治乱的解决方式，主张非暴力的转让与转移，或者是天授之，天给出让与的命令，但是一旦天命没落，一旦德位不一致，让予如何还有可能？儒家推崇的禅让有着极大的理想性，但并没有自觉清除可能隐含的巨大欺骗性。面对灾难与动乱，庄子并没有立刻从禅让制中寻找答案，而是首先揭示禅让制的虚假，以及让予的不可能性，同时还要去想象新的让予之可能性，因此虚构了一个让予或让与的谱系，这是对许由这个让与人物及其师承谱系的新塑造，而且是与“余”相关的谱系。

在尧舜禅让的叙事中，其实还有另一个伴随的故事，这是另一种让予，对让予的拒绝——却开启了另一种退让。对于庄子，这个人的谦让或者让位，也许更为重要，这就是许由。皇甫谧《高士传》载：“尧让天下于许由……（许由）不受而逃去。啮缺遇许由，曰：‘子将奚之？’曰：‘将逃尧。’曰：‘奚谓邪？’曰：‘夫尧知贤人之利天下也，而不知其贼天下也。夫唯外乎贤者知之矣！’由于是遁耕于中岳颍水之阳，箕山之下，终身无经天下色。尧又召为九州长，由不欲闻之，洗耳于颍水滨。”——显然，许由不像舜那样得位，而是拒绝尧的让予，彻底退出，而且回到自然，洗耳这个动作比斯多葛学派的减缩姿态更生动。

庄子在《逍遥游》中展开了对于许由这个人物的重新想象：

> 尧让天下于许由，曰："日月出矣，而爝火不息，其于光也，不亦难乎？时雨降矣，而犹浸灌，其于泽也，不亦劳乎？夫子立而天下治，而我犹尸之，吾自视缺然。请致天下。"许由曰："子治天下，天下既已治也，而我犹代子，吾将为名乎？名者，实之宾也，吾将为宾乎？鹪鹩巢于深林，不过一枝；偃鼠饮河，不过满腹。归休乎君，予无所用天下为。庖人虽不治庖，尸祝不越樽俎而代之矣。"

通过解构名实关系，以动物的生存需要之卑微为例，从生命政治出发，消解任何等级制，打破特权阶层，通过让予来形成平等，这也与《齐物论》的天倪和天钧相通。

> 尧之师曰许由，许由之师曰啮缺，啮缺之师曰王倪，王倪之师曰被衣。尧问于许由曰："啮缺可以配天乎？吾藉王倪以要之。"许由曰："殆哉圾乎天下。啮缺之为人也，聪明睿知，给数以敏，其性过人，而又乃以人受天。彼审乎禁过，而不知过之所由生。与之配天乎？彼且乘人而无天。方且本身而异形，方且尊知而火驰，方且为绪使，方且为物絯，方且四顾而物应，方且应众宜，方且与物化而未始有恒。夫何足以配天乎？虽然，有族有祖，可以为众父，而不可以为众父父。治，乱之率也，北面之祸也，南面之贼

也。”(《天地》)

在这里，这个新的传递谱系，反向追踪的虚拟谱系，让人重新回到天，“配天”并非儒家的以德配天或敬天保民，而是物的物化，并非夺得位置。

啮缺遇许由，曰：“子将奚之？”曰：“将逃尧。”曰：“奚谓邪？”曰：“夫尧畜畜然仁，吾恐其为天下笑。后世其人与人相食与！夫民，不难聚也，爱之则亲，利之则至，誉之则劝，致其所恶则散。爱利出乎仁义，捐仁义者寡，利仁义者众。夫仁义之行，唯且无诚，且假夫禽贪者器。是以一人之断制利天下，譬之犹一覕也。夫尧知贤人之利天下也，而不知其贼天下也。夫唯外乎贤者知之矣。”(《徐无鬼》)

在庄子文本中，许由这个角色总是与啮缺这个虚拟人物联系起来。这里则是逃避尧帝的让予，解构了仁义道德，彻底批判了贤人政治，因为仁义道德的礼让与禅让也可能是一种贼天下、一种巧取的狡诈方式。如果说儒家式神学政治肯定禅让的至高性，那么，庄子则对禅让作了彻底反思：既要肯定让予，又要提防让予的狡诈，其中有着人心难测的诡诈与思维的吊诡。

善卷、许由得帝而不受，非虚辞让也，不以事害己。此皆就其利、辞其害，而天下称贤焉，则可以有之，彼非以兴名誉也。(《盗跖》)

这里直接指明许由“不受”，不接受禅让，是更彻底的让出，让出所有权利，不是虚假辞让，而是保全生命。

意而子见许由，许由曰：“尧何以资汝？”意而子曰：“尧谓我：‘汝必躬服仁义而明言是非。’”许由曰：“而奚来为轵？夫尧既已黥汝以仁义，而劓汝以是非矣，汝将何以游夫遥荡恣睢转徙之涂乎？”意而子曰：“虽然，吾愿游于其藩。”许由曰：“不然。夫瞽者无以与乎眉目颜色之好，盲者无以与乎青黄黼黻之观。”意而子曰：“夫无庄之失其美，据梁之失其力，黄帝之亡其知，皆在炉捶之间耳。庸讵知夫造物者之不息我黥而补我劓，使我乘成以随先生邪？”许由曰：“噫，未可知也。我为汝言其大略。吾师乎，吾师乎，整万物而不为义，泽及万世而不为仁，长于上古而不为老，覆载天地刻雕众形而不为巧，此所游已。”(《大宗师》)

《大宗师》以许由的逍遥游姿态，退回到以自然为师，进入自然之游，这个游化的姿态有待于再次打开。

因此，《让王篇》以许由开始，就是开启另一个谱系，研究者对此都没有注意到：

尧以天下让许由，许由不受。又让于子州支父，子州支父曰：“以我为天子，犹之可也。虽然，我适有幽忧之病，方且治之，未暇治天下也。”夫天下至重者也，而不以害其生，又况他物乎！唯无以天下为者，可以托天下也。舜让天下于子州支伯，子州支伯曰：“予适有幽忧之病，方且治之，未暇治天下也。”故天下大器也，

> 而不以易生。此有道者之所以异乎俗者也。舜以天下让善卷，善卷曰：“余立于宇宙之中，冬日衣皮毛，夏日衣葛絺。春耕种，形足以劳动；秋收敛，身足以休食。日出而作，日入而息，逍遥于天地之间，而心意自得。吾何以天下为哉！悲夫，子之不知余也。”遂不受。于是去而入深山，莫知其处。舜以天下让其友石户之农。石户之农曰：“捲捲乎后之为人，葆力之士也。”以舜之德为未至也。于是夫负妻戴，携子以入于海，终身不反也。

面对政治本身，庄子如何从“余”的角度思考政治这种生命存在样式？这是《让王》中的“余”：

> 故曰：道之真以治身，其绪余以为国家，其土苴以治天下。由此观之，帝王之功，圣人之余事也，非所以完身养生也。今世俗之君子，多危身弃生以殉物，岂不悲哉！凡圣人之动作也，必察其所以之与其所以为。今且有人于此，以随侯之珠，弹千仞之雀，世必笑之。是何也？则其所用者重而所要者轻也。夫生者，岂特随侯珠之重哉？

在这里，我们看到，庄子对政治的规定与儒家以及西方哲人等是如此不同：政治事务，政治管理，所谓帝王之事功，都仅仅是“余事”。与“一切都是政治”相反，政治仅仅是余事而已，也是多余的，是剩余的而已——根本就不应该成为主导。

为何庄子如此“看轻”政治事务？他看重什么样的政治管

理？他是从治理身体与养身的角度来思考政治的，政治一直是生命政治与生命经济的事情，这里的经济是广义上的生命的养生。

政治一直以暴力为前提与目的，它是最易杀生伤生的行为，因此要减轻政治活动的重要性，不让政治活动成为主导。政治活动最容易成为名利诱惑的场域（《道德经》所谓“兵者不祥之器”），这个如此轻省的事务却导致了最大的灾难，导致殉身死亡，政治家们把名誉与荣耀看得太重了。而减少政治活动，就是余化。

要让看起来多余的余事成为不重要的，恰好需要最巧妙的方式。既然世俗世界已经把政治看作最重要的事务了，如何让如此被看重却导致了生命伤害的事情变得轻省起来？这需要最“重要”的另一种方法，庄子对政治的批判和思考，主要集中在这里，“重”的、多余的事情变得仅仅是“余事”，政治事务变轻了，而生命生养的事务变得重要起来，这是颠倒的转换。让政治变得仅仅是“多余”，余化乃是轻省、减轻政治的重压，让人事有更多自由余暇。

如何余化？要“让”，让政治的事务中也有足够的让与和让出，如同尧舜的让贤、许由的辞让，才可能使政治成为余事，这才是政治的可爱有趣之处，但也是其机巧之处。如果政治一直是重要之事，是主要事务，那政治就不可能成为余事了。相反，越是让与，越是让政治充满了让与行为，“余”就会愈多。当然，这并不仅仅是为了让余事多出来，而且是为了转向完身与养生，让养生有更多的余暇时间，这是一个巨大的逆转的问题。

如果政治哲学和政治神学所关涉的政治行动与政治空间，都仅仅是"余事"，那么，神圣权力仅仅是剩余的或者多余的，就变得无用了！所以，无用的神学与余让的伦理内在相关。

那么政治行为也应该展现余让的姿态，通过让予，给出自己的让与，让彼此可以相让。因此，庄子的文化批判，可以针对政治哲学，也可以针对政治神学：能否给出"让"即至高主权能否相让，就构成文化存活的机会。西方当今唯一神论之间的冲突，需要通过让与来消解？这难道不是妄想？是不是太理想化了？一个康德式的友善的幻觉而已？

"让"之为让与，是不是太平和了？甚至可以说，太平淡了？平淡的让与如何有着批判的力量？而且如何不诉诸任何至高者或超越者？"让"，余让，也与平淡的力量内在相关了。[1]

庄子又如何把"余"与"让"具体相联系呢？下面这一段对话来自《庄子·盗跖》，可以看出争夺与辞让之间的关系，以及"余"与"让"的巧妙分联：

> 无足曰："夫富之于人，无所不利。穷美究势，至人之所不得逮，贤人之所不能及。侠人之勇力而以为威强，秉人之知谋以为明

1 夏可君：《平淡的哲学》，北京：中国社会出版社，2009年。

察，因人之德以为贤良，非享国而严若君父。且夫声色滋味权势之于人，心不待学而乐之，体不待象而安之。夫欲恶避就，固不待师，此人之性也。天下虽非我，孰能辞之！”

知和曰：“知者之为，故动以百姓，不违其度，是以足而不争，无以为故不求。不足故求之，争四处而不自以为贪；有余故辞之，弃天下而不自以为廉。廉贪之实，非以迫外也，反监之度。势为天子，而不以贵骄人；富有天下，而不以财戏人。计其患，虑其反，以为害于性，故辞而不受也。非以要名誉也。尧、舜为帝而推，非仁天下也，不以美害生也；善卷、许由得帝而不受，非虚辞让也，不以事害己。此皆就其利、辞其害，而天下称贤焉，则可以有之，彼非以兴名誉也。”

这个提问者名为“无足”，其名字意味深长：一方面可以解释为不满足；另一方面，联系庄子文本中对“足”的独特身体描绘（反讽并且教化孔子的兀者们），也暗示着此人乃是在石上无立足之地，没有存活的余地；此外，还有第三个更加有趣的隐含意义，“足”之为满足，乃是盈余，或者是不足与少余，比如，“长者不为有余，短者不为不足”（《庄子·骈拇》）；“夫帝王之德，以天地为宗，以道德为主，以无为为常。无为也，则用天下而有余；有为也，则为天下用而不足。”（《庄子·天道》）

庄子必须面对必争的事实，这是因为不足。在这里，无足与不足，构成内在的隐秘关系，汉语提供了如此身位的思考：不足，才导致争执，争求，满足呢，则不争了，但是不足则争，而且还不会认为自己在争夺。有余呢？那就是有余地，有足可以去站立，引申为富余，故意辞让、推让，乃至于放弃了天下，自己也不以为是廉洁。甚至庄子与惠子的“侧足而垫之致黄泉”的子言无用之争，也指向立足与深渊。也许对于余地的测度，启发了海德格尔对这段对话的深入思考？

这两种情态，并不是由于外在的逼迫，而是以法度来自我监察。因此，从两个方面思考有余与无余，可以立足与无法立足。庄子举了两个例子：一个是尧舜，庄子文本对二帝的辞让或者推让，不是赞其仁，而是把他们塑造为保生全身的形象，从保全生命的角度重新解释了儒家三代理想的帝王禅让政治；另一个是许由（这个名字也很奇妙：这个名字“许”诺了“让”的理由或者自由？），对善卷与许由的辞让不受的解释，并不是虚伪的辞让，或者为了得名，不是虚假谦虚的策略性推辞，或者为了立德，而是为了不让事情来危害自己，这两者都没有求取名誉，辞让之为辞让，恰好是辞让之辞让，辞去其害！

有余，所以不争；没有余，就会争；有余，就会辞让，而且不以辞让为德行而获誉；有让与，但并不让“让予”成为新的德性。有余，没有余，都会让：尧舜之有帝位，要给自己以余地，故推让给他者，这是为了保生；善卷与许由无位而辞让，没有自己的余地，不得不逃走，躲避可能的名誉地位，也是为了保生。

中国思想家，尤其是庄子，在轴心时期彻底思考了这个“争”与“让”的两难处境、吊诡的逻辑，试图在一个无道、没有天命或者无势的时代，打开余让的可能性。

针对“争”，庄子提出了“无为”的姿态。不做任何有为的争斗，让予不是针对什么目的，没有任何企图，而是针对自身的：是“让”在让予，让予要求自身让出自身，让予自身乃是无用的。

一方面是无所让予，既然让予把自身都委弃了，真的是无所为、无所用；另一方面，让予是让无来为、让“让予”来让、让无来让。

此乃三重的让，即让予——让无——来让。

针对“让”，庄子提出了“逍遥游”的姿态。让予如果可能，就不再在争夺的逻辑之内进行。既然一切已经被“争”控制，或者世界总体已经败坏，那就只能想象一个不可能的场域，就是进入（这个进入，有着“让”的绝对先在性，或者说即是“游”的姿态）一个彻底异质与虚化的场域。而这个进入，其实是退后所退让出来的，是退一步，以便打开一个外在性。这需要想象一个不可能的空余之地，那个无何有之乡，那个虚托邦，就需要“游”。

“游”乃是“化”展现的姿态，在自身转化与变化之中，游入一个逍遥的场域，生成“游化”的主体。这是庄子“卮言”

的秘密：深入混沌，混沌之为余地一直作为背景，尽管混沌也有着吞噬的危险，但是混沌抹去一切，因此进入混沌，并且打开混沌的裂缝，就形成了新的空余，在此空余之中变异为他者，就有让予的可能性——在空余之地实行无为之让。

因而，庄子思想就潜在地结合了“余”与“让”，只有保有余地，才有让予，只有实行了让予，才有余地，才有新势。余让的姿态，成为文化批判的出发点。

如果现代汉语思想还有其未来，那就是倾听来自汉语内在的允诺，倾听让之吁请，并且打开余地，让“让”发生，让“让”在空余之地发生。

庄子的思想已经给出了这样的吁请与召唤，只是我们一直没有听到。如庄子文本中经常说：“请尝试言之。”我一直相信，这个习语是庄子特有的某种语调，某种谦让的言说姿态，这个“请”的姿态，这个“尝试”所打开的思想道路，如此准备，已经切身在实行让与了。

当然，“余”与“让”之间有着错综复杂的关系，而且，庄子文本中对余让的思考，与个体身体或生命切身相关，如同庄子带有自传的哲学书写与鱼的生命情态相通。因此，庄子的文化批判与个体生命的境况切身相关：这是从个体生命境况和生命保全出发的生命政治批判。

对于庄子，哲学之为哲学，即是生命的哲学（philo-so-vie），尤其以个体生命的肉身以及存活为其思考的出发点。许由是庄子发现或者塑造的一个理想的实行余让的余让者，庄子把自己有关余让的政治理念寄托在这个人物以及另一种传递的谱系上，彻底重塑了一个新的谱系。

在庄子文本中，许由的辞让是双重的让予：对辞让的辞让，这是让“让”继续下去，让“让”得到充分的传递，一直有着让予或者予出，有“让”的余地。许由的辞让之为双重的让予，不同于儒家带有圣王政治理想的辞让，以及后来的辞让之礼。孟子还试图让四端成为新的礼仪法则，即“辞让之心，礼之端也”，由辞让生成新的礼仪，不再是周代的宗法家族之礼仪秩序。如此辞让，在儒家后来确实成了一种新的交往之道，成了儒家言语交往理论的核心精神。

但对于庄子，辞让之为辞让，乃是“对辞让”的辞让。不是彼此在辞让之中辞让，这样会把“让”变成一种礼节、一种日常的礼貌、一种强制性的伦理规则。对于庄子，“让”之为让，如果有着余地，就应该是对“让”的让与：让“让”保持(rester/bleiben)为“让”！

如果辞让成为法则，那可能导致两种情形：要么是当仁不让，一种主体的自觉承担，乃至骄傲，结果可能导致自我献祭的冲动；要么，辞让成为一种礼仪、一种要求，彼此竞赛，乃至于从竞争的辞让中获得虚荣，这样，辞让成为策略性的了，儒家似乎很难从这种困境中摆脱出来。

“让”之为让与，似乎是一道绝对命令，但不可能成为一道命令，它也不可能成为义务，也就不可能成为一种伦理规范。这就是为何让予本身不是一般的道德伦理，如同无用并非庸常的道德行为，而是一种先在的悬置与自由，一种主动的回撤与退出。否则，“让”就不是“让”了，“让”之为让与，似乎预设了心甘情愿，不求回报，不计后果，自自然然！

“让”似乎是最自然的伦理行为——一个奇怪的结合，就是“让”，不是刻意去让，而是不让“让”有着主动的意图，去除自我（即无余）的意图与目的，既不是按照义务也不是合乎义务。

“让”之为让与，就必须——让——这个让——也是让出的，这既是让出自我，也是给他者让出余地，他者之为他者，也是如此余让，这里有着对宽恕、对忠恕的重新理解。

## 9.6 进入廓纳：余让的培育

请让一让。

请再让一让，似乎让，永远都不足够。

如果一个古老的文明与文化，还一直有着存活的价值，有着余存的机会，那一定是保留了一种原初的允诺。对于中国文化，这就是“余让”的允诺！

只要中国文化还在施行余让，还给出了余地，还有着让予发生的机会，这个文化就还可以余存，并且让其他文化与民族可以余存，也就是让世界可以余存。

倾听来自语言的召唤，如此余让，是允让，也是允诺，允诺“让”一直可以发生，一直有着余地。

“让”，乃是发生的思想，或者说，是不断出生，需要不断发生，保持再生的出生，一直保持在出生或发生之中；不是向死而在，也不是死亡的恐惧战栗，而是一直保持在出生的非知识之中。这是气息的“非知识”，是个体的体道知识，是个体微知觉不断实现的自身觉感的总体知识，是莱布尼兹所说的单子的充分感应。此气息的调节是自身的触感，随着时空之不同而调节自身。人应该学习这种生养的气息的培育，呼吸的调节，如同伊利格瑞所言。

“让”之发生：不是自然的自生——自然的冲动与生出，或者被生出；也不是人为造物的被造，以及被造物的再造——比如机器人将来也会自己造物；而是在自然的出生与器物之间的一种发生，一种“合成”的生成。人之为人，一直在发生，不是现存的，而是处于组装与配置之中的可塑之物，如同语言就是在人发明器物时生成出来的，是有待于发生的。人之为人，一直处于发生之中，一直在再次的发生之中。

有几种让予的非知识，其发生与“让”镶嵌在一起（构成 Fuge）。

一、个人生命的出生。这是与母亲的生育相关的非知识：个体生命的到来与归根。

1. 母亲或者女性让他者进入，让精气进入。——“让”之为允让，允许与受让，乃是呼吸的调节与改变。

2. 女性让出子宫的空间，让胎儿生育。——“让”之为承让，之为余让，子宫乃是空余之所。胎盘之为中介材质，与胎儿的呼吸等等的交换，就是 khora 式的。

3. 母亲让胎儿离开：生出来，挤压、排除出来一个外在的生命体。——“让”之为排除，也是自身呼吸的转换调节。

——“让”，在词源与动作上，是攘臂的姿态，或者推开而翻耕田地的劳作。这是最初的耕种培育的动作，当然也是沃土的翻开，是一个翻阅大地的姿态，是展开大地肥沃的姿态。

二、人类生命的出生。这是与人类这个物种生成相关的非知识，是自然——在人类这个类物种出现之前的自然，与直立相对而言的自然，有着变化契机的自然，不受人类规则限制的自然。（人类之为人类一定要有规则，而且是整一化的规则：人类生命的历史进化塑造。）这是姿态语言的非知识：姿态不是语言，不是逻辑规则，而是生长、生养、培植。姿态，乃是直立之中的安眠与丰饶，是摇曳与眩晕之中的饱满丰饶，如同说“丰年穰穰”。人类应该学习这种自然的姿态。

1. 自然让人类出生：让人类生长起来，直立起来。——“让”之为土壤之给出，给出了原野之空旷土壤，以及生命根茎，而且是柔软地给出。与禅让相关的让予，就如同禅与蝉的自然演化形态，因此自然或者天地也是生命连绵的期许、祝愿。此即禅让、蝉联以及禅之为“传”的意义。庄子文本中的“化”也与“禅”相关(《山木》篇有此暗示)。

2. 自然让人类生成：自然让人类可以生变，流变。——“让”之为土壤的翻耕种植，使生命得以生养，而且成为丰饶的生命。

3. 自然让人类独立起来，在自身之外形成自己的空间。——“让”之为丰饶的剩余：茁壮生长，繁茂但又柔软。

——如果与息壤的神话联系（女娲造人所用土也是息壤），那么，这里的壤与“让（讓）”，就是语言与生命的最初出生，以及对生命本身初来之时空的经验。

三、生命的世界出生。世界让世界出生，其他世界发生，新的世界到来，这是世界让世界自身出生，存在起来。“让”之为让予，是推让，是空让。让世界在一个器具装置中配置起来，世界是一个不断更新的配置。

1. 世界让一个生命世界有显现来临的可能性：这是生命之气息，是混沌、纷乱与扰攘中的生成，或者是祈禳中的可再生性。面对宇宙灾变，在灾变中生出一个新的世界，但也是祈禳——禳谢。“禳谢”构成了让与的开始，“让”也是感谢，如同海德格尔让思想（Denken）与感谢（Danken）相关，这是最初的语言。“让”就如同海德格尔说到默语（Sagen）时的那个Legen（安置），不仅仅是放置，也是安置，这个“安”，安养的安，带来了让予的安静平淡。

2. 世界让一个配置的世界来临。——去除变异曰禳。(《周礼·天官·女祝》注："却变异曰禳。")"禖禳祀，除疠殃也。古者燧人禜子所造。"(《说文解字》)——让予的制作乃是一直生产出让予的器具。

3. 世界召唤一个到来的他者。这是谦让，这是宇宙之风：《巽》卦乃是"风"象，有着谦逊与柔顺的力量，大有之后是谦让。这也是为什么有着"天壤之别"，这个"别"乃是区分，乃是分际与分野，在天地之间打开一个新的缝隙。

思考余让的生命，就成为余生。而余生的可塑性或余用化，就是让自然来为。生命技术走向自然化的生命技术，乃是生物技术。生物技术不是生命技术，因为生物技术并非人类技术的发明，而是让自然来为，重新挖掘自然的可塑性，实现技术的自然化，让自然本身再生的技术得以发扬出来。

中国传统乃是"以自然为性"，不强调人性的主宰、人类意志的争夺，以及斗争的撕裂与虚无意志，而注重意志的自然化、意志的植物化，如同传统中国美学中的"梅兰竹菊"，乃是以自然为性，人性进入自然的诗性类比，从而进入生命转化。

自然的再生复制与造血干细胞移植技术，是一种极具潜能的技术，来自自然本身的自我复制能力。抵抗衰老，实现人类长寿的余生，不再是技术虚拟的无余者，也非被排斥的有余者，而是不断长寿或者长生着的余生者，或者说可塑性让无用之物变得有用。

进入廓纳的滋养——让空无来为。自然的可复制性与可再生的潜能，如何成为普遍性生命的出生？它与胚胎发育相关，是生命的养生技术。

如此多重意义上的出生，打开可能的虚空所在：回到廓纳，保持生命活力的出生，这是舞蹈的书写技术；回到母体，这是廓纳与女权的关系，即回到母体的胚胎感应关系，回到子宫或者玄牝之门；回到自然的玄谷，这是自然的虚托邦建筑，大地上的诗意居住。

余让——让让来让，让让来为，乃是所有世界的不断出生，是记忆的复活。如此不断出生，重新出生，体现生命的可塑性，它与非生命的结合，乃是记忆技术的出生与复活，是生命记忆的复活。

虚拟技术与生物技术结合，是否可能让生命记忆再次复活，一直保持无尽的出生？这是记忆的弥赛亚化，是弥赛亚的记忆救赎。“以宇宙记忆为性”，天籁之记忆的铭记，是米姆文化基因记忆的延续，是文化生命记忆的无尽延续。无尽的出生，展现无尽余地的可能性与余让的可能性。

在伦理与神学的形态上，存在主义的“有余论”遗忘了自然，因为人类的斗争，因为现代性过于集中于人类生命尤其是身体，而遗忘了自然。自然可以让生命修复，让多余的生命在自然中获得新的余存。中国文化具有这样的杂多性与混杂性，乃至于从剩余转变为盈余。但问题在于，此盈余也有问题，也可能导致对自然的破坏，比如斩草除根之类的极端行动。

解构主义的“无余论”过于技术虚拟化，过于哀悼，遗忘了身体的短暂与有限性，遗忘了身体的自然性。技术所给予的虚拟空间，看似无尽，但必然是有限的。虚拟技术需要回到身体，但回到身体，却又陷入暴力与吸血鬼的逻辑。

我们不得不反复倾听“让”：让让让，乃是倾听来自语言的内在允诺。中国古代思想，尤其是庄子思想，如果还有未来，那就是进入现代汉语的灾变之中，还能够给出允诺。

给出允让，因为语言之为语言，语言之为消息的传递，已经以这个允诺的给出为前提。文化批判的可能性，也在于是否倾听到这在语言之前的允诺之音。

尽管古代汉语思想并不允诺或者许诺——这几乎是来自西方唯一神论传统的祝愿，但是，经过对允让的唤醒，当代汉语思想尝试给出“余让”的姿态，来回应这一来自他者的允诺，如同德里达对于弥赛亚性与廓纳的双重思考。

# 十

# “诡异”：从海德格尔的“差异”到德里达的“延异”及其超越

进入21世纪的哲学，如何接续20世纪继续展开，并且在东西方思想对话之后，重新有所展开？

尤其历史进入2020年，在一个瘟疫世界化的时代，历史似乎来到了一个特殊时刻：新冠病毒的发生导致全球化的“灾难停顿”，整个世界停止或者悬置在一种惊恐状态（Unheimlichkeit），一种可怕的受挫状态。

在如此这般的停顿状态中，中国思想可以在历史的危难时刻给出思考的新道路吗？

这难道不像1945年德意志战败的时刻？“二战”的硝烟未散，冷战即将来临，整个世界处于硝烟弥漫的消音状态，如同海德格尔在GA77卷《乡间路上的谈话》的系列对话中对于世界荒芜化，甚至世界“荒废”的严酷判断。海德格尔在对德意志战败的彻底反思中召唤一个无用的民族。这样能否从自然的荒野中，或者庄子式的广漠之野中，生成一个新的世界？

这是一个新的差异化世界？这是一种什么样的差异思想或思想的差异？这就需要从海德格尔思想的不同发展方向上重新开始，并且形成我们自己的思想。

## 10.1 存在论差异：早期海德格尔

现代性的哲学开始于对“差异”(difference)的思考，或者由海德格尔的“存在论差异”(Die ontologische Differenz / ontological difference)开始：存在与存在者的差异(ontisch-ontologische Differenz)在于，存在不是存在者，存在不是存在者的存在，也不是存在者的整体，存在甚至不存在，存在与存在者乃是由其所打开的差异化场域的运动所形成的。

这是“达在”(此在：Dasein)对于存在的追问。有一类独特的存在者“达在”，既是存在者，又不是现存的存在者类型，而是“出离”(ex-)出来，追问存在，筹划存在意义的理解。只有走出此常人的被抛状态，才能在操心的基本情调中，向着存在去筹划理解自身，并在生存的出离或外展中，“敞开”一个并不存在的“时空”：Open(das Offene)，即打开一个并不存在的场域(南希后来以 a-reality 来命名)，让存在与存在者在其中重新关联。

存在显现的方式，乃是与“达在”超出自身固有的存在者类型，进入这个敞开的时空，保持与敞开的决断关系，个体的生存决断乃是向死而在，先行到死，这也是敞开一个不可决断的未来。

同时，存在“让”自身显现在这个敞开中，只有当存在让自身显现于敞开中，“达在”与这个存在让自身显现的敞开相遇，仅仅在敞开中相遇，才可能有着存在论差异的发生——“差异”的运动在于：存在者之为“达在”的出离自身，向着存在的意义筹划，进入敞开的“自由空间”，存在本身则是让自身显现出来，敞开自身而显现。

20世纪20年代的《存在与时间》仅仅讨论了第一个维度：“达在”的筹划显现，向死而生与先行到死，通过生存的决心与良知召唤，进入无家可归之地，进入自由敞开之域，但还没有面对存在自身的让自身显现。到了30年代初期和中期，尤其是《真理的本质》一文反复修改所要处理的问题，即存在自身如何显现自身与打开自身，存在本身的真理性显现才成为主导问题。

存在的让自身显现与打开自身，是存在真理的显现，不是古希腊柏拉图以来的命题判断的“正确”，也不是光照的启蒙，如洞穴比喻，而是在场（Anwesen），来到（an）现场，显现为出场，从隐藏中出来显现，去除遮蔽，打开一个“之间”

(inmitten)的不可见地带或者敞开域。

即，真理的显现方式，必须从柏拉图亚里士多德以来的语句判断的真假、笛卡尔以来的主体的明证性给予、德国古典哲学黑格尔式的绝对精神照亮整个世界，这整个“第一个开端”的真理理解中，解放出来，如同“达在”从存在者的各种追问方式中出离。

存在真理自身的显现方式，乃是从隐藏与遮蔽中显现自身，去除遮蔽与隐藏。这不是判断命题的错误，这样就形成了另一种真理观、另一种存在的显现方式：去除遮蔽而显现自身，打开一个“之间”，一个不可见的“裂隙”。后来的世界与大地之争打开的裂隙(Riss)，就是进一步具体展开此显现方式。

海德格尔的存在论差异，其实已经明确与完成：一方面，“达在”出离出来，进入Da，这个Da应该一直保持敞开，因为它针对的是存在的意义，形成Da-sein；另一方面，Sein之为让存在，乃是从遮蔽隐藏中显现出来、来到在场(anwesen)，形成da-Sein，此an打开了一个显现的“之间”，给争执以裂隙。因此，在Da-Sein中就形成了：一个敞开的时空，一个时空的间隙，一个敞开的“之间”，一个林间隙地(Lichtung，GA65卷已经出现)，这就是存在论差异发生的时空领域，也是对于存在本身的重新思考。存在自身的差异论，不同于传统形而上学“第一个开端”以来把存在对象化为存在者、最高存在者、存在者整体，或通过主体的设定与客体的否定，以及辩证的综合，形成存在的闭环。存在自身的差异论，要打开存在自身运作的“敞开时空”。存在并非任一存在者，而是存在与存在者的区分、这个区分的区分化，以及这个区分的不断敞开。存在本身就是这个敞开化的运作本身，是不止息的敞开化运动过程，而非某种存在者或存在者的存在，而且存在本身一直保持敞开的敞开性，甚至，此“敞开”还要在敞开时也保持隐藏的“隐藏性”，如此敞开与隐藏的“悖论”关系，就隐含了更深的“诡异”。

存在论差异，体现为敞开的发生，敞开之为敞开（Offen, Lichtung, Zwischen, zerklüftung），才是存在真理的发生之所、发生地带、发生时空。让敞开一直保持为敞开，就是存在真理的成己（Ereignis）和存在真理的重新发生（er-eignen）。这就是前期海德格尔的基本思想。

## 楔子或困难

【敞开本来也许仅仅是一个奇妙的楔子而已。

楔子并不存在，但又是最微妙的“之间”。】

一旦我们进入敞开，保持在敞开中，有两个困难出现了：

一个是出离的 dasein 之 da-sein（达在），已经成为历史性的民族或者历史性的化身，他会因为出离在这个敞开中，极力保持此敞开的敞开性时，成为暴力的敞开方式，成为独裁者，仅仅是为了保持敞开，以各种暴力、光力，来打开那敞开，而敞开与启示（Offenbarkeit）相关。其后果是，进入敞开之中，要敞开保持为敞开，单靠主体的强力意志是不行的，反而在敞开中导致了更大的黑暗与遮蔽。如同《安提戈涅》中国王克瑞翁的法律规定及其公开透明性，却导致了更大的暴力。这就是为何荷尔德林说俄狄浦斯王"一只眼都已太多"。这也是希特勒的德意志例外状态法，以及施米特敌人政治神学对暴力的认同。

另一个则是"存在"让自身显现的方式（"让存在"［Seinlassen］在30年代初期就已经出现），存在自身的隐藏要显现出来，也是通过斗争进行的，与上面的主体强力意志筹划的敞开相关。但更可怕的是，世界性与大地性的争执，其实还是真理与非真理的"元争执"，一旦世界的争执力量极力让大地性的隐藏彻底显露出来，以其极端强力冲击大地性，也就出现暴力的恐怖（Gewalten/unheimlichest），导致显现的巨大光亮化，恰好"遗忘"了存在自身的隐藏性。

"非真理"（Unwahrheit）自身比真理更深渊化，更可怕，更不显现。犹如安提戈涅的错误或者迷失，尽管面对兄长的尸体，安提戈涅打开了坟墓与死亡的神圣法则或大地的哀悼埋葬法则，但她自杀而死，进入黑暗大地之后，却没有想到，她的自杀导致了未婚夫海蒙的自杀，还导致另一个无辜女性——海蒙母亲的自杀，“尸体堆着尸体”，如此打开的存在论差异，看似敞开，其实是遮蔽，其死亡的牺牲导向更彻底的沉沦与深渊，彻底的下降中（Untergang），并没有上升（Aufgang）的力量。

海德格尔在完成GA65卷的写作之后，更彻底发现了真理之非真理的危险和存在自身隐藏的力量，而不是敞开性。即，如何在敞开中保持敞开的同时，也要让隐藏保持为隐藏，而且又是敞开的，还又是一直保持为隐藏的，否则就会因为揭示而陷入暴力。如此困难的多重显现与隐藏的张力，不是之前的“存在论差异”可以承担的了。

从存在的成己（Er-eignis），到存在的去己（Ent-eignis），一个新的张力出现了。既要进入敞开，让敞开一直保持敞开，进入更大的敞开地带（这需要与隐藏争执，如同世界的敞开性必须与大地的隐藏性争执），又要保持隐藏的隐藏性（lethe，隐藏之为神秘，是不可能被彻底揭示的，但又要让隐藏有所显现），但又不是之前的争执与斗争方式，否则又过于落入显现敞开的暴力之中。如此复杂的发生与作用方式，也不是单纯的成己之事可以完成的。

因此，“存在论差异”之为敞开的地带，之为敞开的裂隙与之间地带，反倒因敞开的敞开性和真理性而遮蔽了存在的真理。这就是德意志哲学，越是追求敞开，越是认识到敞开，反而越是导致了遮蔽，导致了暴力的彻底黑暗化。后来阿多诺写作《启蒙辩证法》反思尤利西斯式的人性狡猾时也有着类似的思考。

这也是存在自身的危险，这是存在自身的问题，甚至是存在自身的终末论，那么，就不再是存在与存在者的关系了，存在论差异就消失了。

## 10.2 踪迹的延异论：德里达的间隔

那么，如何从存在论差异的敞开及其敞开的危险与暴力中走出来？海德格尔后期的思考走向礼物的给予（Geschenken/Geschick/schicken），既然存在的真理之为命运的发生，有着命运不可测的危险，那就要思考如何既要让存在显现，又要自身隐藏；既要成己也要去己；既要在场又要缺席，而且让缺席保持为缺席，让给予保持为弃绝（Entzug），即，反倒是放弃（abandon），而非占有（appropriation）。

如此命运给予的“礼物（gift）现象学”，在给予（geben）与不给予（ver-geben）之间，就是海德格尔思考的存在命运的“踌躇”与“拒予”（尽管在GA65卷中有所思考，给予保持为克制的情调），以及存在命运的重新到来或者发生，由此形成了一个新的差异论。这个差异论不再是存在论差异——在存在者与存在之间，而是存在自身显现方式的差异：存在的给予与否的差别。存在可能给予，也可能不给予；也许天命的发送根本就没有，或者一直在推迟到来；存在可能显现，也可能一直保持为隐藏；或者说，从隐藏出发，思考隐藏的绝对隐藏性秘密，以及隐藏如何偶尔神秘地短暂显现的情形与时刻，将是异常困难的事情。海德格尔的后期思想就进入了这样非常微妙又困难的思考地带，哲学基本上失语了，或者一直处于失语状态。

海德格尔以“四云体”来思考如此地带与时空的敞开。只有当“天地神人”聚集起来，形成一个镜像映射的游戏地带（Gegend），一个物之物化的场域，等候神的来临，并且保持隐藏的隐藏性，这种敞开才有可能。

但是此聚集的方式会导致相关问题：要么过于封闭，四云体形成了一个封闭的圆环；要么过于聚集与显现，隐藏之为神秘到底体现在何处，似乎并不明确；用世界与物的“区分”（Unterschied）来取代“存在论差异”，又与 es gibt 的生成关联起来，此方式与礼物现象学的相关差异也不明确。

因此，一旦我们进入以德里达与马里翁的后续思考为主的礼物现象学，就会明确一个新的差异：延异（différance），不再是存在论差异，而是存在自身之为礼物如何显现的延异。

礼物有三个要素：给予者、礼物在场、接受者。三者必须都是缺席的，都不显现，否则就成了对象化的、可交换的商品，成了对象化的存在者，就把礼物的流动与继续生成，停止下来了。

只能说“有着礼物”（es gibt Gabe），有着礼物的给予与发生，但不能说礼物“存在”着，因此，存在论差异被超越，存在本身被代替，被涂抹（eraser），存在的被打叉（cross），这就是海德格尔后期思想启发整个法国哲学之处。无论是德里达还是德勒兹，尤其是法国的宗教现象学转向，都是以存在的自身涂抹与消失退场，以存在之为礼物的自身取消与自身放弃，来对应耶稣在十字架上的自身离弃。存在被离弃了（a-ban-don，隐含礼物放弃的法则和法则也被离弃的双重约束），存在自身回撤了，存在之为礼物被转让了。

如此一来，不是存在的成己之事，而是存在的去己，存在自身的涂抹，存在之为礼物的给予与否，成为思想的事情，形成了一个新的差异论，即德里达的延异，更肯定天命或者礼物给予的不可能性。

因为，礼物不存在，否则会被固定对象化、被占有而成为存在者，但有着礼物，有着礼物的给予，尽管同时有着拒绝，有着回绝，有着回撤，但此回撤与放弃中，恰好有着存在之为礼物给予的踪迹（trace）。此踪迹的发生，才是存在本身显现的方式。

此踪迹当然也发生在敞开之中，只是更接近于不可见与隐藏，而不是显现，不是海德格尔式聚集。那么如何进入敞开之中的回撤痕迹？德里达提出了延异与间隔。

所谓“延异”，乃是时间的空间化——延迟，与空间的时间化——差异，因为这两者的同时作用，不可能有着在场的显现，事物的显现总是处于缺席之中。但如此运作导致了间隔，即延迟与差异形成了不可对象化、不可测度的“间隔”。间隔也是一个“之间”，但此之间之为敞开，一直有待于发生（take place/ avoir lieu），从未来而来，也从过去而来，但此过去并没有在场，而是事后的补余。

不同于海德格尔的“存在论差异”与“命运的给予论”，对于德里达，开端之为开端，恰好依赖于事后的增补，并没有一个开端可以返回，开端本身已经空无化了，不得不因后来的回溯与增补而重构。而此事后的重构，必然修改了已有的痕迹，就如同已有的踪迹其实已经变异了，被后世涂改过，因此，并非本来的痕迹。这就如同柏拉图的廓纳（khora），接受一切事物留下印痕，但也涂抹所有痕迹，有着某种形象，但一直处于梦幻的变化恍惚之中。

对于未来，礼物有待于以意外的方式，以意想不到的方式，突然发生与降临。这不是“最后之神”的重新返回，这个要来的“弥赛亚”并非已有的文化记忆，也不是唯一神论的上帝，尽管有着过去的历史记忆，但已经因对过去的重构而变异了，到来的弥赛亚是绝对陌生的，是无法判定善恶的，是没有弥赛亚主义的弥赛亚性。弥赛亚什么时候到来是绝对无法预知的。

原初过去有待于事后补余而有着延迟，未来之来临不可预估并且一直差异，这才是延异式的发生，才有着真正的礼物。礼物之到来之发生，就是绝对的意外与惊喜，也是不可居有、不可聚集的，也是即刻消散与消失的，如同耶稣基督死后复活的显现，立刻就消失了，并不停留。

过去不可追回但又留下了有着时空距离的痕迹，未来不可预期但又有着弥赛亚来临的允诺记忆，二者之间的张力关系，就把时间空间化，把空间时间化，形成了间隔。间隔的敞开，对于德里达，还是技术的代具（prosthesis）导致的，每一次技术革命都是敞开新的间隔地带，重新连接过去与未来。

德里达的延异打开了间隔的敞开时空，这是给延异的时空地带，是技术革命要打开的新空间。

## 楔子或困难

德里达所打开的这个延异间隔时空，也有着困难。

礼物给予的可能性与不可能性，有着延异的间隔，并不确定，礼物到底是给予还是不给予？海德格尔认为存在被给予过一次，但被西方的形而上学遮蔽了，存在成了存在者。因此，存在必须再次给予出来，存在让自身再次显现，但存在让自身显现的方式是个悖论：越是显现越是隐藏。如何保持存在给予的隐藏同时还有所显现，海德格尔后期给出四云体聚集方式，试图让天命再次被给予一个等待的场域，这个四云体有着基督教的天地婚宴的隐秘关联，有着荷尔德林和平节日式的宗教期待。但在德里达看来则过于聚集化，恰好是封闭了敞开域。

海德格尔所思考的礼物给予的可能性，启发了法国的神学现象学。圣子之为神圣生命，已经被天父给予出来，因此礼物已经给出了，显现了；但圣子也死去了——十字架之为放弃——也是自身涂抹，如同海德格尔对存在自身的打叉涂抹，上帝也回撤了自己的权柄；随即又被给予了“圣灵”，圣灵的出现，一直是隐藏的，如同耶稣基督的重临，也是隐藏不可见的，需要良机。

这样，圣子的神圣生命的现象学，就是礼物给予的现象学（马里翁的现象学）。在犹太教中不可能显现的上帝，在耶稣那里作为不可能而变得可能，这就是基督教的奇迹与可见性，而且随即又自我抹去（上帝以儿子的身体死于十字架上），随后又再次让神圣生命流动(圣灵的来临)。在米歇尔·亨利看来，内在生命因为耶稣的生命而获得了永恒的痛感（内在生命的唤醒与同感），存在者的生命进入了存在自身的生命，才可能从个体生命的必死性中进入不死性的自身永生的生命，因为接受了神圣生命的礼物，这体现了生命被给与的给予性。

与法国的基督教或者天主教的圣子神学现象学不同，德里达在对礼物给予的思考中解构了现象学－神学及其天主教神学的预设：

1. 礼物之为给予，一直有着不可能性。礼物有着一直不被给予的可能性，一直被推迟了，被延异了，那个间隔一直都在。给予的不可能性，给予的延迟，一直都在，此延迟恰好确保了拯救的机会。在一直还有着机会的意义上，有着敞开性。

2. 礼物给予之为给予出来，礼物的发生，礼物的在场，不同于耶稣之为礼物给予的可能性之见证。德里达认为耶稣仅仅是一个例子，其他文化中并没有这样的事件或者礼物给出来，比如中国，非唯一神论的文化传统中并没有这样的例子。技术之为代具打开的场域，也是公共的，是有待于重新思考的新例子。

3. 那个打开的间隔地带，恰好是礼物给予的可能性与不可能性的“双重约束”，即给予的可能性恰好也是给予的不可能性，但“不可能性”一直都在，德里达更强调“不可能性”，而不像神学现象学更多思考给予的“可能性”。不同于后期海德格尔的聚集四云体，也不同于利科等人的可能性记忆，德里达强调不可能的不可能性，因此间隔的延异就一直敞开着。

德里达所打开的“间隔”，所陷入的“双重约束”，也有着困难：

这就是“双重约束”本身的危机：一方面，看似加深了康德以来“二律背反”的矛盾逻辑，使之更具有现代性的深度与张力；另一方面，则可能陷入无力决断而瘫痪的绝境，本来就是绝境，但最终无路可走，还是陷入绝境的瘫痪之中。

但悖论是，并非要走出此绝境。然而，康德之后的哲学，无论是黑格尔还是马克思，都试图走出此悖论，要么通过否定之否定，走向了整合，消除了悖论，认为仅仅是知性的思维；要么通过实践活动，通过阶级斗争来消除社会差异。二者最终导致了哲学的取消与国家的取消，也导致了历史的封闭与终结。

哲学，必须保持在此悖论中，进入此绝境中，并且一直保持在绝境中，任何试图离开此绝境的冲动，都将取消哲学自身的位置，非常诡异的是，只能在此无出路的绝境中承担哲学自身存活的可能性。

只是在此艰难的绝境中，吊诡出现了：

一方面，要继续拓展此绝境，还不是走出来，不是视而不见，而是对此敞开的间隔地带的进一步加深；另一方面，试图在这个看似瘫痪无力的“之间”，不可能性与可能性之间，打开“余地”，让间隔与可能间隙化的余地被扩大，如庄子所说的“恢恢乎其于游刃必有余地矣”，发明把细小的空隙无尽放大的“技艺”。而且，二者必须同时进行，既要保持敞开之中——显现隐藏而又保持隐藏——的张力，又要让这个显现本身有着余地的敞开，让张力双方不至于断裂，也不松弛。

这种保持张力又有余地的方式不同于以下路径：海德格尔因消除张力与紧张而过于“和谐”化与“聚集化”；马里翁等人的彻底“松弛”——礼物已经给予出来了，剩下的仅仅是圣灵再临的时间性问题；德里达的“僵持”——可能性与不可能性处于延异的僵局中，可能陷入瘫痪；革命左派对于生命政治的“抗争”——彻底消除矛盾后进入虚假平等导致的断裂。其结果都是：没有了余地。

从“绝境中的余地”这个吊诡的逻辑出发，我们必须重新开始，打开新的思维空间。

这是“诡异”（déference）的出现：诡谲的差异，区分的吊诡。

## 10.3 双重约束：可能性与不可能性互为条件

如果有着现代性的哲学，那就是面对哲学自身的处境：哲学本身进入了“吊诡”，一直面对着自身的诸多“绝境”，即哲学不再具有绝对的自身合法性，不再依靠守护的精灵、作为中介的神人或圣者们，以及近代的僭主或献祭的英雄们，而是依靠个体的绝对经验，经过非概念的概念，提升为纯粹经验。

显然，这首先必须面对一个绝对的悖论：个体的经验如何成为绝对的经验？任何概念已经不足以具有普遍性的概括力，但哲学必须使用概念，哪里有着一种非概念的概念？个体的经验又如何具有普遍性？这也不再是神人耶稣的受难所具有的普遍救赎意义——因为每个个体的生命是唯一的，而且牺牲献祭的逻辑必须废除？既要处于悖论之中，又要能够承受之，并非如同传统形而上学要消除悖论，现代性的逻辑反而要承认并且肯定此悖论，因为个体的有限性与必死性，但又必须再次获得绝对性，这就是悖论。但只能接受此悖论，还得承受此悖论，并使之可以承受，这就是吊诡之处。

这也是德里达通过对传统的解构所深刻认识到的，现代性哲学处于自身的“双重约束”之中——可能性与不可能性的双重约束之中（double bind between possibility and impossibility），即，处于 X without X 的基本悖论之中。

X without X 的逻辑，“X 无有 X”，既无也有，非有非无，绝非传统的逻辑“矛盾”（古希腊的矛盾律：contradiction）、“悖论”（古希腊怀疑论的 paradox）和“二律背反”（康德的 antinomy），而是因为哲学面对自身的“不可能性”，而进入了“绝境”（aporia）之中：哲学丧失了自身存在的根据，进入了“深渊”（Ungrund），不再有合法存在的根据，去除了根据（Abgrund），或者必须抹去自身的根据，否则会陷入基础主义与独断主义。现代性的哲学丧失了传统形而上学所具有的一系列根据：古典的理性（或者 logos）、基督教神学的位格，以及近代普遍化或绝对化的主体性精神。

在现代性中，人性之为人性本身，也成为无家可归的诡异幽灵（Unheimlichkeit），人类丧失了自身的所有规定性，成为陌生的无家可归之诡异之物，而思考此诡异的存在，不也是一种吊诡的思想？

如果有着哲学的言说，有着哲学的话语，一开始就如同尼采面对自身的疯狂或者上帝死亡之后的无根基状态：哲学不可能建立任何合法性原则或者根据，进入此不可能的绝境，哲学又有何用？为何还需要哲学？哲学如何让这不可能成为可能，还保持其不可能性？否则又成为传统形而上学的单一根据，又回到根据和原则了！

一直保持自身不可能性的哲学，不就是一种无用的哲学？

无用的哲学所发现的无用的人性，恰好就是让人性或者人道主义成为：人性潜能，无尽潜能与无用的潜能之庇护者，之守护者，之节用者。无用的哲学乃是去庇护人性那些隐藏的潜能，不使之过度消耗而增熵，而是保持默化的革命状态。

无用的哲学就面对着如此“双重约束”而思考“余外”的可能性，在“无余”中，思考是否还有着“余地”，而进入吊诡状态，即至为诡异的状态。吊诡的“吊”可以理解为极至状态与悬置状态，“诡”则可理解为诡异与诡怪，即奇怪的非正常状态。

与庄子的“倒悬”之苦联系起来，一旦进入话语的争论，我们就处于“两难”之中：一方面，哲学面对自身的不可能性，一直要思考的是原则或规则的不可能性。但如果不可能性仅仅是不可能性，那就成了空寂，也毫无意义，纯粹是空无与空幻了，仿佛就成了另一种康德所说的先验幻象；另一方面，又要思考此不可能之不可能性还如何成为可能，这个可能的潜能如何在实现中保持为无用，并非某种固定的可能性与必然性，并非单一的可能性，而是“不可能的可能性”，并且，还是有着不可能性，并非单一的实现，而是保持着与不可能性的关联。

无用的哲学，以双重约束展开自身：不可能性以可能性为前提，可能性以不可能性为前提条件，这种二者的相互关联就是双重约束。但进入此双重约束，不就被彻底束缚与捆绑了？肯定此绝境，是要走出来，还是要遵守这个规则？或者说，我们的生存已经被抛掷在这个被离弃的法则之中（如同让－吕克·南希所思考的），是肯定此双重约束，还是走出双重约束？或者二者不可能决断；既不可能剪开二者，又不可能被困死。如果有着哲学，就仅仅是承受（tragen）此极致的绝境，即吊诡状态，那么，哲学成为一种承受吊诡状态的伦理态度！

无用的哲学认为，任何脱离这种吊诡的思考与行动，都是一厢情愿的假象，都会陷入幻觉或者丧失根本的诚实，因为任一日常现实，在德里达看来，都面对着此绝境：宽恕如此，友爱如此，责任如此，政治决断亦如此！而在“庄子”看来，比绝境更深渊般的思想，则是承受此绝境，还要找到承受与化解的方式，却并不认为可以走出绝境，这是对“无余”绝境中的“余地”之发现。

如果有着哲学的言说，就是进入此吊诡的复杂性，并且寻找可能承受的方式。这是无用的哲学面对哲学自身的无用，而极具自身反省的张力。

对于西方传统而言，可能性有几个相关模态：可能性之为潜能，即可能性要实现成为现实性；可能性之为偶然性，即可能实现也可能不实现；一旦可能性成为绝对的现实性，就成为必然性。这几个范畴的相关性，从亚里士多德到康德的范畴论，直到黑格尔的哲学体系，不过是其彻底完整的实现，也导致了哲学的终结。即，所有可能性都实现了，历史也终结了。

但是，现代性哲学打开了另一个维度：与可能性相对的“不可能性”的维度。传统形而上学不是没有思考不可能性，比如，古希腊柏拉图的 Eidos 其实是不可见的，是纯粹灵魂出窍的目光才可能偶尔瞥见的；哲学家苏格拉底并非拥有智慧，相反只是自知其无知而已，只是爱那个不可见的智慧。又如，中世纪的神学，不理解才信仰；否定神学或者神秘神学中，上帝超越存在，上帝不可能被人类认知，即便有着基督的中介与位格，还是保持为神秘的。再如，笛卡尔从我思推出上帝的完满存在，斯宾诺莎的创造自然的自然，还有浪漫派的要来之神，等等，都面对了存在或者神性显现的不可能性，只是没有使之成为主导问题。

进入现代性的哲学，一旦单一的根据丧失，一旦进入多元文化处境，一旦面对根本恶的处境，此根本恶根本不可能靠人类来思维，就不得不肯定来自魔灵的神秘力量，魔灵显现的不可能之为不可能性，又有着可能之中的不可能性。那么，如何面对此不可能性？如何让不可能成为可能性，还要保持为不可能性的？这就出现了吊诡。

西方现代性哲学对不可能性的思考，已经异常明确了。海德格尔在《存在与时间》中的思考就开始面对这个悖论：一方面，向死而在之为极端的可能性，是要生存保持决断的瞬间；另一方面，死之为不可能的可能性，死一直是先行到死，死只是一种尚未发生的可能性。如同德里达在《绝境》中的解构，海德格尔还是在“向死而在”的可能性与不可能性之间徘徊，这就会导致后来死亡的献祭牺牲——走向伟大的革命戏剧行动，或者纳粹的残酷暴力：牺牲献祭恰好让“不可能”成为“可能”，或者就是成为极端的可能性才有生存的价值！面对此不可能，列维纳斯从相反的伦理性或者面容的维度来思考：面容是“不应该”谋杀的，面容打开了“不可能性”的维面，上帝在面容中有着无限的踪迹，不要谋杀！只有他者的死亡，而并无自身的死亡，因此死亡乃是“可能性的不可能性”，自身“不可能”去经验死亡，死亡乃是“不可能性”被经验的秘密与丑闻。与之稍有差异，布朗肖思考了更为中性化的礼物给予的不可能性，灾异的不可能性。而德里达则严肃面对了多重的不可能性：海德格尔的“死之不可能的可能性”，列维纳斯的“可能的不可能性”（上帝不显现，不同于基督教圣子化身之“不可能性的可能性”），还回应了马里翁的“不可能性的可能性”（天主教的上帝观：上帝的显现与奇迹当然是不可能的，但在基督的爱那里可能了，给予不可能的礼物）。在宗教转向的现象学争论中，礼物给予的可能性与不可能性，成为整个思考的重点。

这也是为何德里达晚期会一直思考“双重约束”：宽恕是必要的也是必须可能的，否则就没有未来；但宽恕是绝对不可能的，否则任何恶都是被允许的；或者宽恕的主体已经死亡，宽恕如何可能？宽恕是绝对必要的，但宽恕是绝对不可能的，这个双重约束，已经非常接近于“吊诡”的逻辑。

在进入双重约束的逻辑之前，我们有必要指出各种已有的可能性的模态。

首先，西方传统形而上学的逻辑对此可能性的模态有着明确思考，从亚里士多德的潜能到康德的图型论，还有黑格尔的《逻辑学》，都进行了充分思考：

1.1. 散乱的可能性：很多可能性，各种杂乱的现象，尤其是各种变化着的感觉印象，也被当作偶然性，离散的，等等。

1.2. 现实化的可能性：成为现实性或者必然的可能性。可能性是指亚里士多德式的潜能会成为现实，而持久的现实就成为必然的，甚至成为唯一的绝对性。康德的模态范畴：可能性－现实性－必然性，只有必然的因果联系，才是现实的，才是真实的。

1.3. 可能性与不可能性的“不相干”：有着不可能性，但仅仅作为“否定的”不可能性而已，或者仅仅作为“界限”而已；有着可能性，那也是与不可能性不相干的，那也是需要避免与被排斥的。或者是可能性的“极致”——极大的可能性而已，或者其实也是极为不可能的：看似极大的可能性，其实也许就是不可能的。如此被思考的“不可能性”就仅仅作为否定或者界限，并没有得到深入思考。

——对于传统形而上学而言，与必然性相关的可能性：可能性作为偶然性，除非成为必然性，才有着现实性，才是实在的，否则就仅仅是一种可能性而已。即，传统的形而上学要求可能性必须成为现实性（从 δύναμις 走向 ἐνέργεια，如同亚里士多德的思考），只有成为现实的（actual），而且是必然的（necessary），才是实在的（reality），可能之为可能才是具有真理性的（truth）知识。这也是人类的认知，只要认识到可能性成为必然性的原因和结果，人类就认知了现象，就有了科学。

其次，进入现代性，无论是量子物理学对于偶发性与可能性的微观世界的发现，还是存在主义对于可能性高于现实性的认知，都使可能性——而非现实性与必然性——成为主导范畴，它有如下三重模态：

2.1. 可能性之为混沌的效应：可能性在现代性成为最重要的范畴，在于上帝死亡之后，标准与法则丧失之后，无秩序的混沌成为思考的出发点。无论是打破已有的规则，还是进入新的领域，混沌及其效应成了一切思考必须考虑的出发点，此混沌效应一直都在，不可消除，如同尼采的发现。

2.2. 可能性之为偶发性：现代性不再贬低偶然性或偶发性，正是没有原因与来由，没有开始与目的的各种偶发性，才让世界充满了魅力，这也是虚无主义的根源，但此偶发性提供了自由创造的机会。

2.3. 可能性之为多元性：现代性与全球化，乃是各种文化、各种价值和各种政治制度并存的时代，也是各种生活方式并存的时代，不再有唯一的价值可以凌驾于各种生活方式之上，各种美好生活，各个种族与文化历史，都有着存在的价值，因此也有着多重组合方式。

——现代性之各种可能性模态，有着各种散乱的偶然性，并没有成为现实性，也没有成为必然性的因果环节，而是随意的、消散的、任意的。这或者是自然状态的随机变化，比如灾变；或者是无意义的人类经验，比如梦中的状态。传统认为这些都是非理性的或者无意义的现象。或者就是多种可能性，甚至连上帝也是一种可能性而已，这就是所谓后现代状态。我们可以设想各种不同的可能性，在各种可能性之间穿行，自由选择，一直保持多样性，等等，这是所谓后现代交错的生活以及多元化的可能性自由选择。其实这些选择还是要么在回避现实性的法则，要么陷入可能性的重复而不自知，或者在结果来临之际无比悲观。

最后，不再是可能性与必然性的关系，不再是各种可能性的并存，而是可能性与不可能性的关系，这也有三重不同的模态。

不可能性的事件，不只是模态。进入不可能的思考，就既非“可能性－现实性－必然性”之间的因果关系，也非“可能性－偶然性－任意性”之间的不确定关联，而是进入一种看似传统思考过但其实错过了的新逻辑——可能性与不可能性的关系。“可能性”不再走向必然性与现实性，也不是仅仅保持为各种多样的可能性以便选择，而是面对自身的“不可能性”，进行决断。这是可能性仅仅面对自身的可能性，同时也是面对自身的不可能性，但此不可能性确实是深渊般的，因为可能性之为无限的潜能，可能也是深渊般的，这是可能性自身的潜能，也是可能性自身的不可能性，但此不可能性并非仅仅是边界式的否定，而是不去实现的保持，是可能性之某种保持为自身可能性的前提。这个“不可能的逻辑”其实是上帝的位置：传统的上帝可以知道不可能性——不同于我们人类仅仅知道可能性与现实性的必然因果联系而已；上帝可以把不可能的变得可能——人类只能把可能的变得可能，而不是让不可能的变得可能。

不可能性，也有多重模态，有多重的内在区分：

3.1. 不可能之为“纯然的不可能性”：“不可能”一直保持为“不可能的”，既是指这个世界不可能被我们人类彻底理解，也是指对于人类自身对未来的某种期待的信仰，尽管不可能知道这个未来，但是以某种期待或者希望来信仰这个未来。但是，不可能之为不可能，已经在这个不可能的肯定中，肯定了不可能本身。这不是否定，而是肯定，肯定此不可能性，或者因为潜能的无限性，或者是让不可能性作为敞开其他可能性的条件。而且它一直保持为无名或者空名，不可能被传统的宗教神学的任何名目代替，相反，这些名目仅仅是某种临时性的借代而已。对于这不可能性，我们只能被动回应。

3.2. 不可能之为“不可能的可能性”：不可能一直就是不可能的，但是不可能还是被我们触及了，尽管这个触及是异常微妙的，作为“遥感”，作为对来临者或弥赛亚的期待，但一直还是有着不可能性。不可能的可能性仅仅是显露一些端倪征兆，面对无规则的变化，反复地铭记，因为对变化的铭记或者回应的反复考察，铭记之中会有某种不可能的相关性，但依然是“无关系的关系”：也许根本就没有与之发生关系，或者这个不可能的可能性的关联是铭记上的偶然的关联而已，无法确保其绝对的关联性。

3.3. 不可能性之为“可能的不可能性”：持久的铭记，在踪迹的铭记中，因为关注于铭记，似乎铭记中有着不可能变化无常的某种规则了，似乎变化的方向——如果不是规则或者法则——有所把握了，但是其实还是不可能的。尽管铭记之为铭记研究呈现出某种可能，但这个可能性的铭写，还是要走向不可能性的，而不是成为可能性的法则。

因此，现代性哲学走向的不是可能性，而是不可能性。尽管海德格尔打开了这个“不可能性”的维度，但是并没有彻底展开，是德里达与德勒兹，南希与阿甘本，彻底打开了这个“不可能性”的维度，与他者相关的不可能性维度。如果有着绝对他者，有着上帝，那也仅仅是不可能性的别名，上帝之为上帝乃是不可能性，是认知与显现的不可能性，是不可能在场的缺席状态。但是如果有着新的人类，如何“让”这个不可能性保持为不可能性，让不可能性成为不可能的可能？让之为“让”，其实乃是“让”不可能性保持为不可能性，或者让可能性的潜能一直有着潜在的虚拟机会，这是原初的行为，但却是“无为”。

无用的哲学彻底思考了此多重的“不可能”（adunamis/impossibility/Unmöglichkeit），在现代性的哲学中，德里达最明确打开了这个不可能性的维度。无用的哲学，更彻底地让可能性进入多重的吊诡状态：一方面，“可能性”不得不与必然性－偶然性－现实性三者保持关联，这是不可能被彻底否定与断绝的，如同不可能认为自己可以走出形而上学，这是我们的历史性处境；另一方面，“可能性”也不得不面对各种可能性，以及其他可能世界的多元关系；同时，还要彻底面对“可能性”与“不可能性”的悖论关系，甚至是“不可能的可能性”与“可能的不可能性”的差异关系，保持不可能性之为不可能性的坚定性。

面对不可能性，如何可能思考？这是逻辑的打断或者新的逻辑。如何思考不可能性本身？不可能性本身显然不可能显现，它不是现象，它不可能被认知，仅仅作为可能－不可能的原初差异关系被思考，如同康德的区分，但是对不可能的思想又如何可能没有可能性呢？这是无用的哲学必须面对的根本问题。

无用的哲学打开了传统一直没有思考的维度：哲学乃是面对自身的不可能性，是思考“可能性”面对自身的“不可能性”，要去思考不可能性。这样就开启了面对哲学的一种新态度：面对不可能性还要思想，面对思想自身的不可能性还要去思想这个不可能性。

## 10.4 绝境的模态：哪里有余地

如果有一种面对哲学的新的态度与方式，乃是面对不可能性以及他者的不可触及性。对于西方而言，自康德以来，本体论－神学死亡，哲学对可能性的思考进入了黑格尔绝对精神的自我终结。在尼采之后，面对上帝已死，整个柏拉图主义被颠覆，哲学回到大地与身体，回到生命的感性与混沌，如何保持感性而不走向知性与理性，而是在感性之中保持哲学的思考或者思议？尤其是海德格尔以后，本体论－神学被彻底拆构，甚至都不再是存在问题了，而是被庸用取代，或者乃是面对无人称句“es gibt”的给予问题，走向礼物给予或让予的思考。

哲学是否走向了终结？如同海德格尔所言，这是哲学的终结与思想的任务。

但是，对于德里达而言，并没有哲学的终结，尽管有着传统形而上学的封闭，关键是打开整个封闭，从里面和外面同时开始，哲学不再仅仅是回到自身，保持自身的同一性：一方面是自身的解构——打破各种中心主义和本质主义、基础主义的预设，打开被压抑的内在的他者，使之移位出来；另一方面，则是让这个被压抑的他者移位出来，与外在而来的、遥远的他者保持关联，不是回到内在，被再次内化与封闭，而是一直保持与他者的张力。无论是伽达默尔还是利科尔，都在内在自身的他者之中思考，海德格尔则有所游弋——在自身的他者与他者的他异性之间，尤其是晚期。而德里达则借助于列维纳斯与象形文字的他异性，彻底打开外在的他者，让这个内在的他者与外在的他者之间保持连接。

在这个意义上，当代中国哲学，同时面对中国传统这个内在的他者，与西方文化这个外在的他者，有着双重的断裂与双重的依赖。学习德里达的解构方式，可以让我们面对自身双重的陌异化与变异的可能性。这就是思考何为他者以及面对他者的可能性与不可能性。

哲学总是要发现新的态度。这种新的态度也是对康德以来的哲学的解构：康德对哲学的思考乃至于对人类认知的可能性和限度的反思中，哪怕绝对律令也是在自由意志之中可能被倾听到的、可以遵循的，黑格尔的绝对精神不过是这种可能性的彻底实现而已，人类因而走向终结；经过尼采之后，哲学打开了不可能性的维度，经过海德格尔所谓此在向死而在之为不可能的可能性，到列维纳斯与布朗肖所谓死亡之为可能的不可能性，终于走到德里达之死亡的可能性与不可能性的双重约束，或者绝境的逻辑。

这个绝境的逻辑解释了西方文化在全球化、世界化以及世俗化之中，每一个个体生命都面对着一种可能性与不可能性并存且互为条件的经验：传统形而上学把不可能的经验诉诸神秘，宗教或者神学，或者不可知论，而启蒙之后的个体则进入了这个不可能性的经验，死亡已经成为个体有限性的标记，同时上帝之死也让每一个个体承受世界本身的创造性，造物与被造物的区分失效，神性与人性的区分、人性与动物性的区分也相继模糊。

每一个个体在日常生活中都在面对可能性与不可能性的双重经验：如同德里达的思考，如果宽恕是可能的，就意味着任一恶性都已经被宽恕，也就会导致穷凶极恶的事先免责；如果宽恕是不可能的，即如果不去宽恕那最不可宽恕的恶性，宽恕确实就仅仅是原谅而已，而非绝对的宽恕了；而且，宽恕的不可能性还必须与宽恕的可能性互为条件，即宽恕那不可宽恕的，但又并不放弃不宽恕的可能性。宽恕总是有着不可能性，比如被害者死亡（那就只有死去的幽灵才有宽恕的权力），以及对作恶者的正义审判悬临的可能性（正义的理念已经临在），两者之间不可能有着决断，而是一直要去“承受”这个比“两难”处境还要彻底的“绝境”。这就是哲学的张力与活力，只有哲学家的无尽觉醒，才可能保持住二者之间的关系。因此，如同德里达所言，这也是主体的受难，如果还有着所谓主体，即是进入这个可能性与不可能的双重约束之中，并且能够承受，承受的张力与限度构成了主体存在的尺度。

无用的哲学开始于绝境，进入德里达所说的无路可走：a-poria，就是进入绝境，一旦寻找出路，就如坠入深渊般地落入吊诡之中：一方面，正是试图走出绝境的欲望导致了假象，人类不可能走出绝境；另一方面，不试图走出绝境，人类就丧失了永恒的信仰与动力。这才是极致的悖论：我们身处此言说的危险与困难之中，吊诡是危险的，也是诡异的，其中隐含着其他可能性，因此也许可以戏拟荷尔德林的诗句：“哪里有吊诡，哪里就有拯救。”

如果不可能走出，那就得承受，这就是为何忍耐是一种至高的德行：没有希望的希望，没有拯救的拯救，无论是本雅明还是阿多诺，无论是阿甘本还是齐泽克，也许都深刻认识到这一点；反而右派要更乐观一些，但一旦我们思考到“无知之幕”与自由的自然化发生，而非计划性管理，一旦我们认识到自由的出离经验，自由与深渊的关系，那么接受不可能性之为不可能性，就成为一种必要的日常修炼功课。

这也是为何卡夫卡的整个写作都建立在不可能性的条件下：不可能写作，不可能用德语写作，不可能以别种方式写作，不可能“不写作”，甚至不可能以犹太人身份写作，而成为无用的文学。如果有二十世纪文学，也是不可能的文学，无用的文学，当然，艺术也是如此，必须成为某种无用的艺术。

但是，在可能性与不可能性之间，德里达对双重约束的解构会陷入困境：一方面，可能如同不可决断，被悬置起来，确实是无用的，很多批判者认为德里达的解构，要么只是语词的游戏，要么在不可决断中等待，哪怕“到来的民主”因为其一直处于到来之中，并不具有当下行动的功效，被无限期地延宕了；另一方面，解构本来就应该承认自身的无用性，在无余之中找到余地，只是德里达对此余地的敞开，一直不大明确，虽然这与廓纳（khora）相关，但对于廓纳的思考一直被可能性与不可能性的逻辑掩盖。

在可能性与不可能性之间，如果还有着余地，那么如何打开？那就要进入廓纳之中，既非感性也非理性，既非可能性的条件，也非不可能性的条件，而是打开二者之间的余隙，几乎不可见的余隙。

对于他者的接纳而言，绝对的友善是必要的、应该的，但如果这到来的他者带来破坏与伤害，如何避免？如果因恐惧他者而有所选择的话，那如此接纳就经过了判断标准，不再是绝对的了。德里达则是在两者之间打开间隙，就像康德的调节性原理与构成性原理，理念不可能成为构成性的，如同绝对的无条件性，康德的思路是，通过“好像”（als ob）来进行，或者通过艺术品与有机体的“类比”，但康德一直承认二者之间的差距。

德里达对调节性原理展开了几步：

1. 第一步，首先通过游戏的方式来解构。解构对于“结构”之暴力的拆解，乃是认为结构本身不可能自身完整，除非通过暴力的力量，而游戏则通过各个要素的自由组合，摆脱唯一结构的强制性。自然或者混沌的领域并没有这样的强制性人为建构，当然，游戏之为游戏，也有这自由性与无用之处。

2. 第二步，边缘的解构与移位。对于结构框架的拆除，即任何一个结构都需要一个框架（enframe），但此框架可能只有装饰性功用（par-ergon），并没有实质用处，但是离开了这个看似多余的装饰性框架，结构不成其为结构，这个外在框架既是结构外面的，也可能是框架外面的，还可能就是边界上的，但也是内部结构不可或缺的，此无用的框架却框住了结构，如果解构，就从此边缘处开始。

3. 第三步，未来先行的履行。未来是由弥赛亚的降临所确保的，但这是没有弥赛亚主义的弥赛亚性，不是每一个固定的他者，也即通过幽灵的召唤来做功，召唤幽灵们，此幽灵的到来无疑有着神秘的力量，而且具有履行性。

4. 第四步，虚位或廓纳的混杂理性。廓纳具有梦想的特征，具有一种慷慨的容纳性，但德里达还是对此女性式的慷慨性保持了克制。

无用的哲学与庄子对话，既是与梦有关，比如庄子的梦蝶，也是与自然的混沌转化相通，由此打开自然的力量。如此自然化的力量，不同于康德在讨论艺术与目的论时的类比，此类比还需进一步充实，这就是廓纳的浑化，但此浑化如何打开余地？回到海德格尔对于寥廓地带的思考，就是自然的发生，打开广漠之地。

无用的哲学，只有一种逻辑，那就是吊诡的逻辑，这就意味着哲学被悬挂起来，处于不确定性之中。

如果有着新的开端，哲学将开始于面对吊诡的处境，思考吊诡乃是面对哲学自身的不可能性，乃是让哲学成为无用的哲学。

而要思考吊诡，必须从广义的悖论开始，这包括：矛盾，二律背反，症候，绝境，直至极致的悖论（吊诡）。

1. “矛盾”（contradiction）：面对一个事实的逻辑判断，出现两种冲突或者不一致的判断。而且，一般而言，其中必有一个错误，一个正确。这就是经典的矛盾律与排中律的逻辑原则。

——在中国古代，韩非子寓言故事中就讲到“以子之矛攻子之盾”的逻辑。或者如庄子《齐物论》所说的：“故有儒墨之是非，以是其所非，而非其所是。”

2.“二律背反”(antinomy):这是康德的贡献。承认判断有着矛盾,但是这个矛盾不可解决,不可消除,比如,世界是有限的还是无限的,二者可能都是正确的,但我们人类有限的知识不可能判断它们。而且,正是因为我们人类可能是有限的,但也可能是无限,可能是必死的,但也可能是不死的,才如此体现出人类本身的奇特模糊性与不确定性,不能只是肯定一方。因此,二律背反正好就是人类本身奇特特性的体现(我们是有限的人类,但想成为不死的神)。

——在中国古代,二律背反则是与庄子关系最密切的惠子的逻辑:“大同而与小同异,此之谓小同异;万物毕同毕异,此之谓大同异。”一切皆同也一切皆异,这也是庄子为何会说“天地一指,万物一马”,又说:“以指喻指之非指,不若以非指喻指之非指也。以马喻马之非马,不若以非马喻马之非马也。”——这就是面对了惠施二律背反的逻辑,甚至,惠施的逻辑可能代表了中国古典时代最高的逻辑思考。

3.“症候”(symptom):对于不显现或被压抑之物的变异显现,其中隐藏着不可解决的自我压抑的表征。精神分析的症候群乃是对于无意识压抑的变体显现,需要从症候中分析与发现其原初创伤。与逻辑相关,事情已经处于矛盾或二律背反之中,或者因无法解决而茫然,从而形成压抑与自我障碍。不是像布里丹的驴子最终饿死在两堆草之间,而是无力解决矛盾而陷入压抑的恐慌与自我纠缠之中,或者不断放大此不可解决的惊恐，导致自身免疫的自我摧毁。

——在庄子那里，比如“朝三暮四”可能就是此症候的寓意，甚至与惠施争论“子非鱼安知鱼之乐”也是如此，惠子总是要进入严格区分中无法自拔。或者，惠子死后，庄子以“运斤成风”的故事暗示两个人的关系：是危险的合作，但也是必须配合的表演。这也是一种症候。

4. “绝境”(aporia)：进入“二律背反”中，认为有限与无限的两重解决方式都行不通，不是康德式的肯定二者，而是“同时否定”二者。或者是这样的：一方面，肯定二律背反之不可消除，即出现了可能性与不可能性的双重约束，或者普遍性的 X without X 的逻辑——这个绝境的逻辑，是现代性对不可能性的激情，是不可能性的可能性之发现的冒险；另一方面，同时否定二者，认为还存在着其他方式，比如“或许”(perhaps)或“余化”(rester)的逻辑。或者二者之间有待于不断去发现(invention)新的要素与其他例外。这个“或许”的逻辑，在德里达那里最为明显，也隐含着余化的逻辑。

——在庄子那里，则是梦中还有梦，是“藏仁以要人，亦得人矣，而未始出于非人”与“一以己为马，一以己为牛，其知情信，其德甚真，而未始入于非人”的绝境。即，一方面，有仁义，但没有放弃是非；另一方面，放弃了是非，却成了动物一般。人类要成为非人，如何可能？

5. “吊诡”(treacherous paradox 或者纯粹的悖论：pure

paradox）：也从“二律背反”出发，也进入了“绝境”，确实处于绝境与危险、变化莫测之中，与解构的双重肯定与双重否定异常相似，但又不同，差异在于“吊诡”不仅仅接纳“或许”的逻辑，而且进入“余地”的逻辑，即承受二律背反的绝境，不可能自认为可以走出来，但也不陷入死地，不受牺牲献祭的诱惑，也不被症候控制，而是在清醒与梦幻之间，在一种准－白日梦式的状态中进行游走与游戏。

——在庄子那里，则是“庄周梦蝶”的“物化”：有所分，但又有所梦，这是物化。

这个 X without X 的逻辑，是德里达与布朗肖的发现，并且体现为现代性最具普遍性的悖论或绝境。与无用的哲学相关，“吊诡逻辑”在法语中最恰当的表达，围绕 pas 的诡步展开：pas sans pas，这是一个具有歧义的位置，一个尴尬与停顿的门槛一般的位置，一个无法决断的两难位置，一个可能的虚位。尤其是当法语继续书写出“sans sans sans”这种近乎噪音的句法时，就无限接近于吊诡的逻辑了。布朗肖与德里达对此的书写，无疑已经是吊诡的逻辑了。

因此，“吊诡的逻辑”如果翻译为外语，最好是由 pas sans pas 与 sans sans sans 合写而成。即围绕 X without X 有三个步骤：

1. 首先是一般意义上的 X without X，比如，没有可能性的可能性，没有主体的主体，没有书写的书写，等等，揭示出比二律背反更彻底的绝境：这是自身相关的自身否定，但重点还是落在 with-out 或 with/out 的自我切分上，它是多余出来的又并不存在的这个“之间”的切分，不落在两边，即不断自我抹去。

2. 其次是法语所最独特书写出来的 pas sans pas 的逻辑，这是布朗肖的独特书写。因为在法语中 pas 具有 step/stop 的双重意义与同时性混杂，这个句子可以是：没有步子的步子，没有否定的步子，无的步子，没有步子的否定，等等，一直无法决断。

3. 最后则是法语继续繁衍出来的 sans sans sans 的句法。在法语中，sans 的发音与 sense（意义，感受）以及 sang（血），还有 cent（百分比）相似，因此，可以继续播散，在看似噪音中却生成不可觉察的新的感受。这样的句法开始走向极致的绝境或悖论，因而近似于吊诡，但却容易播散而迷失。

庄子在《齐物论》中的逻辑也是如此展开，通过比较会更明确：

1. “故有儒墨之是非，以是其所非，而非其所是。”因此，需要消除一切是非之争，走向“方可方不可，方不可方可”的游弋，就是如此 X without X 的逻辑。很多对于庄子的逻辑批判并没有切中要害，就是并不明白庄子乃是深入到逻辑的绝境处。庄子不陷入任何辩论，就是充分认识到 X without X 的自身相关性，不是与他者辩论，而是自反性的自我消解。

2. “因是因非，因非因是。是以圣人不由，而照之于天，亦因是也。”“彼亦一是非，此亦一是非。”因此，需要走向“彼是莫得其偶，谓之道枢”。这个道枢的位置就是门槛上的位置，一个中空的位置，似乎可以伸向每一个周边的位置，却并没有落实在周边的任一固定位置上，而是一直保持其开放性。

3. 这才有“枢始得其环中，以应无穷。是亦一无穷，非亦一无穷。故曰：莫若以明”。因为环中的中空，可以保持无尽的变化，不管是非之无尽，“以明”乃是明确这个中空的位置，这个葆光的方式（如同海德格尔思考庸用的庇护）生成无尽可能的世界。

当然，在这个环中的道枢虚位上，有着灵根种子的生成，有着天倪的种子与天钧的平等，并且一直保持为虚位生成，是廓纳式的生成，因此并不占据位置，人性之为人性，就成为无用的庇护者。

我们甚至可以说，整个西方现代性哲学就是不断接近此吊诡的极端状态。

如果面对拉康所说的实在界“小对象 a”的空缺，只有临时的替代物，比如男根，这里会出现几重根本的差异：

1. 矛盾：承认无意识之为他者的欲望，而这个大他者是不可能显现、不可能获得的。但人类欲望就是试图去获得，这是矛盾之处。

2. 二律背反：尽管不可能拥有他者，不可能获得现实的真实，但人类的生活本身就是现实的，一切都在生活中，还在活生生演变的生活中，这本身已经是秘密，或者无处不在的各种暴力冲突导致的混杂症候。拉康通过临时性的代替物，比如阳具来暗示大他者的空缺。但是问题是：可能会执着于此阳具。即二律背反的悖论是：既要承认实在的空缺，又必须体现此空缺，无论是以什么临时性的替代。这也正好体现了这个现实世界的时间性：我们都处于某个时间点上。如同佛教的佛的化身，只是幻象而已。

3. 症候：对于齐泽克，不可能只有一个临时性的替代物，而是很多，并且混杂为泥沼的状态，而且充满了危险的竞争，充满了不可能占有的挫败感，充满了迷狂的填充，或者自我的变异。这在美国好莱坞很多电影中体现得最为多样化！

4. 抹去：这是德里达更深入的思考。一开始就有着替代与替补，本源或者大他者其实是增补出来的，但是还需要同时也抹去自身。如此自我抹去必须不断进行，以保持对于那个空缺的敏感。否则任何代替物其实遮蔽了那个空缺。但那个空缺或空无，既是不可能的深渊，也是深渊边缘的事件，如同黑洞的显现。这是双重的抹去：一方面，任何临时的代替物或历史代替物——比如犹太教的弥赛亚主义——需要被抹去，不可能固定化；另一方面，那个到来的弥赛亚或者不确定之物，在来临之中，但并不显现，不可预估，总是一个深渊。

如同策兰《赞美诗》所表达的，一个空无，既是诗歌单词字母的 O，也是神性的自空化，且此空无无法再次获得可能的化身，反倒只能化身为十字架上痛苦的流血的身体，一朵花的灵魂躯体，但只是一个空无的化身。尽管让此空无挺立起来，是一种空无的神学。

5. 虚化（enchorialise）或默化：这是无用的哲学要接续的思考。德里达的问题或困境在于：一方面，抹去历史的代替物或解构之，是可行的；另一方面，面对那个空无的深渊或不确定的到来的他者，却有些无措。中国文化传统的回应是，一方面，那个空无就是一直保持为空无，无论是庄子的“虚室生白”还是佛教的“色即是空”，空无一直保持为空无，不可填充，但也不是深渊，而是与自然性或自然的浑沌相通。空无并非自然物，而是自然发生与变异的条件。另一方面，此空无并非孤立的或者对象化的，而是与其他物，或者临时性的代替物发生关联。这个临时性的代替物也是来自自然，但并非自然物，而是拟似自然物，却又一直保持变化，而且通过技术的塑造，实现自然与技术的重合，但又要保持变异生成，保持其可塑性与可再生性。

这就是中国山水画上“空白的韵化”：一方面，空白保持为空白，具有现实性——这是自然的丘壑，但并非丘壑，而是空白的余留而已；另一方面，则是边缘的烟云气化，此气化之为临时性的代替物，并非画出来的，否则成了烟云或气，而是余留出来的。因此，这就很好地回应了德里达与齐泽克的困境，而且并非病理学的，并非欲望的表现，而是自然的生长，通过人类绘画之手的技术，保持自然的生发性，甚至有着烟云供养的治疗。这种默化的思想与齐泽克等人的差异在于，让自然来为，让空无来为，不是左派的革命——寻找临时性具有真理性的革命主体或阶级，而是要唤醒自生的天倪，培育灵根的种子。

## 10.5 “诡异”：有用与无用的庸用论

无用的哲学，开始于面对哲学自身的无用，也是面对哲学自身的绝境。

一旦面对哲学自身的无用绝境，哲学就可能转化为思想，这体现在海德格尔那里，在某个危难时刻。海德格尔那里还有另一种可能性，即我们称之为“第二次转向”的时刻，1943—1953年，尤其是1949年“四云体”成为基本模式之前，处于“二战”结束时的艰难历史时刻，处于思想艰难转折时期的海德格尔，打开了另一个思想的空间。

这是西方至今尚未思考的领域，看似有所触及，但实际上还远远没有打开。

这是另一个海德格尔，我们称之为“第二次转向”中的海德格尔，而且是受到中国道家深度影响的海德格尔。

为什么海德格尔的思想会从1933年参与政治的“行动”，走向1945年“让予”的原初伦理姿态？

这来自存在本身的两个方面：

一方面，存在历史的真理体现为命运的决断时，需要一个行动的民族、一个历史性的此在，而德意志可以作为备选。对于海德格尔而言，德意志民族本来应该具有被拣选的资质(以回应西方没落的警告与文化复兴的号召)，但需要回到希腊，获取荷尔德林诗歌中发现的希腊性而非西方化的既有命运。这是本己与陌异之对立的和谐（德意志水性的清醒表达与希腊火性的天空火焰的结合），并非现实历史中的希特勒纳粹法西斯主义，因此他可以一直认为自己不是纳粹。而《黑皮本》中的反犹也是存在历史命运的反犹——构成现代性巨大计算思维中的一个重要因素，随着现代性的自身灭绝，反犹也会灭绝；如此推导当然充满了惊恐，这是与现代人性的恐怖性内在相关的，任何思想都被此恐怖传染。

另一方面，则是存在本身的问题甚至危险。海德格尔越是追问存在的真理性，越是让存在的真理在“争执中”显现，无论是世界与大地的争执，还是真理与非真理的元争执，都导致存在进一步的自身遮蔽。因为如此争执看似显现了存在，其实反而遗忘了——存在自身是绝对隐藏的，存在越是显现越是自身隐藏，而且以显现的方式保持隐藏；越是以斗争或争执的方式去显现，越是导致存在的自身遮蔽，也让存在本身进入巨大的危险之中。

现实历史的危险——纳粹德国引发世界大战，而且在1942

年左右与代表大地性的俄罗斯决战时遭到失败，不就正好应验了大地性的自身隐藏比世界的显现敞开更具有力量？海德格尔1943年彻底思考了存在自身的“隐藏”（lethe）的重要性（GA54的巴门尼德卷与GA55的赫拉克利特卷）：不再是存在的显现临在，不再是存在的还原（Seyn），而是存在的危险、存在本身的终末论，是存在自身导致了世界的危险，根本的责任在于存在自身的命运，不是人类的命运，人性只是被利用而已！存在摆弄着人性，这是存在本身的悲剧，是西方文化历史性总体性的失败命运，世界彻底非世界化了，人性彻底荒芜化了。

因此，“存在”一词必须被放弃——从之前的“存在遗忘”与“存在离弃”，恰好走到了应该被彻底离弃的绝境，“存在”必须被打叉或涂抹，因为存在一词及其思维一旦被运用，必然再次导致更深的遮蔽。“存在”甚至必须被替换，即，以“庸用”（chreon）这个更古老的词来替换，由此转向对“庸用”的思考，形成有用与无用的新差异论，道家的思考资源就可借用了。

这才出现了1943年开始的“第二次转向”：

第一，存在的隐藏（lethe）比存在真理的显现（aletheia）更重要，而思考存在的自身隐藏又非常困难，必须改变所有的logos，重新定义语言本身与思想本身。对此隐藏的思考，不再是之前真理与非真理的“争执”，或者世界与大地争执出来的裂隙，而是“爱”——“自然爱隐藏”——是有着善意好处的仁慈（Gunst）与和谐的友爱。德里达在《友爱政治学》和《海德格尔的耳朵》中对此有明确的思考。

第二，存在本身被放弃，“存在的危险”必须进入主题化的反思，存在必须被庸用取代。一旦思考“庸用”（chreon），就与中国道家关于有利与无用的对比关联起来，“无用的必然性”以翻译的方式开始施加影响，因为涉及“不必要”（Unnötige）、“贫困”（Armut）、“急难”（Not）以及“必然性”（Notwendigkeit）自身的语词转变，整个传统的存在性思维不再有效。必须把哲学从古希腊以来的形而上学逻辑“可能性－现实性－必然性”中解放出来，这个解放的自由（Frei）之转向（verwandeln），又与使用或运用（Verwendung）联系起来，才可能走向“无用”（Unnötigen/Unbrauchbarkeit）。只有把德语的语词与希腊语的词源相互转化，才可能把日常习俗或通常之用（Brauch）与哲学存在论的“大用”（Brauchen）关联起来，从而走向“庸用”的思考。

第三，历史命运的主体，作为战败的德意志人，尤其需要反省与更新：这就需要逆转，成为无用的民族。从斗争、“我的奋斗”、以战争获取空间（施米特的大空间与原初法则的区分），到存在真理的元争执，整个斗争的行动逻辑都必须被彻底放弃，人性必须全然成为“无用的”，在荒芜与荒废中，在广漠之野中，重新生成出来。德意志的民族特性必须改变。此改变并不仅仅针对德意志，因为整个现代性的人性已经进入了“庸用的终末”，已经为技术的谋制与总体性的利用所支配，要摆脱人性的被控制与被利用，人性本身就必须彻底改变——成为“无用”的人性。至此，道家的无用思想真正介入了。

第四，新的思维方式与思考空间的敞开：“第二次转向”必须进入一个新的空间，一个 lethe 式的非对象性地带。这就是从 chora（廓纳），走向 Gegend 或 Gegnet 的广漠寥廓之野，进入此寥廓的思维。这个方式不是意志力与计算式的，而是另一种方式的“接近”，即 gelassen 的让予方式。

“第二次转向”中出现了四个方面的转化：对于存在自身隐藏的思考，存在本身的危险及存在被庸用代替，历史命运的主体或者德意志的人性必须彻底无用化，新的思想空间的敞开必须以让予方式进行。具体而言：

1. 第一个是“前苏格拉底的转向”，也许不一定与中国道家相关。但道家对于隐藏的思考无疑更充分。二者之间可能形成丰富的对话。在仁慈、节用、静默与自然显现的方式上，有着多重对话的可能性。

2. 第二个方面，明确受到卫礼贤翻译的影响。对于阿那克西曼德箴言的几次翻译，从1938年、1942年、1945年到1946年的翻译过程可以看出，与1945年《论贫困》的演讲一道，直接受到道家影响。这是转向的必要条件。

3. 第三个方面，德意志民族作为历史命运决断的主体，现在遭受到最痛苦的打击，必须承认彻底失败。极端的有用或者存在真理命运的化身，无论是希特勒的种族主义还是海德格尔的精神筹划，无论是打开另一个开端（GA65）的企图（海德格尔前期的思考方式——筹划与决断），还是整个西方的历史人性（有理性的动物与权力意志技术化的现代人性），都失败了。只有彻底变得无用，才可能有转化的机会。这就是《晚间交谈》中的呼吁——成为一个全然无用的民族。这不仅仅针对德意志，也是针对人性本身。人性的无用化，人性之为庸用或无用的庇护者，这就是1946年《关于人道主义的书信》的核心规定。无疑，这也是来自道家的启发，是必要充分条件。

4. 第四个方面，进入新的敞开地带，之前的筹划与决断不再合适，在此寥廓广漠地带，如何让存在接近？人性如何接近隐藏的存在自身？只能采取“让予”的方式，因为存在的自身隐藏不再可能通过筹划与斗争的方式获得，存在一直保持自身的不显现，而此不显眼的显现还是不显现的——这就是让予，只有通过让出、让出道路、让开，“让让来为”，才可能形成此敞开空间。反过来，只有有着让予的“余地”，才有着新的不被对象化的敞开地带，才可能接近此敞开地带。这个方面是否一定与中国相关，并不绝对，因为埃克哈特大师提供了让予的行为姿态，但考虑到GA77卷的特殊时刻与对话的整体性特征与《晚间交谈》相关，应该也受到道家影响，卫礼贤的翻译已经提供了让予的翻译暗示。

从这四个方面看，中国道家思想对于海德格尔的“第二次转向”无疑有直接或间接的作用。

道家对海德格尔的影响是深远的，从GA65卷已经开始，跨越1943—1947年，直到1949至1953年间基本上确定下“四云体”的模型，但是这个过程却面对着几个相关问题：

其一，海德格尔试图从之前的存在论差异及其危险中摆脱出来，更彻底认识到存在自身的危险与隐藏的重要性。

其二，试图打开敞开间域，但这个间域之为敞开，不仅仅要抹去存在，而且要发现存在自身的终末论根源，乃是与“用”（chreon/brauchen）相关，是存在之用导致的“最后之用”，但“用”或“庸用”并没有得到彻底分析。在没有思考“用”之前，任何转向都不可能，而且“用”还是“存在”最古老的名字，但西方思想并没有深入思考过“用”。用（有用与无用），以及“无用的必然性”，这样的思考就来自道家。

其三，面对存在的拒予，存在再次发生的不可能性，存在被“用”取代，那么，如何让无用发生？以无为用，用无用，让无来为，让让来为，如何可能？这是思想迄今尚未面对的问题。而这又与道家思想相关，但这也是中国道家思想尚未充分思考的。这就打开了新的可能性，在GA77卷中体现得最明显。但很少有学者去面对GA77卷打开的地带——另一个更敞开、更间域化的荒野地带，广漠之野。

其四，回到对于敞开的酒壶之空无空间，从GA65卷开始就面对了这个空无，但从1943年对于荷尔德林诗歌中敞开之为“之间”的思考，到GA77卷之中的广漠之野，再到物与世界的区分，尤其是海德格尔触及隐藏的隐藏性及其显现的困难时，其世界与物化的区分中，已经隐含了一个新的区分论，但这个区分论又被随后的“天地神人”四云体整合起来了，“之间”的缝隙被消除了。

从“存在论差异”中走出来后，海德格尔的思想有着多重可能性，并不一定走向“四云体”的解决方式，而德里达与马里翁的礼物现象学接续后期海德格尔关于天命给予（es gibt）的思考，似乎推进了海德格尔后期思想，并且扩展了西方现代思想的广度。但是，一旦我们回到海德格尔的“第二次转向”及其历史的转机时刻，我们重新指明礼物给予的“双重约束”中的绝境，就还有另一个海德格尔，有待于重新被发现。

“第二次转向”中的海德格尔所形成的差异论，乃是有用与无用的“庸用差异论”，我们可以称之为“诡异论”。如同利奥塔在德里达与德勒兹之后强调不可去除差异与调节不可能的歧异（in–difference, Le Différend/ Differend），在汉语中接续自身传统而展开新的思考时，我们发现一个新词“诡异”（déference，带有顺从意味的差异），如同德里达对于差异的延异式新书写，只是我们相反，把 é 改回到 e。诡异这个新词有着双重含义。一方面是“顺应”（deference）与尊重（déférent）被抛的处境，尤其是已经处身其间的绝境，并不回避与逃离，如庄子所谓“无所逃于天地之间”。如此顺应的姿态是之前对悖论的各种回应方式中所没有的，此顺应也是海德格尔所说的“听从”(gehören)，在中国思想中则是道法自然，是顺应自然自身的节奏生产，并且向着生命的可再生性进行压缩。另一方面则是延迟(defer)与顺延(deferred)。顺延的“屈从”，既是进入混沌的涌现(déferler)之中，如同进入梦中一样，也是顺应涌现的活力，同时也是屈从式的“让出”或“让路”(give way to)。这恰好是海德格尔后期试图思考的“让予”与“克制”，我们则进一步展开为“退让”或“谦让”(zimzum-gelassen)，比海德格尔的“听从”还要彻底，走向“让路”，此“退让”以迂回与暗示的方式来进行。

这诡异的步伐，面对悖论的极端绝境，试图通过延迟决断与顺延的谦让，来获得几乎不可能的“余地”。

即是说，一方面有着显现与隐藏、沉默与言说的区分(Unter-Schied)，这是1945—1949年海德格尔《黑皮本》中思考的重点(GA97-99)，在其生前出版物中并不明确，或者说被“四云体”的圆熟遮蔽了；另一方面，则是“庸用”的差异论，有用与无用的差异论与中国文化的“体用不二”相关，但又有着根本不同。而且，我们还试图从庸用的差异论出发，重构一个新的诡异论。

诡异之为诡异的承受力还在于：一方面，顺应“区－分”(Unter-Schied)——不同于之前的存在论差异，这是物化的区分，是“二元”的纯一化如何可能的问题——进入痛苦的告别(anschieden)中，顺从和听从此无法回避的玄秘(Ratsal)；另一方面，展开“分－解”（Aus-tragen）的谦让，这是有用与无用的“吊诡”差异，不是“不用”，而是“以无为用”和“让无来用”以及“让让来用”。

因此，道家式的诡异之为 déference，也具有某种“漠然性”（In-différance 乃是 In-difference），其思想针对“区－分本身”：一方面必须“承担”区分或差异（difference 与 différance），尊重与顺从此区分取消的区分；另一方面则试图“化解”差异（in-difference），处于漠然之中，但此漠然的不区分是为了默化差异，顺应默化的可能态势，让开道路（to give way to），在默守中默化，默孕差异，使之转化。但二者同时俱在，如同“不解之解”。

吊诡的悬吊与诡谲，乃是进入区分之痛苦的门槛，以及对“分解”之不可能的亲密承受（tragen）与孕育（Gebärde）。诡异的顺应，更是对于“空无”敞开的顺从，道枢的“环中”乃是空敞的，“葆光”也是“空通”的，生命个体仅仅顺应专属于他个体的空无敞开之域，让生命的种子自我觉醒后，进入此敞开空间而不断生发。每一个个体都顺应自身的敞开之域，所谓“大道”不过是这些敞开空间的通道之通畅，而这时需要各个个体之间相互顺应，彼此敞开，但并不是彼此融合与吞没。卡夫卡的写作、布朗肖的某些作品就是如此，庄子的卮言也是如此。德里达对于廓纳与弥赛亚性的张力关系的论述、对于海德格尔“族类”（Geschlecht）的思考，都与此相关。

此诡异之为诡异在于：

1.“区分”并不走向四云体的聚集，而是有着分裂的痛苦、告别的痛苦、不可轻易化解的痛苦，如同纳粹的罪责不可能就被天地神人的诗意化解。

2.分解之为承受，乃是悖论式地让无来为，让无来用，而且尽管有着无用之为大用，还是保持为无用的，如同隐藏之为显现还是隐藏的，天空显现天空的隐藏，或者云层显现不可见的天空。

3.此区分与悖论，还会有迷误或者迷失的可能性，此迷失不可能被消除，但又不可能不去用，但这也是需要弥赛亚的救赎调节的缘故。因此，必须处于某种程度的漠然、平淡与淡然的态度，需要处之泰然——这也是泰然让之的自由敞开。

4.重要的是，吊诡的承受乃是顺应与谦让的姿态，一方面顺应与顺从所被抛的处境，彻底去经验此双重约束；另一方面还要在延迟的顺应中保持谦让，让开道路，让余地有形成的可能。

因此，从存在论差异，到延异的间隔，再到诡异的承受，此诡异对于罪责的责任和对于迷失的承受，有着默化，有着默孕，从而形成诡异的“余地”。德里达的“间隔”中还有着更微妙不可触感的间隙、几乎漠然的余隙有待于展开，这就是“余地”。一方面，此诡异的发生，乃是避免双重约束瘫痪，而打开余地；另一方面，任何逻辑与思想本身都有迷失与迷误的可能性，如同海德格尔不止息地纠缠于思考迷途与差错，因此要让出，要退让，从世界退出，让公义发生。

诡异一直伴随着自身的反讽。诡异的反讽在于：这个世界已经很糟糕了，但还不够糟糕，其实已经糟糕透了，但还可能有更糟糕的事情在来临。还有比如此糟糕的状态、不可消除的状态更诡异的吗？但你必须承受，而且必须形成区分，从糟糕中走出来。

“诡异”对“区分”与“分解”二者的连接，就是重新解释自然在可用与不可用、有用与无用之间的处境，让技术自然化，在自然越来越技术化的同时——也是一切都可以显现的时刻，如何让技术的显现也具有自然的隐藏性？如何让自然显现生产的同时，还保护自然的隐藏性，即让自然的可再生性保持为再生？此再生性之保持，借助于技术的力量，并不反对技术，也不同于海德格尔后期对于技术本质之为“集置”的思考，因此我们悬置“集置”与“四云体”的对峙关系，不走向四云体的聚集，那么，如何让自然之用成为可能？

这就要回到赫拉克利特的箴言——“自然爱隐藏”。人类应该学习此隐藏方式？或者说如何思考此自然的涌现方式？节省此自然性，珍惜此自然性，保藏此自然性，尊重此自然性，爱护此自然性，让此自然性保持生长，越是技术化，越是要让技术自然化，同时又能让自然继续自然化。这是最困难的“技艺”：既要让技术技术化的同时也要让自然自然化，让自然技术化的同时也要让技术自然化，这是四个方面的同时循环转化生长。

针对此诡异的转化方式，如何在“去己”中有着“大用”，海德格尔提出了各种微妙的概念。诡异（déference）的转化与克制（ver-halten）的逗留（auf-enthalten）相关：

节省（Sparnis 或节用）、珍惜（Schonen 或惜用）、保藏（Gewahren 或不用）、畏怯（Scheuen 或默用或无用）、安静或静默（Stillen 或用无）、轻盈或者让用、转让或集让（Ge-lassen 或者退出）。

没有让予，也就没有余地，余地需要让予，然而，诡异的是，让予也需要余地。越是有着余地，越是需要让予；越是让予，越是可以打开余地。

这就必须改变我们的逻各斯（logos）语言表达，每一次思考自然，都必须改变逻各斯表达本身。诡异与“庸用论”及其差异相关，这是几个需要关心与关切的要素：

1. 存在走向用的节省，就是“节用”，不随便滥用。——存在之用的“惜用”：存在自身克制了自身的给予，必须加倍珍惜或者爱惜，也是惜用，不随便用。

2. 存在之用乃是保藏之用，就是“不去用”，闲置而又不是束之高阁，而是等候，等待适当的时刻与机会，一切必须适当与适宜（schicklich），这也是从庸用上重新思考命运给予的可能性。如此保藏、守护、守候、隐藏，才是对自然的尊重。

3. 畏怯（scheuen），乃是隐藏的真正开始，“在克制警觉中保持隐匿和遮蔽”。一直保持对于隐匿之物的警觉，即所谓隐而未发与防微杜渐的敏感，保持触发的时机与耐心，这是默化之用，默用乃是保持自身的无用状态。

4. 进入虚静或者沉默，让沉默生长，就是中国式默化，尤其与自然相关，不加速时间，而是保持足够时间的等待。我们也可以尝试把本雅明对沉默自然中剩余种子的发现与海德格尔后期所说的静默无用的庇护性结合起来，静默中的等待乃是无用的时间性，但对此无用的庇护才是时间的真正经验，并由此触发仁慈（Huld）之心，以化解暴力或者狂怒。

5. 最后，还有用无，让空无生长，如同酒壶的给予空间，或者陶器的制作，在拉胚器的高速旋转中，以中空的可塑性，塑造可能的事物，并且保持轻盈——可塑性的轻盈和生成物的轻盈。

这就是庄子所说的：“恢诡谲怪，道通为一。其分也，成也。其成也，毁也。凡物无成与毁，复通为一。唯达者知通为一。为是不用而寓诸庸。庸也者，用也。用也者，通也。通也者，得也。适得而几矣。因是已，已而不知其然，谓之道。”（《庄子·齐物论》）

新的“诡异论”在这个语段中得到了思考，但思想有待于与海德格尔再次对话后，回到中国文化的魂魄观。对于过去记忆的廓纳式复灵，乃是不可能的可能性；对于未来记忆的弥赛亚复原，乃是可能的不可能性。心魂与心魄在同时性的上升与下降中，心灵保持二者的关联，并且进入当代的处境，重新转化后才行得通。行得通，才是通道的敞开，才有思想的未来。

在庸用的诡异中，让予之余地的敞开，需要唤醒、激活已经思考的那些情调，从节省的节用，到爱惜的惜用，再到畏怯的警觉与触发的耐心，直到让予的让出。此让出才是打开余地的条件，因此，退让、让出、让空，都是余地的敞开，都使敞开之为敞开可以一直保持下去，成为通道，仅仅是通道的敞开，并保持通道的敞开。

# 参考文献

## 一、本雅明、海德格尔与德里达的相关外文文献

Benjamin, Walter. *Gesammelte Schriften. 7 vols*. Hrsg.von Hermann Schweppenhäuser & Rolf Tiedemann. Frankfurt am Main: Suhrkamp Verlag, 1991.

Benjamin, Walter. *Gesammelte Schriften I: Abhandlungen.* 1991.

Benjamin, Walter. *Gesammelte Schriften II: Aufsätze, Essays, Vorträge.* 1991.

Benjamin, Walter. *Gesammelte Schriften III: Kritiken und Rezensionen.* 1991.

Benjamin, Walter. *Gesammelte Schriften IV: Kleine Prosa. Baudelaire-Übertragungen.* 1991.

Benjamin, Walter. *Gesammelte Schriften V: Das Passagen-Werk.* 1991.

Benjamin, Walter. *Gesammelte Schriften VI: Fragmente vermischten Inhalts.* 1991.

Benjamin, Walter. *Gesammelte Schriften VII: Nachträge.* 1991.

Benjamin, Walter. *Benjamin über Kafka. Texte, Briefzeugnisse, Aufzeichnungen.* 1991.

Benjamin, Walter. *Walter Benjamin-Handbuch, Leben-Werk-Wirkung.* Hrsg. v. Burkhardt Lindner, Stuttgart: J.B. Metzler, 2011.

Benjamin, *Walter. Briefe I. & II.* Hrsg. v. Gershom Scholem und Theodor W. Adorno. Frankfurt am Main: Suhrkamp Verlag, 1978.

Benjamin, Walter. *Gesammelte Briefe (Sechs Bände, I- VI).* Hrsg. v. Henri Lonitz und Christoph Gödde. Frankfurt am Main: Suhrkamp Verlag, 2000-2016.

Benjamin, Walter. *Das Kunstwerk im Zeitalter seiner technischen Reproduzierbarkeit.* Hrsg. von Burkhardt Lindner unter Mitarbeit von Simon Broli und Jessica Nitsche. Berlin: Berlin Suhrkamp Verlag, 2012.

Benjamin, Andrew. *Working with Walter Benjamin: Recovering a Political Philosophy.* Edinburgh: Edinburgh University Press, 2014.

Heidegger, Martin. *Erläuterungen zu Hölderlins Dichtung (1936–1968)* (GA4). Frankfurt am Main: Vittorio Klostermann Verlag, Hrsg. v. F.-W.von Herrmann, 1996.

Heidegger, *Martin. Holzwege* (GA5). Hrsg. v. Herrmann, 1994.

Heidegger, Martin. *Wegmarken* (GA9). Hrsg. v. Herrmann, 1996.

Heidegger, Martin. *Aus der Erfahrung des Denkens* (GA13). Hrsg. v. H. Heidegger, 2002.

Heidegger, Martin. *Reden und andere Zeugnisse eines Lebensweges (1910–1976)* (GA16). Hrsg. v. H. Heidegger, 2000.

Heidegger, Martin. *Hölderlins Hymne "Der Ister"* (GA53). Hrsg. v. Walter Biemel, 1984.

Heidegger, Martin. *Parmenides* (GA54), Hrsg. v. M. S. Frings, 1992.

Heidegger, Martin. *Zum Ereignis-Denken* (GA73). Hrsg. v. Peter Trawny, 2013.

Heidegger, Martin. *Feldweg-Gespräche (1944/45)* (GA77). Hrsg. v. Ingrid Schüssler, 1995.

Heidegger, Martin. *Überlegungen II-VI (Schwarze Hefte 1931–1938)* (GA94). Hrsg. v. Peter Trawny, 2014.

Heidegger, Martin. *Überlegungen VII - XI (Schwarze Hefte 1938/39)* (GA95). Hrsg. v. Peter Trawny, 2014.

Heidegger, Martin. *Überlegungen XII-XV (Schwarze Hefte 1939-1941)* (GA96). Hrsg. v. Peter Trawny, 2014.

Heidegger, Martin. *Anmerkungen I-V (Schwarze Hefte 1942–1948)* (GA97). Hrsg. v. Peter Trawny, 2015.

Heidegger, Martin. *Zu eigenen Veröffentlichungen* (GA82). Hrsg. v. Friedrich-Wilhelm v. Herrmann, 2018.

Derrida, Jacques. *Parages*. Paris: Galilée, 1986.

Derrida, Jacques. *De l'esprit.* Paris: Galilée, 1987.

Derrida, Jacques. *Khôra.* Paris: Galilée,1993.

Derrida, Jacques. *Sauf le nom*. Paris: Galilée, 1993.

Derrida, Jacques. *Foi et savoir.* Paris: Galilée, 1995.

Derrida, Jacques. *Voyous.* Paris: Galilée, 2003.

Derrida, Jacques. *Psyché, Inventions de l'autre 1.* Paris: Galilée, 1987.

Derrida, Jacques. *Psyché, Inventions de l'autre 2.* Paris: Galilée, 2003.

## 二、本雅明、海德格尔与德里达的相关中文文献

［德］本雅明：《启迪：本雅明文选》，张旭东、王斑译，北京：生活·读书·新知三联书店，2008年。

［德］本雅明：《本雅明文选》，陈永国编译，北京：中国社会科学出版社，2011年。

［德］本雅明：《经验与贫乏》，王炳钧、杨劲译，天津：百花文艺出版社，1999年。

［德］本雅明：《迎向灵光消逝的年代》，许绮玲、林志明译，桂林：广西师范大学出版社，2004年。

［德］本雅明：《柏林童年》，王涌译，南京：南京大学出版社，2010年。

[德]本雅明:《波德莱尔：发达资本主义时代的抒情诗人》，王涌译，南京：译林出版社，2012年。

[德]本雅明:《单向街》，王涌译，南京：译林出版社，2012年。

[德]本雅明:《德意志悲苦剧的起源》，李双志、苏伟译，北京：北京师范大学出版社，2013年。

[德]本雅明:《作为生产者的作者》，王炳钧、陈永国、郭军、蒋洪生等译，郑州：河南大学出版社，2014年。

[德]本雅明:《德国浪漫派的艺术批评概念》，王炳钧、杨劲译，北京：北京师范大学出版社，2014年。

[德]本雅明:《评歌德的〈亲合力〉》，王炳钧、刘晓译，北京：北京师范大学出版社，2016年。

[德]本雅明:《无法扼杀的愉悦》，陈敏译，北京：北京师范大学出版社，2016年。

[德]本雅明:《艺术社会学三论》，王涌译，南京：南京大学出版社，2017年。

[德]海德格尔:《荷尔德林诗的阐释》(GA4)，孙周兴译，北京：商务印书馆，2018年。

[德]海德格尔:《林中路》(GA5)，孙周兴译，北京：商务印书馆，2018年。

[德]海德格尔:《路标》(GA9)，孙周兴译，北京：商务印书馆，2018年。

［德］海德格尔：《演讲与论文集》（GA7），孙周兴译，北京：商务印书馆，2018年。

［德］海德格尔：《什么叫思想》（GA8），孙周兴译，北京：商务印书馆，2018年。

［德］海德格尔：《在通向语言的途中》（GA12），孙周兴译，北京：商务印书馆，2018年。

［德］海德格尔：《从思的经验而来》（GA13），孙周兴、杨光等译，北京：商务印书馆，2018年。

［德］海德格尔：《面向思的事情》（GA14），陈小文、孙周兴译，北京：商务印书馆，2018年。

［德］海德格尔：《讲话与生平证词》（GA16），孙周兴等译，北京：商务印书馆，2018年。

［德］海德格尔：《形而上学的基本概念》（GA29/30），赵卫国译，北京：商务印书馆，2018年。

［德］海德格尔：《巴门尼德》（GA54），朱清华译，北京：商务印书馆，2018年。

［德］海德格尔：《乡间路上的谈话》（GA77），孙周兴译，北京：商务印书馆，2018年。

［德］海德格尔：《不莱梅和弗莱堡演讲》（GA79），孙周兴、张灯译，北京：商务印书馆，2018年。

［法］德里达：《多义的记忆》，蒋梓骅译，北京：中央编译出版社，

1999年。

［法］德里达:《解构与思想的未来》，夏可君编校，长春：吉林人民出版社，2006年。

［法］德里达:《无赖》，汪堂家、李之喆译，上海：上海译文出版社，2011年。

［法］德里达等:《宗教》，杜小真译，北京：商务印书馆，2006年。

［法］德里达:《论精神：海德格尔与问题》，朱刚译，上海：上海译文出版社，2008年。

## 三、其他相关外文文献

Adorno, Theodor W. *Gesammelte Schriften.* Hrsg. v. Rolf Tiedemann unter Mitwirkung von Gretel Adorno, Susan Buck-Morss und Klaus Schultz. Frankfurt am Main: Suhrkamp Verlag, 2003.

Adorno, Theodor W. *Dialektik der Aufklärung. Philosophische Fragmente.* Frankfurt am Main: Suhrkamp Verlag, 2003. In GS, Bd.3.

Adorno, Theodor W. *Negative Dialektik.* Jargon der Eigentlichkeit. Frankfurt am Main: Suhrkamp Verlag, 1970. In GS, Bd. 6.

Adorno, Theodor W. *Ästhetische Theorie.* Hrsg. v. Gretel Adorno und Rolf Tiedemann. Frankfurt am Main: Suhrkamp Verlag, 1995. In GS, Bd. 7.

Adorno, Theodor W. *Mimina Moralia: Reflexionen aus dem beschädigten Leben.* Frankfurt am Main: Suhrkamp Verlag, 1951.

Adorno, Theodor W., Caillois, Roger. *La mante religieuse, in Zeitsschrift für Sozialforschung.* Frankfurt, vol. 7, 1938.

Agamben, Giorgio. *Potentialities: Collected Essays in Philosophy.* California: Stanford University Press, 1999.

Agamben, Giorgio. *The Coming Community.* Trans. by M. Hardt. Minneapolis: University of Minnesota Press, 1993.

Agamben, Giorgio. *The Highest Poverty: Monastic Rules and Form-of-Life.* Trans. by Adam Kotsko. Stanford: Stanford University Press, 2013.

Agamben, Giorgio. *The Use of Bodies.* Trans. by Adam Kotsko. Stanford: Stanford University Press, 2016.

Birnbacher, Dieter. *Naturalness: Is the "Natural" Preferable to the "Artificial" ?* Trans. by David Carus. UN: University Press of America, 2014.

Blanchot, Maurice. *L'espace littéraire.* Paris: Gallimard, 1955.

Bloch, Ernst. *Das Prinzip Hoffnung.* Frankfurt am Main: Suhrkamp Verlag, 1985.

Bloch Ernst. *Experimentum Mundi.* Frankfurt am Main: Suhrkamp Verlag, 1975.

Bloch, Ernst. *Geist der Utopie. Faksimile der Ausgabe von 1918.* Frankfurt am Main: Suhrkamp Verlag, 1971.

Bloch, Ernst. *Spuren.* Frankfurt am Main: Suhrkamp Verlag, 1969.

Bos, A. P. *The Soul and Its Instrumental Body: A Reinterpretation of Aristotle's Philosophy of Living Nature.* Leiden: Brill Academic Pub. 2003.

Braun, Peter and Bernard Stiegler (Hrsg.). *Literatur als Lebensgeschichte, Biographisches Erzählen von der Moderne bis zur Gegenwart.* Bielefeld: Transkript Verlag, 2012.

Brisson, Luc. *Le même et l' autre dans la structure ontologique du Timée de Platon.* Sankt Augustin: Akademia Verlag, 1994.

Brüggemann, Heinz. *Walter Benjamin über Spiel: Farbe und Phantasie.* Würzburg: Königshausen & Neumann Verlag, 2007.

Buber, Martin. *Schriften zur chinesischen Philosophie und Literatur.* Gütersloh: Gütersloher Verlagshaus, 2014.

Buck-Morss, Susan. *The Dialectics of Seeing: Walter Benjamin and the Arcades.* Cambridge: MIT Press, 1989.

Caillois, Roger. *L 'écriture des pierres.* Paris: Gallimard, 2015.

Caillois, Roger. *Le mythe et l' homme.* Paris : Gallimard, 1938.

Caillois, Roger. *Méduse et Cie.* Paris : Gallimard, 1960.

Cohen, Joseph and Raphael Zagury-Orly (Dir.). *Judéités: Questions pour Jacques Derrida*. Paris: Galilée, 2000.

Corngold, Stanley. *Lambent Traces: Franz Kafka.* Princeton: Princeton University Press, 2004.

Critchley, Simon. *The Faith of the Faithless: Experiments in Political Theology.* London: Verso Press, 2012.

Dickinson, Colby and Stéphane Symons (Eds.). *Walter Benjamin and Theology.* New York: Fordham University Press, 2016.

Eckstrand, Nathan and Christopher Yates (Eds.). *Philosophy and the Return of Violence Studies from this Widening Gyre.* New Yock: Nathan Eckstrand Press, 2011.

Fenves, Peter. "Benjamin, *Studying, China: Toward a Universal 'Universism'.*" In: *Positions, Asia Critique: Benjamin's Travel*, vol. 26, No. 1, February 2018.

Fittler, Doris M. *"Ein Kosmos der Ähnlichkeit." Frühe und späte Mimesis bei Walter Benjamin.* Bielefeld: Aisthesis Verlage, 2005.

Gebauer, Gunter and Christoph Wulf (Eds.). *Mimesis: Culture, Art, Society.* Trans. by Don Reneau. Berkeley: University of California Press, 1995.

Grözinger, Karl Erich. *Kafka und die Kabbala. Das Jüdische im Werk und Denken von Franz Kafka.* Frankfurt am Main/New York: Campus Verlag, 2014.

Hamacher, Werner. *Keinmaleins, Texte zu Celan.* Frankfurt am Main: Klostermann RoteReihe Verlag, 2019.

Hamacher, Werner. "Ou, séance, touche de Nancy, ici (3)." In: *Sens en tous sens – Autour des travaux de Jean- Luc Nancy.* Ed. by V. Francis Guibal and Jean-Clet Martin. Paris: Galilée, 2004.

Hamacher, Werner. *Premises: Essays on Philosophy and Literature from Kant to Celan.* "The Gesture in the Name: On Benjamin and Kafka." Boston: Harvard University Press, 1996.

Hamacher, Werner. *Sprachgerechtigkeit.* Frankfurt am Main: S.Fischer Wissenschaft Verlag, 2018.

Hansen, Miriam Bratu. *Cinema and Experience: Siegfried Kracauer, Walter Benjamin, and Theodor W. Adorno.* Berkeley: University of California Press, 2012.

Heubel, Fabian. *Gewundene Wege nach China Heidegger–Daoismus–Adorno.* Frankfurt am Main: Klostermann, 2020.

Jacobson, Eric. *Metaphysics of the Profane: The Political Theology of Walter Benjamin and Gershom Scholem.* New York: Columbia University Press, 2003.

Jullien, François. *Les transformations silencieuses.* Paris: Grasset, 2009.

Jullien, François. *L'écart et l'entre.* Paris: Galilée, 2011.

Kafka, Franz. *Tagebücher 1909-1923*. Frankfurt: S. Fischer Verlag, 1997.

Kafka, Franz. *Kritische Ausgabe in 15 Bänden.* Hrsg. v. Jürgen Born, Gerhard Neumann, Malcolm Pasley und Jost Schillemeit. Frankfurt am Main: Fischer Taschenbuch Verlag, 2002.

Klages, Ludwig. *Der Geist als Widersacher der Seele.* Bonn: Bouvier Verlag Herbert Grundmann, 1981.

Klages, Ludwig. *Vom kosmogonischen Eros.* München: Georg Müller Verlag, 1922.

Krummel, John W. M. *Nishida Kitarō's Chiasmatic Chorology: Place of Dialectic, Dialectic of Place.* Bloomington: Indiana University Press, 2015.

Lacoue-Labarthe, Philippe. *La Fiction du politique: Heidegger, l'art et la politique.* Paris : Bourgois, 1988.

Lacoue-Labarthe, Philippe and Jean-Luc Nancy. *Le mythe nazi.* Paris: L'Aube poche, 2016.

Lacoue-Labarthe, Philippe. *L'imitation des modernes, Typographies 2.* Paris: Galilée, 1986.

Lévinas, Emmauel. *Difficile liberté.* Paris: Albin Michel, 1976.

Maldiney, Henry. *Ouvrir le rien, l'art nu.* Paris: Encre Marine, 2010.

Miller, Tyrus (Ed.). *Given World and Time: Temporalities in Context.* Budapest: Central European University Press, 2008.

Moran, Brenda. *Politics of Benjamin's Kafka: Philosophy as Renegade.* Palgrave Macmillan Press, 2018.

Nancy, Jean-Luc. *Des lieux divins.* Mauvezin, Trans-Europ-Press, 1997.

Nancy, Jean-Luc. *La création du monde ou la mondialisation.* Paris: Galilée, 2002.

Nancy, Jean-Luc. *La déclosion: Déconstruction du christianisme.* Paris: Galilée, 2005.

Neumann, Bernd (Hrsg.). *Franz Kafka, Aporien der Assimilation: eine Rekonstruktion seines Romanwerks.* München: Fink Verlag, 2007.

Neumann, Bernd. *Franz Kafka Gesellschaftskrieger: Eine Biographie.* München: Fink Verlag, 2008.

Opitz, Michael and Erdmut Wizisla (Hrsg.). *Benjamins Begriffe.*

Frankfurt am Main: Suhrkamp Verlag, 2000.

Rohde, Erwin. *The Cult of Souls and Belief in Immortality Among the Greeks.* London: K. Paul, Trench, Trubner. 1925.

Sallis, John. *Chorology: On Beginning in Plato's Timaeus.* Bloomington: Indiana University Press, 1999.

Sallis, John. *The Return of Nature: On the Beyond of Sense.* Bloomington: Indiana University Press, 2016.

Sallis, John, *Elemental Discourses.* Bloomington: Indiana University Press, 2018.

Schmidt, Alfred. *Goethes herrlich leuchtende Natur, Philosophische Studie zur deutschen Spätaufklärung.* 1984 München/Wien: Carl Hanser Verlag,1984.

Scholem, Gershom. *Die jüdische Mystik in ihren Hauptströmungen.* Frankfurt am Main: Suhrkamp Verlag, 1957.

Scholem, Gershom. *Über einige Grundbegriffe des Judentums.* Frankfurt am Main: Suhrkamp Verlag, 1970.

Schulte, Christoph. *Zimzum: Gott und Weltursprung.* Berlin: Jüdischer Verlag, 2014.

Schürmann, Reiner. *Broken Hegemonies.* Trans. Reginald Lilly. Bloomington: Indiana UP, 2003.

Schürmann, Reiner. *Heidegger on Being and Acting: From Principles to Anarchy.* Bloomington: Indiana University Press, 1987.

Schürmann, Reiner. Wandering Joy: *Meister Eckhart's Mystical Philosophy.* Great Barrington: Lindisfarne Books, 2001.

Sloterdijk, Peter. Eurotaoismus. *Zur Kritik der Politischen Kinetik.* Frankfurt am Main: Suhrkamp Verlag,1989.

Steiner, Uwe. *Walter Benjamin: An Introduction to His Work and Thought.* Chicago: University of Chicago Press, 2010.

Taubes, Jacob. *Die politische Theologie des Paulus*. München: Fink, 1993.

Weidner, Daniel (Hrsg.). *Profanes Leben: Walter Benjamins Dialektik der Säkularisierung.* Berlin: Suhrkamp, 2010.

Weiss, Joseph. *The idea of Mimesis: Semblance, Play, and Critique in the Works of Walter Benjamin and Theodor W. Adorno.* College of Liberal Arts & Social Sciences Theses and Dissertations, 2011.

Wilhelm, Richard. *Dschuang Dsi, Das Wahre Buch vom südlichen Blütenland* (《庄子南华真经》). Jena: Eugen Diederichs Verlag, 1912.

Wilhelm, Richard. *Laotse, Tao Te King, Das Buch vom Sinn und Leben* (《老子道德经》). Jena: Eugen Diederichs Verlag, 1910.

Wilhelm, Richard and Carl G. Jung. *Das Geheimnis der goldenen Blüte.* Jena: Eugen Diederichs Verlag, 1994.

Xia Kejun. *Chinese Philosophy and Contemporary Aesthetics: Unthought of Empty,* New York: Peter Lang Press, 2019.

## 四、其他相关中文文献

［意］阿甘本:《潜能》，王立秋等译，桂林：漓江出版社，2014年。

［意］阿甘本:《无目的的手段：政治学笔记》，赵文译，郑州：河南大学出版社，2015年。

［意］阿甘本:《剩余的时间：解读〈罗马书〉》，钱立卿译，北京：中央编译出版社，2016年。

［爱尔兰］贝克特:《终局》，廖玉如译，台北：联经出版社，2008年。

［德］格诺德·波默:《气氛美学》，贾红雨译，北京：中国社会科学出版社，2018年。

［澳］罗兰·博尔:《天国的批判：论马克思主义与神学》，胡建华、林振华译，台北：台湾基督教文艺出版社，2010年。

［德］布莱希特:《中国圣贤启示录》，殷瑜译，北京：北京师范大学出版社，2015年。

［法］布朗肖:《灾异的书写》，魏舒译，南京：南京大学出版社，2016年。

［德］布伯:《论犹太教》，刘杰等译，济南：山东大学出版社，2002年。

［德］弗兰克:《浪漫派的将来之神：新神话学讲稿》，李双志译，上海：华东师范大学出版社，2011年。

［美］吉瑞德（N. J. Girardot）、［美］苗建时（James Miller）、刘笑敢编《道教与生态：宇宙景观的内在之道》，陈霞、陈杰、岳齐琼、何立

芳译，南京：江苏教育出版社，2008年。

郭军、曹雷雨编《论瓦尔特·本雅明：现代性、寓言和语言的种子》，长春：吉林人民出版社，2003年。

[俄]费奥多罗夫:《共同事业的哲学》，范一译，沈阳：辽宁教育出版社，2001年。

[法]福柯:《词与物：人文科学考古学》，莫伟民译，上海：上海三联书店，2001年。

[德]哈贝马斯:《在自然主义与宗教之间》，郁喆隽译，上海：上海人民出版社，2013年。

[美]哈特、[意]奈格里:《大同世界》，王行坤译，北京：中国人民大学出版社，2015年。

[德]荷尔德林:《荷尔德林文集》，戴晖译，北京：商务印书馆，1999年。

[德]荷尔德林:《流浪者》，林克译，上海：上海文艺出版社，2014年。

[德]荷尔德林:《荷尔德林后期诗歌》(三卷)，刘皓明译，上海：华东师范大学出版社，2009年。

[奥]卡夫卡:《卡夫卡全集》(10卷)，叶廷芳主编，石家庄：河北教育出版社，1996年。

[德]赫尔曼·柯恩:《理性宗教》，孙增霖译，济南：山东大学出版社，2013年。

[德]克拉考尔:《侦探小说：哲学论文》，黎静译，北京：北京大学

出版社，2017年。

[英]李约瑟:《中国科学技术史》(第五卷相关分册)，北京：科学出版社，2011年。

[法]列维纳斯:《总体与无限：论外在性》，朱刚译，北京：北京大学出版社，2016年。

[德]卡尔·洛维特:《世界历史与救赎历史：历史哲学的神学前提》，李秋零、田薇译，北京：生活·读书·新知三联书店，2002年。

刘精忠:《犹太神秘主义概论》，北京：中国社会科学出版社，2015年。

[匈]卢卡奇:《小说理论：试从历史哲学论伟大史诗的诸形式》，燕宏远、李怀涛译，北京：商务印书馆，2012年。

牟宗三:《圆善论》，长春：吉林出版集团有限责任公司，2010年。

[法]斯台凡·摩西:《历史的天使：罗森茨维格，本雅明，肖勒姆》，梁展译，上海：华东师范大学出版社，2017年。

[意]诺丘·欧丁:《无用之用》，郭亮廷译，台北：漫游者文化事业股份有限公司，2015年。

[日]浅见洋二:《距离与想象：中国诗学的唐宋转型》，金程宇译，上海：上海古籍出版社，2005年。

[德]西美尔(或齐美尔):《桥与门：齐美尔随笔集》，涯鸿、宇声等译，上海：上海三联书店，1991年。

[英]彼得·奥斯本:《时间的政治：现代性与先锋》，王志宏译，北京：商务印书馆，2004年。

［德］罗森茨维格:《救赎之星》，孙增霖、傅有德译，济南：山东大学出版社，2013年。

赖锡三:《丹道与易道：内丹的性命修炼与先天易学》，台北：新文丰出版股份有限公司，2010年。

钱穆:《灵魂与心》，桂林：广西师范大学出版社，2004年。

［古希腊］柏拉图:《柏拉图全集》，王晓朝译，北京：人民出版社，2003年。

［以］肖勒姆:《本雅明：一个友谊的故事》，朱刘华译，上海：上海译文出版社，2009年。

［德］陶伯斯:《保罗政治神学》，吴增定等译，上海：华东师范大学出版社，2016年。

沈庭:《从“非本体”到“心性本体”：唯识学种子说在中国佛学中的转向》，武汉：武汉大学出版社，2016年。

［法］斯蒂格勒:《技术与时间》三卷本，裴程等译，南京：译林出版社，2000—2012年。

［德］施米特:《政治的神学》，刘宗坤、吴增定等译，上海：上海人民出版社，2015年。

［德］施米特:《哈姆雷特或赫库芭：时代侵入戏剧》，王青译，上海：上海人民出版社，2015年。

［德］A. 施密特:《马克思的自然概念》，欧力同、吴仲昉译，北京：商务印书馆，1988年。

［法］保罗·维利里奥:《无边的艺术》，张新木、李露露译，南京：

南京大学出版社，2014年。

杨永俊：《禅让政治研究：王莽禅汉及其心法传替》，北京：学苑出版社，2005年。

许景昭：《禅让、世袭及革命：从春秋战国到西汉中期的君权传承思想研究》，上海：上海古籍出版社，2014年。

［德］肖勒姆（或索伦）：《犹太教神秘主义主流》，涂笑非译，成都：四川人民出版社，2000年。

（清）郭庆藩撰《庄子集释》，北京：中华书局，2013年。

陈鼓应：《老子今注今译》，北京：商务印书馆，2016年。

陈鼓应：《庄子今注今译》，北京：商务印书馆，2016年。

杨柳桥撰《庄子译注》，上海：上海古籍出版社，2006年。

［斯洛文尼亚］齐泽克：《暴力：六个侧面的反思》，唐健、张嘉荣译，北京：中国法制出版社，2012年。

［斯洛文尼亚］齐泽克：《视差之见》，季广茂译，杭州：浙江大学出版社，2014年。

章太炎：《章太炎全集》第六卷，上海：上海人民出版社，2014—2017年。

夏可君：《一个等待与无用的民族：庄子与海德格尔的第二次转向》，北京：北京大学出版社，2017年。

夏可君：《无用的文学：卡夫卡与中国》，桂林：广西师范大学出版社，2020年。

夏可君：《平淡的哲学》，北京：中国社会出版社，2009年。

# 关键词

## 悖论

矛盾　二律背反　悖论　争执　绝境　可能性　不可能性　双重约束　吊诡　诡异

## 道家

变小　庄周梦蝶　蝶梦庄周　道家主义　道家化　道教　丹道　内丹　外丹　丹炉　炉鼎

## 集置

集置　暴力　第一技术　第二技术

## 解释学

神秘解释学　解构式解释学　无用解释学　喀巴拉神秘主义

## 记忆

内在记忆　外在记忆　第三记忆　第三技术　无意记忆

## 救治

基元　胚胎　整体性复原　修真　减熵　消逝　消失　牺牲　不死性　永恒性　危险　灾变　终末论　救治　救赎　密码　出生　祈祷　判教　教义　圆善论

## 感与通

陌异　停顿　面相学　感通　共通　通道　心感　关心　心魂　心魄　魂魄　上升　下降　没落　材质的共通感　材质媒介　灵媒　灵媒艺术　亲合力　灵晕　面纱　中介　痛苦　隔离　间隔　通畅

## 廓纳（廓若）

Khora　虚位　虚托邦　异托邦　虚所

## 争与让

争夺　争执　元－争执　对峙　给予　Es gibt　让予　让与　施与　禅让　辞让　虚让　让出　集让　让然　泰然让之　退让　三让　让一让　请让退让　让路　玄牝　Zimzum　回缩

弃让　韧性　让让让　禳谢　谦让　允让　允诺　余地　余让

## 弥赛亚

不可摧毁　弥赛亚性　弥赛亚之物　弥赛亚主义　弥赛亚王国　弥赛亚的还原　弥赛亚的自然化　自然的弥赛亚化　弥赛亚张力　助力　节奏　自身觉知　逆觉　逆转

## 梦

蝴蝶梦　石头梦　石头的书写　石头的无世界　大圣梦　庄周梦蝶　蝶梦庄周

## 生命

纯然生命　自然化生命　自然的生命　赤裸生命　无辜　永恒的生命　真人

## 相似

模仿　仿生学　相似性　拟似　拟人化　宇宙的相似性　感性的相似性　非感性的相似性　相似与游戏

## 用

有用　无用　庸用　庸用的差异　用的终末论　不去用　空无所成　无用性　无用的民族　无用之用　无用的神学　神

学的无用　无用之树

## 游戏

游戏空间　时间－游戏－空间　共同游戏　相似与游戏　前世界　余隙　余地　大众游戏　相似性游戏　节奏　好像　似乎

## 余

余地　余隙　余存或幸存　多余　剩余　残余　余留　弥赛亚剩余　余在　余生

## 虚

虚在　虚无主义　虚化　虚化神学　第五维　虚托邦　虚位　廓纳　小门

## 犹太教

卢立安　喀巴拉神秘主义　犹太教的道家化

## 源（元）

纯粹语言　源语言　源现象（元现象）　源图型　元素　星座

## 隐藏

隐藏　Lethe　自身隐藏　缺失　缺位　缺席　大地　成己　去己

## 自然

自然性　沉默的自然　自然的生命　自然的神话　超自然生命　第三自然　弥赛亚的自然化　自然的弥赛亚化　天然祈祷

## 转向

第一次转向　第二次转向　道家式转向　《黑皮本》（或《黑笔记》）　海德格尔的庄子书

## 注意

注意力　专心　散心　助力

## 种子

单子　灵根　种子　阿赖耶识　如来藏　天倪　葆光　玄牝　胎息